Hermann Hüffer

Diplomatische Verhandlungen aus der Zeit der französischen Revolution

Der Rastatter Kongress und die zweite Koalition

Verlag
der
Wissenschaften

Hermann Hüffer

Diplomatische Verhandlungen aus der Zeit der französischen Revolution

Der Rastatter Kongress und die zweite Koalition

ISBN/EAN: 9783957007704

Auflage: 1

Erscheinungsjahr: 2016

Erscheinungsort: Norderstedt, Deutschland

Hergestellt in Europa, USA, Kanada, Australien, Japan
Verlag der Wissenschaften in Hansebooks GmbH, Norderstedt

Diplomatische Verhandlungen

aus der Zeit

der französischen Revolution.

Von

Hermann Hüffer.

———

Zweiter Band.

Der rastatter Congreß und die zweite Coalition.

Erster Theil.

————————————

Bonn,

bei Adolph Marcus.

1878.

Der rastatter Congreß

und

die zweite Coalition.

Vornehmlich

nach ungedruckten archivalischen Urkunden

Hermann Hüffer.

———

Erster Theil.

———

Bonn,
bei Adolph Marcus.
1878.

Vorwort.

Der zweite Band dieses Werkes erscheint zehn Jahre nach
dem ersten. Ich hoffe, der Inhalt wird die Zögerung ent=
schuldigen. Es ist nicht leicht, ein Gewebe diplomatischer Be=
ziehungen, das sich über ganz Europa erstreckt, in seinem Zu=
sammenhange zu überblicken und zugleich die einzelnen Fäden
in so vielfacher Verschlingung nicht aus den Augen zu verlieren.
Selbst Thatsachen, Ereignisse, die aus dem Geheimniß der Ca=
binette in einer doch nicht eben fern liegenden Zeit offen zu Tage
getreten sind, bieten der gewissenhaften Darstellung zuweilen
größere Schwierigkeiten, als man denken sollte. Falsche An=
gaben sind mehr als irgendwo auf dem Felde neuerer Ge=
schichte leichtfertig in Umlauf gesetzt, oft so sonderbar mit Wahr=
heit gemischt, daß Scheidung beinahe unmöglich wird. Dazu
kommt das Uebermaß bekannter, oder doch zu vermuthender
Ueberlieferungen. Wo soll man der Forschung ein Ziel setzen,
wenn noch immer so viel unerforschte Quellen übrig bleiben?

Kaum überschbar ist schon die Literatur der Memoiren;
lange haben sie für die Geschichte der Revolution die wesent=
lichste Grundlage gebildet. Wer könnte ihren Werth in Ab=
rede stellen, besonders wenn sie eine in den Hauptzügen fest=
stehende Erzählung ergänzen und beleben, und selbst wieder in
authentischen Documenten Bestätigung oder Berichtigung fin=
den? Aber selten darf man ihnen unbedingt vertrauen. Erzeug=
nisse eines höheren Alters, theilen sie nur zu oft die Eigenschaft
bejahrter Personen, welche einzelne Züge ihrer Erlebnisse mit

der größten Anschaulichkeit vorzutragen wissen, aber gewöhnlich die Zeitfolge verwirren und nicht selten ein Ereigniß unter Farben, ja in einer Gestalt erscheinen lassen, die es erst in der Phantasie, oder während der Erzählung und durch oft wieder= holte Erzählung angenommen hat.

Um sicher zu gehen, bedarf man gleichzeitiger Documente. Zeitungen, damals schon zahlreich genug, kämen hier zunächst in Betracht. Aber die Mängel, von welchen sogar unsere Tagespresse bei so viel reicheren Mitteln sich nicht frei zu hal= ten vermag, treten in jener älteren Zeit noch weit fühlbarer hervor, besonders in Bezug auf diplomatische Verhandlungen, von denen damals weit weniger als jetzt in die Oeffentlichkeit gelangte. Unter den in französischer Sprache erscheinenden Blättern bewährt neben dem Moniteur die sogenannte Gazette de Leyde den seit einem Jahrhundert begründeten Ruf: theils durch eigene Artikel, theils durch zweckmäßige Benutzung dessen, was andere, besonders französische, daneben englische, deutsche und die Zeitungen noch mehrerer Nationen zur Auswahl anboten[1]). Das leydener Blatt hat auch auf die Geschichtschreibung nicht un= bedeutenden Einfluß ausgeübt. Denn es bildet eine Hauptquelle der großen Compilation, welche unter dem Namen „Mémoires tirés des papiers d'un homme d'Etat" so vielen späteren Werken für die Darstellung diplomatischer Verhandlungen das Material geliefert hat. Reichhaltigkeit kann man diesem Sammelwerk, Fleiß und Geschick den Herausgebern in der That nicht absprechen. Wäre nur nicht die Neigung hinzugekommen, das Ganze als Nachlaß, oder wenigstens als Auszug aus dem Nachlaß eines Staatsmannes und Diplomaten hinzustellen.

---

1) In Wahrheit führte diese von einem überaus thätigen Franzosen La Font gegen 1680 gegründete Zeitung bis zum 4. Mai 1798 den Titel: Nouvelles extraordinaires de divers endroits. In Folge eines Verbotes erscheint sie nach kurzer Unterbrechung am 11. Mai mit der wenig veränderten Aufschrift: Nouvelles politiques, publiées à Leyde. Vgl. Hatin, Les gazettes de Hollande, Paris 1865, p. 146, wo aber die Tage der Unter= brechung nicht richtig angegeben sind.

Um dieses Scheines willen hat man zunächst die echten Quellen, deren Angabe so nützlich gewesen wäre, verschwiegen, sodann mit einer Willkür, die nur als Fälschung sich bezeichnen läßt, nach Form und Inhalt Veränderungen vorgenommen. Berichte der leydener Zeitung, zum Beispiel über die neapolitanischen Angelegenheiten, werden ohne Bedenken in Depeschen des englischen oder eines andern Ministeriums verwandelt. Niemals darf eine Nachricht auf diese Memoiren hin als zuverlässig gelten; aber mehrmals haben sie mich zu ächten Quellen geleitet, zuweilen war auch der Ursprung einer gewiß richtigen Angabe nicht aufzufinden.

Das Zuverlässigste bieten immer archivalische Documente; auch habe ich in jedem der vergangenen zehn Jahre wenigstens ein bedeutendes Archiv für meine Arbeit nutzbar zu machen mich bemüht. Im Frühling und Sommer 1872 das Geheime Staatsarchiv in Berlin. Wer sich der Schwierigkeiten erinnert, mit welchen noch vor zwölf Jahren der Zugang zu so unentbehrlichen Quellen verbunden war, empfindet um so lebhafter die Erleichterungen, welche die gegenwärtige Leitung des preußischen Archivwesens wissenschaftlichen Untersuchungen zu Theil werden läßt. Den Depeschen, die von 1798—1801 zwischen dem berliner Cabinet und den Gesandtschaften in Wien, London, Paris und Rastatt gewechselt wurden, konnte ich eine sichere Grundlage entnehmen: ein Excerpt aus ungefähr fünfzig Foliobänden, das in den Jahren 1876 und 1877 vervollständigt wurde. Viermal sind mir bei längerem Aufenthalte in Wien die Schätze des Haus-, Hof- und Staats-Archivs zu Gute gekommen. Jeder weiß, was diese unerschöpfliche Fundgrube durch Arneth's Vermittelung für die Wissenschaft geworden ist. Nur in Wien war es möglich, in die großen europäischen Verwicklungen, in den Ursprung der zweiten Coalition deutliche Einsicht zu gewinnen und von den Verhandlungen des rastatter Congresses zum ersten Male ein, wie ich hoffe, treues, auch in kleineren Zügen ausgeführtes Bild zu entwerfen. Ich kann nicht Alle im Einzelnen erwähnen, die in Berlin und in Wien meine Arbeiten gefördert haben. Zweier Abgeschiedenen, des Geh. Archivraths Friedländer in Berlin, und des Sectionsrathes Wocher in Wien sei hier zuerst gedacht. Wenn ich neben ihnen Herrn Geh. Archivrath Paul Hassel und Herrn Geh. Staatsarchivar Hegert in Berlin, Herrn Sectionsrath Fiedler und die Hofconcipisten Herrn Karl Schrauf und Herrn Victor Felgel in Wien nenne, habe ich nur einen Theil meiner Dankesschuld gegenüber den beiden großen Archiven angedeutet. Von der wirksamen Unterstützung, die mir auch auf dem k. k. Kriegsministerium der Director, Generalmajor Freiherr von Sacken, Herr Oberst Rothauscher und Herr Hauptmann von Gömöry zu Theil werden ließen, bleibt noch in einem folgenden Bande zu reden.

Den Herbst 1873 widmete ich auf dem State paper office in London vornehmlich den Correspondenzen des englischen Ministeriums mit Petersburg und Wien. Das Archiv hat eben in letzter Zeit den trefflichen Director Sir Thomas Hardy verloren. Um so mehr freut es mich, meinen wärmsten Dank Herrn Alfred Kingston abstatten zu können, dessen unveränderliche Güte mir die Benutzung des umfangreichen Materials wesentlich erleichtert, ja in manchem Betrachte erst ermöglicht hat. Neben diesen drei Haupt-Archiven bin ich dem niederländischen Staats-Archiv im Haag und der Güte seines um die Wissenschaft so viel verdienten Vorstehers, Herrn Reichsarchivars van den Bergh dankbar verpflichtet. Mit Vergnügen bemerkt man, wie nützlich auch kleinere Notizen werden, wenn sie einem größeren Ganzen sich einfügen können. Die Berichte des niederländischen Geschäftsträgers van Haeften aus Wien bieten interessante Vergleichungspunkte mit den zur selben Zeit verfaßten Depeschen der preußischen Gesandten Lucchesini und Keller. Von anderer Seite erhalten die wiener Archivalien über Rastatt erwünschte Ergänzung durch die Correspondenz des ritterschaftlichen Congreß-Gesandten, Freiherrn Karl von Gagern, die ich im Sommer 1871 dem von Herrn Archivrath Alexander Kaufmann neu geordneten

Dalbergschen Familien-Archiv in Aschaffenburg mit gütiger Erlaubniß des Freiherrn Friedrich von Dalberg entnehmen konnte. Sehr wenig bietet für die Revolutionszeit das im Uebrigen so reiche, so trefflich verwaltete Staats-Archiv in Florenz. Der Grund liegt darin, daß beim Einfall der Franzosen im Frühling 1799 auf Befehl des Großherzogs Ferdinand III. der gesammte Depeschenwechsel seit dem 1. Januar 1791 verbrannt wurde[1]). Eine Anzahl von Acten hat sich jedoch später in der Wohnung des damaligen Ministers der auswärtigen Angelegenheiten Fossombroni wieder aufgefunden, darin die Notizen über den Aufenthalt Pius' VI. in der Carthause bei Florenz und noch Einiges, was spätere Verwendung finden wird. Mit besonderem Danke bleibt noch die Güte des Herrn Staatsschreibers M. v. Stürler in Bern zu erwähnen, der in Bezug auf die schweizerischen Verhältnisse manchen nützlichen Fingerzeig, auch werthvolle Mittheilungen aus dem bernischen Staats-Archiv mir zukommen ließ.

Bei dem vorliegenden, wie bei dem ersten Bande, hätte ich aber noch immer einen Mangel empfunden, wären mir, besonders was den rastatter Congreß betrifft, die Aeußerungen von französischer Seite unbekannt geblieben. Es bedarf nicht der Erörterung, warum ich bei einer, im letzten Frühling nach)

---

1) Eine Anmerkung zu dem Aufsatze: die „Villa Medici" in K. Hillebrand's „Italia" Bd. IV, darf ich wohl hier wiederholen: Im Repertorio degli affari esteri des Jahres 1771 Fol. I findet sich folgender Ricordo: D'ordine di Sua Altezza Reale furono bruciati tutti i fogli dal 1. Gennaro 1791 fino all' invasione dei Francesi in Toscana, come potranno attestarne S. E. il cavaliere Fossombroni, ministro degli affari esteri, ed il Signore Gaetano Rainoldi, segretario del consiglio di Stato. Fossombroni wurde am 4. Juli 1797 Minister der auswärtigen Angelegenheiten, Rainoldi's Name findet sich öfter unter Erlassen der Regierung aus den Jahren 1795—1799, auch unter der Proclamation vom 24. März 1799, in welcher der Großherzog auf den bevorstehenden Einmarsch der Franzosen hinweist. Das Actenheft über die Gefangenschaft des Papstes (Filza 1349) trägt die Aufschrift: Fogli trovati nella stanza del ministro degli affari esteri Fossombroni nell' Aprile 1799.

Paris unternommenen Reise mich keineswegs versichert hielt, daß ich vorlängst begonnene Arbeiten auf dem Ministerium des Auswärtigen würde fortsetzen können. Aber auf den Antrag des Herrn Archiv-Directors Prosper Faugère ertheilte sowohl der Herr Minister der auswärtigen Angelegenheiten als eine nach der Verordnung von 1874 zu befragende Commission die Genehmigung. Gleichwohl wäre ich in der schon vorgerückten verfügbaren Zeit schwerlich zu einem Abschluß gelangt, hätte nicht Herr Faugère, wie vor elf Jahren so auch jetzt wieder, meine Arbeiten mit der verbindlichsten Güte fördern wollen. So wurde es möglich, außer anderen Papieren alles, was die Gesandtschaft Bernadotte's und die selzer Conferenzen betrifft, dazu in vier starken Folio-Bänden die rastatter Verhandlungen durchzugehen. Ich darf es wohl als eine ausgezeichnete, nicht blos für mich erfreuliche Gunst betrachten, daß einem Deutschen diese wichtigen, noch niemals für ein wissenschaftliches Werk benutzten rastatter Papiere vorgelegt wurden; eine Gunst, auch deßhalb werthvoll, weil sie Gelegenheit bot, auf französischer Seite manches in günstigeres Licht zu stellen. Es bleibt eben selten ohne Frucht, wenn man jemanden über seine eigenen Angelegenheiten auch selber das Wort lassen kann. Immerhin wird dieses Buch manche unerfreuliche Erinnerung auffrischen, aber gewiß nicht gern, nicht häufiger als nothwendig, und am wenigsten in der Absicht, ein Recht der Vergeltung daraus herzuleiten. Ich hoffe, es erscheint einmal eine Zeit, in welcher geeinigte Nachkommen die Kriege zwischen ihren Vorfahren nicht anders ansehen, als wir jetzt die mittelalterlichen Kämpfe der Florentiner mit ihren Landsleuten von Pisa oder Lucca. Genau betrachtet fände man vielleicht die drei toscanischen Städte in den wesentlichen Interessen nicht entschiedener gleichgeartet, als die beiden großen Nationen, welche alle wichtigen Aufgaben einer fortschreitenden Cultur zu gemeinschaftlicher Lösung überkommen haben. Selbst ihre Streitigkeiten beweisen im Grunde, wie nahe sie zusammen gehören, und wenn den wach-

senden Gefahren des europäischen Völkerlebens nur durch gemein=
samen Widerstand begegnet werden kann, so ergeht auch um
so dringender die Mahnung wahre, dauernde Eintracht da,
wo sie am wenigsten sich entbehren läßt, wieder herzustellen.

Bei der Menge neuer Thatsachen, die meine archivalischen
Arbeiten mir zur Kenntniß brachten, glaubte ich den Kreis
meiner Aufgabe nicht mehr auf diplomatische Verhandlungen
beschränken zu sollen. In der jetzigen Gestalt könnte das Buch
vielleicht als eine Geschichte der Revolutionszeit gelten, in wel=
cher freilich die Bestrebungen der Diplomatie vorzügliche Be=
achtung finden, die so oft erörterten inneren Angelegenheiten
Frankreichs mehr als gewöhnlich zurücktreten, überhaupt nur
das zur Erwähnung kommt, was zu der revolutionären Be=
wegung in unmittelbare, sei es freundliche, sei es feindliche Be=
rührung tritt. Ich darf versichern, daß der vorliegende Band
nicht viel enthält, was nicht durch gleichzeitige Urkunden fest=
zustellen wäre. Meistens genügten meine Sammlungen und
die in neuerer Zeit so zahlreich veröffentlichten Quellenwerke.
Jeder, der etwas Darstellendes verfaßte, wird bemerkt haben,
daß eine fremde Auffassung desselben Gegenstandes die Unbe=
fangenheit des Urtheils leicht beeinträchtigt. Ich habe fremde
Darstellungen absichtlich erst nach dem Abschluß der meinigen
gelesen, um dann Einzelnes, nicht ohne Dank für die Quelle, nach=
träglich mir anzueignen. In dem früheren Bande nahmen kriti=
sche Erörterungen eine umfangreiche, vielleicht zu umfangreiche
Stelle ein. Damals, als ich die erste größere Arbeit über die Revo=
lutionszeit veröffentlichte, hielt ich es für eine Pflicht, neue Ansich=
ten, wenn sie bedeutenden, anerkannten Werken entgegentraten, aus=
führlich zu begründen. Die Gegensätze waren zudem von solcher
Tragweite, so sehr in allen Einzelheiten ausgeprägt, daß sie
nicht ohne eingehende Untersuchung sich in's Klare stellen ließen.
Ich darf wohl sagen: ich glaube mit einiger Befriedigung
wahrzunehmen, daß die vor zehn Jahren von mir ausgesproche=
nen Ansichten in den neu eröffneten archivalischen Quellen
Bestätigung, und selbst bei denen, die sie früher bestritten,

wenigstens zum Theil und mehr oder weniger Anerkennung gefunden haben. In dem vorliegenden Bande konnte jede Polemik vermieden werden. Denn einmal fallen über diese späteren Jahre der Revolutionszeit die Gegensätze zum großen Theil mit früher schon erörterten zusammen. Andererseits sind sie mehr auf einzelne Thatsachen, als auf die Grundauffassung bezüglich, also leichter und bestimmter zu entscheiden, so daß man auf mehr gesichertem Boden weniger das Bedürfniß empfindet, sich mit fremden Meinungen auseinander zu setzen.

Der nächste Band, welcher die Bildung der neuen Coalition, den Krieg in Neapel und das Ende des rastatter Congresses enthalten wird, ist im Manuscript beendigt, auch der Schlußband — für die Kriege von 1799 und 1800 und für die Verhandlungen bis zum Abschluß des Lüneviller Friedens bestimmt — liegt im Entwurfe vor. Möchte es mir schließlich noch vergönnt sein, eine Sammlung archivalischer Documente, wie es der Wissenschaft entspricht und nützen kann, in geordneter Folge zu veröffentlichen.

Inhalt.

———

Der rastatter Congreß und die zweite Coalition.
Erster Theil.

Erstes Kapitel.
Die Eröffnung des rastatter Congresses.

Zweites Kapitel.

Diplomatie und Diplomaten zur Zeit des rastatter Congresses.

XV

Drittes Kapitel.

Europäische Verhältnisse. Oesterreich und Preußen.

Viertes Kapitel.

Die Abtretung des linken Rheinufers.

Fünftes Kapitel.
Der Kirchenstaat und die römische Republik.

Sechstes Kapitel.

Die Schweiz.

Siebentes Kapitel.

Die Säcularisationen.

Achtes Kapitel.

Oesterreich und Preußen.

Neuntes Kapitel.

Die Gesandschaft Bernadotte's in Wien.

Zehntes Kapitel.
Die Conferenzen in Selz.

Elftes Kapitel.

Die revolutionäre Bewegung im Sommer 1798.

Zwölftes Kapitel.

Malta und Aegypten.

———

Verbesserungen.

S. 144. Zeile 2 v. u.: statt „die grauen Bünde" lies „die drei rhätischen Bünde". Unter den Bestandtheilen der Schweiz hätten noch die freien Stände Gersau und Kloster Engelberg, beide unter dem Schutz der Waldstätte, genannt werden können.

S. 267. Zeile 3 v. o.: statt 25. lies 26.

Erstes Buch.

Der rastatter Congreß.

Erstes Kapitel.

Die Eröffnung des rastatter Congresses.

Nach sechsjährigem Kampfe war am 17. October 1797 der Friede zwischen dem Kaiser und der französischen Republik unterzeichnet. Die belgischen Provinzen wurden an Frankreich abgetreten, die Lombardei zur Bildung einer neuen Republik verwendet, die voraussichtlich Untergebene und Werkzeug ihrer Begründer bleiben mußte. Auch das linke Rheinufer fiel zum größeren Theil, wenn nicht in seiner Gesammtheit den Franzosen zu; auf der rechten Seite war den erblichen Fürsten für die verlorenen Besitzungen Entschädigung versprochen. Der Kaiser sollte dabei nicht leer ausgehen, aber zunächst in venetianischen Gebieten für Belgien und die Lombardei Ersatz erhalten. Wie viel Veränderungen des territorialen Besitzes, welch' ein Wechsel der politischen Beziehungen, wenn der Friede zur Ausführung gelangte!

Es fragte sich nur, ob er zur Ausführung gelangen würde.

Der General Bonaparte hatte den österreichischen Bevollmächtigten die besten Versprechungen gegeben. Aber wer sich der Präliminarien von Leoben und der letzten Verhandlungen erinnerte, mochte darin schwerlich vollkommene

Sicherheit erblicken. Und wenn der General wirklich guten Willens war, konnte er ihm auch Geltung verschaffen? Er hatte gegen den ausdrücklichen Wunsch seiner Regierung, mit Ueberschreitung seiner Vollmachten die Bedingungen von Campo Formio zugestanden. Das Directorium wagte nicht, dem siegreichen, unentbehrlichen Feldherrn offen entgegen zu treten, es genehmigte den Vertrag; aber wie ungern, wie un= willig! Nur zu deutlich tritt der Wunsch hervor, sich sobald als möglich der verhaßten Schranken wieder zu entledigen, und die Gelegenheit konnte schwerlich lange auf sich warten lassen. Denn nur zwischen Oesterreich und der französischen Republik war der Friede zum Abschluß gekommen; der Reichsfriede blieb späteren Unterhandlungen vorbehalten, und unter den Artikeln, die sich auf Deutschland bezogen, war mehr als einer, der durch das Unklare und Unzweckmäßige seines Inhaltes beinahe zur Verletzung des Festgesetzten aufforderte.

Auch in Wien sah man den Frieden für wenig anderes als einen Waffenstillstand an. Thugut, der leitende Minister, hätte ihn wohl schwerlich unterzeichnet; er war außer sich über die Härte, die Schmach dieses unseligen Vertrages: „Ich sehe gar keine Sicherheit für uns", schreibt er dem Grafen Franz Colloredo, unmittelbar nachdem der Inhalt ihm bekannt ge= worden war. „Die Ausführung schwebt in der Luft, vielleicht wird sie nur den zweiten Band der Präliminarien bilden[1]." Graf Cobenzl, der den Frieden selbst zum Abschluß gebracht hatte, bemerkt noch während er verhandelte, seinem Minister, „die Verwicklungen des Reichsfriedens würden statt eines Mittels zwanzig an die Hand geben, den Krieg, wenn man wolle, wieder anzufangen". Und am 2. November, in dem Briefe, der über den abgeschlossenen Frieden nach Petersburg die erste Nachricht giebt, läßt er schon einfließen: sobald man

---

[1] Alfred v. Vivenot, Vertrauliche Briefe des Freiherrn von Thugut, Wien 1872, II, 64. Die in der Folge häufig angeführten Briefe Thugut's an den Cabinetsminister Franz Colloredo finden sich ohne Ausnahme in dieser überaus werthvollen Sammlung.

russischer Hülfe versichert sei, werde man auch bei der nächsten Gelegenheit Verpflichtungen wieder abwerfen, die man nur unter dem Druck der Nothwendigkeit übernommen habe[1]).

Allein da weder auf die russische Hülfe, noch überhaupt auf einen Bundesgenossen zu rechnen war, blieb vorerst nichts übrig als der Versuch, ob nicht doch vielleicht zu Frankreich ein leidliches Verhältniß sich herstellen lasse.

Zu Campo Formio war bestimmt, daß auf einem Congresse zu Rastatt ausschließlich von Bevollmächtigten des Reiches und der französischen Republik über den Reichsfrieden verhandelt werden sollte. Zugleich wollte man dort die Ratificationen des Friedens von Campo Formio auswechseln und zu seiner Ausführung, insbesondere was die Uebergabe von Mainz und Venedig anging, die nöthigen Verabredungen treffen. Bis zur Herstellung eigentlicher Gesandtschaften in den Hauptstädten mußte der Congreßort voraussichtlich auch für Oesterreich und Frankreich zum Mittelpunkt des diplomatischen Verkehrs werden; Grund genug, daß beide Staaten ihre ausgezeichnetsten Vertreter dahin abgehen ließen. Von Reichswegen war schon in Folge der Reichstags-Verhandlungen im August 1795 eine Friedens-Deputation von fünf katholischen und fünf protestantischen Reichsständen ernannt. Mainz führte, wie auf dem Reichstage, den Vorsitz. Dazu kamen aus dem Collegium der Kurfürsten: Kursachsen, aus dem Fürstenrath: Oesterreich, Baiern, Würzburg und, von protestantischer Seite, Bremen (Hannover), Hessen-Darmstadt und Baden, endlich die Reichsstädte Augsburg und Frankfurt. Auch die Vollmachten, die Instructionen, das Schema für die Rangordnung und die Verhandlungsweise waren am 7. October desselben Jahres festgestellt. Das kaiserliche Hofdecret vom 1. November 1797 brauchte daher nur die zehn deputirten Reichsstände aufzufordern, „binnen kürzester Frist

---

1) Vgl. Bd. I dieses Werkes S. 438 und Miliutin, Geschichte des Krieges zwischen Rußland und Frankreich im Jahre 1799, München 1856, I, 380.

durch deutsche Redlichkeit und biedern Sinn achtungswürdige Abgeordnete an den Congreßort abzuschicken" [1]).

Die kleine Stadt, die man dafür ausersehen hatte, verdankte die Ehre zunächst ihrer Lage, dann vornehmlich einer historischen Erinnerung; denn auf dem Schlosse zu Rastatt war nach vierzehnjährigem Kampfe am 6. März 1714 der Friede zwischen Frankreich und dem Kaiser von dem Marschall Villars und dem Prinzen Eugen unterzeichnet worden. In jener Zeit fing der Ort eben an, nach den Verwüstungen des Krieges von 1689 sich zu erholen. Die langen geraden Straßen, die einförmigen Häuser zeugen noch jetzt von einem plötzlichen Entstehen; das ansehnlichste, beinahe das einzige bedeutende Gebäude ist im Osten der Stadt das Schloß, das Prinz Ludwig von Baden, der Held der Türkenkriege, zu seiner Residenz sich gebaut hatte. Wie die meisten französischen Schlösser jener Zeit zeigt es gegen Westen eine breite Mittelfront und stark vorspringende Flügel, zur Seite eines weiten Platzes, der vorn durch ein eisernes Gitter abgeschlossen wird. Von den inneren Räumlichkeiten ist beinahe nur der große Audienzsaal über dem mittleren Hauptportal in dem früheren Zustande erhalten; die übrigen dienen als Magazine oder Arbeitszimmer militärischen Zwecken, denen zu Liebe auch der schöne Schloßgarten auf der Ostseite in einen sandigen Exercierplatz verwandelt worden ist. Steigt man aber die breiten Treppen, weiter den Thurm bis zur vergoldeten Statue des Jupiter hinauf, so erfreut man sich des Umblicks auf eine reiche, fruchtbare Ebene, durchschnitten von der Murg und dem Rheine, im Osten durch die Gebirge des Schwarz-

---

1) Vgl. Bd. I dieses Werkes S. 191 u. 480. Geheime Geschichte der Rastatter Friedensverhandlungen von einem Schweizer (gewöhnlich Karl Ludwig v. Haller zugeschrieben), Germanien 1799, II, 50 fg. Baiern stimmte im Fürstencollegium, weil die im westphälischen Frieden erlangte Kurstimme durch die Vereinigung mit der kurpfälzischen im Jahre 1778 wieder erloschen war. Augsburg, obgleich gemischter Confession, erscheint als katholische Stadt, weil Köln und Aachen, die man aus den katholischen Städten allein hätte wählen können, sich in der Gewalt der Franzosen befanden.

waldes, im Westen durch die schönen Linien der Vogesen be=
gränzt. In diesem Schlosse sollten die kaiserlichen und die
französischen Gesandten Wohnung erhalten, mit ihnen der
mainzische als Präsident der Reichsdeputation; außerdem mußte
man für die Sitzungen Raum gewinnen.

Seit Anfang Novembers war der badische Minister
von Edelsheim beschäftigt, im Schlosse und in der Stadt für
das Unterkommen so vieler vornehmen Gäste Vorkehrung zu
treffen. Unter den Ersten erschien am 17. November der Frei=
herr von Albini, Hofkanzler des Kurfürsten von Mainz und
im unbedingten Besitze seines Vertrauens. Nur mit Mühe
konnte er im Schlosse sich einrichten, das im Kriege geplündert,
als Lazareth benutzt und noch von bösen Dünsten geschwängert
war. Mit ihm am selbigen Tage kamen der Deputirte für
Sachsen, Graf Löben, und der Freiherr von Reden, der Bremen
(Hannover) vertreten sollte, Tags darauf auch die beiden fran=
zösischen Gesandten Treilhard und Bonnier d'Arco; andere
waren schon früher angekommen, oder trafen zahlreich in den
folgenden Tagen ein.

Alle diese Diplomaten konnten aber zu keiner eigentlichen
Verhandlung gelangen, bis nicht die kaiserlichen Gesandten sich
eingestellt, der kaiserliche Plenipotentiar den Congreß eröffnet,
und Bonaparte das entscheidende Wort gesprochen hatte. Der
General war, wenige Tage nach dem Abschluß des Friedens,
von Passariano nach Mailand zurückgekehrt. Ein Uebermaß
der wichtigsten Angelegenheiten blieb noch zu erledigen. Die
venetianischen Provinzen sollten geräumt, aber vorher alles
dessen, was man den Oesterreichern nicht überlassen wollte, be=
raubt werden. Auf den jonischen Inseln war eine französische
Verwaltung einzuführen, die Stellung von Rom, Neapel,
Toscana zu überwachen, vor Allem in den Zuständen der
cisalpinischen Republik noch Manches fester zu begründen.
Am 2. November traf aus Paris die Nachricht ein, der
Friede sei genehmigt, und Bonaparte selbst zum ersten Bevoll=
mächtigten in Rastatt ernannt. Schon am 11. November konnte

er auch den Bürgern der cisalpinischen Republik ankündigen, daß die neue Verfassung zehn Tage später ihre volle Wirksamkeit erlangen würde. Er selbst wartete nicht so lange, schon am 17. trat er die Reise nach Deutschland an. In Turin blieb er eine Nacht, ohne den König zu sehen, der gerne um Schutz gebeten und seine Leiden geklagt hätte; im Waadtlande wurde er von den Feinden der Berner Aristokratie wie ein Befreier, in Basel mit beinahe königlichen Ehren empfangen. Am 25. November Abends fuhr er in einem achtspännigen Wagen, begleitet von österreichischen Husaren, in den mit Fackeln erleuchteten Hof des rastatter Schlosses[1]).

In den gleichzeitigen Berichten spiegelt sich deutlich der Eindruck, den das Erscheinen des wunderbaren Mannes in dem Kreise der Diplomaten hervorbrachte. Sie beschreiben seine Gestalt, sein ernstes Aussehen, seine Kleidung, wie er nachdenklich und schweigend die Treppe hinaufgestiegen sei; alle seine Worte und Geberden sind ihnen wichtig. Man hatte ihm in dem linken Seitenflügel des Schlosses die Zimmer angewiesen, die vordem der Marschall Villars bewohnt hatte. Aber seine Unzufriedenheit war groß, als er von den kaiserlichen Gesandten noch Keinen anwesend fand. Nur der General Merveldt hatte sich Tages vorher eingestellt, um an den Verhandlungen über Mainz theilzunehmen, war aber ohne Vollmacht, etwas abzuschließen. Graf Lehrbach, der den Kaiser als Erzherzog von Oesterreich in der Deputation vertreten sollte, ließ sich bis zum Abend des 27. erwarten, und als Bonaparte bei der ersten Begegnung von den geheimen Bedingungen des Friedens und von Mainz mit ihm zu reden wünschte, verwies er auf Cobenzl, der allein für jene Angelegenheiten Vollmacht besitze[2]). So gingen drei Tage für die drängende Ungeduld Bonaparte's beinahe verloren. Am 28. gegen Mittag empfing er von Albini den ersten

----

1) Die Einzelheiten am ausführlichsten in dem Diarium des mainzischen Gesandtschafts-Secretärs Nau im wiener Staatsarchiv.

2) Lehrbach an Thugut am 29. November. Wiener Staatsarchiv.

Besuch und gegen Abend die übrigen Mitglieder der Reichs=
deputation. Er verhehlte nicht seinen Unwillen über die Lang=
samkeit der Oesterreicher. Auch sonst ließ er Aeußerungen
fallen, die für die Integrität des Reiches nicht eben günstig
lauteten. Albini fragte er ohne Umstände, wo der Kurfürst
von Mainz, wenn er seine Hauptstadt verlöre, seine Residenz
würde aufschlagen können; der Freiherr von Stadion, der in
seinem würzburger Domherrnmantel zu ihm gekommen war,
mußte Anzügliches über die Stellung der Geistlichen hören.
„Die deutschen Bischöfe, sagte Bonaparte, sind geistliche Regenten
und Kriegsleute. Wie stimmen diese Titel mit einander? wie
sind sie im Evangelium begründet? Die Kurfürsten von Trier,
Köln und Mainz reden immer vom Himmelreiche; aber ihre
Schlösser und Reichthümer sind für sie ein Hinderniß, hinein=
zugelangen. Wissen sie nicht, daß das Evangelium sagt: die
Reichen werden in das Himmelreich nicht eingehen?" Mit Löben
sprach er über die goldene Bulle, die Reichsverfassung und die
Reichs=Deputation. Als der Gesandte die gleiche Vertretung der
verschiedenen Religions=Partheien hervorhob, bemerkte Bonaparte,
daß dieselbe vornehmlich dem Kurfürsten Moritz von Sachsen
und seinem Kampfe gegen Carl V. zu verdanken sei. Die
Reichsverfassung nannte er einen metaphysischen Körper ohne
Zusammenhang; der eine Stand führe Krieg, der andere
erkläre sich für neutral, der dritte schließe Frieden; man müsse
endlich zu einem Abschluß kommen. „Ich weiß wohl", sagte
er, „daß wir nicht in vier und zwanzig Stunden fertig werden,
aber in vier und zwanzig Tagen müßte es doch gelingen."
Einige Tage später sagte er dem Professor Martens aus Göt=
tingen, welcher als Rath der hannöverschen Gesandtschaft bei=
gegeben war: „Wie verträgt sich denn die norddeutsche Demar=
cationslinie mit den Vorschriften der Reichsverfassung? Ich
glaube, die Gelehrten werden diesen Codex wohl noch verändern
müssen. Die kleinen Souveräne, welche bald dem Kaiser, bald
Preußen anhängen, sollten fühlen, daß Frankreich ihr natür=
licher Beschützer ist, und wie Baden und Würtemberg ihren

Frieden schließen ¹)“ Um acht Uhr pflegte er zu empfangen. Man setzte sich zu ihm an den Kamin, er belebte das Gespräch, war höflich ohne Förmlichkeiten und gewinnend, wenn ihm daran gelegen war. Daneben ließ er auch, wenn es nützlich schien, die schroffen Formen hervortreten; ein Fall hat vor den übrigen in Rastatt Aufsehen gemacht.

Seit dem Tode König Gustav's III. (29. März 1792) hatte sich Schweden wenig um die Reichsangelegenheiten bekümmert, und seit dem baseler Frieden keine Reichspflichten mehr erfüllt ²). Erst jetzt, da die Verhandlungen in Rastatt beginnen sollten, erinnerte man sich in Stockholm nicht allein, daß der König als Herzog von Pommern zu den Reichsständen gehöre, sondern meinte auch, daß er als Bürge des westphälischen Friedens zur Theilnahme berechtigt sei. - In beiden Eigenschaften wollte er sich vertreten lassen, in der ersten durch einen Herrn von Bildt, der bisher den Posten eines Comitial-Gesandten in Regensburg bekleidet hatte, in der zweiten durch den Grafen Fersen, den früheren Gesandten in Paris, so bekannt durch seine Freundschaft mit der Königin Marie Antoinette und durch seine Theilnahme an der Flucht der königlichen Familie nach Varennes. Offenbar widersprach seine Anwesenheit in Rastatt oder wenigstens sein Wunsch, sich offiziell an den Verhandlungen der Reichs-Deputation zu betheiligen, dem 20. Artikel des Friedens von Campo Formio. Schon aus diesem Grunde war sie den Oesterreichern wenig angenehm, um so weniger, als der russische Hof, der den Teschener Frieden verbürgt hatte, mit Schweden das gleiche Recht ansprechen, und dann durch seine Ausschließung noch weit empfindlicher, als ohnehin, sich gekränkt fühlen konnte. Cobenzl erhielt deßhalb den ausdrücklichen Auftrag ³), die Zulassung eines schwedischen Gesandten

---

1) Gagern an Dalberg, 2. Dezember; Lehrbach, 29. November; Nau's Diarium 29. November fg.; Mainzer Diarium §. 29—31, W. St.-A.

2) Fürst Colloredo an Metternich am 12. Dezember 1797, W. St.-A.

3) Instruction vom 20. November. 2. Supplement, W. St.-A.

zu verhindern; am besten sei es, wenn man die französischen Bevollmächtigten dahin bringen könne, ihn zu vertreiben, andernfalls müsse man auch auf der Zulassung eines russischen Gesandten bestehen.

Diesmal war die französische Diplomatie in der That zum Dienste bereit. Von Anderem abgesehen, mußte schon die Persönlichkeit des Grafen Fersen beinahe als Beleidigung der Republik erscheinen. Es kam hinzu, daß der schwedische Gesandte in Paris, Herr von Staël, in Folge mehrfacher Irrungen abberufen, und der an seiner Stelle ernannte Geschäftsträger vom Directorium nicht angenommen war. Als Fersen am Nachmittag des 28. November einen förmlichen Besuch abstattete, fragte Bonaparte nach der ersten Begrüßung, wer jetzt schwedischer Gesandter in Paris sei. Fersen suchte die dortigen Vorfälle nur als ein geringfügiges Mißverständniß darzustellen, aber der General wollte gleich in einem deutlichen Beispiel zeigen, wie er zu verhandeln gewohnt sei. „Ich begreife nicht", erwiederte er, „wie der schwedische Hof es sich zur Aufgabe machen kann, nach Paris oder in die Nähe einer französischen Gesandtschaft Agenten, Minister oder Botschafter zu schicken, deren Person jedem französischen Bürger entschieden unangenehm sein muß. Der König von Schweden würde sich gewiß keinen Gesandten zuschicken lassen, der früher versucht hätte, die Bevölkerung von Stockholm zum Aufruhr zu reizen. Nein, mein Herr, die französische Republik wird nicht dulden, daß Leute, die ihr durch ihre Verbindung mit dem alten königlichen Hofe nur zu bekannt sind, herankommen, um die Vertreter des ersten Volkes der Erde zu belästigen."

„Fersen", schreibt Bonaparte bald nachher an das Directorium, „hatte während dieser Unterredung mehrmals die Farbe gewechselt. Er benahm sich wie ein Höfling, erwiederte, sein Monarch würde, was ich ihm mitgetheilt, in Ueberlegung nehmen, und entfernte sich. Ich begleitete ihn, wie es sich gehörte, mit dem gewöhnlichen Ceremoniell." Was andere Gesandte aus Rastatt berichten, stimmt im Wesentlichen mit dieser Erzählung überein [1]). Unrichtig ist es aber, wenn die Scene später in dem Lichte erscheint, als hätten die Bemerkungen Bonaparte's gleich dem Stirnrunzeln des olympischen Zeus die Kraft gehabt, den schwedischen Gesandten sogleich aus Rastatt zu verscheuchen. Fersen machte noch vielerlei Versuche, seine Stellung zu behaupten, und es war die ablehnende Haltung mehr der kaiserlichen als der französischen Gesandten, was ihn mehr als vier Monate später zur Abreise bewog.

Unterdessen war aber der Zeitpunkt für ernstere Angelegenheiten gekommen. Am 28. November Abends traf Cobenzl in Rastatt ein; am nächsten Mittag machte ihm Bonaparte mit seinem ganzen Stabe den ersten Besuch; Abends begannen die Verhandlungen. Vor allem war den Franzosen daran gelegen, schleunigst in den Besitz von Mainz zu gelangen. Schon zu Campo Formio waren darüber so genaue Bestimmungen getroffen, daß im Wesentlichen nur noch die Ausführung in Frage kam. Zu den Verhandlungen wurde außer Merveldt noch der General Latour als der Höchstcommandirende in Deutschland zugezogen; Lehrbach vermied mit gutem Bedacht, sich an einem Werke, das so wenig Ehre bringen konnte, zu betheiligen. Man kam ohne sonderliche Schwierigkeit am 1. Dezember zum Abschluß. Bis zum 25. Dezember sollten die österreichischen und die im österreichischen Solde stehenden Reichstruppen sich hinter den Inn, das österreichische Reichs-Contingent sich hinter den Lech zurückziehen, am 20. Dezember die Reichsfestungen Mannheim, Philippsburg, Ehrenbreitstein, Ulm, Ingolstadt und Würzburg von den österreichischen Truppen geräumt und aller den Oesterreichern gehörigen Vorräthe an Artillerie, Munition und Proviant entledigt werden (Art. 6), nur in Mainz eine Besatzung von nicht mehr als 15,000 Oesterreichern zurückbleiben.

---

1) Quellen für diesen Vorfall sind, außer Bonaparte's Brief an das Directorium vom 30. November, das Mainzer Diarium, Lehrbach's und Cobenzl's Berichte vom 29. Dezember. Aus einzelnen Umständen möchte man schließen, er habe erst am 29. Dezember stattgefunden, aber Nau's Journal vom 29. verlegt ihn ausdrücklich auf „den gestrigen Tag".

Mit dem 10. Dezember würden die Franzosen die Festung ein-
schließen, aber den Oesterreichern die Wege zum Abzug frei
lassen, ihnen auch beim Wegschaffen der Geschütze und Vorräthe
aus Mainz wie aus Ehrenbreitstein hülfreiche Hand leisten.
Vor dem 8. Dezember mußten die kaiserlichen Bevollmächtigten
dem Reiche von dem Rückzug der Truppen und der Räumung
der Festungen Anzeige machen (Art. 9). Sie versprachen, sich
bei dem Kurfürsten oder bei dem Reiche zu verwenden, daß
den Franzosen die Besitznahme von Mainz bis zum 30. Dezember
gestattet würde, für den Fall der Weigerung durfte Frankreich
Gewalt gebrauchen. Dagegen sollte die Räumung der venetianischen Provinzen durch die Franzosen erst mit dem 25. Dezember
ihren Anfang nehmen, und vorerst eine Besatzung von 15,000
Mann zur Erhaltung der Ruhe zurückbleiben. In späteren
Artikeln (12 u. 13) wird freilich auch die Räumung der Hauptstadt und der Festungen so wie der Einzug der Oesterreicher
für den 30. Dezember zugesagt, aber schon die Kürze der Zeit
mußte diese Bestimmung unausführbar machen. Die Convention traf also die wirksamsten Vorkehrungen, einerseits das
deutsche Reich seiner Schutzwehr zu berauben, andererseits den
Franzosen für die Erwerbung von Mainz volle Sicherheit zu gewähren, ehe sie selbst das Pfand, das sie in der Hand hielten, die
venetianischen Provinzen, herausgeben mußten. Freilich hatte
schon der Zusatzvertrag von Campo Formio sich in diesem Sinne
ausgesprochen, aber man könnte glauben, Cobenzl habe sich
in manchen Punkten nur deßhalb nachgiebig, ja fahrlässig gezeigt, um Bonaparte für einen andern Plan zu gewinnen, der
ihm mehr als alles Uebrige am Herzen lag.

Aus den Verhandlungen von Campo Formio ist erinner-
lich, wie überaus großen Werth das österreichische Cabinet auf
die italienischen Besitzungen legte. War man doch so weit gegangen, den Franzosen für die drei Legationen das gesammte
linke Rheinufer anzubieten. In Cobenzl's Instruction für den
Congreß wird es wieder als äußerst erwünscht bezeichnet, daß
die ganze Entschädigung des Kaisers auf Italien übertragen

würde: einmal, weil man die italienischen Erwerbungen an
sich als vortheilhaft betrachtete, dann weil sie das Mittel boten,
die deutschen Besitzverhältnisse unberührt zu erhalten und andere
Staaten, besonders Preußen, von Erwerbungen auszuschließen.
Cobenzl unterließ nicht, in Rastatt diese Wünsche anzudeuten,
aber der französische General war in keiner Weise geneigt, seine
eigenen Schöpfungen wieder in Gefahr zu bringen. Wenn
Cobenzl darauf hinwies, daß man am leichtesten in Italien
alle Ansprüche ausgleichen könnte, so behauptete Bonaparte
gerade im Gegentheil: Wenn beide Staaten wieder in Streit
geriethen, so würden gewiß nicht die deutschen, sondern die
italienischen Angelegenheiten dazu Veranlassung geben. Zu
eingehenden Erörterungen blieb keine Zeit. Bonaparte hatte
die Ernennung zum Bevollmächtigten in Rastatt nicht aus=
schlagen können, auch lag ihm persönlich daran, die Uebergabe
von Mainz zur Ausführung zu bringen. Dieser einmal ver=
sichert, konnten die einzelnen Bestimmungen des Reichsfriedens
kein lohnender Gegenstand für seine Thätigkeit erscheinen. Ihn
zog es nach Paris, in den Mittelpunkt der Regierung, um
seines Ruhmes zu genießen, seines Antheils an der Macht sich
zu versichern. Er hatte sich im Voraus von Barras nach
Rastatt schreiben lassen, daß das Directorium seiner baldigen
Ankunft entgegensehe. Am 1. Dezember war in Cobenzl's
Wohnung in einer langen Sitzung bis Abends sechs Uhr die Con=
vention über Mainz zum Abschluß gebracht, und der folgende
Mittag zur Unterzeichnung bestimmt. Bonaparte hatte sich
entfernt, und nach dem Essen noch mehrere Personen empfangen.
Unerwartet erschien er aber noch am Abend wieder bei Cobenzl
mit dem Wunsche, ungesäumt abzureisen. Noch in der Nacht
mußten die Abschriften des Vertrages angefertigt werden, man
unterzeichnete, und drei Stunden nach Mitternacht befand sich
Bonaparte mit seinem Gefolge auf dem Wege nach Paris. Er
hatte dem österreichischen Bevollmächtigten versprochen, seine
Reise in jeder Art zu beschleunigen und vielleicht schon in acht
Tagen wieder in Rastatt zu sein. Aber Cobenzl bemerkt so=

gleich, der eigentliche Grund dieser plötzlichen Abreise lasse sich nicht bestimmen, noch weniger die Rückkehr[1]), und scharfsinnige Leute sprachen schon damals aus, sie würde wohl niemals erfolgen.

Am Abend des Tages, an welchem der französische Bevollmächtigte sich entfernte, kam Graf Metternich, der kaiserliche Plenipotentiar, endlich in Rastatt an. Nach den Bestimmungen von Campo Formio sollte der Congreß am 17. November eröffnet werden; mehr als vierzehn Tage waren also alle Arbeiten für den Reichsfrieden verzögert. Der Unwille der Congreßmitglieder würde sich noch gesteigert haben, hätten sie gewußt, daß die Zögerung nicht einmal unabsichtlich war. Denn in der Instruction wird dem Plenipotentiar ausdrücklich zur Pflicht gemacht, er solle die Reise so einrichten, daß er erst nach den französischen Gesandten in Rastatt eintreffe, „damit diese ihm als dem Letztangekommenen nach dem zu Nymwegen, Frankfurt, Ryswyck und allgemein angenommenen Völkergebrauch die erste Visite geben müßten". Wer kann es den Franzosen verübeln, wenn sie nach so langem Warten sich jetzt nicht beeilten, dem Plenipotentiar auf die Anzeige von seiner Ankunft diese so sehr gewünschte erste Visite abzustatten? Aber auch Albini gegenüber traten schon am ersten Abend, als er mit Metternich die Legitimationen austauschte, mancherlei nur zu charakteristische Bedenklichkeiten hervor. Albini nahm Anstoß, daß in der Vollmacht Metternich's von der französischen Republik die Rede sei; das Reich habe ja die Republik noch gar nicht anerkannt. Er beruhigte sich erst nach langen Erörterungen durch die Rücksicht, daß nicht allein der Kaiser in Leoben und Campo Formio, sondern sogar England in Lille diese Bezeichnung nicht geweigert hätte. Noch bedenklicher schien ihm, daß Metternich die Deputation in Person eröffnen und dabei eigene Beglaubigungsschreiben übergeben wollte. Es tritt hier gleich eine Meinungsverschiedenheit hervor, die später in dem

---

1) Cobenzl an Thugut, 2. Dezember, Apostille 2 und 3, W. St.-A.; Gagern an Dalberg, 2. Dezember, Dalberg'sches Archiv zu Aschaffenburg.

Verhältniß Metternich's zur Deputation noch endlose Streitigkeiten verursacht hat. In der vorläufigen Reichsinstruction vom
7. October 1795 und ebenso in dem kaiserlichen Ratificationsdecret vom 19. November ist nur von einem kaiserlichen Bevollmächtigten oder Plenipotentiar die Rede. Seine Aufgabe besteht
wesentlich darin, daß „die Schlüsse der Deputation durch das
Directorium ihm überbracht, und nachdem man einer ein-
müthigen Meinung sich verglichen hat, durch ihn den französischen Abgesandten mitgetheilt werden", wie er denn auch die
Gegenerklärungen der Franzosen an die Deputation zu übermitteln hat. In einiger Abweichung von diesen Bestimmungen
wird in der besonderen Instruction für Metternich der Grundsatz ausgesprochen, daß die Reichsdeputation den Reichstag, der
kaiserliche Abgesandte den Principal-Commissar in Regensburg
repräsentire; daher kommt denn auch der Titel eines Commissars
in dieser Instruction vielfach zur Anwendung. Als solcher
hätte Metternich auch auf die inneren Angelegenheiten und die
Verhandlungen der Deputation größeren Einfluß äußern können,
als nach dem Wortlaut der Reichsvollmacht. Eben deßhalb
wollte Albini, der seinen Einfluß als Director geltend zu machen
wünschte, und wollten auch die Deputirten, sogar Lehrbach,
nichts von einem Commissarius, sondern nur von einem Pleni-
potentiarius wissen. Wenn sich aber Albini auf die in der
Reichsvollmacht als Muster aufgeführten Vorgänge der Deputationen von 1682 und 1697 berief, so wollte Metternich oder
vielmehr der ihm assistirende Legationsrath von Blum diese
nicht als verbindlich gelten lassen, weil der Kaiser die Reichsinstruction vom 7. October 1795 nur „unter Vorbehalt der
Allerhöchst Ihnen und einem kaiserlichen Plenipotentiario bei
einem Reichsfriedenscongresse nach den Gesetzen, dem Herkommen,
der Analogie und dem Völkerrecht zustehenden Prärogativen
genehmigt habe". Alle Erörterungen führten zu keinem anderen
Ergebniß, als daß der Directorialis, wie Metternich's Diarium
mittheilt, „unter einem Kopfschütteln erklärte, daß er über die
Sache ferner nachdenken wolle, worauf er sich empfahl. Seine

Excellenz ihn an der Thür des Audienzzimmers verließen, der Hofrath von Blum aber ihn bis an die Stiege, und Bediente bis an den Wagen begleiteten[1]).“

Wenigstens war nun die Möglichkeit gegeben, daß die Deputationsmitglieder bei Albini sich legitimiren konnten. In den nächsten Tagen machten sie auch dem Plenipotentiar ihren Besuch. Aber die Franzosen fügten sich nicht so leicht. Sie hatten auf die wiederholte Anzeige von Metternich's Ankunft nur durch einen Secretär, und noch dazu einen sehr jugend= lichen, ihre Empfehlung ausrichten lassen, und Metternich mußte am 5. Dezember in einer dritten Mahnung ihnen kund geben, „daß ohne ihr persönliches Erscheinen die Auswechselung der Vollmachten nicht vor sich gehen könnte, mithin der Zweck der gegenseitigen Sendung verzögert bliebe“. Endlich gaben sie nach, aber wieder nicht zur Freude Metternich's. Schon am 3. Dezember berichtet er dem Reichsvicekanzler Fürsten Colloredo, „die Franzosen hätten bei Cobenzl einen Besuch in Fracks und langen Pantalon=Beinkleidern gemacht. Er habe sich aber mit Cobenzl und Lehrbach vereinbart, bei jedem öffentlichen Her= gang mit Anstand und in einer ihrer Amtsstelle angemessenen Kleidung zu erscheinen“. In seinem Empfangszimmer hatte er den kaiserlichen Baldachin, darunter das Portrait des Kaisers herrichten lassen, unter dessen Schutz er in vollem Gefühl seiner Würde Mittags am 6. Dezember verschiedenen Mitgliedern der Deputation Audienz ertheilte. Da ganz unerwartet ließen die französischen Gesandten sich melden und erschienen, da man sie nicht abweisen konnte, unmittelbar darauf in der geputzten, ge= puderten, gallonirten Gesellschaft, die beiden in grünem Frack, langen Hosen und Bandschuhen, den verrufensten Insignien französischer Demokratie. Der Ton der Unterhaltung war „nicht ehrerbietiger als das Costüm“. Metternich entschuldigte seine verspätete Ankunft durch die schlechten Wege; „die hatten wir

---

1) Metternich's Diarium §. 7 im wiener Staatsarchiv.
2) Metternich's Diarium §. 23.

auch“, erwiederte Bonnier, und als Metternich noch ein Un=
wohlsein vorschützte, erwiederte der französische Gesandte: „Ich
bin auch seit vierzehn Tagen unwohl und bin doch gekommen“ [1]).
Der Erfolg dieser ersten Zusammenkunft war nur eine Verab=
redung, demnächst die Vollmachten auszutauschen, und Metter=
nich’s Verdruß über die Ungezogenheit seiner französischen
Collegen. Um „die Würde Seiner kaiserlichen Majestät und
des Reiches nicht zum zweitenmale blos zu stellen“, dachte er
die Auswechselung der Vollmachten nicht in seiner Wohnung,
sondern an einem dritten Orte, etwa bei Cobenzl, vorzunehmen;
„denn dann“, schreibt er seinem Vorgesetzten, „hätte sich die
Plenipotenz selbst von dem üblichen Herkommen entfernt, und
es könnte zu keiner Zeit die ungewöhnliche Hinstellung der
französischen Bevollmächtigten in ihrem dermaligen Costüme
als eine Herabsetzung für das kaiserliche und des Reiches An=
sehen betrachtet werden“. Aber auch diese Hoffnung wurde
nicht erfüllt. Metternich hatte noch am Abend nach dem Em=
pfang Albini gegenüber von der Sache gesprochen, und dieser
war so unvorsichtig, am folgenden Tage, als er eben mit Treil=
hard wegen seiner eigenen Legitimation unterhandelte, von
Metternich’s Vorhaben Kenntniß zu geben. Er war noch im
Zimmer, als Cobenzl’s Einladung eintraf. Treilhard, kaum
weniger eifrig, die kaiserliche Etiquette zu verletzen, als Metter=
nich, sie aufrecht zu erhalten, lehnte ab, und Bonnier, der schon
angenommen hatte, ließ sich entschuldigen. Metternich hörte
mehrere Tage nichts mehr von ihnen; erst als er sie am
12. Dezember nochmals durch seinen Botschafts=Rath Schrant
erinnern ließ, erklärten sie sich für den folgenden Tag, aber
nur in Metternich’s Wohnung zur Auswechselung bereit. Diese
fand denn am Abend des 13. in dem Zimmer mit dem Bal=
dachin wirklich statt. Dabei trat aber die ernstere Schwierigkeit
hervor, daß die französische Vollmacht nur auf Verhandlung

1) Metternich an Colloredo, 6. Dezember, W. St.=A.; Itzstein an
Dalberg, 7. Dezember, Dalberg’sches Archiv zu Aschaffenburg.

(traiter) nicht auf Unterzeichnung (signer) des Friedens ge=
richtet war. Metternich hielt diesen Mangel für so wichtig,
daß er an Colloredo schreibt, er würde für jeden Fall, und
sollten auch die Verhandlungen deßhalb abgebrochen werden,
auf einer neuen Vollmacht auch zur Unterzeichnung des Friedens
bestehen [1]). Er erhielt auch das Versprechen, die Vollmacht
solle nachgeliefert werden; freilich verstrichen mehrere Monate,
ehe es in Erfüllung ging.

Daß die Franzosen so wenig auf den Fortgang des Con=
gresses drängten, erklärt sich daraus, daß es ihnen vorerst weit
mehr darauf ankam, zu handeln, als zu unterhandeln. In dem
Gewirre nichtiger Förmlichkeiten machte sich schon seit mehreren
Tagen von außen her der Schritt gewaltiger Ereignisse ver=
nehmbar. Am 7. Dezember, einen Tag vor der bestimmten
Frist, hatte Lehrbach im Auftrage des Grafen Cobenzl der
Deputation die Mittheilung gemacht: in Folge des nunmehr
ratificirten Friedens von Campo Formio werde der Kaiser seine
Truppen vom Kriegsschauplatze in seine Erblande zurückziehen
und nur sein Reichscontingent im Falle unausweichlicher Noth=
wendigkeit bis zum Reichsfrieden in's Feld stellen. Wie ein
Donnerschlag war diese Nachricht in das Getreibe des Con=
gresses hineingefahren. Freilich, daß etwas Besonderes sich
im Geheimen vorbereite, hatte man längst geahnt. Schon
Cobenzl's und Merveldt's Anwesenheit erregte Argwohn, der
durch Bonaparte's Aeußerungen seine Bestätigung erhielt. „Der
von Albini", schreibt Lehrbach schon am 29. November, „kam
gleichsam wüthend zu mir und sagte, er habe den Dummen
gemacht, als wenn er all' dieses nicht verstünde; er sehe aber
ein, wo es hinaus wolle, und eher als dieses geschähe, würde
man die ganze Welt aufbieten. Alle mainzer Unterthanen
würden sich eher unter dem Schutt der Festung begraben lassen,
und er selbst würde die Volksmasse commandiren und eher zu

---

1) Mainzer Diarium §. 96. Metternich's Diarium §. 66 und Bericht
an Colloredo vom 13. Dezember.

Grunde gehen, als in so Etwas einwilligen." Lehrbach rieth, die französischen Forderungen doch erst zu erwarten, und suchte den aufgeregten Mann einstweilen zu beschwichtigen. Aber jetzt, da der Rückzug der österreichischen Truppen nur zu deutlich sprach, wiederholten sich die früheren Scenen. Der mainzische Hofkanzler war, wie Lehrbach sich ausdrückt, „ganz paralysirt". Er und wer sonst Zutritt erlangen konnte, bestürmte den Urheber der Note, nicht weniger die Grafen Cobenzl und Metternich mit Bitten und Fragen, was aus den aufgegebenen Gebieten, was aus Mainz werden solle, ob die österreichische Besatzung, ob auch die Artillerie die Stadt verlassen würde, was zu Udine und letzthin zu Rastatt vereinbart sei[1]). Wieder trat nun das System hervor, das den Oesterreichern in früherer Zeit und besonders während des letzten Krieges sich so nachtheilig erwiesen hatte. Warum sprach man nicht offen aus, was thatsächlich der Fall war: der Kaiser könne ohne neuen Krieg Mainz nicht behaupten und fühle sich dazu nicht stark genug? Den mächtigeren Reichsständen, die selbst schon weit früher in Separatverträgen das linke Rheinufer aufgegeben hatten, wäre dann kein Grund zur Anklage geboten, und selbst für die zunächst Betroffenen das Unglück, da es sie nicht unvorbereitet traf, in seinen Folgen wenigstens vermindert worden. Statt dessen versuchte man wieder, Dinge zu verheimlichen, die in kürzester Frist an den Tag kommen mußten; und dann in weit schlimmerer Gestalt, weil Niemand die Gründe, aus denen sie hervorgegangen, in Betracht ziehen und den Kreis, auf den sie sich beschränken würden, übersehen konnte. Lehrbach, Metternich und nicht weniger Cobenzl hüllten sich in unbestimmte Redensarten. Keiner, auch nicht Cobenzl, wollte von geheimen Vereinbarungen etwas wissen; wegen Mainz und in Bezug auf die Truppenmärsche wurde Albini an den Commandanten der Reichsarmee, General Staader verwiesen[2]). Außer sich vor

---

1) Lehrbach, 7. Dezember.

2) Metternich's Diarium §. 42. Mainzer Diarium §. 95. Cobenzl an Thugut, 9. Dezember.

Grimm und Entrüstung eilte Albini zu Löben, in dessen Woh=
nung Abends eine Anzahl von Bevollmächtigten sich zu ver=
sammeln pflegte, und es wurde zunächst beschlossen, die Depu=
tation unverzüglich zu eröffnen, ohne sich durch Metternich's
Bedenklichkeiten aufhalten zu lassen. Dies geschah denn auch
am 9. Dezember um eilf Uhr Morgens. Aber so wenig konnte
man der Herrschaft eines leeren Formenwesens sich entziehen,
daß selbst unter so drängenden Ereignissen die größere Hälfte
der Sitzung von ganz nichtigen Streitigkeiten ausgefüllt wurde.
Denn als bei der ersten Abstimmung, ob man die Reichsinstruction
von 1795 zur Verlesung bringen oder als bekannt voraussetzen
dürfe, Albini zuerst Kursachsen, dann die erzherzoglich öster=
reichische Stimme aufgerufen hatte, trat Löben dazwischen mit
der Behauptung: Kurmainz dürfe bei den Reichsdeputationen
nur die kurfürstlichen und die städtischen Gesandten zur Ab=
stimmung aufrufen, in Bezug auf die fürstlichen stehe nach
einem Vertrage von 1529 Kursachsen das Recht des Aufrufs
zu. Erst nach langem Hin- und Herreden bequemte sich Löben,
Kurmainz, das einen langen Besitzstand für sich anführen
konnte, für die Dauer des Congresses gewähren zu lassen: ein
Scheingefecht, um so überflüssiger, als die beiden Gesandten
schon vorher, da sie auf der Reise nach Rastatt zusammen trafen,
die Sache unter sich abgemacht hatten. Erst dann kam man
zur Hauptangelegenheit, zur Verhandlung der Lehrbach'schen
Mittheilung, und sogleich zeigte sich auch die Ohnmacht der
Deputation; denn man konnte nur beschließen, an den Reichs=
tag zu berichten und seine Weisungen zu erwarten[1]).

-----

1) Protokoll der Reichs-Friedensdeputation zu Rastatt, herausgegeben
von Heinrich Freiherrn Münch von Bellinghausen, mainzischem Hof- und
Regierungsrath und Directorialsecretär bei der Reichs-Friedensdeputation,
Rastatt 1800, I, 3 fg. Die sechs Quartbände dieses Werkes enthalten die
Verhandlungen und Beschlüsse der Deputation, die Noten Metternich's und
der französischen Bevollmächtigten, die Denkschriften der Congreßmitglieder
und zahlreiche auf die Verhandlungen bezügliche Actenstücke.

Unterdessen nahmen die Ereignisse ihren Gang. Am Tage nach der Sitzung erhielt Albini von Staader eine Antwort, die wegen Mainz zu beruhigen suchte und in zweideutigen Ausdrücken auf die Fortdauer des im April geschlossenen Waffenstillstandes verwies[1]). Aber schon am 9. Dezember überschritten auch die Franzosen die durch den Waffenstillstand vorgezeichneten Linien, nahmen das von den Oesterreichern verlassene Gebiet auf dem linken Rheinufer in Besitz und drangen weiter gegen Mainz vor. Zugleich verlautete, daß die österreichische Besatzung die Festung zum Theil schon verlassen habe, daß sogar die unter österreichischer Führung stehenden Reichs-Contingente Befehl zum Abzug erhielten, und daß man Anstalten treffe, die Artillerie und die nöthigsten Vertheidigungsmittel aus der Stadt zu entfernen. Von allem diesem machte Albini in der nächsten Sitzung am 11. Dezember Mittheilung. Selbst durch die gewundenen Phrasen des Protokolles erkennt man die Aufregung, Sorge, Entrüstung der Deputirten. Albini, berichtet Lehrbach, sei so ganz außer Fassung gewesen, daß er kaum das Protokoll habe dictiren können. „Meine Lage ist unbeschreiblich hart", bemerkt er weiter, „ich bin gleichsam die Scheibe, nach welcher in der Session Jedermann schießt". Er hielt sich aber an der Behauptung, daß ihm von geheimen Verträgen nichts bekannt sei[2]). Da die Deputation selbst ganz machtlos den Ereignissen gegenüberstand, so wurde beschlossen, nochmals an den Reichstag zu berichten, auch Metternich um Verwendung bei den Franzosen und insbesondere darum anzugehen, daß er endlich zur Auswechselung der Vollmachten schreiten möge. Wie erwähnt, fand diese Auswechselung am 13. statt; Tags darauf richtete Albini an die Franzosen die Bitte, nun auch mit der Deputation dieselbe Förmlichkeit vorzunehmen, zugleich klagte er in einer eigenen Denkschrift — wie Lehrbach bemerkt, „in erbärmlichem Französisch, aber sehr nachdrücklich" — über die Ver-

---

1) Protokoll IV, 5 fg.
2) Lehrbach am 13. u. 11. Dezember.

setzung des Waffenstillstandes und die Bedrohung von Mainz. Aus französischen Quellen verlautete schon damals, daß eine geheime Uebereinkunft zu Campo Formio und eine andere am 1. Dezember zu Rastatt abgeschlossen sei, ja, daß Mainz am 28. Dezember übergeben werden solle, und Albini machte Lehrbach die bittersten Vorwürfe. „Wir haben einen Brief des Adjutanten des Generals Augereau aus Offenburg", sagte er, „daraus haben wir alles erfahren; jetzt ist es so weit gekommen, daß französische Artilleriepferde nach Mainz gehen und die österreichische Artillerie wegführen, damit sie nur zur bestimmten Zeit nicht mehr da. sei. Wenn denn unser Schicksal unausweichlich ist, warum hat man nicht vertraulich deßhalb gesprochen?" Er gerieth in solchen Eifer, daß er sagte, Cobenzl und Merveldt würde es übel ergehen, wenn sie sich auf mainzischem Gebiete blicken ließen, „und ich selbst", rief er aus, „könnte es billigen; auch wird Graf Cobenzl lange warten, bis ich und noch andere wieder zu ihm gehen [1])."

Lehrbach blieb diesem allem gegenüber in seiner früheren Verschlossenheit; auch die Franzosen ließen zwei Tage nichts von sich hören; erst am 16. wurde Albini durch den Secretär Rosenstiel zu einer Conferenz gebeten. Und hier war es nun, wo dem unglücklichen Hofkanzler des Kurfürsten die Binde völlig von den Augen fiel. Die Franzosen erklärten mit dürren Worten, man sei in Rastatt übereingekommen, daß sie Mainz besetzen sollten; diese Stadt müßten sie haben, eher würden die Truppen die Winterquartiere nicht beziehen; der Kurfürst würde zur Zeit schon davon unterrichtet sein. Die ihnen gedruckt übergebene Reichs-Vollmacht- und Instruction sei ganz unbrauchbar; denn sie verlange, daß auf Grundlage der Reichsintegrität verhandelt werde; danach sei die Deputation nicht berechtigt, auch nur ein Dorf abzutreten. Auf solche Bedingungen könnten sie nicht unterhandeln; die Deputation müsse sich vor Allem eine unumschränkte Vollmacht verschaffen. Ver-

---

1) Lehrbach, 14. Dezember.

gebens berief sich Albini darauf, daß in Leoben die Reichsinte=
grität zur Grundlage angenommen sei, und daß man doch einst=
weilen verhandeln könne; es würde sich dann schon zeigen, wie
weit die Deputation nachzugeben im Stande sei. Die Franzosen
blieben bei ihrer Erklärung: ohne illimitirte Vollmacht sei keine
Verhandlung möglich[1]).

Alles dies theilte Albini mit der größten Heftigkeit dem
Grafen Lehrbach mit. „Betrügt man so den Kurfürsten und
das Reich?" rief er aus; „ich selbst stehe in Mainz als Ver=
räther da, alles wirft den Stein auf mich, an Allem soll ich
Schuld sein, weil ich in letzterer Zeit Alles für den kaiserlichen
Hof gethan habe. Die Preußen haben doch wenigstens vorher=
gesagt, sie zögen ab und würden den Platz nicht eher räumen,
bis die Kaiserlichen einrückten; aber den Kaiser hat man noch
am 1. November von der Reichsintegrität reden lassen, während
schon in Udine das Gegentheil festgestellt war." Er drohte,
Alles, was die Franzosen ihm gesagt, insbesondere den Aus=
druck „il est convenu", der die geheime Convention außer Zweifel
setzte, in der nächsten Sitzung zu Protokoll zu geben. „Da
ich", fährt Lehrbach fort, „den Albini und seine Heftigkeit kenne,
aber auch weiß, daß er nicht böse ist und wieder zurückgebracht
werden kann, so habe ich ihn ausreden lassen und bin endlich,
wie man sagt, hinter ihn gerückt." Lehrbach, der die Ueber=
einkunft nicht länger in Abrede stellen konnte, suchte zu zeigen,
daß die Bestrebungen der Preußen, besonders ihre Säculari=
sationspläne, für das Reich noch viel gefährlicher seien. Oester=
reich habe nicht anders handeln können; schließlich habe der
Kurfürst doch vom Kaiser noch das Beste zu hoffen. Albini
möge den verfänglichen Ausdruck im Protokoll nicht erwähnen,
sich auch erinnern, daß er kaiserlicher Geheimer Rath sei, daß
das kaiserliche Ministerium seine großen Fähigkeiten und seine
devote Denkungsart zu schätzen wisse. „Auf Dieses", fährt
Lehrbach fort, „wurde Albini ganz gelassen und äußerte: man

---

1) Protokoll I, 74.

weiß nicht, wem man sich in die Arme werfen soll." Er ver=
sprach aber, Alles, was von ihm abhinge, für den Kaiser zu
thun. „Gott", setzte er hinzu, „was muß mein armer achtzig=
jähriger Herr noch erleben!¹)."

Albini vermied in der That, in der nächsten Sitzung vom
17. Dezember von der geheimen Convention zu reden; aber
was er sonst über seine Unterredung mit den Franzosen mit=
theilen mußte, lautete trostlos genug. Es wurde beschlossen,
abermals an die Reichsversammlung zu berichten, der Pleni=
potenz gleichfalls Kenntniß zu geben und um ihre Verwendung
zu bitten: daß die Franzosen einstweilen die Unterhandlung be=
ginnen oder wenigstens ihre Forderungen mittheilen möchten; zu=
gleich sollten die in Rastatt anwesenden Abgeordneten der einzel=
nen deutschen Reichsstände unterrichtet werden, damit sie ihren
Committenten sogleich Nachricht geben und um schleunige In=
struction der Comitial=Gesandten in Regensburg bitten könnten²).

Lehrbach war mit diesem Antrag ganz einverstanden, er
rühmt sich sogar, seine Ruhe und Geistesgegenwart in der
Sitzung vollkommen bewahrt zu haben. Unter manchen bitteren
Reden, die über Oesterreich's Verfahren laut wurden, hatte der
bairische Deputirte darauf angetragen, den Kaiser um die Mit=
theilung der Präliminarien von Leoben zu ersuchen, damit man
über die Lage der Dinge Klarheit erhalte. „Man hat sich ge=
wundert", schreibt Lehrbach, „daß dieses unerwartete Aufrufen
mich nicht im Geringsten aus der Fassung gebracht hat. Kaum
hatte Baiern das letzte Wort verloren, so bin ich mit lachen=
dem Munde und mit der gelassensten Fassung und Sprache
mit einer Gegenäußerung zu Protokoll gegangen, welche ich,
wenn ich die Herbeiführung dieser Gelegenheit mit Geld hätte
bezahlen sollen, nicht besser hätte erreichen können. Denn ich
fand dadurch gleichsam nothgedrungen die gegründete Gelegen=
heit, die von den Reichsständen als solchen mit dem Reichs=

---

1) Lehrbach, 18. Dezember.
2) Protokoll I, 84.

feinde geschlossenen Separatfrieden, Neutralitäten und anderen Conventionen zu berühren und zu bemerken, daß diese Kaiser und Reich vorgelegt werden möchten, während der kaiserliche Hof als souveräne Macht die Präliminarien von Leoben abgeschlossen, das das Reich Betreffende in dem Commissionsdecret mitgetheilt habe, und Oesterreich überdies sein Contingent stelle. Die Art, wie ich diesen Gegenstand behandelt habe, fand, wenn ich es sagen darf, allgemeinen Beifall und wird die Wirkung haben, daß sobald nichts Aehnliches zum Vorschein kommt". Allein dies übergroße Selbstgefühl sollte bald eines Anderen belehrt werden. Von Tag zu Tage mehrten sich die Beweise für das geheime Einverständniß der Oesterreicher mit den Franzosen und die in Rastatt abgeschlossene Convention. Ja sie erschien noch schlimmer als sie war. Nach dem elften Artikel sollten den österreichischen Truppen, wenn sie Ehrenbreitstein räumten, von den Franzosen verschiedene Erleichterungen zu Theil werden. Man hatte dies im französischen Hauptquartiere so ausgelegt, als könne es mit Ehrenbreitstein ebenso wie mit Mainz gehalten werden, und dem General Hardy Befehl ertheilt, sich nach dem Abzug der Oesterreicher der Festung zu bemächtigen. Schon am 9. Dezember wurde sie, dem Waffenstillstand und späteren Uebereinkünften entgegen, enge eingeschlossen, und leicht möchte ein Handstreich gelungen sein, wenn nicht der Oberst Faber, der die zurückgebliebenen Reichstruppen, trierer und kölner Contingente, befehligte, sich als tüchtigen und entschlossenen Soldaten gezeigt hätte. Bei den Verhandlungen zwischen ihm und den französischen Generalen waren ihm der 8. und 11. Artikel der Convention wörtlich bekannt geworden. Faber wandte sich um Hülfe an seinen Kurfürsten und nach Rastatt. Am 17. Dezember kam der kurtrierische Gesandte, der Dombechant Graf von Kesselstadt, zu Metternich, überreichte eine Denkschrift wegen Ehrenbreitstein's und zeigte dabei die Artikel der Convention. Man kann sich Metternich's Verlegenheit vorstellen. Er konnte freilich mit gutem Gewissen versichern, daß ihm von geheimen Verhandlungen nichts be=

kannt sei; denn wie der Reichsvicekanzler Fürst Colloredo in Wien, so erhielt er selbst in Rastatt über das, was vor seinen Augen vorging, keine Aufklärung. Aber seine Berichte sind voll von Klagen, daß er den Anstand und die Würde seines Auftrages nicht länger zu behaupten vermöge. „Könnte ich, schreibt er, ganz unthätig bleiben, bis der Vorhang zerrissen sein wird, der diese Zweideutigkeiten noch zur Hälfte bedeckt, so würde mein Stand einigermaßen erträglich sein. Allein täglich und stündlich drängen Personen und Sachen auf eine positive Theilnahme der Plenipotenz, und der Boden weicht, wohin ich immer den Fuß setzen will[1].“

Seine Verlegenheit wuchs durch die Anwesenheit der preußischen Gesandten. Graf Görtz und der Freiherr von Jacobi-Klöst waren am 15. Dezember in Rastatt eingetroffen, Herr von Dohm folgte am 23. Es kostete ihnen wenig Mühe, sich von der Lage der Dinge zu unterrichten, und es ist wohl keine ungerechtfertigte Vermuthung Lehrbach's, daß sie die Vorgänge in Bezug auf Mainz nicht im mildesten Lichte darzustellen suchten. Gleich bei dem ersten Besuche bei Metternich fielen spitze Reden; die Preisgebung von Mainz und der baseler Friede wurden gegeneinander in's Feld geführt. Und mit jedem Tage, mit jeder neuen Nachricht stieg die Aufregung in Rastatt und die Entrüstung über das Benehmen der österreichischen Heerführer. Man erfuhr, daß, trotz Staader's zweideutigen Versicherungen, Mainz immer mehr von Truppen entblößt würde, daß der österreichische General auch nicht das Geringste gethan habe, die Franzosen vom Bruch des Waffenstillstandes, von der Ueberschreitung der festgesetzten Linien abzuhalten. Die Deputationssitzung vom 19. war denn auch von einer bisher unerhörten Heftigkeit. Die schreienden Widersprüche zwischen den Versicherungen und den Thaten des General Staader wurden scharf hervorgehoben, am schärfsten von Herrn von Reden. Mit bitterer Ironie wies er darauf hin, wie der Kaiser nach den

---

1) Metternich an Colloredo, 17. Dezember.

Präliminarien von Leoben die Erhaltung der Reichsintegrität ausdrücklich versprochen, wie dann die über alles Lob erhabenen landesväterlichen Gesinnungen noch in dem Hofdecret vom 1. November den auf die Basis der Reichsintegrität zu gründenden Frieden als das Ziel der rastatter Verhandlungen bezeichnet hätten. Es sei also keinem Zweifel unterworfen, daß Seine Majestät für die Sicherheit und Ruhe des deutschen Reiches landesväterliche Anstalten getroffen habe. Mit allem diesem stehe aber das Verfahren der Franzosen, ihre offen ausgesprochene Absicht, Mainz in Folge einer am 1. Dezember geschlossen sein sollenden Convention in Besitz zu nehmen, in offenem Widerspruch. Ja es sei sogar ein Beschluß des französischen Directoriums vom 19. Frimaire bekannt geworden, welcher den General Hatry ausdrücklich anweise, sich in Ausführung des Friedens von Campo Formio der Festung Mainz zu bemächtigen[1]). Alles dieses und das thatsächliche Vorgehen der Franzosen müsse zu den ängstlichsten Besorgnissen Veranlassung geben. Bremen beantrage deßhalb, die kaiserliche Plenipotenz um behufige Erläuterung zu ersuchen und zugleich die Vorlage derjenigen Artikel des Friedens von Campo Formio zu begehren, welche einen wesentlichen Bezug auf das deutsche Reich haben könnten[2]). Vergebens legte Lehrbach Verwahrung ein, weil der Kaiser den Frieden von Campo Formio als souveräne Macht abgeschlossen habe. Die Verwahrung blieb ebenso wirkungslos als die Versicherung, daß ihm von einer Convention nichts bekannt sei. Er schreibt selbst, Alles sei bei der Abstimmung gegen ihn gewesen, nur Darmstadt und die Reichsstädte hätten sich gut gehalten[3]).

---

1) Hier ist die von Bonaparte im Namen des Directoriums verfaßte Instruction vom 9. Dezember (Corresp. de Napoléon, III, 454) gemeint, welche die Bewegungen gegen Mainz im Einzelnen vorschreibt und dann auch in den folgenden Wochen genau zur Ausführung kommt.

2) Protokoll I, 96.

3) Lehrbach, 20. Dezember.

Ein Glück war es für den österreichischen Deputirten, daß er von Albini nichts mehr zu fürchten hatte. Denn dieser leidenschaftliche, leicht bewegte Mann war nach den Aufwallungen der letzten Wochen jetzt der tiefsten Niedergeschlagenheit verfallen. Einem übermächtigen Feinde gegenüber sah er nirgends Hülfe; nach einer heftigen Unterredung mit Görtz mußte er sich sagen, daß auch von Preußen nichts zu erwarten sei[1]. So wurde es Lehrbach nicht schwer, ihm begreiflich zu machen, daß er in das Unabänderliche sich füge und „daß jemand, der ganz ausgezogen werden solle, sich noch glücklich schätzen müsse, wenn er mit Hingabe seines Rockes seine übrigen Kleider retten und zu gelegener Zeit sich einen neuen anschaffen könne". Man liest in Lehrbach's Berichten nicht ohne Widerwillen die selbstgefällige Auseinandersetzung, wie er den rathlosen mainzer Kanzler zugerichtet, bald ihm Thränen entlockt, dann wieder Hoffnung auf Entschädigung gegeben, auch persönliche Vortheile am Wiener Hofe in Aussicht gestellt habe. Er brachte ihn endlich dahin, daß er der Uebergabe von Mainz sich nicht mehr widersetzte und dem Kurfürsten in diesem Sinne zu schreiben versprach. Bald richteten seine Wünsche sich schon auf Entschädigung, die er in den Besitzungen des mitdeputirten Bischofs von Würzburg zu finden glaubte, ja er wandte sich sogar an Cobenzl, den er noch kurz vorher wollte niederschlagen lassen, um durch seine Vermittelung günstigere Bedingungen für die Capitulation zu erhalten[2].

Um diese zu beschleunigen, hatten nun auch die Franzosen die wirksamsten Mittel angewendet.

Am 16. Dezember war der General Hatry bei Oppenheim über den Rhein gegangen und besetzte das linke Ufer des Main's, so daß die Festung nun von allen Seiten eingeschlossen war. Am 17. richtete er an den kurmainzischen Generallieutenant von Nuedt die Aufforderung, Mainz zu übergeben, kam am

---

1) Lehrbach, 23. Dezember.

2) Cobenzl, 20. u. 21. Dezember, Lehrbach, 23., 24., 25. Dezember.

folgenden Tage selbst in die Festung, und es erregte in Rastatt besonderes Aufsehen, daß er bei dem österreichischen Gouverneur, dem General Neu, zu Mittag gespeist hatte. Ruedt entschuldigte sich mit dem Bemerken, daß er während der Anwesenheit des kaiserlichen Gouverneurs zu einer Capitulation gar nicht berechtigt sei; darauf schickte Hatry seinen Adjutanten, den Obersten Mortier, zum Kurfürsten nach Aschaffenburg, mit der Drohung, gegen das Kurfürstenthum feindlich zu verfahren, wenn nicht die Behörden in Mainz angewiesen und der österreichische Gouverneur ermächtigt würde, die Stadt den Franzosen zu übergeben. Der Kurfürst berief sich auf die Präliminarien, auf den Waffenstillstand, protestirte und erklärte endlich seine Bereitwilligkeit, für eine Capitulation Vorkehrungen zu treffen. Aber dies genügte den Franzosen nicht. Am 23. Dezember kam Mortier mit einem zweiten Briefe nach Aschaffenburg; unverzügliche Uebergabe wurde verlangt, sonst würden die Feindseligkeiten innerhalb vier und zwanzig Stunden wieder anfangen. Was sollte der alte, machtlose Kurfürst beginnen? Kaiser und Reich verließen ihn; wenn die Oesterreicher abzogen, blieben dem General Ruedt nicht dreitausend Mann, also kaum genug, die Festung gegen einen Handstreich, geschweige gegen eine regelmäßige Belagerung zu vertheidigen. Der Kurfürst schwankte noch, dachte schon daran, Aschaffenburg zu verlassen, als ein Schreiben von Albini anlangte, das zur Nachgiebigkeit rieth. So fügte er sich, und gab die geforderten Anweisungen [1]).

An dem Tage, den Bonaparte vorher bestimmt, am 28. Dezember, wurde dann zwischen Ruedt und Hatry die Capitulation unterzeichnet, wenig später Mainz von den letzten kaiserlichen Truppen verlassen; schon am 29. besetzten die Franzosen Castel und das Gauthor, um Tages darauf in die Festung einzuziehen [2]).

Während so dem Feinde alles nach Wunsch gerieth, bietet

---

1) Lehrbach, 27. Dezember. Protokoll I, 139.

2) Die Einzelheiten bei Bockenheimer: Die Uebergabe der Stadt Mainz an die Franzosen im Dezember 1797, Mainz, 1875.

die deutsche Seite das traurigste Bild von Schwäche und Zer-
fahrenheit. Am 27. Dezember, einen Tag vor der Capitulation
von Mainz, erinnerte sich der General von Staader zum erstenmale, daß er über die Verletzung des Waffenstillstandes noch
Beschwerde führen müsse; aus seinem neuen Hauptquartier am
Lech, aus Augsburg, richtete er ein Schreiben an den General
Hatry, dessen Wirkung jeder errathen kann [1]). Nicht ein Schuß
war gefallen, um das Bollwerk, das so vielen Angriffen ge-
trotzt, dem Vaterlande zu erhalten. Nichts ist trostloser, als
die Verhandlungen in Rastatt um jene Zeit. Von Tag zu Tage
langen neue, üblere Nachrichten an; nicht allein der Kurfürst
von Mainz, mehr als zwanzig Reichsstände erhoben Beschwerde,
daß die Franzosen dem Waffenstillstand zuwider die Grenzen
verletzt, Contributionen ausgeschrieben, das Land noch ärger
als früher bedrückt, auf dem linken Rheinufer ganz republikanische
Formen eingeführt hätten. Dann wird eine Sitzung gehalten;
man klagt bei der Plenipotenz, bei dem Reichstag in Regensburg; der Plenipotentiar ermannt sich ein und das andere Mal
zu einer Beschwerdeschrift an die Franzosen; der Reichstag
wendet sich an den Kaiser, alles mit gleichem Erfolge; waren
doch den Mächtigen, die hätten helfen können, die Hände längst
gebunden. Und wäre der Streit nur von Außen gekommen!
aber auch im Innern nahmen Hader und Zwietracht kein Ende.
Die Preußen klagten über Oesterreich, die Oesterreicher über
Preußen, Mainz und die geschädigten Reichsstände über beide.
Dazwischen Zänkereien der Etiquette. Metternich verübelte der
Deputation, daß sie direkt und nicht durch Vermittlung der Plenipotenz an den Reichstag geschrieben habe. Der kaiserliche Concommissar in Regensburg und der Reichstag waren unzufrieden,
weil die Plenipotenz und die Deputation nicht rasch und ausführlich genug berichteten; Metternich haderte mit Albini, ob
er die Sitzungen feierlich eröffnen dürfe. Das Einzige, was
die Sache fördern konnte, war die Beschaffung einer neuen

---

1) Protokoll IV, 178.

Reichsvollmacht, weil die Franzosen jede Verhandlung auf Grund der alten beharrlich verweigerten.

Der Bericht darüber, den die Deputation am 17. Dezember an den Reichstag abgehen ließ, war am 22. in Regensburg eingetroffen. Da im Grunde Niemand mehr an der Integrität des Reiches festhielt, kam man schon am folgenden Tage zu dem Beschluß, die Committenten um die Zustimmung zu einer, von Mainz vorgeschlagenen unbeschränkten Vollmacht zu er= suchen. Die Sitzung, in welcher darüber Bericht erstattet, und die neue Instruction festgestellt werden sollte, wurde mit außer= gewöhnlicher Beschleunigung auf den 8. Januar 1798 angesetzt. In der That fand sich am bezeichneten Tage jeder hinreichend instruirt. Einstimmig wurde die unbeschränkte Vollmacht er= theilt, und da der kaiserliche Concommissar, durch Albini ge= drängt, schon im Voraus das Ratificationsdecret aus Wien besorgt hatte[1]), so konnte sie am 11. ausgefertigt werden und drei Tage später in Albini's Hände gelangen, der sie dann am folgenden Morgen gegen die französische Vollmacht auswechselte[2]).

Ehe wir aber dem nunmehr beginnenden diplomatischen Gefechte unsere Aufmerksamkeit zuwenden, mag es gestattet sein, auf Personen und Zustände in Rastatt einen Blick zu werfen.

---

1) Schreiben des mainzischen Directorialgesandten v. Steigentesch an den kaiserlichen Concommissar v. Hügel, 3. Januar; Hügel an Colloredo, 3. Januar; Colloredo an Metternich, 8. Januar: Beilagen eines Berichtes von Metternich vom 15. Januar im W. St.=A.

2) Protokoll IV, 145. I, 206, 213. IV, 188, 201.

Zweites Kapitel.

Diplomatie und Diplomaten zur Zeit des rastatter Congresses.

Eine Revolution, die den politischen Verhältnissen Europa's eine andere Gestalt gab, konnte auch auf den diplomatischen Verkehr nicht ohne Einfluß bleiben. Wie oft war Frankreich Mittelpunkt der wichtigsten Verhandlungen gewesen! Die Formen, die Sprache, die Kleidung der Diplomaten waren französisch. Jetzt schied derselbe Staat aus dem offiziellen Verkehr völlig aus; freilich nicht, ohne den Nachbarn sein Dasein in so gewaltsamer Weise fühlbar zu machen, daß sie unter sich umsomehr zu Verhandlungen gedrängt wurden.

Wie zu Anfang des Jahrhunderts, so bildeten auch kurz vor dem Ausbruch der Revolution zwei Gruppen von Staaten zwei beinahe getrennte Schauplätze kriegerischer und diplomatischer Thätigkeit. Wie vordem der Krieg um die spanische Erbfolge den Westen, der nordische Krieg den Osten Europa's bewegte, so war es jetzt der Streit um die Herrschaft zur See und über die Colonien, der England, Spanien, Frankreich und Nordamerika gegenüberstellte, während Oesterreich, Preußen und Rußland vornehmlich durch die polnischen und türkischen Händel beschäftigt wurden. Die Revolution, indem sie allem Bestehenden gegenüber trat, setzte die gesonderten Bestrebungen mit einander in Verbindung; denn nicht einzeln, nur zu gemeinsamer Thätigkeit geeinigt, konnte man hoffen, des übermächtigen Gegners Herr zu werden. Neben allen Erfolgen der Kriegskunst, erweist sich doch die Feder der Diplomaten als eine der wirksamsten und gefährlichsten Waffen. Denn der Bestand und die

Bewegung der Heere, das Feld ihrer Thätigkeit wird doch im letzten Grunde wesentlich durch diplomatisches Uebereinkommen bestimmt; kein österreichischer General hat auf den Verlauf des Krieges nur annähernd einen Einfluß geübt, wie der leitende Minister in Wien.

Auch die Thätigkeit der Gesandten an fremden Höfen war damals bedeutender und selbstständiger als in unserer Zeit. Eisenbahnen und Telegraphen stellen jetzt nach dem fernsten Punkte eine rasche, ja augenblickliche Verbindung her, der kleinste Schritt, jedes Wort kann vorgezeichnet werden. Damals hätte man die diplomatische Thätigkeit beinahe unmöglich gemacht, Befehle ertheilt, die vor der Ankunft veralten und unausführbar werden mußten, hätte man nicht Vieles der freien Bestimmung des Gesandten anheim gegeben. Denn oft vergingen Wochen, sogar Monate, ehe sich die Antwort auf eine Mittheilung erwarten ließ. Eilboten brauchten im günstigen Falle von London nach Moskau einen Monat, von London nach Petersburg mehr als drei Wochen; von Wien nach Petersburg zwei bis drei Wochen, nach Rastatt vier bis fünf Tage, nach Paris sieben Tage. Von Berlin rechnete man nach Wien drei bis vier Tage, nach Rastatt fünf Tage, nach Paris acht Tage, von Rastatt nach Paris wenigstens zwei Tage; als etwas ganz Außerordentliches wird gerühmt, daß der österreichische Courier Pfaffel den Weg in ein und vierzig Stunden zurückgelegt habe. Die Post brauchte für alle diese Entfernungen zuweilen die doppelte, immer eine beträchtlich längere Zeit, abgesehen von Unfällen und Hindernissen, die auf den schlecht gebauten Straßen unaufhörlich sich wiederholten. Selbst bei den Reisen von Gesandten und fürstlichen Personen bilden zerbrochene und umgeworfene Wagen eine selten fehlende Ursache verzögerten Eintreffens. Zu Anfang der neunziger Jahre hatte allerdings ein Franzose, Claudius Chappe, den damals sogenannten Telegraphen erfunden; eben bei Eröffnung des rastatter Congresses war er beschäftigt, auf dem Thurme des straßburger Münsters seine Instrumente aufzustellen, und es gelang in der That, durch eine Reihe in bestimmten Entfernungen wiederholter und fortgepflanzter Zeichen innerhalb sechs Stunden eine Correspondenz nach Paris zu übermitteln[1]). Aber die Maschinerie war mühsam, gebrechlich und von Wind und Wetter abhängig; selbst in Frankreich, selbst unter einem Herrscher wie Napoleon, gelangte sie nicht zu eigentlicher Bedeutung, in anderen Ländern scheint man sie zunächst gar nicht benutzt zu haben.

Nicht allein die rasche, auch die sichere Beförderung der Depeschen war damals den Diplomaten eine Sorge. Ehrfurcht vor dem Briefgeheimniß gehörte noch gar nicht zu den Moralgeboten für die Postverwaltung. Die Oesterreicher standen mit der Thurn- und Taxisschen Reichspost in einem Vertragsverhältniß, wonach ihnen alle verdächtigen Briefe ausgeliefert wurden. Diplomatische Depeschen zu öffnen war in den europäischen Hauptstädten ein so allgemeiner, auch so allgemein bekannter Brauch, daß er kaum noch als Verletzung gegebenen Vertrauens erscheint. Die Depeschen wurden darauf eingerichtet. Der erste Theil enthält in Buchstaben, en clair, officielle und überhaupt solche Nachrichten, aus denen man kein Geheimniß machte. Sie dienten oft geradezu als Mittheilung an den fremden Hof, sei es um ihn irre zu führen, oder ihm eine irrige Meinung zu nehmen, oder sich zu entschuldigen, oder einen Wunsch anzudeuten, den man nicht wohl offen aussprechen konnte. „C'est pour ceux qui me lisent en France", schreibt der preußische Gesandte Sandoz-Rollin nach der glänzenden Schilderung einer republikanischen Feierlichkeit in Paris, und dann beginnt in Chiffern eine Beschreibung desselben Festes, die allerdings den französischen Leser wenig erbaut haben möchte. Bei Benutzung der

---

1) Lehrbach, 15. Februar 1799. Nouvelles politiques de Leyde, 9. Janvier 1798. Graf Miot erzählt (Mémoires I, 36), während er im Jahre 1793 in Paris auf dem Kriegsministerium gearbeitet habe, sei Chappe zu ihm gekommen, um seine neue Erfindung anzubieten, die er als Tachygraphie bezeichnete, bis Miot den passenderen Namen der Telegraphie in Vorschlag brachte.

Depeschen ist daher der chiffrirte Theil durchaus von dem andern zu unterscheiden. Eine Mittheilung, besonders ein Urtheil, ist häufig in Buchstaben nichts bedeutend, zuweilen genau das Gegentheil dessen, was man einige Zeilen später in Chiffern liest. Und selbst den Chiffern ist nicht immer zu trauen; denn es kommt vor, daß der Diplomat seinen Gegner, von dem er annimmt, daß er den Schlüssel der Chiffern entdeckt habe, ge=rade durch das scheinbare Geheimniß in Irrthum führen will.

Die Kunst, Chiffern zu lesen, wurde, wie sich denken läßt, mit dem höchsten Eifer betrieben; man hatte es darin zu einer unglaublichen Geschicklichkeit gebracht. Freilich suchte man von der anderen Seite die Lösung der Chiffern durch die feinst er=sonnenen Mittel zu erschweren. Für dasselbe Wort erscheinen verschiedene Zeichen, lange Reihen von Chiffern (Nonvaleurs) bedeuten gar nichts. Aber die Beharrlichkeit der Dechiffrirenden trägt gewöhnlich den Sieg davon. Als Lucchesini zur Zeit der Consular=Regierung den Gesandtschaftsposten in Paris beklei=dete, hörte er von einer vertrauten Person des französischen Ministeriums: keine preußische Chiffer sei so schwierig, daß man sie nicht nach einem gewissen Zeitraum lesen könne. Für die ge=schicktesten in dieser Kunst galten die Oesterreicher. Das schwarze Cabinet in der Staatskanzlei enthielt alle erdenklichen Mittel, Briefe unmerklich zu öffnen und wieder zu schließen, und die preußischen Depeschen nach und von Wien wurden beinahe ohne Ausnahme dem österreichischen Ministerium bekannt. Die weniger geschickten Russen pflegten, wenn sie nicht etwa durch Bestechung oder Diebstahl den Schlüssel sich verschafft hatten, eine Abschrift der geöffneten preußischen Depeschen nach Wien zu schicken, damit sie dort gelesen oder, wie der technische Aus=druck lautet, perlustrirt würden. In Preußen scheint man die Kunst wenigstens nicht so geschickt und eifrig als in Wien be=trieben zu haben. „Die Eröffnung der Briefe in Berlin", schreibt der Graf Leopold zu Stolberg am 4. März 1797 an seinen Landesherrn, den Herzog Peter v. Oldenburg, „erstreckt sich nicht auf andere als auf dortige fremde Gesandte, dazu

nicht auf alle 1)“. Mir sind wenige Depeschen, die man auf=
gefangen und dechiffrirt hätte, aus dem berliner Archiv er=
innerlich. Dagegen kann man zuweilen eine ganze Folge preußi=
scher Correspondenzen auch auf dem Wiener Archiv studiren,
und ebenso sind im Haag viele Foliobände mit den Abschriften
preußischer Depeschen gefüllt, die, an die Gesandten in Holland
oder in London gerichtet, unterweges geöffnet und entziffert
wurden.

Sollte also eine wichtige Mittheilung rasch und sicher beför=
dert werden, so mußte man sich besonderer Couriere bedienen. Die
Oesterreicher benutzten sie häufig, trotz der nicht unbedeutenden
Kosten; bei der sparsamen preußischen Verwaltung verursachte
es manchem Diplomaten vieles Kopfzerbrechen, ehe er sich zur
Absendung eines Couriers entschloß, und manchem ist gleich=
wohl verwiesen worden, daß er unnöthiger Weise solche Ver=
schwendung sich gestattet habe. Ein Verweis dieser Art war
auch im März 1797 an den preußischen Residenten Caesar in
Wien ergangen, der in Abwesenheit Lucchesini’s sich mit dop=
peltem Eifer bemühte, dem Ministerium recht ausführliche und
rasche Mittheilungen zu machen. Da, in der Zeit höchster
Spannung, als Bonaparte beinahe vor den Thoren Wiens
drohte, in der Nacht vom 10. auf den 11. April wurde unter
geheimnißvollen Formen dem Thürhüter der preußischen Ge=
sandtschaft ein Paquet für Caesar abgegeben, mit dem beige=
fügten Verlangen, es müsse sogleich, aber uneröffnet, durch
einen Courier nach Berlin befördert werden. Der Inhalt sei
von höchster Wichtigkeit, das Heil des Staates hänge davon ab.
Der Resident, noch unter dem Eindruck des kaum erhaltenen
Verweises, erwog in doppelter Verlegenheit, was er zu thun
habe. Endlich, damit in keinem Falle etwas versäumt würde,
entschließt er sich gleichwohl, den Gesandtschafts-Secretär Matolai
mit dem Paquet nach Berlin zu schicken. Er setzt dem Mini=

------

1) Vgl. Hennes, Fr. Leopold Graf zu Stolberg und Herzog Peter
v. Oldenburg, Mainz, 1870, S. 502.

sterium seine Gründe auseinander und erbietet sich, die Kosten der Sendung, falls sie sich unnöthig erweisen sollte, aus eigener Tasche zu bezahlen[1]). Dies wurde nun freilich nicht gefordert, aber Lob erhielt er auch nicht. Denn in dem Paquet, als es in Berlin eröffnet wurde, fand sich nichts als eine Anzahl buntgemalter, ganz alberner Carrikaturen. Der Minister Alvensleben meint, das Ganze sei nur ein Aprilscherz, und der König, dem man, was ein Courier überbracht hatte, doch nicht vorenthalten konnte, bemerkt nicht mit Unrecht: „ceci ne valait pas la peine d'être envoyé de Vienne".

Zur Sprache des diplomatischen Verkehrs war seit dem westphälischen Frieden mehr und mehr die französische geworden, theils in Folge des Uebergewichts, das Frankreich überhaupt in den Angelegenheiten der Diplomatie und der Gesellschaft gewonnen hatte, theils und nicht zum wenigsten in Folge der besonderen Eigenschaften dieser Sprache. Bei ihrer Verwandtschaft mit der lateinischen bot sie jedem Gebildeten etwas Bekanntes, in England war sie von jeher bei Hofe und von dem normännischen Adel gesprochen worden, und die eigenthümliche Ausbildung, die sie im 17. Jahrhundert in den Werken großer Schriftsteller und am Hofe Ludwigs XIV. erhielt, gab ihr einerseits eine sonst unerreichte Fähigkeit des leichten, klaren und genauen Ausdrucks, andererseits einen conventionellen Charakter, unschätzbar für den Diplomaten, der mit ihrer Hülfe nichtssagenden und doch unentbehrlichen Höflichkeiten eine bequeme, sogar anmuthige Form zu geben vermochte. Kein Wunder, daß diese Vorzüge selbst für den inneren Verkehr der weniger fortgeschrittenen Staaten den Ausschlag gaben. In England und Italien werden die Depeschen an die Regierung in der Landessprache verfaßt, in Rußland und Preußen französisch, auch in Oesterreich, soweit es sich um den König von Ungarn und Böhmen handelt. Nur in Reichsangelegenheiten schreibt man deutsch, aber nur zu oft jenes Deutsch der Kanzleien, das selbst einem Deutschen

---

1) Bericht Caesar's vom 11. März 1797 im preußischen Staatsarchiv.

das Gefühl gibt, er komme auf gebahnten Weg, wenn er wieder französische Dokumente vor Augen hat. Selbst das Lateinische war noch nicht ganz verdrängt; die Beglaubigungsschreiben für Cobenzl nach Udine, für Metternich nach Rastatt, für Malmesbury nach Lille sind, weil sie auch von Fremden gelesen werden sollten, lateinisch ausgestellt. Auch die technischen Ausdrücke in der Geschäftsführung des Reichstags sind lateinisch geblieben, in ähnlicher Weise, wie der Geschäftsstil des englischen Parlamentes bis auf den heutigen Tag einzelne französische Ausdrücke behalten hat. Aber in der rastatter Deputation wie am Reichstage verhandelt man deutsch, schickte auch den Franzosen in deutscher Sprache die Beschlüsse, die sie dann selbst in's Französische übersetzen mochten.

Bedeutend nicht allein für die Form, sondern auch für den Inhalt der Schriftstücke ist eine andere Verschiedenheit. In England, Neapel, auch in Oesterreich werden die Depeschen der im Auslande befindlichen Diplomaten an den leitenden Minister addressirt, in Rußland zum größeren Theile, in Preußen ohne Ausnahme an den Regenten; im Namen des Regenten und vom Regenten unterzeichnet erhalten auch die preußischen Gesandten ihre Anweisungen. Offenbar setzt es den Minister in Vortheil, wenn er im Namen des Monarchen schreiben kann. Die berliner Depeschen schlagen oft einen Ton väterlicher Ermahnung, oft auch der Rüge und Zurechtweisung an, den selbst der höchststehende Staatsdiener sich nicht gestatten dürfte. Bei dem Gesandten, der doch weiß, daß alle diese Dinge nicht in dem Kopfe des Monarchen, sondern gewöhnlich des concipirenden Ministerialrathes ihren Ursprung genommen haben, streitet dann oft sichtbar das Gefühl unverbrüchlicher Devotion mit dem Aerger, daß er sich dergleichen soll gefallen lassen. Unter dem Ministerium des Grafen Haugwitz wäre es ohne jene Schranke gewiß zu weit heftigeren Erörterungen gekommen, als sie in den preußischen Depeschen zu finden sind.

Musterhaft ist die Ordnung des diplomatischen Verkehrs in Preußen. Zweimal wöchentlich schreibt der Gesandte an den König, und niemals fehlt die Antwort; ist er säumig, so wird er auch alsbald an seine Pflicht erinnert. Man hegt wohl die Vorstellung, unter Friedrich Wilhelm II. habe die Beamtenwelt sich durchaus einem leichtfertigen, nur auf den Genuß gerichteten Treiben hingegeben. Aber schon die zahlreichen Foliobände des diplomatischen Schriftwechsels beweisen, daß gerade unter den Ministerialbeamten noch viel von dem Ordnungssinn und der Arbeitskraft der früheren Regierung sich erhalten hatte. Man begreift kaum, wie ein einzelner Mann alles bewältigen konnte, was, um nur ein Beispiel anzuführen, von der Hand des Geheimenraths Renfner bearbeitet ist. Die Correspondenzen nach Wien und Petersburg und gar manches Andere sind Jahr aus Jahr ein mit nie fehlender Pünktlichkeit und Sorgfalt von ihm entworfen. Nur ein einziges Mal, so weit ich mich erinnere, läßt er sich für einen Tag durch eine fremde Hand ersetzen, aber man wird ihn wohl für ausreichend entschuldigt halten, wenn man auf dem Rande des Blattes die Bemerkung liest: Monsieur Renfner a pris un congé de vingt-quatre heures pour se marier. In Oesterreich ist der Depeschenwechsel nicht so regelmäßig, mehr von dem unmittelbar hervortretenden Bedürfniß abhängig. Nach und von Petersburg geht monatlich einmal eine große Expedition durch Courier.

Um die Beamten an Ordnung zu gewöhnen, um keine Gelegenheit zu versäumen und sich immer auf dem Laufenden zu erhalten, hat das preußische System große Vorzüge. Freilich kann ein Berichterstatter, der so oft zu schreiben gezwungen ist, seinen Depeschen unmöglich immer einen interessanten Inhalt geben; schon Gesagtes muß wiederholt, Fernliegendes, ja Unbedeutendes herangezogen werden, um nur den Raum zu füllen. Merkwürdig, daß man gleichwohl gerade in den preußischen Depeschen beinahe niemals der Neigung begegnet, die Trockenheit der Mittheilungen durch Anekdoten, Klatschgeschichten und ähnliche Dinge zu würzen. Einiges aus Lucchesini's Feder ist zudem vortrefflich geschrieben, auch unter das Interessanteste zu rechnen, was man über jene Zeit nur lesen kann. In noch höherem Maße sind die Depeschen Cobenzl's eine unentbehrliche Quelle. Wenn die Zeitungen damals viel weniger inhaltsreich waren als jetzt, weil viel weniger von den politischen Vorgängen und den bewegenden Ursachen des Staatslebens in die Oeffentlichkeit gelangte, so gilt aus demselben Grunde für die Depeschen das Gegentheil. Eben weil sie nicht über den engsten Kreis hinausgingen, konnte der Schreiber sich weit größere Freiheit der Mittheilung gestatten, als zu einer Zeit, in welcher die gelben und blauen Bücher zuweilen nicht weniger für die Oeffentlichkeit, als für die vorgesetzte Behörde geschrieben werden. Unbedingtes Vertrauen wird man auch jenen älteren Depeschen nicht schenken dürfen, besonders wenn sie über den Verlauf eines Gespräches, über die eigenen Handlungen des Gesandten sich auslassen. Unzweifelhaft enthalten sie viel von dem, was die Franzosen als pensées oder esprit d'escalier zu bezeichnen pflegen. Man braucht nur die Berichte verschiedener Gesandten über denselben Vorfall zu vergleichen: Jeder will gehört haben, was er gern hört, jeder gesagt oder gethan haben, was er gesagt oder gethan haben möchte, um sich bei seinem Vorgesetzten in das beste Licht zu stellen. Aber dieser Nachtheil ist nicht so bedeutend, als er beim ersten Blick scheinen könnte. Denn in der Hauptsache läßt sich doch der Verlauf und insbesondere das Ergebniß einer Verhandlung nicht verändern. Was aber die Gründe und Gegengründe im Einzelnen angeht, so wird die Darlegung von der einen Seite den Gegner gewiß eben so selten als in den parlamentarischen Versammlungen unserer Zeit von einer vorgefaßten Absicht zurückgebracht haben. Für den Historiker bleibt es in den meisten Fällen das Wichtigste, zu erfahren, wie jede Regierung die Verhältnisse aufgefaßt, wodurch sie ihre Handlungen bestimmt und worin sie ihre Rechtfertigung gesucht habe. Alles dies kann eben so wohl in dem, was der Gesandte gesagt haben will, als in dem, was er wirklich gesagt hat, zum Ausdruck kommen.

Ueber das Ceremoniell zu reden, wird sich in dem Folgenden nur zu häufig noch Veranlassung finden. Die Franzosen setzten einen Stolz darin, dem überlieferten Katechismus diplomatischer Gebote, so oft sie irgend konnten, ihre Verachtung zu beweisen; auch von der Gegenseite erkannten wenigstens die Begabteren das Nichtige dieses Formenwesens. Aber man war noch nicht weit genug, um sich darüber hinwegzusetzen. Gerade Lehrbach's Berichte aus Rastatt geben ein deutliches Beispiel, daß „nicht jeder frei ist, der seiner Ketten spottet".

Wie in diesem einzelnen Manne, so stoßen auch in dem ganzen Treiben des Congresses die beiden Richtungen auf einander. Und so ist es die eigentliche Signatur dieser Versammlung, daß sie, der Zeit nach auf der Grenzscheide zweier Jahrhunderte gelegen, noch einmal die diplomatische Vertretung des alten Europa freilich mit unzureichenden Kräften denen, die es zerstörten, gegenüber stellt. Wenn aber der rastatter Congreß eine so unerfreuliche Erinnerung hinterlassen hat, wenn er recht eigentlich als Wahrzeichen für die Ohnmacht und Zerrissenheit unseres Vaterlandes, für die Rohheit und den Uebermuth der Franzosen erscheint, so mag man daraus erkennen, wie sehr auch begabte Menschen von äußeren Umständen und Verhältnissen abhängig sind. Denn an Talent, Erfahrung, Kenntnissen hat es den Versammelten wahrlich nicht gefehlt; vielleicht auf keinem der früheren Congresse hat eine größere Zahl von bedeutenden Männern sich zusammengefunden.

Von Bonaparte ist hier nicht zu reden, weil Jeder ihn kennt und seine Anwesenheit in Rastatt sich auf wenige Tage beschränkte. Auch Cobenzl, unter den Diplomaten des 18. Jahrhunderts unstreitig einer der Ersten, ist aus früheren Verhandlungen genugsam bekannt. Ich will nur bemerken, daß er sich in Rastatt zeigte wie überall: thätig, scharfsinnig, wohlunterrichtet, unermüdlich für die Interessen seines Herrn, aber ohne höhere Gesichtspunkte, ohne eigentlich nationalen Sinn; denn was ihm am Herzen lag, war nicht sowohl Deutschland, als die Würde und der Einfluß seines Herrn in Deutschland. Seine Bildung war durchaus die französische, die für einen Deutschen, auch wenn er sie vollständig sich hätte aneignen können, immer eine unvollständige geblieben wäre. So fehlte auch seinem

Wesen bei aller Feinheit aristokratischer Formen die Würde, die nur einem wahrhaft durchgebildeten Geist und Charakter sich zu gesellen pflegt. Viel ist gerade mit Bezug auf den rastatter Aufenthalt über die Leichtfertigkeit seiner Sitten geredet. Ich weiß nicht, wie weit es auf Wahrheit oder Verläumbung beruht. In keinem Falle gehört es der Geschichte an; denn man findet nicht einen Schatten von Wahrscheinlichkeit, daß Leichtsinn und Vergnügungssucht auf die diplomatische Thätigkeit des Gesandten Einfluß geäußert hätten. Im Gegentheil: seine Arbeitskraft, seine Beweglichkeit müssen Staunen erregen. Es ist keine geringe Aufgabe, nur zu lesen, was er in seinem Leben verfaßt und geschrieben hat. Und man glaube nicht, daß so viele umfangreiche Schriftstücke etwa die Arbeit der Secretäre, etwa allein durch die Unterschrift ihm angeeignet wären. Die Mehrzahl oder doch ein sehr großer Theil gerade der rastatter Depeschen liegt im Entwurf noch vor, von seiner Hand geschrieben oder doch unzweifelhaft von ihm selbst dictirt.

Eine ganz verschiedene Natur war der Graf Franz Georg Karl von Metternich-Winneburg, aus der weitverbreiteten rheinischen Familie, die dem Kurstaat Trier mehrere Fürsten gegeben hatte. Früh in Geschäften seines Landesherrn nach Wien geschickt, findet er bald in kaiserlichen Diensten rasche Beförderung; 1791 wird er bevollmächtigter Minister in den Niederlanden, freilich nur, um sie schon im folgenden Herbst in der Gewalt der Franzosen zu sehen. Bei der Rückkehr der Oesterreicher 1793 wurden die Pferde des goldenen Wagens ausgespannt, mit welchem er in Brüssel seinen Einzug hielt. Viel weniger feierlich mußte er kaum ein Jahr später bei dem übereiligen Rückzuge die Hauptstadt und die Niederlande für immer verlassen. Es wäre nicht leicht zu sagen, was ihm so hohe Ehrenämter verschaffte; sicher nicht ausgezeichnetes Talent oder besondere Geschäftskenntniß. Er war ein vornehmer Herr, wohlwollend, von freundlichen Formen, darum für die Stelle eines Plenipotentiars, der zumeist in der Repräsentation seine Aufgabe fand, nicht ungeeignet; auf die Verhandlungen hatte er so gut wie gar keinen Einfluß, von den Geheimnissen seiner Regierung nicht einmal Kenntniß. Jede bedeutende Entscheidung war von Cobenzl's und Lehrbach's Anweisungen abhängig, und selbst was die Formalien angeht, ließ er Unterbeamte für sich arbeiten, ohne von dem, was er unterschreiben mußte, oft nur Einsicht zu nehmen. Man hatte ihm zwei der steifsten Perrückenträger, die Botschaftsräthe Schrant und Blum, an die Seite gestellt. Ihr ungeschickter Eigensinn brachte auch Metternich trotz seines nachgiebigen Wesens in mancherlei Streitigkeiten mit der Deputation, und es bedurfte häufig Lehrbach's Dazwischenkunft, um eine leibliche Eintracht herzustellen.

Lehrbach war es, der, wie wir gesehen, den Kaiser als Erzherzog von Oesterreich in der Deputation zu vertreten hatte. Es ist viel Böses von ihm gesagt, und seine eigenen Berichte aus Rastatt zeigen ihn durchaus nicht von einer liebenswürdigen Seite. Auch Thugut läßt in zahlreichen Aeußerungen durchblicken, wie sehr ihm Lehrbach's Wesen im Grunde widerwärtig war. Er nennt ihn einen eitlen Schwätzer; und in der That selten findet man in den Depeschen eines Gesandten so viel Ruhmrediges und eine so unverwüstliche Selbstzufriedenheit, besonders wenn er seinen Collegen einen Fehler nachweisen und dann seine eigene Klugheit in ein recht helles Licht setzen kann. Er war wie Metternich dem Reichsadel, einer gräflichen Familie in Hessen entsprossen, und in kaiserlichem Dienste lange Zeit in München der eifrigste Förderer des Plans, das Land mit Oesterreich zu vereinigen. 1797 hatte er in Tyrol eine Insurrection gegen die Franzosen organisirt, wie er denn auch in seinem Auftreten eine soldatische Derbheit zur Schau trug, die an Rohheit gränzte. Wenn er heftig wurde, hörte man sein Geschrei über den weiten Hof des rastatter Schlosses schallen. Dabei darf man aber seine Fähigkeiten nicht gering anschlagen. Er war thätig, gewandt, dreist, — was den Franzosen gegenüber als unentbehrliche Tugend erscheinen muß, — durch den Aufenthalt in München und vielfache Verhandlungen mit den süddeutschen Reichsständen in seltenem Maße der Reichsan-

gelegenheiten kundig, und man muß ihm zugestehen, daß er
der schwierigen Aufgabe in Rastatt durch Verstand und Um=
sicht sich gewachsen zeigte. Um die Abneigung mancher Con=
greßmitglieder gegen ihn erklärlich zu finden, darf man sich
freilich nur erinnern, wie er mit Albini umging.

Dieser Mann, der Vorsitzende oder Directorialis der De=
putation, wird schon durch sein Benehmen bei der Capitulation
von Mainz deutlich genug gezeichnet. Von einem Extreme zum
anderen schwankend, bald nach dieser, bald nach jener Stütze
greifend, giebt er ein trauriges Bild der Verworrenheit und
Haltlosigkeit der Zeiten. Ich sage der Zeiten, denn persönlich
war er durchaus nicht ohne Fähigkeiten, voll guten Willens
und treu ergeben seinem alten Herrn, dessen ganzes Vertrauen
er besaß. Auch darf man die wiederholten Drohungen, er
wolle das Land bewaffnen und sich selbst an die Spitze stellen,
nicht für leere Worte halten; in dem wieder ausbrechenden Kriege
hat er an der Spitze der fränkischen Bauern muthig gefochten,
und das Volkslied feiert nicht ohne Grund den General Albini [1]).
Etwas jünger als Metternich, etwas älter als Lehrbach und
Cobenzl, stand er zur Zeit des Congresses im fünfzigsten Jahre;
seine Bildung hatte er sich als Referendar des Reichshofraths
in Wien angeeignet, von dort auch den Titel eines kaiserlichen
Geheimenrathes mitgebracht. Man wird sehen, daß seine Be=
mühungen für Mainz nicht ohne Erfolg waren; auch behielt
er die Gunst des alten Kurfürsten und nicht weniger seines
Nachfolgers Dalberg. Als Directorialgesandter am Reichstag
hatte er die traurige Aufgabe, die Auflösung des untergehen=
den Reiches selbst mit auszusprechen. Ja er sollte auch mit
dem Anfang einer neuen Zeit wieder auf der Bühne erschei=
nen; Kaiser Franz ernannte ihn 1815 zum Präsidenten des
Bundestages, und während der Vorbereitungen für dies neue
Amt ist er 1816 zu Frankfurt gestorben.

Unter den übrigen Mitgliedern der Deputation wird der

---

1) Kurmainzisches Kriegslied in „Des Knaben Wunderhorn“.

sächsische Gesandte Graf von Löben als das Muster eines braven, verständigen, patriotisch denkenden Mannes gerühmt; er ist vielleicht der einzige, in dessen Lobe alle Parteien übereinstimmen. Die politische Stellung Sachsens, das ohne eigene Ansprüche zwischen den verschiedenen Interessen vermittelte, kam ihm zu statten. Baiern war durch einen Grafen von Preysing, darauf, als dieser zu tief mit den französischen Gesandten sich einließ, seit dem 22. Februar, es scheint auf Lehrbach's Betreiben, durch den Grafen Topor Morawitzky vertreten. Die bedeutendste Person der Gesandtschaft war der Geheimerath Georg Friedrich Zentner, ein geistvoller Mann, schon durchaus in den Grundsätzen einer neuen Zeit erwachsen, dem seine Thätigkeit in Rastatt den Weg zu den wichtigen Aemtern bahnte, die er später in Baiern bekleidet hat. Auch der herzoglich bremische Gesandte, Freiherr v. Reden, ein kalter, kluger Diplomat, im gesellschaftlichen wie im amtlichen Verkehr nicht gerade von angenehmen Formen, hatte gelehrten Beistand. Von der Regentschaft in Hannover war ihm der schon damals berühmte göttinger Professor Georg Friedrich von Martens an die Seite gegeben. Als Deputirter geistlichen Standes erschien der Graf Friedrich Lothar von Stadion, würzburgischer Domherr und Geheimerath, aus der alten, angesehenen Familie, welcher so viele ausgezeichnete Staatsmänner entsprossen sind; er selbst, in jugendlichem Alter, unter anderen Verhältnissen für eine schöne, bedeutende Wirksamkeit befähigt, aber freilich in Rastatt nur bestimmt, Zeuge seines eigenen Begräbnisses zu sein. Nimmt man noch die übrigen Mitglieder der Deputation für Darmstadt, Baden, Augsburg und Frankfurt hinzu, so haben wir damit die officielle Vertretung des Reiches gegenüber den Franzosen bezeichnet.

Aber neben diesen kaiserlichen Gesandten und der Deputation, hatten auch beinahe sämmtliche Reichsstände ihre Vertreter in Rastatt. Denn welches Interesse blieb unberührt, wenn, wie jeder vorhersehen konnte, Säcularisationen unvermeidlich wurden? Diese „Partikulargesandten" nahmen zwar an den Sitzungen keinen Theil, standen aber in einem amtlichen

Verhältniß zur Deputation, legitimirten sich bei Albini und konnten dann selbständig Anträge und Beschwerden einreichen, auch in wichtigen Angelegenheiten um ihre Meinung oder Zustimmung befragt werden. Vor allem ist hier die preußische oder, wie sie officiell genannt wird, die kurbrandenburgische Gesandtschaft zu erwähnen; an ihrer Spitze der Graf Johann Eustachius von Schlitz, genannt von Görtz, noch nicht überalt — er war am 5. April 1737 geboren — aber mit schneeweiß gepudertem Haar, immer gemessen, förmlich, ein Bild der Diplomaten jener Zeit, jedoch nicht im üblen Sinne. Man kennt ihn durch seine Verbindungen mit Weimar, als Erzieher des Herzogs Karl August, dem er auch später in politischen Angelegenheiten öfters rathend zur Seite stand. Goethe traf ihn 1775 noch in Weimar; „wir haben gekannegießert und gegörzt", schreibt er im Mai 1780 an die Frau von Stein, um den Inhalt der politischen Gespräche anzudeuten, auf die er sich einlassen mußte. Als der Herzog seines Erziehers mehr bedurfte, trat Görtz in preußische Dienste, zunächst als Gesandter in München. Hier und in Zweibrücken wirkte er dem österreichischen Tauschproject entgegen; es geschah auf seinen Antrieb, daß Herzog Karl im März 1778 den Protest erhob, der vornehmlich den ganzen Plan scheitern machte. Friedrich II. war denn auch mit seinem Gesandten ausgezeichnet zufrieden, erhob ihn zum Staatsminister und vertraute ihm von 1779 bis 1786 den wichtigen Posten in Petersburg. Seit 1788 vertrat er Preußen beim Reichstag und blieb in Regensburg, die Unterbrechung durch den rastatter Congreß ausgenommen, bis zum Ende des Reiches im Jahre 1806. Der Ort scheint ihm eine zweite Heimath geworden zu sein; denn als er nach den Unglücksfällen Preußens den Staatsdienst verlassen hatte, zog er sich als Privatmann nach Regensburg zurück und ist erst im Jahre 1821 vier und achtzigjährig dort gestorben. Von seinem Collegen, dem Freiherrn von Jacobi Klöst, bleibt wenig anders zu sagen, als daß er nicht besser und schlechter als die meisten seines Standes bedeutende Posten in Wien und London bekleidet hatte. Um so mannigfaltiger sind die Erlebnisse des dritten preußischen Gesandten, des Herrn von Dohm. Es würde ein Buch füllen, wollte man im Einzelnen erzählen, wie er, ursprünglich Literat und Gelehrter, in preußische Dienste trat, von Friedrich dem Großen und Hertzberg abwechselnd begünstigt und zurückgesetzt, in den verwickeltsten Angelegenheiten, bei der Bischofswahl in Münster, der Revolution in Lüttich, weiter als preußischer Kundschafter in Köln und in den Niederlanden, endlich als Commissar an der Demarcationslinie und als Leiter des hildesheimer Convents thätig war. In allen diesen Geschäften hatte er mehr als gewöhnliche Geschicklichkeit bewiesen und von den Zuständen und Rechtsverhältnissen in Deutschland eine Kenntniß erlangt, die ihn für die rastatter Verhandlungen als den geeigneten Mann erscheinen ließ. Der Entwickelung des Charakters mochte diese vielfache Thätigkeit auf geraden und zuweilen auf ungeraden Wegen nicht in gleichem Maße zu Gute gekommen sein. Er ist einer der wenigen deutschen Staatsmänner, welche Denkwürdigkeiten hinterlassen haben; bei manchen Vorzügen glaube ich doch nicht, daß sie den Leser zum Anhänger des Verfassers machen. Leider hat er selbst die späteren Jahre seines Lebens befleckt, indem er sich in seinem Vaterlande und gerade gegen den Staat, dem er in glücklicheren Tagen alles verdankte, als Werkzeug des französischen Eroberers gebrauchen ließ [1]).

Ihm in Wesen und Charakter nicht unähnlich war der später unter dem Titel eines Ritters so bekannt gewordene Karl Heinrich Lang, bis dahin preußischer Beamter in Ansbach. Er war auf Hardenberg's Betreiben als Secretär an die Gesandtschaft in Rastatt berufen; denn der Minister wünschte

---

1) W. Gronau, Christian Wilhelm v. Dohm nach seinem Wollen und Handeln, Lemgo 1824, ein in mancher Beziehung lehrreiches Buch, nur darf man von dem Schwiegersohn und westphälischen Unterpräfecten nicht das richtige Urtheil über Dohm's Beziehungen zur Fremdherrschaft erwarten. Michaud, Biographie universelle.

von den Verhandlungen des Congresses durch einen vertrauten Menschen Nachricht zu erhalten, dann insbesondere die preußischen Entschädigungsansprüche auf die Vergrößerung der von ihm verwalteten fränkischen Herzogthümer zu richten. Auch Lang war ein Mann von Kenntnissen, thätig, gewandt, in gewisser Weise das Gute wollend. Aber alle diese Eigenschaften, wie sie in seinen „Memoiren" sich aussprechen, verwischen nicht den widerwärtigen Eindruck einer Dreistigkeit, die oft genug in Frechheit übergeht, einer Schmähsucht und Geschwätzigkeit, die sich zuweilen in das Alberne und Absurde verlieren, und einer Gemeinheit des Denkens und Empfindens, die dadurch nicht liebenswürdiger wird, daß sie mit völliger Naivetät, ohne irgend einen Versuch, sich zu verhüllen, hervortritt. Auch den rastatter Congreß hat er geschildert, seine Worte sind oftmals angeführt, und man darf ihnen eine beißende Schärfe und manches treffende Urtheil nicht absprechen. Aber immer muß man sich dabei erinnern, daß das Bild der einzelnen Menschen wie der Versammlung zur Carrikatur entstellt ist; auch fehlt es nicht an groben Irrthümern und Gedächtnißfehlern, und es erregt Erstaunen, daß ein Mann, der amtlich einer so bedeutenden Gesandtschaft beigegeben war, von den eigentlich entscheidenden Fragen, die verhandelt wurden, doch beinahe gar nichts gewußt hat.

Wie man denken kann, sammelten sich um die preußische Gesandtschaft Vertreter zahlreicher Reichsstände, die durch preußischen Einfluß zu gewinnen hofften; darunter der Gesandte von Zweibrücken, Graf Rechberg, der in dem Grafen Görtz seinen Schwiegervater und zugleich den eifrigsten Verfechter der Interessen seines Hofes verehrte. Aber selbst geistliche Herren, wie Stadion und der speyersche Gesandte von Hompesch, pflegten sich regelmäßig bei Jacobi einzufinden, der den Säcularisationen am wenigsten geneigt schien. Im Allgemeinen erkannten jedoch diese in ihrer Existenz bedrohten Stände die kaiserliche Gesandtschaft als Leiterin und zuverlässigste Stütze. Ebenso dachte die Reichsritterschaft, die schon seit zwei Jahrhunderten nur noch in dem Kaiser einen Halt gegen die Angriffe des Territorialfürstenthumes gefunden hatte. Sie war in ihrer Gesammtheit durch einen fränkischen Edelmann, den kaiserlichen Geheimen Rath und Ritter-Hauptmann Eberhard von Gemmingen vertreten, aber die am meisten bedrohten und geschädigten rheinischen Cantone hatten sich nicht nehmen lassen, auch noch besondere Vertreter abzusenden. So der Oberrhein den Freiherrn Karl von Gagern, den Vater des bekannten Diplomaten, eine durchaus charakteristische Persönlichkeit. Er war Oberhofmeister bei dem Hofe in Zweibrücken gewesen, aber durch seine derbe Freimüthigkeit bald mit dem Herzog und seinen Günstlingen in Zwiespalt gerathen. Noch früher, im siebenjährigen Kriege, hatte er ein Bein verloren, und zwar auf Seite der Franzosen als Officier in dem Regiment Royal Deuxponts.. Es scheint sogar, daß man den körperlichen Mangel als ein Förderungsmittel seiner diplomatischen Bestrebungen angesehen hat. Denn die rheinische Ritterschaft, zum großen Theil auf dem linken Ufer angesessen, war ganz wesentlich auf den guten Willen der Franzosen angewiesen, und man darf sich nicht wundern, wenn der deutsche Edelmann bei aller Devotion für den kaiserlichen Hof nicht eben selten in den Vorzimmern der französischen Gesandtschaft sich einfindet, wo er nur gar zu vielen seiner Collegen begegnete, die längst nicht so dringende Veranlassung hatten.

Wie die französischen Noten den endlosen deutschen Erörterungen gewöhnlich eine schroffe, oft in wenig Zeilen gedrängte Forderung entgegenstellen, so beschränkte sich auch die französische Vertretung der Schaar von deutschen Gesandten gegenüber auf ganz wenige Personen. Nach Bonaparte's Abreise waren nur zwei: Treilhard und Bonnier, zurückgeblieben, dieselben, welche noch im Herbste die Verhandlungen in Lille mit England geführt und dann plötzlich abgebrochen hatten. Auch diese beiden Männer zeigen recht deutlich, wie sehr Verhältnisse und Erlebnisse auf den Charakter und das Wesen der Menschen wirken. Treilhard, am 3. Januar 1742 geboren, hatte beinahe fünfzig Jahre als ein ernster, ruhiger Mann verlebt, eine ausgezeichnete Stelle unter den pariser Advokaten eingenommen, als er von dem Strom der Revolution ergriffen wurde. In der constituirenden Versammlung verfocht er mit Mirabeau das suspensive Veto des Königs, im Convent stimmte er für den Tod und trat auf die Seite des Berges. Aber er gehörte nicht zu den Schreckensmännern, trug zu Robespierre's Sturze bei und ersetzte dann Barrère im Wohlfahrtsausschuß. Als Präsident und Abgeordneter genoß er bedeutenden Einfluß im Rathe der Fünfhundert; als er am 18. Juni 1797 zu dem ausscheidenden Dritttheil gehörte, wurde ihm die Verhandlung in Lille, dann in Rastatt übertragen. Hier scheint er als Pflicht betrachtet zu haben, durch Rohheit und Drohungen die republikanische Würde und Macht zu manifestiren, besonders nach Tische, wenn er dem Wein zugesprochen hatte. Seine Zornausbrüche erinnerten Cobenzl an die wüthenden Reden Bonaparte's in Udine; man könnte glauben, er habe sich darin den General zum Vorbild genommen, den er übrigens durchaus nicht liebte und mit so großer Eifersucht an der Spitze der französischen Gesandtschaft sah, daß er bei Bonaparte's kurzer Anwesenheit ihm kaum die gewöhnlichen Höflichkeiten erzeigen wollte. In späteren Jahren, als der General zum Beherrscher Frankreich's geworden war, wurde das Verhältniß allerdings ein anderes. 1802 in den Staatsrath berufen, konnte Treilhard seine juristische Begabung bei der Abfassung des napoleonischen Gesetzbuches in einer Weise verwerthen, die ihm in der Geschichte der Rechtswissenschaft eine ehrenvolle Stelle sichert. Andere Ehrenstellen, darunter ein Ministerposten, fielen ihm überdies zu; als kaiserlicher Würdenträger ist er auch am 1. Dezember 1810 gestorben, vor dem Ende der Bewegung, an der er nicht in der ersten, aber doch mit Auszeichnung in der zweiten Reihe Theil genommen hatte.

Nicht von gleicher Bedeutung war Bonnier d'Arco; vordem ein Adeliger, von der noblesse de robe, Präsident des Gerichtshofes in Montpellier, während der Revolution Mitglied der gesetzgebenden Versammlung, und im Convent unter denen, die für den Tod Ludwig's XVI. stimmten. Die meisten Gesandten schildern ihn als grämlich, unfreundlich, unzugänglich, ein Fehler, der in andauernden Kopfleiden seinen Grund und eine Entschuldigung finden mochte. Auch mit ihm zu verhandeln war keine leichte Aufgabe, wenn er auch nicht so oft als sein College zu Wuthausbrüchen sich hinreißen ließ. Die badischen Beamten setzte er gleich bei der Einrichtung und Ausstattung seiner Wohnung durch kaum zu befriedigende Ansprüche in Verlegenheit. Neue Möbel mußten von Karlsruhe beschafft, das ganze Quartier mit neuen Tapeten versehen und gestrichen werden. Er bewohnte fünf große Zimmer, die durch Flügelthüren verbunden, auf einen breiten Gang sich öffneten. Der mainzische Secretär Nau erzählt mit einem naiven Erstaunen, Bonnier habe alle diese Ausgänge mit Brettern vernageln lassen, aus Besorgniß, er möge belauscht oder bestohlen werden. Die ganze Reihe von Zimmern mußte man durchwandern, bis man zu ihm, der im letzten residirte, gelangen konnte. Von demselben Manne sagen andere, die ihn, wie Gagern, genauer kannten, man habe sich in einem vertrauten Gespräche nicht leicht liebenswürdiger und wohlwollender ausdrücken können als er. Neben den beiden Gesandten ist nur der Generalsecretär Rosenstiel zu erwähnen, ein Elsasser, als Unterthan eines deutschen Fürsten geboren, der Sohn eines preußischen Regierungsrathes, leider nicht der einzige Deutsche, der den Feinden seines Vaterlandes seine Fähigkeiten zu Gebote stellte. Seine genaue Kenntniß der deutschen Zustände, seine Gewandtheit, sich in beiden Sprachen auszudrücken, gaben ihm vor verschiedenen deutschen Bewerbern den Vorzug und machten ihn in der That der französischen Gesandtschaft unschätzbar[1]). Dazu kam seine Verschwägerung mit dem darmstädtischen Mitgliede der Deputation, dem Herrn

---

1) Masson, le Département des affaires étrangères pendant la révolution, Paris, 1877, p. 438. Rosenstiel starb 1825 als Publicist des Ministeriums des Auswärtigen in Paris. Ueber seinen ehrenhaften Charakter ist nur eine Stimme.

v. Gatzert; sie hat wesentlich dazu beigetragen, auch diesen Mann zum Spion der Franzosen zu machen und sie oft noch eher, als den kaiserlichen Plenipotentiar, von den Verhandlungen der Deputation, zuweilen auch von Dingen, die sie gar nicht hätten erfahren sollen, in Kenntniß zu setzen.

Obgleich den Bestimmungen von Campo Formio gemäß zu Rastatt nur über den Reichsfrieden, und zwar ausschließlich zwischen Frankreich und Bevollmächtigten des deutschen Reiches verhandelt werden sollte, so hatte doch eine nicht geringe Zahl europäischer souveräner Staaten Gesandte dahin abgeschickt, weil ihre eigenen Interessen durch die Reichsangelegenheiten berührt wurden. Eigentlich wäre hier an erster Stelle der Graf Cobenzl zu nennen; denn er kam nicht als Particulargesandter eines Reichsstandes oder des Kaisers, sondern als Vertreter des Königs von Ungarn und Böhmen, eines unabhängigen Monarchen, setzte sich auch, um bies Verhältniß recht anschaulich zu machen, trotz allen Einflusses auf die Verhandlungen, in gar keine officielle Beziehung zu der Deputation. Der König von Dänemark ließ sich in der Eigenschaft eines Herzogs von Holstein-Glückstadt durch den Kammerherrn von Rosenkranz und den Legationsrath Eggers vertreten. Daß Schweden in doppelter Eigenschaft am Congresse Theil nehmen wollte, ist schon bemerkt. Da Fersen nicht zum Ziel gelangte, begnügte sich der Freiherr von Bildt, sich am 14. März als herzoglich-vorpommer'scher Particulargesandter zu legitimiren. Dazu kamen verschiedene, von den Franzosen meistens auf Kosten des Reiches begründete Republiken. Holland hatte, wenn das linke Rheinufer den Besitzer wechselte, eine neue Grenze gegen Deutschland und Frankreich festzustellen, war auch interessirt, daß der vertriebene Statthalter und das Haus Oranien, falls sie in Deutschland Entschädigung fänden, nicht zu nahe an die holländische Grenze gesetzt würden. Deshalb begab sich Anfangs Dezember ein Agent ohne officiellen Charakter, Namens Buch, im August auch ein eigentlicher Gesandter, Herr van Grasfeld, an den Ort des Congreſſes[1]). Aus Bern war gleichfalls wegen der Grenzberichtigung und nicht weniger wegen der von Frankreich drohenden Gefahr der Profeſſor Karl Ludwig von Tſcharner gekommen, in ſeiner Begleitung jener Karl Ludwig von Haller, dem die erſte Geſchichte des Congreſſes, eine noch immer leſenswerthe Darſtellung, wenigſtens zu einem Theile ihre Entſtehung verdankt. Unter die intereſſanteſten Perſönlichkeiten zählte der ſpäter ſo berühmt gewordene Mailänder, Graf Melzi d'Eril, der Geſandte der ciſalpiniſchen Republik. Wenn man in der ſchönen Villa am Comerſee ſeine Büſte mit den feinen klugen Zügen vor ſich ſieht, ſo entſpricht ſie ganz der Vorſtellung, die man ſich nach ſeinem Auftreten in Raſtatt bilden mochte. Ueberall weiß er ſich Freunde zu machen; Franzoſen, Preußen, Metternich und Cobenzl ſchildern ihn als einen ſcharfſichtigen, wohlgeſinnten Mann, wenn ſie ihm auch nicht immer Vertrauen ſchenken. Für ſeine eigentlichen Zwecke hat er in Raſtatt nicht viel ausgerichtet, aber ſeine eingehenden Correſpondenzen ſind für die Zuſtände ſeines Vaterlandes von Intereſſe und Bedeutung. Es lohnte ſich, daß ein Italiener dieſen Schatz auf dem wiener Staatsarchiv zu heben unternähme.

Melzi fand in Raſtatt verſchiedene Landsleute. Genua, oder, wie man jetzt ſagte, die liguriſche Republik ſollte die deutſchen Reichslehen in Italien erhalten; um dieſe Angelegenheit zu regeln, war ein Bürger Boccardi angekommen. Auch der Papſt war durch einen Grafen Turiozzi, ſelbſt die kleine Republik Lucca und der Maltheſerorden durch eigene Geſandte vertreten. Alle hatten mehr oder weniger verwickelte, ſeit Jahrhunderten, wenn auch ohne eigentliche Lebenskraft erhaltene Beziehungen zum Reiche zu ordnen. Man erkennt recht deutlich, wie weit der tauſendjährige Baum, der eben zu Fall gebracht werden ſollte, in das umgebende Erdreich ſeine Wurzeln geſchlagen hatte[2].

---

1) Van Dijk, Précis des négociations du Congrès de Rastatt, Utrecht, 1856, p. 24.

2) Ein vollſtändiges Perſonenverzeichniß u. a. bei Poſſelt, Europäiſche Annalen 1798, II, 278.

Bedenkt man nun, daß diese große Zahl von Gesandten meistens noch von Secretären, Kanzlisten und rechtlichen Beiständen sich begleiten ließ, so begreift man, wie sehr die kleine Stadt überfüllt werden mußte. Der Ruf des Congresses hatte zudem eine Menge von Fremden, Kaufleuten, Reisenden, Handwerkern nach Rastatt geführt. Die Preise der Wohnungen stiegen zu einer Höhe, die selbst nach dem Maßstabe unserer Zeit als eine unbescheidene erscheint. „Von der hiesigen Theuerung", schreibt Lehrbach, „kann man sich auswärts kaum einen Begriff machen; ein mittelmäßiges Quartier kostet monatlich vierzig, auch fünfzig Louisd'or. Alle Lebensmittel stehen im Vergleich zu den anderen Orten in einem vier- und fünffach höheren Preise, und ein Livreebedienter, wenn er des Tages zweimal essen will, muß ohne Wein, drei Florin bezahlen[1]."
Wie Handwerker und Lieferanten sich noch jetzt unter die Protection eines königlichen oder fürstlichen Wappens stellen, so erhielt in Rastatt alles durch den Congreß eine besondere Weihe. Man fand Congreß-Arbeiter jeder Art, ein Congreß-Kaffehaus, Congreß-Theater, Congreß-Casino, und was die noch weniger geübte Speculation jener Zeiten zu ersinnen wußte. Das Theater wurde durch eine französische Truppe besetzt, die von Straßburg herbeigekommen war. Die Decker'sche Buchhandlung in Berlin, welche schon 1795 in Basel eine Filiale, vornehmlich für den Vertrieb französischer und englischer Schriften gegründet hatte, benutzte die Gelegenheit, eine besondere Firma in Rastatt unter der Leitung des später oft genannten Publicisten Friedrich Schöll zu errichten. Diese Buchhandlung war es auch, welche die Sammlung der Porträts der Gesandten in

---

1) Lehrbach, 11. Dezember. Mit bescheideneren Ansprüchen fand freilich Gagern für 9 Louisd'or, Itzstein für 4 Louisd'or monatlich ein Unterkommen. Die französischen Gesandten erhielten zuerst 5000, dann 7000 Francs als monatlichen Gehalt, Masson a. a. O., p. 425, daneben aber nach Lehrbach's Angabe (29. April) 20,000 Francs Repräsentationsgelder. Albini berechnet die Gesammtkosten seines rastatter Aufenthalts bis zum Schlusse des Congresses auf 36,549 Gulden 36 Kr.

Kupferstich erscheinen ließ[1]); das Gewölbe wurde gern von Diplomaten besucht, die sich mit literarischen Dingen beschäftigten; man konnte den Grafen Cobenzl häufig seine Mußestunden dort verbringen sehen. An Sammelplätzen für die Gesellschaft fehlte es in der ersten Zeit; nur Löben pflegte Abends ein offenes Haus zu machen; später, als die Einrichtungen für größere Feste getroffen waren, folgte eine Tafel der anderen, und die Stunden nach dem Essen wurden häufig die Zeit der lebhaftesten, zuweilen, wenn der Wein mitredete, der leidenschaftlichsten Erörterung.

Wie bei officiellen, so war selbst bei vertraulicheren Zusammenkünften die Etikette noch immer von nicht geringer Bedeutung, wenn auch Streitigkeiten über Vortritt, Farbe der Sessel und Teppiche und Länge der Titulaturen nicht mehr, wie von den Diplomaten einer früheren Periode, zu den Haupt- und Staatsactionen gerechnet wurden. Das Verhältniß des kaiserlichen Plenipotentiars zur Deputation gab, wie zu Anfang, so auch im Verlaufe der Verhandlungen zu mancherlei Streitigkeiten Veranlassung, nicht weniger die Stellung der „Hochwürdig-, Hoch- Hochwohl- auch Wohlgeborenen, sonders Hochgeehrtest- auch Hochgeehrten Herrn Reichsbevollmächtigten". Mit dieser Anrede hatte Albini die Deputation eröffnet, um allen Rangklassen, bis zu den städtischen hinab, genug zu thun. Sich selbst und Lehrbach reservirte er den Titel der Excellenz. Die Anzeige, daß sie sich legitimiren könnten, hatte er den fürstlichen Deputirten durch einen Legations-Secretär, den städtischen durch den Kanzlisten Kilian zukommen lassen, und

---

1) Potthast, Geschichte der Decker'schen Buchhandlung, Berlin, (Als Manuscript gedruckt) S. 356—365. Das Kupferwerk erschien 1799—1802. Die Zeichnungen sind von Hof, den Stich besorgten F. Gabriel Fiſſinger in Paris (Offenbach), der auch die Bildniſſe der Mitglieder der erſten fränzöſiſchen Nationalverſammlung geſtochen hat, ferner Chriſtoph Guerin in Straßburg und Johann Heinrich Lips in Zürich (1789—94 Profeſſor der Akademie in Weimar). Das Exemplar koſtete 11 Florin oder 6 Thlr. Die Koſten verzehrten den Gewinn.

von den fürstlichen Deputirten durch ihre Legationsräthe die Antwort erhalten, während die städtischen sich persönlich einfanden. Letztere verfehlten dann auch nicht, bei Eröffnung der Sitzung sich dem hohen Wohlwollen ihrer Mitdeputirten gehorsamst — der Frankfurter Schweitzer sogar „den höchst= und hochansehnlichen Herren Gesandten allergehorsamst und gehorsamst" — zu empfehlen. Der eifrige Mann hatte den Unterschied seiner Devotion für die kurfürstlichen und fürstlichen Deputirten zum Ausdruck bringen wollen, aber gerade dadurch Lehrbach's Mißfallen erregt, der ihn bedeutete, daß das Prädicat „höchstansehnlich" nur der allerhöchsten kaiserlichen Plenipotenz gegeben werden dürfe[1]).

Erörterungen und Streitigkeiten solcher Art hemmten mehr als einmal die Thätigkeit der Deputation, die ohnehin schon durch die Form des Geschäftsganges vor raschen, übereilten Beschlüssen mehr als ausreichend gesichert wurde. Mit den Bevollmächtigten der Republik trat sie gar nicht in mündliche Verhandlung, nicht einmal in unmittelbaren Verkehr. Ausschließlich in ihrem Schooße berieth sie die französischen Forderungen und die zu ertheilende Antwort. Die Berathung geschah in der Weise, daß das Directorium die Gegenstände der Verhandlung proponirte, worauf jeder Deputirte sein meistens schon vorher festgestelltes Votum verlas, um es weiter in mündlicher Erörterung gegen Widerspruch und Einreden aufrecht zu halten oder nöthigenfalls in etwa zu veränderr. Dann war es wieder Aufgabe des Directorialen, aus den einzelnen Voten das gemeinsame Ergebniß oder Conclusum zu ziehen, welches in einer folgenden Sitzung festgestellt oder, wie man sagte, ajustirt wurde und in solcher Form zunächst an die Plenipotenz, von dieser mit der Erklärung ihres Beitritts an die französische Gesandtschaft gelangte. Es läßt sich denken, daß die Verhandlungen der Deputation dadurch nicht an Interesse gewinnen, daß zehn Personen eine nach der andern über denselben Gegen-

---

1) Lehrbach, 11. Dezember 1797.

stand häufig in ganz ähnlichen Worten ihre Meinung zu Protokoll geben. Ein anderer Uebelstand war der, daß die Ausschließung jedes officiellen Verkehrs nur zu häufig Hinterthüren und geheime Wege zu den Franzosen suchen ließ, die unmöglich zum Vortheil des Reiches und seiner vielgetheilten Vertretung führen konnten.

War es schon schwierig, die Ansprüche der deutschen Gesandten unter einander festzustellen, so schienen die Franzosen es recht eigentlich darauf anzulegen, Metternich's Geduld zur Verzweiflung zu bringen. Nach ihrer Behauptung sollte die Etikette der Republik darin bestehen, daß sie gar keine Etikette befolge; aber diesen Grundsatz brachten sie nur soweit zur Ausführung, daß sie das bei anderen übliche Herkommen nicht achteten. An den eigenthümlichen, durch die Republik neu eingeführten Formen hielten sie mit einer Peinlichkeit, deren der Ceremonienmeister Ludwig's XIV. sich hätte rühmen können. Es kostete Metternich mehrere Briefe, bis er von den Franzosen seinen richtigen Titel erhielt, aber wehe dem, der sie selbst anders als citoyen titulirt hätte [1]). Vor allem mußten sie jeden Schein einer Verbindung mit den Emigranten oder gar einer royalistischen Gesinnung vermeiden. Rosenstiel, der die Einladung zu einer Mittagstafel angenommen hatte, drehte noch an der Thüre wieder um, als er vernahm, daß das Haus, in dem man sich versammeln wollte, einem Emigranten gehöre. Ja als im Theater eine Reihe von Maskenbällen, und der erste am Tage der heiligen drei Könige stattfinden sollte, geriethen die Schauspieler in Besorgniß, man würde in diesem Eröffnungstage eine Schmeichelei für das Königthum erkennen, und das Fest mußte verlegt werden. Jetzt trat aber ein neues Hinderniß hervor. Der in französischer Sprache abgefaßte Einlaßzettel erlaubte jedem Cavalier eine Dame mitzubringen. Hierin fanden die

---

1) Ueber diesen Titel war kurz nach dem 18. Fructidor, am 27. September 1797, eine eigene Directorialverfügung an das Ministerium der auswärtigen Angelegenheiten ergangen. Masson a. a. O. p. 416.

französischen Gesandten eine aristokratische Verletzung der repu=
blikanischen Bürgerrechte und ruhten nicht eher, bis der chevalier
sich in einen sieur verwandelt hatte[1]).

Wenn an dem Congreßort so verschiedene Ansichten sich
begegneten, so war das, was man außerhalb von dem Congreß
dachte, wünschte, erwartete, nicht weniger verschieden. Wer in
die Geheimnisse der Cabinete nicht eingeweiht war, mochte in
der That eine neue Ordnung der europäischen Angelegenheiten,
wie sie vordem von Münster und Utrecht ausgegangen war,
nunmehr von Rastatt erwarten. Eine große Zahl von Flug=
schriften hat der Stimmung der Zeit einen Ausdruck gegeben.
Das in der Decker'schen Buchhandlung veröffentlichte Handbuch
des Congresses nennt nicht viel weniger als zweihundert auf
Rastatt bezügliche Büchertitel[2]). Weltbürger und Kosmopoliten,
deutsche, österreichische und preußische Patrioten und Politiker,
Mitglieder des Reichsadels und der Geistlichkeit, und noch
Manche, die sich bedroht und beschwert fühlten, glaubten sich
auch berufen, ihre Klagen und Hoffnungen, ihre Vorschläge
für die Neugestaltung Deutschlands und des europäischen
Staatensystems dem Congresse vorzulegen. Ein „deutscher Pa=
triot" forderte die Bildung eines „nördlichen deutschen National=
vereins" unter preußischer Leitung, möglichst ausgedehnten
Beitritt der Reichsstände zum baseler Frieden, und als erstes
Friedensopfer die Räumung von Ehrenbreitstein, weil die Festung
durch ihre für Coblenz bedrohliche Lage das Vaterland in die
Unannehmlichkeiten eines Conflictes mit der mächtigen Nachbar=
Republik verwickeln könne. Ein „Politiker" erwartete dagegen,
freilich nur in „Träumereien", alles Gute von einer neuen

---

1) Nau's Journal vom 6. und 9. Januar 1798.

2) Zahlreiche Titel auch in der Geheimen Geschichte der rastatter Verhand=
lungen I, 287. Auszüge aus den sogleich zu erwähnenden Schriften bei Perthes,
Politische Zustände und Personen in Deutschland zur Zeit der französischen
Herrschaft, Gotha 1862, I, 281; Mendelssohn, Der rastatter Gesandtenmord,
Heidelberg 1869, S. 9; Häusser, Deutsche Geschichte, Berlin 1862, II, 147.

Eintheilung Deutschlands, von einem Reichstag mit einer Kammer, in welcher die Stimmenzahl nach der Macht und den Einkünften der einzelnen Staaten sich vertheilen sollte. Dazwischen ertönte laut und höhnisch vom linken Rheinufer der Siegesjubel des einundzwanzigjährigen Görres: Worte, schmachvoll und doch für immer unvergeßlich, das traurige Wahrzeichen, bis wohin in jenen Tagen die Gesinnungen eines Deutschen sich verirren konnten. „Mainz ist unser", rief er am Neujahrstage 1798 dem republikanischen Clubb in Coblenz zu. „Auf den Wällen dieser stolzen, unbezwingbaren Feste weht die dreifarbige Fahne, ihre schrecklichen Feuerschlünde sprühen nicht mehr Tod über die Heerschaaren der Freiheit; drohend und fürchterlich strecken sie jetzt den Königen und ihren Helfershelfern den alles verschlingenden Rachen entgegen. Sie ist verloren diese Sternschanze des Despotismus, zerschnitten der Saum der berüchtigten Reichsintegrität. Die Freiheit hat ihr Eigenthum wieder in Besitz genommen; vernichtet ist die Hoffnung unserer Despoten, abgeworfen die große Brücke, die sie noch mit dem linken Rheinufer verband. Trauert Despoten! die Uebergabe von Mainz hat Euch den Todesstoß versetzt; freuet Euch Nationen, Eure Sache hat gesiegt, die Arme Eurer Widersacher sind gelähmt, ihre Stärke ist von ihnen gewichen; freuet Euch, Bewohner des linken Rheinufers, der Vulkan, der auf die Vertheidigung Eurer und ihrer Freiheit Flammen und Lava spie, ist erloschen".

Sehr richtig erkennt er, wie mächtig der nun besiegelte Verlust des linken Rheinufers auf die rechte Seite, wie zerrüttend er auf die Verfassung des ganzen Reiches zurückwirken müsse. „Am 30. Dezember 1797", fährt er fort, „am Tage des Ueberganges von Mainz, Nachmittags um drei Uhr, starb zu Regensburg in dem blühenden Alter von 955 Jahren, 5 Monaten, 28 Tagen sanft und seelig, an einer gänzlichen Entkräftung und hinzugekommenen Schlagflusse, bei völligem Bewußtsein und mit allen heiligen Sacramenten versehen, das heilige römische Reich". Er hält diesem Reich eine Leichenrede, wie sie an schonungslosem Spott, an bitterer Satire nicht leicht ihres Gleichen findet. Endlich theilt er „als ein unvergäng= liches Denkmal des Edelmuthes und der Vertragsamkeit" den letzten Willen des Abgeschiedenen mit. „Der Verstorbene", schreibt er, „setzt die fränkische Republik als einzige rechtmäßige Erbin des linken Rheinufers ein und bittet sie, das kleine aber gut= willig gegebene Geschenk als ein Zeichen seiner Hochachtung und Liebe anzunehmen. Seine päpstliche Heiligkeit soll nicht nur zur Wiederherstellung seiner zertrümmerten Finanzen die Reichs= operationskasse, sondern auch, um seine eigenen Bullen vergolden und denselben durch solchen äußeren Schimmer den in unserer verderbten Zeit verlorenen Credit wieder verschaffen zu können, die goldene Bulle erhalten. Die kaiserlichen Einkünfte fallen an das Armenhaus in Regensburg, die Prälaten= und andere Bänke an die Universität Heidelberg, die Reichsarmee an den Landgrafen von Hessen=Cassel, um sie nach England, Amerika oder Ostindien zu verhandeln. Testamentsexecutor wird Seine Excellenz der General Bonaparte. Die Reichsdeputation in Rastatt soll ihre Sitzungen permanent erklären und sich dann mit dem Abschluß eines ewigen Friedens beschäftigen; jeder Artikel darf aber in nicht weniger als 50000 Sitzungen abge= than werden".

Eben so bitter und beinahe eben so witzig schildert etwas später eine Flugschrift, „die Passion" betitelt, den Unter= gang des Reiches in Bibelstellen. „Und es geschah", heißt es, „da Bonaparte dies vollendet hatte, da versammelten sich die Hohenpriester, Schriftgelehrten und Pharisäer in einer Stadt, die da genannt wird Rastatt, und hielten Rath, wie sie das römische Reich mit List fangen und tödten wollten   Und das Reich sah, daß seine Stunde gekommen war, und sprach also: Meine Seele ist traurig bis in den Tod.   Und der geistliche Fürstenstaat war sehr bekümmert und sprach im Con= greß: Wahrlich, wahrlich sage ich Euch, einer aus Euch wird mich verrathen. Und siehe! der preußische Hof flüsterte Frank= reich in's Ohr: Was wollt ihr mir geben, so will ich ihn Euch verrathen . . . . . . Bonaparte spricht dem Reich das Urtheil: Wir haben ein Gesetz, und nach dem Gesetz soll es sterben. Pfalz=baiern mit Hessen=Darmstadt erwiedert: Was hat es denn ge=than? ich finde keine Schuld an ihm. Der Kaiser aber spricht: es ist besser, daß einer stirbt, als daß das ganze Volk zu Grunde gehe, und läßt es geißeln und übergiebt es, daß es gekreuzigt würde".

Aber, wenn auch die lautesten, diese Stimmen des frechen Spottes sind doch nur vereinzelt; im Ganzen zeigt die Lite=ratur eher ein Uebermaß von Vertrauen und Hoffnung; auch lohnte es wohl die Mühe, aus der Menge des Platten und Alltäglichen einmal die treffenden, in die Zukunft wirkenden Gedanken auszulesen. Neben dem Verständigen bleibt frei=lich auch das Abenteuerliche und Abgeschmackte nicht zu=rück. Wenn Pfeffel in einem lustigen Gedichte den Frieden zwischen Deutschland und Frankreich durch eine allgemeine Ehestiftung wiederherzustellen rieth, so trat auch ein halbtoller Freiherr von Linsingen in Rastatt wieder hervor, der schon seit Jahren die deutschen Höfe mit dem Vorschlage behelligte, durch einen Einzelkampf gegen einen vom Directorium zu be=stellenden Vorkämpfer Frankreichs den Sieg zu Gunsten Deutsch=lands zu entscheiden [1]). Das wunderlichste Anerbieten machte

---

1) Folgende Notiz über ihn mag hier eine Stelle finden, weil sie auch Lucchesini's Schreibweise charakterisirt. Er berichtet aus Wien am 23. April 1796: Le baron de Linsingen, personnellement connu de Votre Majesté, et fameux par ses frequens défis et ses nombreux procès, s'était montré ici depuis quinze jours dans toutes les societés, en prétextant des procès au conseil aulique. Il avait addressé au conseil de guerre un placet, pour obtenir du service dans les armées de Sa Majesté Impériale au Rhin, dans l'intention de s'y rendre sur le champ et de proposer au gouvernement français, de finir la guerre par un combat de corps à corps entre lui et tel brave guerrier de l'armée française, qui voulût se vouer à cette romanesque entreprise. N'ayant pas reçu de réponse à son placet, le Sieur de Linsingen était allé en faire la confidence de son coté au comte de St. Priest, qui l'ayant traité

aber ein Graf Windischgrätz, ein Sonderling, der mit den französischen Physiokraten verkehrt hatte, und als Mitglied der fränkischen Grafenbank sich auch zur Restauration des deutschen Reiches berufen glaubte. Von seinem Schlosse Stiezna in Böhmen wendet er sich am 5. Februar 1798 durch einen Courier an den Grafen Metternich. Er verspricht ein unfehlbares Mittel zur Beglückung der Welt, indem er Moral und Gesetzgebung zu exacten Wissenschaften erheben werde. Aber, setzt er hinzu, in einer Monarchie sei Niemand gehindert, an sich und seine Familie zu denken, deshalb fordert er, ehe er sein Geheimniß entdeckt, vorerst für sich ein durch Säcularisation zu beschaffendes Fürstenthum mit Sitz und Stimme im Fürstenrath, gratis und nicht als Lehen, sondern zu freiem Eigenthum, das in männlicher und weiblicher Linie sich vererbt und unter den Häusern d'ancienne création wie Baden und Anhalt den Rang verleiht. Das Mittel sei unfehlbar; Kant in Deutschland und Laplace in Frankreich sollen es prüfen; die einzige Schwierigkeit könne darin liegen, daß der Congreß sich auflöse, ehe er mit seiner Auseinandersetzung fertig würde; aber auch dagegen, meint er, ließe sich Auskunft finden.

Die Plenipotenz schickt dies „Document sonderbaren Wahnsinns“ oder — wie der immer höfliche Metternich im Entwurfe Schraut's verbessert — „sonderbarer Einbildungskraft“ in der That an den Reichsvicekanzler nach Wien. Leider hat, soweit man sehen kann, der Vorschlag, die Moral zu einer exacten Wissenschaft zu erheben, noch keine Berücksichtigung bei den Verhandlungen gefunden, die wir in den folgenden Kapiteln darzustellen haben.

---

de romanesque reçut un instant après de ce spadassin un défi dans les formes. L'affaire étant devenue publique, parceque le comte de St. Priest n'a pas cru devoir en faire un mystère à la police, le baron de Linsingen a été sur le champ renvoyé de Vienne.

Drittes Kapitel.

Europäische Verhältnisse, Oesterreich und Preußen.

Am 14. Januar war die unbeschränkte Vollmacht für die Deputation nach Rastatt und am folgenden Tage zur Kenntniß der Franzosen gelangt. Bald genug vernahm man, was sie forderten, und auch Metternich wollte nun nicht länger zögern, seinem mehrmals angekündigten Wunsche gemäß die Deputation durch persönliches Erscheinen und Ueberreichung seiner Beglaubigungsschreiben förmlich zu eröffnen. Trotz allem, was Albini dagegen vorgebracht, begab er sich am 19. in feierlichem Aufzuge in die Sitzung. Einer eigenen Uebereinkunft gemäß erhielt er „einen Lehnsessel obenan zwischen den beiden kurfürstlichen Deputirten, so daß die Sessel dieser Beiden halb gegen den Plenipotentiar, halb gegen die fürstlichen gewendet wurden". „Ich als österreichischer", setzte Lehrbach hinzu, „drehte meinen Sessel gegen den kurmainzischen näher, weil der kursächsische, Graf Löben, im Darniedersitzen seinen Sessel dem Plenipotentiar unbemerkt fast zur Seite drehen wollte, auch wirklich näher als der kurmainzische saß[1)]." Metternich verlas eine lange durch die Reichskanzlei in Wien vorgeschriebene Deduction über die Ursachen des Krieges und die zu Leoben versprochene Reichsintegrität, und ermahnte die Deputirten, ohne einige Rücksicht auf Privatvortheile dahin zu wirken, daß die Verfassung und die Grenzen des Reiches, sei es in Elsaß und Lothringen oder auf dem linken Rheinufer und in Italien, nicht ohne die äußerste Noth geschmälert würden[2)].

---

1) Lehrbach, 21. Januar 1798.
2) Protokoll IV, 214.

Aber, wie Jeder sieht, beruhte die eigentliche Entscheidung über diese Fragen nicht auf den Wünschen und Beschlüssen der Deputation, sondern auf dem Willen der großen Mächte und der Lage der europäischen Verhältnisse. Gerade deshalb hatten die Franzosen bisher so wenig auf Verhandlungen gedrängt, weil es ihnen darauf ankam, sich vorerst in die möglichst günstige Stellung zu versetzen. Und wie viel hatten sie in den letzten Monaten gewonnen! Mainz war in ihrer Hand; die Organisation des linken Rheinufers ging völlig ungehindert, als sei es bereits abgetreten, von Statten. Schon am 4. November hatte das Directorium einen Elsasser Namens Rudler, Schwiegersohn des Directors Rewbell, zum Commissar in den eroberten Ländern zwischen Rhein, Maas und Mosel ernannt. Anfangs Dezember kam er an den Rhein und machte den Träumen von einer cisrhenanischen Republik, wo sie noch bestanden, bald ein Ende. Ueberall mußten die Beamten Frankreich den Eid leisten; wer nicht schwören wollte, verlor seine Stelle. In das kaum eroberte Mainz verlegte er den Sitz seiner Verwaltung, die Clubbisten des Jahres 1792 wurden zurückgerufen, alles öffentliche Eigenthum mit Beschlag belegt und jedes Erinnerungszeichen an die kurfürstliche Herrschaft beseitigt.

Dagegen mußte der Kaiser die Gegenleistung in Italien noch immer erwarten. Der rastatter Uebereinkunft zufolge sollte die Räumung am 25. Dezember beginnen und am 30. beendigt sein. Es war auch ein vorbereitender Vertrag zwischen Mack und Berthier schon am 25. Dezember unterzeichnet; aber noch am 5. Januar erwiederte der französische General, daß er den Befehl zur Räumung aus Paris noch nicht erhalten habe[1]. Thugut gerieth in die äußerste Besorgniß. Er war empört

---

[1] Vgl. Cobenzl an Bonaparte, 13. Januar 1798, Correspondance inédite IV, 489. Auch Berthier klagt in einem Brief an Bonaparte vom 29. Dezember über die Zögerung, Corresp. inéd. IV, 478, wo „retard du courier" statt „retour" zu lesen ist.

über den Leichtsinn Merveldt's, der die Schmach der Convention
vom 1. Dezember über Oesterreich gebracht und nicht einmal
den Preis gesichert habe. Die bösen Ahnungen, die ihn gleich
beim Abschluß des Friedens erfüllten, kehrten mit doppelter
Stärke zurück; er sah nach innen und außen nur Unheil und
Verderben und wiederholte die Bitte, von seinem Posten
zurücktreten zu dürfen. Erst am 6. Januar erhielt er durch
einen Brief Talleyrand's eine beruhigende Versicherung; die
Zögerung wurde dem Umstande zugeschrieben, daß dem Courier,
der die Befehle habe nach Italien bringen sollen, ein Unfall
zugestoßen sei[1]). Gleichzeitig mit dem Briefe Talleyrand's, am
28. Dezember, hatte dann auch Bonaparte an Berthier die
nöthigen Befehle abgehen lassen, und am 18. Januar konnten
die Oesterreicher in Venedig einziehen. Aber auch jetzt wurde
im Widerspruch mit den Bestimmungen von Campo Formio
der wichtige Grenzort Lacise für die cisalpinische Republik zu=
rückbehalten; in allen venetianischen Städten war das öffent=
liche Besitzthum geraubt, oder in barbarischer Weise zerstört,
und, wollte man von allem diesem absehen, das Aergste blieb,
daß die französische Propaganda sich im Frieden noch gefähr=
licher zeigte, als im Kriege. Es ist nöthig, auf diese Entwick=
lung einen Blick zu werfen.

Mit der Revolution des 18. Fructidor war in der fran=
zösischen Regierung ein unbegrenztes Streben nach neuen Er=
oberungen zur Herrschaft gelangt. Der Friede von Campo
Formio setzte ihm nach e i n e r Richtung eine Schranke, um so hef=
tiger brach es nach allen übrigen hervor. Wenn die mit Frank=
reich verbundenen, neugestifteten Republiken eine Zeit der Ruhe,
der freieren Entwicklung und größeren Selbstständigkeit erwartet
hatten, so mußten sie gerade jetzt den Druck der Eroberung doppelt
schwer empfinden. Freilich hatte man nur der cisrhenanischen
Republik ein schnelles Ende gemacht, aber was der batavischen,

---

1) Thugut an Colloredo, 1., 2. und 6. Januar 1798, bei Vivenot
a. a. O. II, 75 fg.

der cisalpinischen und der ligurischen Schwester einmal bevor=
stehen würde, zeigte sich schon in diesen Tagen deutlich genug.

In Holland waren seit dem Einrücken der Franzosen die
Gegner des Hauses Oranien, die Patrioten des Jahres 1786
zur Regierung gelangt. Man hatte am 16. Mai 1795 mit
der französischen Republik ein Angriffs= und Vertheidigungs=
Bündniß eingehen müssen, das dem Directorium hundert Mil=
lionen Gulden als Kriegskosten, dazu zwölf Linienschiffe, acht=
zehn Fregatten nebst einer Anzahl Landtruppen zur Verfügung
stellte und die Besetzung des Landes 25000 Franzosen anver=
traute, die zum Danke dafür von den Niederländern unter=
halten wurden[1]). Nach Außen ging jede Selbstständigkeit ver=
loren, in Wirklichkeit auch für die inneren Angelegenheiten;
doch waren es mehr die Personen als die Formen der Regierung,
die den Wechsel bezeugten. Auch die föderative Vereinigung
der Provinzen blieb zunächst bestehen. Am 1. März 1796 war
im Haag eine Nationalversammlung zusammengetreten, die
einem Ausschusse von ein und zwanzig Mitgliedern die Auf=
gabe übertrug, den Entwurf einer einheitlichen Verfassung für
ganz Batavien zu bearbeiten. Uebereilung gehörte aber nie=
mals zu den Fehlern des holländischen Charakters. Die Com=
mission übergab ihr Werk erst im November, die Berathung
zog sich bis in den folgenden Sommer, und das Ergebniß wurde
im August 1797 von den zur Abstimmung berufenen Urversamm=
lungen mit mehr als vierfacher Majorität — 106000 gegen
25000 Stimmen — verworfen. Im folgenden Monat trat
dann eine zweite Nationalversammlung zusammen, und wieder
sollte eine Commission von ein und zwanzig Mitgliedern das
früher mißlungene Werk übernehmen. Die Gegensätze hatten
sich indessen verschärft, in der Regierung besaßen die Ge=
mäßigten, in der Nationalversammlung ihre Gegner überwiegen=
den Einfluß. Am 12. Dezember brachten drei und vierzig

---

1) Vreede, Geschiedenis der Diplomatie van de Bataafsche
Republiek, Utrecht 1863, I, 176 fg.

Repräsentanten der demokratischen oder, wie sie sich zu nennen pflegte, der patriotischen Partei ein gedrucktes Programm in neun Artikeln in die Oeffentlichkeit. Sie verlangten eine un= verfälschte repräsentative Demokratie, statt der föderativen Ver= bindung vollkommene Einheit der Republik in inneren und äußeren, in politischen und finanziellen Angelegenheiten, daher auch eine einzige repräsentative Versammlung und Verwand= lung der provinziellen in nationale Schulden. Nur auf diesem Wege, glaubten sie, könne das Land aus seiner traurigen Lage sich wieder zu früherer Größe erheben[1]).

Traurig war die Lage allerdings. Durch den Vertrag vom 16. Mai hatten die Franzosen bedeutende Theile: hol= ländisch Flandern, Maestricht, Vlissingen an sich gerissen; dann benutzten die Engländer den Kriegszustand, um beinahe sämmt= licher Colonien des früheren Verbündeten sich zu bemächtigen. Für die Bezahlung der Kriegskosten, die Unterhaltung der französischen Truppen, die versprochenen Rüstungen mußten durch Zwangsanleihen die nöthigen Summen aufgebracht wer= den. Mit Anstrengung aller Kräfte hatte man in der That eine Flotte von sechszehn Linienschiffen im Texel versammelt und nöthigte dadurch die Engländer, eine nicht geringere Macht unter dem Admiral Duncan ihr gegenüber zu halten. Aber die Franzosen und die demokratische Partei verlangten mehr, besonders nach dem Abbruch der Verhandlungen in Lille. Immer lauter wurde die Klage, daß diese herrlichen Schiffe nutzlos vor Anker lägen, daß man den französischen Befreiern nicht wirksamer seine Dankbarkeit bezeige. In Folge des Drängens ging der Admiral de Winter Anfangs October unter Segel, in diesem Punkte den Engländern vielleicht noch mehr als den Franzosen gefällig. Am 11. October in der Nähe der Camper Dünen trafen sich die Gegner, bei gleicher Stärke auch an Muth und Geschicklichkeit einer des anderen werth. Nach drei Stunden harten, blutigen Kampfes gab eine geschickte Be=

---

1) Posselt, Europäische Annalen 1798, Bd. III, S. 275 fg.

wegung den Engländern gleichwohl den Sieg; de Winter mußte sich auf seinem Admiralschiff ergeben, von sechszehn Linien= schiffen kehrten nur sieben in den Hafen zurück. Um die Ver= luste zu ersetzen, sollte nun eine neue außerordentliche Anleihe von acht Prozent eines jeden Vermögens eingetrieben werden; aber dagegen erhob sich der Unwille des schwer bedrückten Volkes. In allen Provinzen, mit Ausnahme Hollands, wo von jeher die radicale Partei überwog, wurde die Forderung zurückgewiesen, vielleicht nicht gerade zum Mißvergnügen der Regierung, die sie hatte vorlegen müssen, der nun aber doch das Urtheil gesprochen war. Das französische Directorium, schon längst mit dem schleppenden Gange der Verfassungs= Angelegenheiten unzufrieden, hatte zu Ende des Jahres 1797 an Stelle des verständigen Residenten Noël den ehemaligen Minister des Auswärtigen, Karl Delacroix nach dem Haag geschickt. Wir kennen seine Grundsätze und seine Art zu verhandeln; gleichwohl hoffte die gemäßigte Partei ihn noch zu gewinnen, aber der preußische Geschäftsträger Herr von Bielefeld bemerkt ganz richtig, Delacroix's Stellung werde vornehmlich durch das Ergebniß der neuen Anleihe bestimmt werden. Als die Ver= weigerung bekannt wurde, gerieth der französische Gesandte in den äußersten Zorn. Bielefeld hörte, wie er den Mitgliedern der Regierung die heftigsten Vorwürfe machte und auch in den Niederlanden einen 18. Fructidor für unumgänglich erklärte[1]).

Die holländischen Demokraten kamen ihm bereitwillig ent= gegen. Am 19. Januar setzten sie durch, daß Midderigh, das Haupt jener Dreiundvierzig, welche die Erklärung vom 12. Dezember unterzeichnet hatten, zum Präsidenten der Nationalversammlung gewählt wurde, und ganz nach dem französischen Muster wurde schon in den nächsten Tagen die gewonnene Stellung benutzt. In der Nacht vom 21. auf den 22. ließ Midderigh im Einverständniß

---

1) Bielefeld an das preußische Ministerium am 4., 7., 14., 18., 25. Dezember 1797, 1. u. 8. Januar 1798: Intercepte im niederländischen Staats-Archiv im Haag. Vreede a. a. O. I, 325.

oder wahrscheinlicher unter Leitung des französischen Gesandten, sowie der Generale Joubert und Daendels die Mitglieder der Commission des Auswärtigen in ihren Häusern verhaften, danach die Nationalversammlung um acht Uhr Morgens zusammenberufen. Zwei und zwanzig Repräsentanten, deren Widerstand man fürchtete, wurden statt in den Sitzungssaal in das Cabinet des Präsidenten geleitet und dort in Haft genommen, Andere aus der Versammlung fortgewiesen; der Rest bestätigte die Maßregeln des Präsidenten, schloß die verhafteten Abgeordneten aus und erklärte sich dann zum gesetzgebenden Körper und einzigen Vertreter der batavischen Nation. Die Oberherrlichkeit der Provinzen sollte abgeschafft, eine neue Verfassung auf der Grundlage der Einheit und Untheilbarkeit berathen, und sogleich ein provisorisches Directorium eingesetzt werden. Unter lebhaften Freudebezeugungen führte man Delacroix in den Sitzungssaal, und mit prächtigen Worten feierte der französische Gesandte den Sieg über die Hydra des Föderalismus. In der Proclamation an das Volk wurde die Dankbarkeit gegen die größte und tapferste Nation des Erdbodens, die Leistung wirksamer Kriegshülfe als die erste Pflicht der noch einmal geretteten Batavier hervorgehoben. Joubert erhielt den Oberbefehl auch der batavischen Truppen und verfügte mit dem Gesandten beinahe unbedingt über Alles, was das Land an Hülfsmitteln für den Krieg noch aufbringen konnte[1].

Ganz ähnlich war das Schicksal der cisalpinischen Republik. Es läßt sich nicht bezweifeln, daß der Eroberer Italiens dieser, seiner eigensten Schöpfung, Leben und Dauer zu geben wünschte. Er hatte im Sommer 1797 die cispadanische Republik — die Legationen und Modena — im October auch das Veltlin mit der lombardischen vereinigt und dadurch ihre Bevölkerung auf 3,200,000 Seelen gebracht. Die neue Constitution, die er am 8. Juli veröffentlichte, war in den Hauptpunkten der französischen nachgebildet, aber in manchen

---

[1] Bielefeld, 29. Januar 1798.

Einzelheiten den Wünschen und Bedürfnissen des Landes an=
gepaßt. Ein so bedeutender Mann wie der Graf Melzi d'Eril
übernahm es, seinen Landsleuten die Vorzüge und die Noth=
wendigkeit der neuen Ordnung auseinanderzusetzen[1]), und es
war gewiß kein Nachtheil, daß Bonaparte für das erste Mal
die Ernennung der fünf Directoren, des gesetzgebenden Körpers
und der vornehmsten Beamten sich selber vorbehielt. Aber bald
nach seiner Abreise traten die Uebelstände zu Tage, denen viel=
leicht nur seine Anwesenheit hätte vorbeugen können. Der größte
lag auch hier in den Finanzen. Selbst unter Bonaparte's Ober=
befehl hatten die Erpressungen und Unterschleife der Generale
und Agenten nicht aufgehört; von dem öffentlichen Vermögen
war wenig übrig geblieben, und ein Vertrag, der zwischen
Melzi und Haller, dem übel berufenen Schatzmeister der Armee,
am 15. October zur Unterzeichnung kam, legte dem Lande schwere
Lasten auf[2]). Die Regierung wußte keine Hülfe zu schaffen;
in dem gesetzgebenden Körper, der am 21. November zusammen=
trat, zeigte sich bald ein entschiedener Widerstand gegen die
fremden Gewalthaber und zuweilen gegen das eigene Directorium;
auch die Journalisten und Vereine wollten sich die von Bona=
parte auferlegten Beschränkungen keineswegs gefallen lassen.
Die Aeußerungen der Volksstimmung wurden so bedenklich, daß
Berthier, der als Nachfolger Bonaparte's im Dezember aus
Paris nach Mailand zurückkehrte, sehr ernstlich daran erinnern
mußte, wer eigentlich Herr im Lande sei. Denn der Kaiser
hatte allerdings die neue Republik zu Campo Formio aner=
kannt, Sardinien, Toscana, Parma hatten sich beeilt, das
Gleiche zu thun, und als der Papst eine Zeitlang zögerte,
wurde ihm der Krieg gedroht, wenn er nicht innerhalb einer
Frist von acht Tagen die geforderte Erklärung abgäbe[3]). Nur

---

1) Francesco Melzi D'Eril, Memorie-Documenti raccolte per
cura di Giovanni Melzi, Milano 1865, I, 194, 420.
2) Melzi a. a. O. I, 197, 450.
3) Coppi, Annali d'Italia, Roma 1824, II, 42.

in Paris hielt man an dem Grundsatze fest, den auch Bonaparte in der Instruction für Berthier vom 12. Dezember ausspricht: daß bis zum Abschluß des Bündnißvertrages zwischen der Mutter= und Tochter-Republik das Recht der Eroberung und der militärischen Herrschaft fortdauern müsse[1]). Dieser Bündniß= vertrag, den Talleyrand im Februar des folgenden Jahres den cisalpinischen Gesandten vorlegte, zeigte aber nur zu deut= lich, was auch für künftige Zeiten von der im ersten Artikel dem neuen Staatswesen versprochenen Unabhängigkeit zu halten sei. Auf die einfache Aufforderung des französischen Directoriums sollte die cisalpinische Republik an jedem Kriege Frankreichs mit allen ihren Mitteln sich betheiligen; auch während des Friedens zur Aufrechthaltung der Freiheit und inneren Ruhe um eine Besatzung von 25,000 Franzosen bitten und für ihren Unterhalt jährlich die Summe von achtzehn Millionen bezahlen. Ein geheimer Artikel verpflichtete sie außerdem noch 22,000 Mann eigener Truppen zu unterhalten, die nicht anders wie die französischen von französischen Generalen befehligt wurden. Das Uebrige stand mit den angeführten Artikeln im Einklang; kamen sie zur Ausführung, so war die neue Republik nicht viel anderes als eine französische Provinz.

Und wenig verschieden waren auch die Verhältnisse in Genua. Die demokratische Partei, welche mit dem Vertrage von Montebello (5. Juni 1797) zur Macht gelangte, blieb selbst wieder ganz und gar von den Franzosen abhängig. Eine Ver= fassung nach den von Bonaparte vorgezeichneten Grundsätzen, sollte am 13. September zur Abstimmung gelangen. Dagegen er= hoben sich aber die Anhänger der alten Aristokratie, welche den Verlust ihrer Vorrechte beklagte, die Geistlichkeit, welche die Ein= ziehung der Kirchengüter, und ein großer Theil der Bürgerschaft,

---

1) Corresp. de Napoléon, III, 460. Am 1. Juli hatte er freilich an Berthier geschrieben: da das cisalpinische Directorium nunmehr eingesetzt sei, müsse jede Einmischung der französischen Militärgewalt in die inneren Angelegenheiten der Republik aufhören.

der die fremde Gewalt und die neuen Steuern nicht ertragen wollte. Auf beiden Seiten der Riviera kam es zu bewaffnetem Aufstande, sogar ein Festungswerk, das die Hauptstadt beherrschte, fiel am 5. September in die Gewalt der Aufrührer. Aber der in Genua anwesende General Duphot schlug mit dem, was er an genuesischen Truppen und Freiwilligen zur Hand hatte, den Aufstand nieder, und Bonaparte nahm dann Veranlassung, die Stadt dauernd durch französische Soldaten zu besetzen[1]). Kurz vor seiner Abreise, am 11. November, schickte er eine Reihe von Verbesserungen für den Verfassungsentwurf, der am 16. November von der Regierung, am 2. Dezember von den Urversammlungen angenommen wurde. Der Ton des Briefes, die Vorschläge konnten nicht leicht wohlwollender, verständiger sein, aber Tags darauf schreibt er dem Directorium: trotz aller Verbesserungen würde die neue Verfassung den Genuesern doch nicht behagen; wenn man nur ein wenig nachhelfe, würden sie in zwei oder drei Jahren kniefällig um die Vereinigung mit Frankreich bitten. Die beabsichtigte Erwerbung Genua's setzte beinahe nothwendig ähnliche Pläne in Bezug auf Piemont voraus, und es zeigte sich von Tag zu Tage deutlicher, was Bonaparte lange vorhergesagt: daß die kleine Monarchie, von Republiken rings umgeben, in sich zusammen brechen müsse. Auch im Kirchenstaat stellten Vorfälle, die noch ausführlicher zu erwähnen sind, schon vor Ende des Jahres 1797 den Sturz der päpstlichen Herrschaft in sichere Aussicht, und wer bürgte, daß die Revolution alsdann an den Grenzen Toscana's und Neapels stehen bleiben würde?

Denn es schien, nicht einmal der Ocean sollte eine Grenze sein. Das Directorium hielt eine Landung in England fest im Auge. Die mißlungenen Versuche gegen Irland, die Verluste der holländischen Flotte an den Dünen und das ähnliche Schicksal der spanischen Flotte am Cap St. Vincent bewirkten keine

---

1) Coppi a. a. O. 102 fg.; Lannes an Bonaparte am 14. September, Correspondance inédite, IV, 369.

Aenderung. Gleich bei der Ratification des Friedens von Campo Formio war Bonaparte zum Befehlshaber einer Armee ernannt, die unter dem Namen der englischen am atlantischen Ocean sich versammelte. Und doch wurden auch auf der entgegengesetzten Seite schon alle Vorkehrungen getroffen, um die Unabhängigkeit der schweizer Republiken gleichbedeutend mit der italienischen zu machen. Eine Expansionskraft, deren Gleichen die Welt noch nicht gesehen hatte! Wenn im Innern der französischen Republik eine Reihe von Umwälzungen keine größere Zahl von Jahren als vordem in der römischen von Jahrhunderten erforderte, so schien man jetzt auch bei der Unterwerfung Europa's das so gern angerufene antike Vorbild an Umfang erreichen, an Raschheit der Entwickelung weit übertreffen zu wollen.

Von einer Regierung, die so begehrlich ihre Augen ringsum auf neue Erwerbungen richtete, war gewiß nicht zu erwarten, sie würde ein Gebiet, das sie schon in Händen hielt, gutwillig wieder ausliefern. Für die Rückgabe des linken Rheinufers blieb nur dann einige Hoffnung, wenn ganz Deutschland, wenn insbesondere die beiden großen deutschen Mächte vereinigt den Franzosen entgegen traten. Aber es fehlte viel, daß dies geschehen wäre, und es ist keine erfreuliche Aufgabe, wenn wir unsere Aufmerksamkeit zunächst auf das Verhältniß zwischen Oesterreich und Preußen richten müssen.

Man erinnert sich, wie gespannt die Beziehungen beider Staaten im Frühling 1797 waren. Thugut hatte die preußische Vermittlung zurückgewiesen; aus seinen Briefen nach Petersburg erkennt man, daß er nichts mehr fürchtete, als dem verhaßten Nebenbuhler auch jetzt wieder auf den Wegen Oesterreichs zu begegnen[1]. Lucchesini's Entfernung hatte allerdings ein wesentliches Hinderniß freundlichen Verkehrs beseitigt, aber der zunächst ihn vertretende Geschäftsträger Caesar war in Wien weder beliebt noch einflußreich genug, um wichtige Angelegen-

---

1) Vgl. Bd. I, S. 323 fg.

heiten zum Ziele zu führen. Während des Sommers blieben die Eröffnungen von beiden Seiten ohne alle Bedeutung; von dem Inhalt der Präliminarien, von den Verhandlungen in Montebello und Udine wurde dem berliner Hofe so gut wie gar nichts mitgetheilt. Ein Glück, daß Fürst Reuß wenigstens, so viel an ihm lag, die Schärfe des Gegensatzes milderte. Am 6. September gelangte der neue preußische Gesandte, Graf Keller nach Wien. Er war vordem im Haag und in Petersburg keine den Oesterreichern angenehme Persönlichkeit gewesen, doch schreibt er zufrieden von der Aufnahme, die ihm bei Thugut, dem Grafen Colloredo und dem Kaiser zu Theil geworden sei. „Um die guten Gesinnungen zu erhalten", setzt er hinzu, „werde ich ohne Zweifel sehr oft einen anderen Weg einschlagen müssen, als mein Vorgänger [1])." Hätte er gewußt, was Thugut bereits am 29. April über ihn an Cobenzl nach Petersburg geschrieben hatte, er würde schwerlich seine Hoffnungen hoch gespannt haben. Auch klagt er schon einige Wochen später über die außerordent= lichen Schwierigkeiten seiner Stellung: er finde sich völlig ver= einsamt, habe noch kaum eine Einladung erhalten, weder von den Ministern, noch von den fremden Gesandten, noch vom Adel [2]). Wie er keine bedeutende Eröffnung zu machen hatte, so wurde ihm auch nichts von Wichtigkeit mitgetheilt. Der Inhalt des Friedens von Campo Formio blieb ein Geheimniß; statt aus Wien etwas zu erfahren, mußte und konnte das preu= ßische Ministerium aus Berlin dem Gesandten von den öster= reichischen Plänen Nachricht geben.

Die Quelle läßt sich errathen. Bei Thugut's Ver= schlossenheit wünschte Preußen um so dringender eine Mitthei= lung von Seiten Frankreich's, und wie viel entgegenkommender zeigten sich die Franzosen!

Auch die Beziehungen zwischen Preußen und der Republik waren weit entfernt von Offenheit und Vertrauen. Unerwartet

---

1) **Keller**, 9. **September** 1797.
2) **Keller**, 8. **November**.

war der Abschluß des Friedens erfolgt, gerade als die Franzosen am eifrigsten auf ein Bündniß und auf feindliche Schritte gegen Oesterreich drängten[1]). Der König, heftig erbittert, beurtheilte das Verfahren der Directoren sogar noch strenger, als sie verdienten; denn er konnte nicht wissen, daß sie selbst von Bonaparte überrascht waren. Bald genug zeigte es sich, wie unrichtig Thugut gerechnet hatte, wenn er von den Franzosen Verschwiegenheit erwartete. Am 26. October brachte Berthier die Nachricht des Friedens nach Paris; schon am nächsten Tage ließ sich Talleyrand mit Sandoz darüber in eine Unterredung ein. Das linke Rheinufer, sagte er, werde von Germersheim bis Wesel an Frankreich fallen, der Kaiser gestehe Säcularisationen zu, freilich nur in beschränktem Maße, aber Frankreich denke sie allgemein zu machen. Oesterreich werde Salzburg, Passau und einen Grenzstreifen von Baiern erhalten, und zur Ordnung der deutschen Angelegenheiten ein Congreß zu Rastatt sich versammeln. Wenige Tage später wurde die Angabe über das linke Rheinufer berichtigt: nicht bis Wesel, nur bis Neuwied solle die französische Grenze reichen[2]). Oesterreich habe das Kurfürstenthum Köln, Frankreich die preußischen Provinzen ausgenommen. Man sieht, diese Angaben entfernen sich wenig von der Wahrheit, nur daß sie die Rückgabe des preußischen Besitzes am linken Rheinufer, die den König von einer Vergrößerung in Deutschland ausschließen sollte, als einen Akt des französischen Wohlwollens darstellen. Ein Gespräch mit Rewbell ließ die Lage der Dinge noch deutlicher hervortreten. Der Director vermochte seinen Unwillen über den Frieden nicht zu verhehlen und suchte wie gewöhnlich Preußens Zurückhaltung für das Unheil verantwortlich zu machen. „Ich kann nicht sagen", bemerkte er, „daß wir einen guten Frieden gemacht hätten, aber ich kann

---

1) Bd. I, S. 373 fg.

2) Sandoz, 28. u. 31. October. On parle mal de géographie içi, setzt er hinzu.

sagen, daß wir seiner sehr bedürftig waren. Wir hätten uns entweder bis in Ewigkeit zanken, oder bis zur Vernichtung bekämpfen müssen. Es hing nur von Ihrem Hofe ab, uns einen besseren Frieden zu besorgen, und wir hätten alle beide dabei gewonnen." Sandoz ließ das nicht gelten, hob aber umsomehr hervor, daß Frankreich ein wachsames Auge haben und dem Kaiser durch starke Armeen in Italien imponiren müsse, damit er nicht, wie in Udine, auch in Rastatt die Gesetze vorschreibe. Vor allem wünschte er eine Versicherung, daß Oesterreich nicht etwa auf Kosten Baierns sich vergrößere. Aber Rewbell's verlegene Antworten bestätigten nur, was der Minister schon angedeutet hatte, und kurz darauf gestanden Barras und Talleyrand offen ein, daß das bairische Gebiet zwischen Inn und Salza für Oesterreich bestimmt sei.

Sandoz gab jedoch die Hoffnung deßhalb nicht auf. „Der größere Theil der Directoren und der Minister des Auswärtigen", schreibt er, „seufzen über diesen Frieden. Sollte der Kaiser sich den Maßregeln widersetzen, die Ew. Majestät am Herzen liegen, so brauchte man nur der französischen Republik den Besitz des gesammten linken Rheinufers zu erhalten, um sofort ihrer Gunst und eines guten Ausgangs der Verhandlungen sicher zu sein. Sie wird mit Vergnügen ein Friedensgebäude umstürzen, das ihrer Größe im Wege steht[1])".

Diese Worte bezeichnen genau die Lage, und den Grund der französischen Offenheit. Um die Bedingungen von Campo Formio wieder aufzuheben, gab es kein wirksameres Mittel, als wenn man bei den deutschen Angelegenheiten den Widerstand Preußens anregte; vor allem mußte man aber Preußen selbst der Abtretung des linken Rheinufers und seiner eigenen Besitzungen geneigt machen. „Gestern", schreibt Sandoz am 9. November, „hat mir der Minister der auswärtigen Angelegenheiten den wesentlichen Inhalt seiner Depesche an Herrn Caillard mitgetheilt. Er wünscht, wir sollten übereinkommen,

---

1) Sandoz, 31. October.

daß von den europäischen Mächten nur Preußen, Oesterreich und Frankreich zum rastatter Congreß Zutritt erhielten, daß die Reichsfürsten nach den beiden Confessionen getheilt würden, um ihre Interessen leichter aus einander zu halten, daß Preußen sich im Voraus mit dem Directorium einigte, die Säcularisationen nicht blos theilweise, sondern allgemein eintreten zu lassen, endlich daß Ew. Majestät sich zu einem Tausch Ihrer linksrheinischen Provinzen herbeiließen. Talleyrand fügte dieser letzten Clausel hinzu, daß er sie Ew. Majestät recht dringend anrathe; er glaube, durch diese wenigen Worte sich hinreichend verständlich gemacht zu haben." Sandoz suchte auf verschiedenen Wegen die sonderbare Ausdrucksweise zu erklären, rieth endlich richtig dahin, der Kaiser könne, wenn Preußen die Provinzen behalte, Anlaß nehmen, ihm in Rastatt die verlangte Entschädigung zu weigern. „Ja und nein", antwortete Talleyrand. „Ich wiederhole Ihnen: Die größten Vortheile können für Preußen von meinem Rathe abhängen; will Preußen ihn hören und befolgen, so wird es sich wohl dabei befinden. Mein Rath ist zugleich der des Directoriums. Uebrigens mag der König die beiden Provinzen vertauschen oder behalten wollen, wir sind ganz bereit, seinen Absichten nachzukommen. Sie können ihm Namens des Directoriums diese Versicherung geben."

Einige Tage später machte Rewbell nach seiner Art weniger Umschweife. Er sprach dringend den Wunsch aus, daß die preußischen und französischen Gesandten auf dem Congreß gemeinsam vorgehen möchten. „Die Oesterreicher", sagte er, „sind Schwätzer, Rechthaber, Ränkeschmiede und Lügner. Man kann seine Geduld und seine Lunge an ihnen üben. Zum Teufel", fuhr er fort, „warum will der König von Preußen Cleve und Geldern behalten? Wozu nützen sie ihm, seit Frankreich seine neue Grenze erhält? Die Entschädigungen, die er statt ihrer finden würde, könnten an Werth und Umfang jene Besitzungen weit übertreffen." Er verhehlte auch nicht, daß die Rückgabe der linksrheinischen Provinzen nur ein Manöver Thugut's sei, um den König von der Entschädigung in Deutschland auszuschließen, und klagte wie gewöhnlich, daß Preußen alle Anerbietungen des Directoriums, Anerbietungen, wie man sie keinem andern Staate je gemacht habe noch machen werde, zurückweise. Selbst Hamburg, meinte er, würde man dem König überlassen haben. Von jetzt an müsse man sich aber auf gute Wünsche beschränken; der Schaden sei nur gut zu machen, wenn Preußen auf dem Congreß kräftig zu Frankreich halte[1]).

Mit diesen Aeußerungen stimmten die Instructionen für Caillard im Wesentlichen überein. Eben als der Gesandte sie mittheilte, trat in Preußen der Regierungswechsel ein. Friedrich Wilhelm II. war seit den Strapazen des polnischen Feldzuges von einem Uebel befallen, das sich allmählich zur Wassersucht ausbildete; am 16. November 1797 schied er aus dem Leben, ein Fürst, nicht ohne guten Willen, und noch weniger ohne Fähigkeiten, leider ohne die Festigkeit, um dem einen entscheidende Wirksamkeit, den anderen richtige Verwendung zu geben. Anscheinend hatte der Staat an Umfang und Volksmenge wesentlich unter seiner Regierung gewonnen. Statt 3539 Quadrat-Meilen mit fünf Millionen Einwohnern, die er von Friedrich dem Großen geerbt hatte, konnte er seinem Sohne nicht weniger als 5551 Quadrat-Meilen mit acht und einer halben Million hinterlassen. Aber im Innern traten die Folgen einer schlaffen, großer Antriebe entbehrenden Verwaltung deutlich hervor, und nach Außen machten die Wirkungen eines fehlerhaften Systems sich nicht weniger bemerkbar, wenn sie auch erst von seinem Nachfolger in vollem Maße empfunden wurden.

Einstweilen hatte der Todesfall auf die politische Stellung Preußen's keinen Einfluß. Der neue Regent, noch in jugendlichem Alter, war viel zu bescheiden und zu schüchtern, um selbstständig eine neue Richtung einzuschlagen. Glücklicher Gatte und Familienvater gab er seinem Volke ein Beispiel, das man während der letzten Regierungen länger als fünfzig Jahre vermißt hatte. Die Minister für das Auswärtige, auch

---

1) Sandoz, 12. und 19. November.

die Beamten des königlichen Cabinets behielt er bei. Sein Erzieher und Günstling, der General Köckritz, dem er unbedingtes Vertrauen schenkte, war in mancher Beziehung ihm ähnlich, nicht eben ein Freund des Ministers Haugwitz, aber nicht entfernt im Stande, den geschäftserfahrenen, gewandten Mann zu ersetzen. So würden denn auch die preußischen Depeschen der nächsten Monate Niemand zu dem Schlusse führen, daß der Monarch, von dem sie ausgehen und an den sie sich richten, ein anderer geworden sei. Die Depesche vom 24. November, welche Sandoz' Mittheilungen beantwortet, spricht zunächst in dem mit Buchstaben geschriebenen Theile die Zufriedenheit mit den freundlichen Gesinnungen der Directoren aus. Die preußischen Gesandten werden sich baldmöglichst nach Rastatt begeben; sie sind ausdrücklich beauftragt, mit der französischen Gesandtschaft sich in's Einvernehmen zu setzen und ihr gegenüber mit aller Offenheit zu verfahren. Von den Gesandten der weltlichen deutschen Fürsten, meint man, würden sich die meisten wegen Gleichheit der Interessen um die preußische Gesandtschaft sammeln. Es sei vorzuziehen, sich zu diesem Zwecke nicht auf die Verschiedenheit der Religion zu stützen, weil auch von den katholischen Fürsten mehrere, wie der Herzog von Zweibrücken, sich unzweifelhaft auf Seite Preußens stellen würden. Nach diesen für das Directorium bestimmten Worten zeigt aber der chiffrirte Theil, wie wenig man sich des gefährlichen Freundes versichert hielt. Die Franzosen, schreibt der König, hätten immer schöne Worte; man müsse erst Thaten sehen. Es sei ein sonderbarer Unterschied, daß Rewbell und Talleyrand zu Paris die förmliche Abtretung der preußischen Provinzen verlangten, während Caillard nur den Wunsch ausspreche, daß sie nicht zurückgefordert würden. Der König könne sich nur an die letztere Fassung halten; aber selbst wenn Preußen die Provinzen zurückerhielte, bliebe ihm immer noch mehr als ein Titel, gerechte Entschädigungen anzusprechen, vorausgesetzt, daß Frankreich sie unterstütze. Vor allem komme es darauf an, daß Preußen bei einer Säcularisation auf Frankreichs Hülfe rechnen dürfe. Das Directorium werde einsehen, wie sehr es in seinem eigenen Interesse liege, zu Gunsten Preußens den großen Zuwachs wieder auszugleichen, den das Haus Oesterreich zu erwerben im Begriffe stehe; vielleicht sei es das Vortheilhafteste, die Dinge zwischen Preußen, Frankreich und dem Kaiser zu einem vorläufigen Abschluß zu bringen, zu dem dann der Zutritt des Reiches sich leicht gewinnen ließe.

In diesem Sinne wurde auch die Instruction für die Gesandten in Rastatt ausgefertigt. „Da ich", schreibt der König darüber an Sandoz am 2. Dezember, „zu allen Zeiten offen den Wunsch ausgesprochen habe, daß das deutsche Reich in seiner Integrität erhalten werde, so kann ich mich auch jetzt nicht entschlagen, meine Bevollmächtigten Anfangs in diesem Sinne reden zu lassen, um so weniger, als der wiener Hof von seiner Seite nicht aufhört, sich seiner Sorgfalt für die Erhaltung dieser Integrität zu rühmen. Sobald man aber seinen Ministern das Geständniß der schon zu Udine auf Kosten des Reiches bewilligten Abtretungen entrissen hat, sobald sie das gleichfalls schon zu Udine festgestellte Princip der Säcularisationen anerkennen, werden auch meine Bevollmächtigten sich mit voller Freiheit dafür aussprechen und in Verbindung mit der französischen Gesandtschaft dahin wirken, daß es auf alle unmittelbaren Benefizien in Deutschland ohne Unterschied zur Anwendung komme. Ist es möglich, Baiern dem pfälzischen Hause vollständig zu erhalten, so muß man nichts vernachlässigen, um dahin zu gelangen; ist die Theilung unvermeidlich, so bietet die unmäßige Vergrößerung Oesterreichs ein wirksames Mittel, Preußen bei der Vertheilung der Säcularisationen zu begünstigen und im Einklang mit dem Vortheil und den Versprechungen Frankreichs ein gerechtes Gleichgewicht in Deutschland herzustellen.

In Bezug auf die Entschädigungen führte die Instruction verschiedene Fälle auf. „Wenn Frankreich", heißt es, „das linke Rheinufer von Landau bis Neuwied behält, aber dem

Reiche alles Uebrige bis zu den Grenzen Hollands erstattet, so daß meine Provinzen dann mit den übrigen Gebieten ein hinreichend beträchtliches Ganzes bilden, so wünsche ich sie zu behalten, sowohl mit Rücksicht auf meine Würde, als mit Rücksicht auf die immer gleiche Treue, welche die Einwohner mir bewiesen haben. Sollte aber Frankreich sich das ganze Rheinufer aneignen, mit Ausnahme des kleinen Landstriches, welchen das Bisthum Köln bildet, so wäre der Besitz meiner Staaten auf jenem Ufer so isolirt und unsicher, daß ich vorziehen würde, sie gegen eine angemessene Entschädigung abzutreten." Demgemäß ergeben sich verschiedene Abstufungen:

Wenn Frankreich das ganze linksrheinische Gebiet, auch die Rheinzölle und die Districte jenseits der Maas zurückerstattet, so wird sich der König zum Ersatz für die Kriegesschäden mit einer Abrundung in Franken begnügen. Sollte das Gebiet links von der Maas verloren gehen, so fordert er dafür außer der fränkischen Entschädigung die Grafschaft Recklinghausen und die kleinen Abteien Essen und Werden, und sollte er auch auf den Rheinzoll, den man auf jährlich 300,000 Thaler veranschlagte, verzichten müssen, dafür das Bisthum Osnabrück. „Endlich", fährt der König fort, „sollte ich mich entschließen, alle linksrheinischen Provinzen und zugleich den Rheinzoll abzutreten, so müßte die Uebereinkunft vom 5. August 1796 vollständig zur Ausführung gelangen[1]). Das Einkommen von „„einigen andern mir gelegenen Entschädigungen""", welches im ersten Artikel erwähnt wird, in Verbindung mit der Abtretung des Rheinzolles, zu welcher ich mich nicht verpflichtet habe, ferner die Rücksicht auf die Erhaltung des Gleichgewichtes in Deutschland würden dann ebenso viele Titel bilden, die man zur Geltung bringen müßte; ich fordere deßhalb in diesem Falle, ganz im Einklange mit meinen Grundsätzen und ganz unwiderruflich: außer den Ländern, welche die geheime Convention mir zusichert, — nämlich Münster und Reckling-

---

1) Vgl. Bd. I, S. 310.

hausen — die erwähnte Abrundung in Franken, das Bisthum Osnabrück und die Abteien Essen und Werden". Als selbstverständlich betrachtet man die vollkommene Entschädigung des pfälzischen Hauses für etwanige Abtrennung bairischer Landestheile, nicht weniger des Herzogs von Zweibrücken für die linksrheinischen Besitzungen, des Hauses Oranien im Sinne des Vertrags vom 5. August — durch Würzburg und Bamberg — endlich des Hauses Hessen-Cassel gemäß der Uebereinkunft von Pyrmont[1]). Als allgemeines Princip ist bei den Säcularisationen im Auge zu behalten, daß alle Beneficien, welche in Norddeutschland und zwischen den preußischen Grenzen, der Nordsee, dem Rhein und dem fränkischen Kreise liegen, an Preußen oder an solche Häuser fallen müssen, die, wie Oranien, Hessen-Cassel, Sachsen und Braunschweig, an das preußische Interesse gebunden sind, während die in Süddeutschland vornehmlich als Entschädigung des Herzogs von Zweibrücken, sowie der Häuser Würtemberg und Baden dienen können.

So wurde der Umfang der preußischen Ansprüche festgestellt. Auf das Anerbieten Hamburgs, das die Franzosen mehrmals, zuletzt noch am 30. November, wiederholt hatten, ging man nicht ein. Nur bei einer allgemeinen Mediatisirung der Reichsstädte, schreibt das Ministerium am 15. Dezember, könnte man diese Stadt in Besitz nehmen, weil sie allerdings nicht in andere als preußische Hände fallen dürfe.

Immerhin wünschte man in Berlin wie in Paris sich zu verständigen; sogar Bonaparte, obgleich er den Frieden mit Oesterreich selbst abgeschlossen hatte, zeigte sich durchaus geneigt, Preußens Hülfe gegen die Ausführung in Anspruch zu nehmen. Am 6. Dezember war er von Rastatt nach Paris gekommen. Man kennt den feierlichen Empfang, die Reden, die Lobsprüche, die ihm vier Tage später in einer öffentlichen Sitzung des Directoriums zu

---

1) Abgeschlossen zwischen Preußen und Hessen-Cassel am 20. Juli 1797 im Anschluß an den dritten geheimen Artikel des Vertrags vom 5. August 1796; vgl. Bd. I dieses Werkes S. 370.

Theil wurden. An demselben Morgen hatte Sandoz ein merkwür= diges Gespräch mit ihm. Der preußische Gesandte pries die krie= gerischen Erfolge und die Menschenliebe Bonaparte's, was der General mit Lobsprüchen auf Friedrich den Großen erwiederte. „Er ist der Held", sagte er, „den ich in Allem zu Rathe ziehe, im Kriege wie in der Verwaltung. Inmitten des Lagers habe ich seine Grundsätze studirt, und seine vertrauten Briefe sind für mich die Vorschriften der Philosophie." Sandoz äußerte die Besorgniß, der rastatter Congreß möchte ein Schauplatz end= loser Ränke und Zwistigkeiten werden, und ließ durchblicken, daß Frankreich bei den Verhandlungen in Udine dem Kaiser weit= gehende Zugeständnisse zum Nachtheile Preußens gemacht habe. „Nein, nein", erwiederte Bonaparte, „darin irren Sie. Die ge= heimen Artikel des letzten Vertrages sind durchaus nach der Con= venienz Ihres Hofes abgefaßt. Wien muß genehmigen, was wir in Bezug auf Säcularisationen und Entschädigungen fordern; ich habe gewissermaßen seine Zustimmung schon erlangt. Es handelt sich nur darum, daß wir uns wohl verständigen und mit ein= ander gehen. Ich bedaure", setzte er hinzu, „daß der König von Preußen keinen Unterhändler nach Udine geschickt hat. Ich hätte besser gewußt, was in seinen politischen Interessen liegt, und sie vielleicht besser mit denen des wiener Hofes ver= einigen können. Ebenso habe ich bedauert, bei meinem kurzen Aufenthalte in Rastatt keinen von Ihren Bevollmächtigten ge= funden zu haben. Wir hätten uns besprochen und wahrschein= lich über die Hauptpunkte geeinigt. Die Oesterreicher", fuhr er fort, „sind schwerfällig und mißtrauisch, so schwerfällig, daß sie nicht wissen, wo sie anfangen oder aufhören sollen. Der Graf Cobenzl, den ich unter ihnen als einen Mann von Kennt= niß und Verdienst hervorheben muß, ist unerträglich im Unter= handeln. Es heißt ein Meer austrinken, ihn über die einfach= sten und klarsten Dinge zur Vernunft zu bringen." Hier nahm Sandoz Gelegenheit, die preußischen Gesandten in Rastatt zu loben, die den General schon verstehen und richtig schätzen würden. Er erbat sich die Erlaubniß, Bonaparte in seiner

Wohnung aufsuchen zu dürfen, und erhielt eine freundliche Antwort, die das Gespräch zum Abschluß brachte[1]).

Man sieht aber: bei allen freundlichen Wendungen ließ Bonaparte den Gesandten doch nicht erfahren, was er in Udine abgeschlossen hatte. Auch in der Instruction, die er gerade Tages vorher im Namen des Directoriums für die Gesandten in Rastatt ausfertigte, werden sie ausdrücklich angewiesen, in Bezug auf die Uebergabe von Mainz jede Art von Erklärung mit den preußischen Bevollmächtigten zu vermeiden; sei sie nicht zu umgehen, so sollten sie mit vieler Freundlichkeit bemerken: das Directorium wisse sehr wohl, daß man der ersten Anerkennung der Rheingrenze, welche der König von Preußen zu Gunsten der Republik ertheilt habe, den glücklichen Ausgang der Unterhandlungen verdanke; die Besitznahme von Mainz sei davon nur die natürliche Folge, zudem die nothwendige Voraussetzung, um durch Unterdrückung des mainzer Kurstaats dem Hause Oranien seine Entschädigung zu verschaffen.

In diesem Sinne handelten die französischen Gesandten auf dem Congreß. Der Briefwechsel zwischen Berlin und Rastatt ist voll von Klagen, daß die Franzosen nur schöne Worte hätten, dagegen über ihre wahren Absichten, ihr eigentliches Verhältniß zum Kaiser nichts eröffnen wollten. Und doch waren sie diesmal offenherziger und ehrlicher, als Preußen glaubte. In Wahrheit hatte schon Sandoz den Inhalt der geheimen Bedingungen von Campo Formio erfahren, mit einziger Ausnahme des Artikels, der Preußen von jeder Vergrößerung ausschloß; und dieser Artikel war thatsächlich nicht mehr vorhanden, weil das Directorium entschlossen war, ihn nicht zu halten. Nur den Wortlaut der Artikel wollte das Directorium, um für einen möglichen Fall gegen Oesterreich gedeckt zu sein, nicht mittheilen. Aber gerade deshalb verlor Alles, was sonst eröffnet wurde, seinen Werth. Denn in Berlin war man in Folge der andauernden Täuschungen so mißtrauisch

---

1) Sandoz, 11. Dezember 1797.

geworden, daß man einer bloß mündlichen Versicherung keinen
Glauben beimaß. Immer wird die Frage nach dem Inhalt
der geheimen Artikel wiederholt, und immer steigert sich das
Mißtrauen, wenn sie ohne bestimmte Antwort bleibt.

Unter solchen Verhältnissen durfte man auch die Eini=
gung mit Oesterreich nicht ganz aus den Augen verlieren.
Selbst das Gefühl, daß nur auf diesem Wege von Deutsch=
land das äußerste Unglück abzuwenden sei, hat in preußi=
schen Berichten jener Zeit nicht selten einen Ausdruck gefun=
den. Gelegenheit zu innigerem Verkehre schien der Thron=
wechsel zu bieten. Friedrich Wilhelm III., wenn auch im Allge=
meinen den Rathgebern und Grundsätzen seines Vaters treu,
hätte doch unzweifelhaft zu dem Kaiser gern in leiblichen
Beziehungen gestanden, und der Freiherr von der Reck, welcher
die Thronbesteigung des jungen Königs in Wien anzeigen
sollte, war sicher nicht ungeneigt, zur Einigung beizutragen.
Selbst ohne bestimmten Auftrag regte er politische Gespräche
mit Thugut und mit dem Kaiser an. Aber der Minister, der
eben eine Antwort aus Petersburg erwartete, hielt noch an
dem Plane, die Bedingungen von Campo Formio zur Aus=
führung zu bringen. In der ersten Unterredung zu Anfang
Dézembers zeigte er sich verschlossen, in einer zweiten, die um
die Mitte des Monats stattfand, beinahe abweisend. Als
Reck von der Rheingrenze redete, erhielt er die Antwort:
Preußen könne sich beruhigen, es werde seine linksrheinischen
Gebiete nicht verlieren; falls die Franzosen sie nicht heraus=
geben wollten, würde Oesterreich mit Preußen gemeinsame
Sache machen, um sie zu nöthigen. Die Integrität des Reiches
sei zu Leoben als Grundlage des Friedens angenommen, aber
später von den Franzosen wieder verweigert, unter dem Vor=
wande, sie seien schon durch frühere Verträge — den preußischen
Vertrag vom 5. August 1796 — gebunden. In Bezug auf
Baiern hatte Thugut nur die Aeußerung, Preußen habe ja
den Oesterreichern zur Erwerbung dieses Landes seine Beihülfe
zugesagt. Auch der Kaiser beschränkte sich auf allgemeine Ver=

ficherungen der Liebe und Achtung für den jungen König, bedauerte, daß Oesterreich, von allen Reichsständen und von Rußland verlassen, zum Frieden gezwungen sei; man müsse nun die Vorschläge der Franzosen in Rastatt erwarten[1]).

So wenig entgegenkommend dies lautete, man begriff doch auch in Wien, wie nützlich, ja wie nothwendig eine Einigung mit Preußen werden könne. „Der Wiener Hof", schreibt Keller am 16. Dezember, „legt allem, was aus Berlin kommt, die größte Wichtigkeit bei, und die Depeschen des Prinzen Reuß werden von dem Freiherrn von Thugut mit besonderer Aufmerksamkeit gelesen." Mit dem Ende des Jahres traf auch aus Petersburg die Nachricht ein, daß von Rußland kein Beistand zu erwarten sei, zugleich wurde die Unzuverlässigkeit französischer Versprechungen immer deutlicher. Am 6. Januar giebt Thugut den Gesandten in Rastatt von den Verhältnissen Nachricht. Immer noch, setzt er hinzu, müsse man versuchen, die Bestimmungen von Campo Formio festzuhalten und die ganze Entschädigung des Kaisers auf Italien zu übertragen. Allein es sei doch möglich, daß der Kaiser gezwungen würde, in eine größere Zerstückelung Deutschlands, als die zu Campo Formio festgesetzte, einzuwilligen; er müsse dann eine eben so große Entschädigung wie Preußen erhalten. Cobenzl soll im Verein mit Lehrbach die nöthigen Berechnungen machen lassen und Gradationen aufstellen; gut wäre für diesen Fall eine Verständigung mit Preußen. Der Kaiser kann nicht wohl die ersten Schritte thun, wird es aber gerne sehen, wenn Cobenzl die preußischen Gesandten zu Eröffnungen veranlaßt.

Cobenzl erhielt diese Depesche am 11. Januar. Er theilte ganz die Ansichten seines Vorgesetzten; aber es verging doch noch geraume Zeit, bis etwas geschehen wäre, denn auch die preußischen Gesandten, in ganz ähnlicher Weise instruirt, wollten die erste Eröffnung von Seiten der Oesterreicher erwarten. Noch am 24. Januar an der Mittagstafel des Grafen Metternich)

---

1) Keller, 16. u. 23. Dezember 1797.

hatte man sich mit gegenseitigen Complimenten und einträchtigen Wünschen regalirt, und die preußischen Gesandten glaubten wenigstens auf den Plenipotentiar einigen Eindruck gemacht zu haben. Aber die wahre Lage und zugleich das Gesammtergebniß so vieler Unterredungen bezeichnet nur zu deutlich eine Aeußerung Cobenzl's von diesem selbigen Tage: „Was die preußischen Minister angeht", schreibt er nach Wien, „so fahren wir fort, der Graf Lehrbach und ich, sie in der Gesellschaft mit Freundlichkeit zu behandeln. Ich lade sie häufig zu Mittag und zu Abend ein, jedoch ohne ihnen über die Geschäfte irgend eine Eröffnung zu machen. Eine vorzeitige Vertraulichkeit könnte unzweifelhaft die größten Uebelstände mit sich führen und in der ärgsten Weise mißbraucht werden. Nur muß man sich, wie mir scheint, auf der Grenze halten, daß eine Einigung mit dem preußischen Hofe und mit Frankreich, auf welche, wie alles anzeigt, die gegenwärtigen Verhandlungen hinauslaufen, nicht unmöglich wird[1]).

---

[1] Cobenzl an Thugut, 24. Januar. W. St.-A. Die preußischen Gesandten in Rastatt an das Ministerium, 25. Januar, 2. Februar. Pr. St.-A.

Viertes Kapitel.

Die Abtretung des linken Rheinufers.

So war denn, als die entscheidende Verhandlung in Rastatt begann, zwischen den beiden deutschen Mächten noch gar nichts vereinbart. Den Vortheil von dieser Zögerung hatten die Franzosen, den Nachtheil die Oesterreicher. Man kann sagen, die Hauptfrage über die Rheingrenze war damit entschieden; denn einzeln konnte Preußen den Franzosen das linke Ufer nicht einmal streitig machen, Oesterreich das, was sie fest hielten, ihnen nicht entreißen. Es fragte sich nur noch, ob der Kaiser die in Campo Formio ausbedungene Entschädigung, oder die Compensation für die erweiterten französischen Erwerbungen wirklich erhalten würde. Die Aufgabe der französischen Gesandten lag darin, den Oesterreichern diesen Preis zu entziehen, indem sie entweder auf leere Aussichten hin Cobenzl's Einwilligung, oder, wenn diese sich nicht gewinnen ließ, die Einwilligung der Reichsdeputation und der einzelnen deutschen Staaten erlangten. Nach diesem Gesichtspunkte handelten sie.

Schon in den vergangenen Wochen hatten sie das Feld bereitet, mit verschiedenen Gesandtschaften Verbindungen angeknüpft, den einen durch Drohungen, den andern durch die Aussicht auf Säcularisationen ihren Wünschen günstig gestimmt. Kaum war die unbedingte Vollmacht für die Deputation ihnen bekannt geworden, so begaben sie sich am 16. Januar, eher als zu irgend einem Anderen, zum Grafen Görtz, wo auch Jacobi sich eingefunden hatte. „Wir kommen", sagte Treilhard mit dem freundlichsten Gesichte, „um Ihnen das Geheimniß der Comödie zu enthüllen. Wir sind zu der Erklärung ermächtigt, daß die französische Regierung das gesammte linke Rheinufer als Grenze wünscht und Säcularisationen für nothwendig erachtet." Er gab dann die besten Zusicherungen. Ueber die Vertheilung werde man sich gern mit Preußen einigen, Oesterreich dürfe nicht zu einem Koloß anwachsen; was etwa in Udine zum Nach=theil der preußischen Interessen beschlossen sei, könne man noch zur Verhandlung bringen, eine Garantie sei dafür nicht über=nommen. Die preußischen Gesandten erwiederten, die beiden französischen Forderungen unterlägen schon nach dem Vertrage vom 5. August 1796 keinen erheblichen Bedenken, aber in Be=zug auf die Säcularisationen müsse der König ebenso wohl wie der Kaiser seinen Ruf schonen. Sehr förderlich sei, wenn sie durch eine gemeinsame Erklärung der drei Hauptmächte als nothwendig bezeichnet würden; um aber eine Einigung anzu=bahnen, gäbe es keinen besseren Weg als die Mittheilung der geheimen Artikel von Campo Formio. Dazu wollten sich jedoch die Franzosen nicht verstehen; sie schützten vor, die Artikel seien ihnen selbst nicht genau bekannt, und man trennte sich unter gegenseitigen Freundschaftsversicherungen, „denn", schreiben die Gesandten, „sie hätten den Widerspruch, der in dieser Vorent=haltung liege, nicht stärker hervorheben wollen[1]."

Tages darauf, als die Franzosen bei Metternich und Albini mündlich, aber, wie sie ausdrücklich erklärten, „officiell den Rhein zur Grenze" verlangten, wurden nur allgemeine Reden gewechselt; am 18. Januar übernahm Treilhard die Hauptaufgabe bei Cobenzl. Hier fand er freilich einen zäheren Gegner. Der österreichische Bevollmächtigte sprach lebhaft seine Verwunderung aus, daß die Franzosen plötzlich mit einer so bedeutenden neuen Forderung, im Widerspruch mit den Be=stimmungen von Campo Formio hervorträten. Man hätte eine Angelegenheit dieser Art vorher gemeinsam besprechen sollen, damit auch Oesterreich, wie es der siebente der geheimen Artikel vorschreibe, einer erweiterten Entschädigung versichert sei. Treil=

---

1) Berichte vom 16., 17. u. 18. Januar 1798.

hard versetzte, beide Verhandlungen könnten neben einander hergehen, aber Cobenzl bestand darauf, daß er vor Allem einen Courier nach Wien schicken und für die neue Wendung neue Anweisungen sich erbitten müsse[1]).

Ein Hauptbedenken gegen die Abtretung des gesammten linken Rheinufers war, wie man sich erinnert, die Furcht, daß Preußen dann für Cleve und Geldern beträchtliche Entschädigungen verlangen könnte. Cobenzl hob deshalb sogleich hervor, daß, selbst wenn man auf die französische Forderung einginge, jedenfalls die preußischen Gebiete zurückgegeben werden müßten. Aber gleich hier trat der Kern des Gegensatzes hervor. Treilhard erwiederte: Wenn der König seine Länder behalten wolle, werde man ihn nicht zur Abtretung zwingen; wolle er sie aber abtreten, so könne man ihn nicht hindern. Cobenzl berief sich auf die ausdrückliche Bestimmung des Art. 9, daß der König in keinem Falle eine neue Erwerbung machen dürfe[2]); aber Treilhard trat statt dessen mit dem von Preußen geäußerten Wunsche hervor: Die drei Hauptmächte sollten gemeinsam ihre Ansprüche in's Reine bringen, so daß dem Congreß nur eine kurze Verhandlung über die weniger wichtigen Punkte übrig bliebe.

---

1) Cobenzl an Thugut, 19. Januar 1798.

2) Die in dem Folgenden noch häufig angeführten Geheimen Artikel von Campo Formio lauten:

Art. 7. Il est convenu entre les deux parties contractantes que si, lors de la pacification prochaine de l'Empire Germanique, la République Française fait une acquisition en Allemagne, S. M. l'Empereur, Roi de Hongrie et de Bohême doit également y obtenir un équivalent, et, réciproquement, si S. M. Impériale et Royale fait une acquisition de cette espèce, la République Française obtiendra un semblable équivalent.

Art. 9. La République Française n'a point de difficultés à restituer au Roi de Prusse ses possessions sur la rive gauche du Rhin. En conséquence il ne sera question d'aucune acquisition nouvelle pour le Roi de Prusse, ce que les deux parties contractantes se garantissent mutuellement.

So sehr Cobenzl geneigt sein mochte, sich mit den Franzosen und mit den Preußen einzeln zu benehmen, eine solche gemeinsame Verhandlung war den österreichischen Interessen wenig entsprechend. Denn sie befreite Preußen sofort aus der Isolirung, in die es durch die Bestimmungen von Campo Formio versetzt werden sollte, machte eigentlich schon dadurch diese Bestimmungen unausführbar und gab den Franzosen volle Gelegenheit, zu eigenem Vortheil die beiden Mächte gegen einander zu gebrauchen. Da aber Thugut eben in der letzten Instruction die Verständigung mit Preußen in's Auge gefaßt hatte, so hielt auch Cobenzl nicht für gerathen, den Antrag Treilhard's ganz abzulehnen. Er meint, in solcher Weise sei man der Nothwendigkeit überhoben, Preußen gegenüber den ersten Schritt zu thun, und gebe der berliner Doppelzüngigkeit keine Gelegenheit, Oesterreich bei den Franzosen zu compromittiren. Er erklärte daher dem französischen Gesandten: nach seiner persönlichen Ansicht sei eine Verhandlung dieser Art nicht ganz unmöglich; Oesterreich habe gar nicht die Absicht, dem berliner Hof zu schaden, es wolle sich nur schützen gegen die Uebel, die er versucht sein könnte, dem Kaiser zuzufügen. Uebrigens, fügte er hinzu, sehe er gar nicht ein, welches Interesse Frankreich habe, dem so sehr geschwächten Oesterreich gegenüber Preußen noch zu verstärken. Der unmäßige Gewinn des Königs bei der zweiten Theilung Polens sei doch etwas ganz anderes, als das bairische Gebiet bis zum Inn, das Preußen den Oesterreichern nicht gönnen wolle. Treilhard schien diese Erklärung freundlich aufzunehmen, zeigte sich auch sonst während dieser Unterredung ungewöhnlich entgegenkommend, offenbar um seinen Gegner in der Hauptfrage nachgiebig zu stimmen. Als Cobenzl für die Erhaltung der drei geistlichen Kurfürsten eintrat, fand er geringeren Widerstand als jemals früher. Und noch wichtiger schien ihm ein anderes Zugeständniß, welches das eigentliche Ziel seiner Unterhandlungen betraf.

Das Gespräch hatte sich wieder auf die Abtretung des linken Rheinufers gewendet. Cobenzl bemerkte, alles hätte sich

weit leichter ordnen lassen, hätte nur Bonaparte seinen Vor=
schlag, die gesammte österreichische Entschädigung nach Italien
zu verlegen, angenommen. Treilhard versetzte, jetzt, nach dem
Abschluß des Friedens, sei die Sache noch weniger möglich als
früher. „Gewiß“, erwiederte Cobenzl, „auch rede ich davon,
nur wie von einem historischen Ereigniß.“ „Ich setzte ihm
jedoch“, fährt er in seinem Berichte fort, „nichtsdestoweniger die
Gründe auseinander, welche Frankreich hätten bestimmen müssen,
unsere Vergrößerung mehr in Italien als in Deutschland zu
begünstigen.“ „Aber“, erwiederte Treilhard, „dann wäre die
cisalpinische Republik zertrümmert; sie ist Frankreich verschwistert,
eines kann nicht ohne das andere bestehen.“ „Die cisalpinische
Republik“, versetzte ich, „hätte immer bestanden; es handelte
sich nur darum, sie auf das zu beschränken, was die Prälimi=
narien von Leoben ihr zusprechen, und unserer Grenze, wie sie
durch dieselben Präliminarien bestimmt wird, Venedig und
die drei Legationen hinzuzufügen.“ „Das wäre eine Sache“,
erwiederte Treilhard, „die man vielleicht noch überlegen könnte.“

„Ganz erstaunt, nicht mehr dem heftigen Widerstand gegen
unsere Vergrößerung in Italien zu begegnen, den er mir sonst,
so oft ich diese Seite berühren wollte, entgegensetzte, fürchtete
ich, es sei vielleicht gegenwärtig sein Plan, den Kirchenstaat
zu vernichten und uns gegen die cisalpinische Republik freies
Spiel zu lassen, die sich dann auf Kosten des Kirchenstaates
entschädigen könnte.“ Der österreichische Gesandte lenkte des=
halb das Gespräch auf Rom, wo eben ein blutiger Auflauf
einem französischen General das Leben gekostet und die Abreise
der französischen Gesandtschaft herbeigeführt hatte. Cobenzl
bemerkte, die französische Republik müsse gewiß eine eclatante
Genugthuung erhalten, nur dürfe man nicht bis zur Zerstörung
des heiligen Stuhles gehen, an dessen Erhaltung alle katholischen
Höfe, insbesondere der österreichische, zu nahe betheiligt seien.
Die letzten Vorfälle würden wahrscheinlich das Ende des Papstes
beschleunigen, dann müßten Frankreich und Oesterreich gemein=
schaftlich die Wahl eines Nachfolgers betreiben, der beiden ge=

nehm wäre. „Treilhard", schreibt Cobenzl, „schien dieser Ansicht beizupflichten. Er bemerkte endlich, er würde über das, was ich als Minister ihm mitgetheilt, einen Bericht an seine Regierung erstatten, und über die Art, wie wir sonst geplaudert hätten, einen besonderen Brief an den Minister des Auswärtigen schreiben" [1]).

Aber für die bloße Hoffnung einer günstigen Antwort aus Paris konnte der österreichische Bevollmächtigte nicht sogleich den französischen Forderungen nachgeben. Sein Verhalten zu den Berathungen der Reichsdeputation war durch die Umstände vorgeschrieben. Er konnte und mußte sogar nach den übernommenen Verpflichtungen dahin wirken, daß das linke Rheinufer den Franzosen soweit abgetreten würde, bis die zu Campo Formio festgestellte Linie erreicht war. Darüber hinaus mußte er suchen, das deutsche Gebiet dem Reiche zu erhalten, oder die Abtretung wenigstens so lange zu verhindern, bis der Kaiser der im Artikel 7 für einen solchen Fall verheißenen Compensation versichert war. Unter den zehn Stimmen der Deputation besaß Oesterreich zwar nur die eine des Grafen Lehrbach, aber doch Einfluß genug, um vorerst in den Hauptfragen seinen Willen geltend zu machen. Mainz und Würzburg fanden in dem Kaiser den einzigen Schützer, Baiern, zum Theil von österreichischen Truppen besetzt, wagte wenigstens nicht offen, mit den Franzosen zu gehen; ebenso war Augsburg durch seine Lage, seine Handelsinteressen und als freie Reichsstadt auf den Kaiser hingewiesen. Sachsen, ohne Begier nach fremdem Eigenthum, wünschte auch an den deutschen Besitzverhältnissen möglichst wenig zu ändern; selbst bei Hessen-Darmstadt schien die alte Anhänglichkeit an das kaiserliche Haus die Furcht vor den in der Nähe befindlichen französischen Heeren noch zu überwinden. Dagegen war Hannover dem preußischen System der Neutralität und den Säcularisationen zugethan, und Frankfurt, unmittelbar vom Kriege bedroht,

---

[1]) Cobenzl an Thugut, 19. Januar.

Baden durch Gewinnsucht und Furcht zugleich den Franzosen zugetrieben. Die Mehrheit der Stimmen blieb also von Oesterreich abhängig; damit ist der Schlüssel für die Verhandlungen der nächsten Wochen gegeben.

Die Deputation berieth am 22. Januar die französische Forderung. Alle Mitglieder stimmten nach dem Vorgange Kursachsens dahin, daß sie unannehmbar sei. „Die ohnehin schon so mächtige französische Republik", führte man aus, „würde durch diese für sie verhältnißmäßig unwichtigen überrheinischen Provinzen schon an sich selbst, noch mehr aber in Hinsicht ihrer Verschiedenheit in Sprache, Sitten und Denkungsart keinen so beträchtlichen Zuwachs an reeller Macht und Größe erhalten; das deutsche Reich hingegen und dessen ganzes System, wobei die deutschen Völker bisher zufrieden gewesen seien, durch diesen für dasselbe äußerst beträchtlichen Verlust bis auf seine Grundpfeiler zerrüttet werden. Gleichwohl sei eben diese eigenthümliche, von Frankreich im westphälischen Frieden ausdrücklich garantirte Verfassung im Centrum von Europa von jeder aufgeklärten Politik für eines der ersten Mittel, das Gleichgewicht dieses Welttheils zu erhalten, angesehen worden. Selbst Frankreich, dem es bereits in vorderen Zeiten nicht unmöglich gewesen wäre, seine Grenze bis an den Rhein auszudehnen, habe dieselbe dennoch seinem Staatsinteresse niemals angemessen gefunden."

„Ganz im Geiste dieser Politik hätten die Präliminarien zu Leoben am 17. April 1797 dem deutschen Reich seine Integrität zugesichert. Betrachte man noch, daß das deutsche Reich nicht angreifender, sondern angegriffener, mithin zum Kriege genöthigter Theil sei, auch daß die französische Republik mehrmals selbst öffentlich sich von allen Eroberungs-Absichten entfernt erklärt habe, so glaube die Deputation von der Gerechtigkeit und Großmuth des französischen Gouvernements erwarten zu können, es werde dasselbe geneigt sein, statt des dermalen geschehenen Antrags eine solche Grundlage des Friedens zu proponiren, welche mit den Präliminarien zu Leoben sich mehr in Uebereinstimmung setzen lasse." Weiter wünschte man genaue Beobachtung des Waffenstillstands, Rückzug der französischen Truppen vom rechten auf das linke Ufer, Aufhören der Contributionen und anderer Bedrückungen, endlich Abstellung aller Revolutionsanstalten und Neuerungen in den von französischen Truppen besetzten Reichslanden.

Nach diesen Grundsätzen wurde in der Sitzung vom 25. Januar das Conclusum festgestellt. Einzig Lehrbach hielt sich, statt abzustimmen, das Protokoll offen, um den Franzosen nicht zu der Beschwerde Veranlassung zu geben, er habe der in Campo Formio geleisteten Zusage entgegengehandelt[1]).

Die Franzosen säumten nicht, schon am 28. Januar, Tags nachdem ihnen durch Metternich das Conclusum zugekommen war, ihre Forderung zu wiederholen. Jeder wisse, schrieben sie, daß nicht die Republik, sondern das Reich den Krieg angefangen habe; auf die Präliminarien könne man sich nach dem späteren Frieden nicht mehr berufen. Die Deputation habe selbst ausdrücklich erklärt, Frankreich werde durch die Erwerbung der linksrheinischen Provinzen „keinen beträchtlichen Zuwachs an Macht und Größe erhalten." Daraus folge doch unbestreitbar, daß die Republik das linke Rheinufer nicht verlange, um sich zu vergrößern, sondern als gerechte Entschädigung und, um die beiderseitige Ruhe zu sichern, also im eigenen Interesse des Reiches. Man fand in der Deputation, die französische Note sei von Treilhard im Tone eines Advokaten verfaßt, aber doch mäßiger, als man erwartet habe. Denn zwei Tage früher war eine andere Note in Rastatt eingetroffen, die allerdings noch lauter und deutlicher sich ausdrückte. Nach der Uebergabe von Mainz war nur ein einziger fester Punkt auf dem linken Rheinufer von deutschen Truppen besetzt: der Brückenkopf Mannheim gegenüber. Am Morgen des 25. Januar richtete der französische General Ambert an den Commandanten von Mannheim, Oberst Bartels, die Aufforderung, in zwei

---

1) Lehrbach, 23. u. 26. Januar.

Stunden die Befestigungen auf dem linken Rheinufer zu räumen. Als der Oberst sich auf den Waffenstillstand berief und vorerst bei seinem Kurfürsten und dem Befehlshaber der Reichsarmee anfragen wollte, erfolgte der Sturm und nach tapferem Widerstande die Einnahme des Brückenkopfes; für die aufgewandte Mühe und das vergossene Blut wurde dann noch der Stadt Mannheim eine Entschädigung abgefordert [1]). Diese Vorgänge ließen erkennen, was von den Franzosen zu erwarten sei, und verfehlten auch in Rastatt ihren Eindruck nicht. Aber die Deputation ließ sich noch nicht von dem früheren Standpunkte abbringen; in einem Conclusum vom 31. Januar setzte sie noch einmal ausführlich auseinander, daß Frankreich der angreifende Theil gewesen sei und zu Leoben die Reichsintegrität versprochen habe. Nun verloren die Franzosen die Geduld. Ihre Gegen= note vom 3. Februar zeigt zuerst den schroffen, schneidenden Ton, der den späteren Notenwechsel kennzeichnet. Sie nannten es Zeitverlust, auf die Abschweifungen der Deputation weiter einzugehen, und machten sie für alle Folgen einer nochmaligen Weigerung verantwortlich. Zugleich setzten sie ihre Verbin= dungen in Rastatt in Thätigkeit. In der Sitzung vom 29. Januar war beschlossen, den am Congreßort anwesenden Particulargesandten von den Forderungen der Franzosen Mittheilung zu machen. In Folge dessen lief in der ersten Hälfte des Februar eine große Zahl von Antwortschreiben ein, die ohne Ausnahme die Abtretung des linken Rheinufers für nöthig erklärten, oder doch nicht hindern wollten, wenn nur ausreichende Entschädigung gegeben würde; selbst die geistlichen Staaten begnügten sich meistens, die Angelegenheit der Ent= scheidung des Kaisers vertrauensvoll zu überlassen. „Der Congreß ist in einer unbeschreiblichen Aufregung", berichten die preußischen Gesandten. Sie selbst wurden beständig und nicht immer in der freundlichsten Weise von den Franzosen angegangen, ihren Einfluß auf Hannover und Sachsen geltend

---

[1]) Geheime Geschichte der rastatter Verhandlungen, II, 185 fg.

zu machen. Die Convention vom 5. August 1796, erklärte Treil=
hard, sei nur unter der Voraussetzung abgeschlossen, daß Preußen
sich mit Frankreich verbinde; statt dessen lasse es sich von den
Oesterreichern täuschen. „Bieten sie ihnen doch an", sagte er,
„Preußen werde auf Säcularisationen verzichten, wenn der
Kaiser nichts in Deutschland verlangen wolle; ich lasse mir
beide Ohren abschneiden, wenn man sie beim Worte nimmt"[1]).
Aber die preußischen Gesandten hielten noch zurück, und da
die Franzosen den Oesterreichern keinen Schritt entgegenkamen,
Cobenzl in Bezug auf die italienischen Erwerbungen entweder
ganz ausweichende Antwort, oder etwa eine Vertröstung auf
den Tod des Papstes und eine Theilung des Kirchenstaates
erhielt, so zeigte er auch seinerseits wenig Neigung, für die
französischen Ansprüche zu wirken[2]). In der Sitzung vom
6. Februar sprach sich die Deputation nach dem Vorgange
Sachsens dahin aus, daß man vor der Annahme einer Frie=
densbasis genau den Umfang der Abtretungen und die Modi=
ficationen, unter denen sie stattfinden sollten, kennen müsse,
insbesondere wie es mit den fürstlichen Domainen und der
Unverletzlichkeit des Privateigenthums zu halten sei. Obgleich
diese Erklärung im Grunde das Zugeständniß möglicher Abtre=
tungen in sich schloß, genügte sie doch den Franzosen keines=
wegs. Wieder unmittelbar nach dem Empfang der Deputa=
tionsnote, am 10. Februar, erfolgte die Antwort; jetzt in einem
Tone, der ferneres Ausweichen unmöglich machte. Die Do=
mainen der Fürsten, heißt es, müßten in das Eigenthum der
Nation übergehen, an welche das Land abgetreten würde.
Aber darum und um andere Nebenfragen handle es sich jetzt
nicht, sondern vorerst um die Anerkennung des Princips. Eine
Erörterung über die Einzelheiten der Anwendung würde jetzt
nur die nothwendige Entscheidung und den Frieden verzögern,
und der Bosheit Zeit lassen, neue verderbliche Coalitionen und

---

1) Die preußischen Gesandten am 24. u. 31. Januar und 2. Februar.
2) Cobenzl, 5. u. 9. Februar.

verbrecherische Intriguen zu erfinnen. Die Deputation trage für die Folgen längeren Weigerns die Verantwortung.

Vom Standpunkt der Franzosen aus erscheint diese Auffassung in der That nicht unberechtigt; auch der Deputation war nur zu wohl bekannt, daß keiner der in Raftatt vertretenen Reichsstände für die Reichsintegrität einen neuen Kampf gegen Frankreich wagen wollte. Ein Zugeständniß erschien demnach unvermeidlich, aber der Umfang hing wesentlich von der Stellung und dem Willen Oesterreichs ab. Denn Niemand konnte im Ernste halten wollen, was Oesterreich schon abgetreten hatte, und jedem Widerstand blieb nur dann einige Aussicht auf Erfolg, wenn er bei Oesterreich einen Rückhalt fand. Bisher hatte man es hingehen lassen, daß Lehrbach in den Sitzungen, ohne selbst abzustimmen, sich nur das Protokoll offen hielt; aber jetzt wartete Alles auf sein Vorgehen, und so traten in der Sitzung vom 12. Februar Graf Löben und mit schärferen Worten Edelsheim und Reden mit der Erklärung hervor, daß man über die vorliegende Frage nicht eher abstimmen könne, bis der österreichische Deputirte seine Instruction aus Wien erhalten habe. Aber aus Lehrbach war nichts herauszubringen, er blieb bei der alten Erklärung: Oesterreich wolle die Deputation in keiner Weise hindern, habe aber selbst keinen Antrag zu stellen. Albini gab endlich der Erörterung eine günstigere Wendung, indem er statt eines Conclusums, nur in Form einer Directorialbemerkung feststellte: man würde das Protokoll nicht eher eröffnen, bis sämmtliche Deputirte sich zur Abstimmung bereit erklärt hätten[1]).

Schon in der Sitzung war aber von Albini, und in dem sich anschließenden vertraulichen Gespräche allgemein die Ansicht ausgesprochen, man müsse sich zu Abtretungen und einem Angebot an die Franzosen verstehen. Mehrere Particulargesandte äußerten sich neuerdings in demselben Sinne; auch die preußischen gaben am 14. Februar die Erklärung, daß der

---

1) Lehrbach, 12. Februar.

König unter den dermaligen Verhältnissen der Abtretung des linken Ufers sich nicht widersetzen und dabei für seine eigenen Besitzungen keine Ausnahme verlangen würde [1]). Danach konnte es Niemanden überraschen, als in der nächsten Sitzung vom 14. Februar-Sachsen den Antrag stellte, den Franzosen zwar nicht was sie verlangten, aber doch die Hälfte des linken Rheinufers anzubieten. Lehrbach sowie alle übrigen Deputirten schlossen sich mit mehr oder weniger lebhaften und aufrichtigen Ausdrücken des Bedauerns an; die badischen äußerten schon die Besorgniß, es würde dies Opfer der Hälfte nicht einmal genügen, und längere Weigerung vielleicht auf dem rechten Rheinufer noch ärgere Dinge als auf dem linken hervorrufen. Als die Deputation am 16. wieder zusammenkam, um das aus den abgegebenen Voten von Albini gezogene Conclusum zu ajustiren, traten sie sogar mit dem bestimmten Antrag hervor, statt des halben lieber gleich das ganze linke Ufer anzubieten. Die französische Gesandtschaft, erzählten sie, „habe sich über die ihr im Voraus ruchbar gewordene Abstimmung vom 14. ungemein aufgebracht und heftig geäußert und dabei zu erkennen gegeben, es sei ihr mit dem letzten Courier der gemessenste Befehl zugekommen, nicht länger mit sich scherzen zu lassen; das Directorium sei fest entschlossen, wenn man nicht ungesäumt sich zum Ziele lege, zu den ernstesten Maßregeln zu schreiten. Dies wolle nicht weniger besagen, als daß von allen Seiten die Feindseligkeiten wieder anfangen würden, dürfe also zur Verhütung noch größerer Drangsale einer näheren Beherzigung nicht unwerth sein" [2]). Darmstadt und Frankfurt schienen nicht ungeneigt, dieser Beherzigung sogleich einen Ausdruck zu geben; die Uebrigen lehnten das unschickliche, allen Formen und einem schon gefaßten Beschluß widersprechende Ansinnen ab; aber wie die Franzosen den Vorschlag der Deputation aufnehmen würden, konnte danach nicht mehr zweifelhaft sein. Denn die badische Erklärung war unzweifelhaft in ihrem Auftrage erfolgt. Schon

---

1) Protokoll IV, 330.
2) Protokoll I, 349.

am Morgen des 20., nachdem Metternich Abends vorher das Conclusum überschickt hatte, ging ihre Antwort ab; durch Kürze und Präcision des Ausdrucks der schneidendste Gegensatz zu den gedehnten, furchtsamen Deductionen der deutschen Seite. Noch einmal wurde der Deputation die ungeschickte Behauptung vorgehalten, daß die Besitzungen am linken Rheinufer von geringem Werthe seien; umsomehr könne Frankreich sie sämmtlich in Anspruch nehmen. Die Theilung nach der Hälfte bringe Unzukömmlichkeiten jeder Art, ohne irgend einen Vortheil. Alle auf dem linken Ufer angesessenen erblichen Fürsten hätten sich für die Abtretung ausgesprochen. Frankreich sei es dem allgemeinen Wunsche und sich selber schuldig, eine rasche und bestimmte Antwort zu verlangen; die Deputation möge wohl überlegen, ob sie für alle Uebel, die aus längerem Widerspruch hervorgehen könnten, sich verantwortlich machen wolle.

Um so dringender wurde es nun nicht bloß für die Deputation, sondern auch für die österreichische Gesandtschaft eine feste Stellung zu nehmen. Gerade erwünscht für Cobenzl war ihm am 14. Februar eine Instruction Thugut's vom 9. zugekommen. Anknüpfend an die früher von Treilhard gegebene Hoffnung, daß Oesterreich seine Entschädigung in Italien finden würde, bestimmte sie nach dieser Seite sehr ausführlich, was man besten oder schlimmsten Falles fordern oder aufgeben könne. In erster Linie verlangte Oesterreich die Legationen, den Oglio und die Inseln der Levante; dafür wollte es den Herzog von Modena in Deutschland entschädigen, Passau und einen kleinen Grenzstreifen der Oberpfalz gegen schwäbische Besitzungen eintauschen. Den französischen Absichten auf den Kirchenstaat setzte Thugut viel weniger Abneigung entgegen als Cobenzl. Der Kirchenstaat, meint er, könne den Bestimmungen von Tolentino gemäß bestehen bleiben, oder auch zur Entschädigung benutzt werden, indem man dem Papste die Stadt Rom und aus anderen Mitteln ein sicheres Einkommen verschaffe. In zweiter Linie wollte man sich mit dem Chiese und den beiden Legationen

Bologna und Ferrara begnügen, aber dann für den Herzog von Modena die Romagna nebst den levantinischen Inseln, und für das Frickthal Passau als Entschädigung ansprechen. Im dritten Falle, wenn man etwa nur den Mincio und statt Mantuas Peschiera, oder wenn man die Grenze von Campo Formio und zugleich die drei Legationen bis zum Panaro erhielte, forderte Oesterreich auch Baiern bis zum Inn und für den Herzog von Modena Salzburg und Passau. Im Uebrigen waren für Deutschland nur Andeutungen gegeben. Der Kaiser wünschte, die Integrität der Constitution, also insbesondere die Erhaltung der drei geistlichen Kurfürsten. Es wird der Gedanke hingeworfen, wenn am Rheine die Bestimmungen von Campo Formio zur Ausführung gelangten, so könne Preußen vielleicht seine linksrheinischen Besitzungen gegen einen Theil von Münster an Köln abtreten.

Sobald Cobenzl die Instruction erhalten hatte, ließ er Treilhard um eine Unterredung bitten, die am 16. in Cobenzl's Wohnung stattfand. Vergebens brachte er zunächst die Linie von Campo Formio in Vorschlag; dann wandte sich das Gespräch natürlich auf den siebenten Artikel des Friedens, der für den Fall, daß Frankreich das gesammte linke Rheinufer erhielte, den Oesterreichern eine Compensation versprach. Cobenzl fragte den französischen Bevollmächtigten, ob noch keine Antwort auf die am 18. Januar in Bezug auf Italien gemachten Vorschläge eingetroffen sei. Aber zu seinem Verdrusse mußte er hören, das Directorium habe in den letzten Depeschen diesen Punkt gar nicht berührt. Den Grund suchte Treilhard darin, daß er nach Cobenzl's Wunsch nicht officiell, sondern nur vertraulich an Talleyrand darüber geschrieben habe. Man ging aber doch auf den Gegenstand ein und verabredete, Cobenzl solle am nächsten Tage seine Wünsche schriftlich mittheilen. Er wählte zu diesem Zwecke die für den günstigsten Fall von Thugut aufgestellten Bedingungen, nur daß er die Inseln der Levante nicht erwähnte. Denn schon frühere Aeußerungen Treilhard's hatten ihn überzeugt, daß man diese Besitzungen jetzt, da sie französisches Departement geworden, vom Directorium noch viel weniger erhalten würde, als vordem in Passariano von Bonaparte. Um so eifriger hob er die Vortheile seines Antrages hervor, der in Italien wie in Deutschland alle Theile befriedigen könne. Oesterreich vermeide dann, die Eifersucht der Reichsstände durch die Besitznahme von Salzburg und Baiern zu erregen, es könne im Verein mit Frankreich die Habgier des Königs von Preußen in Schranken halten und zugleich das Reich zur Abtretung des linken Rheinufers bestimmen. Wie sich denken läßt, gaben aber die Franzosen keine andere Antwort, als daß sie Alles, was vorgekommen, ihrer Regierung berichten würden. Die Abtretung des linken Rheinufers verlangten sie dagegen sogleich, ohne weiteren Aufschub; sie ergingen sich in so drohenden Reden, daß Cobenzl ihnen erklärte: wenn die französischen Truppen die verabredete Grenze überschritten, oder in anderer Weise Feindseligkeiten vornähmen, so müßte auch der Kaiser seine Armee wieder vorgehen lassen, um sich nicht dem Tadel von ganz Europa auszusetzen. Diese Erklärung schien Eindruck zu machen. „Als ich mich", schreibt Cobenzl, „etwas später mit Bounier allein in einer Fensternische befand, sagte er mir: Sie wollen also den Krieg, Herr Graf; wie vereinigt sich das mit Ihren Grundsätzen und den Gesinnungen, die Sie uns immer gezeigt haben? Ich erwiederte ihm, es heiße nicht den Krieg wollen, wenn man genau die Ausführung der Friedensbedingungen fordere. Im Gegentheil bezeichne es nicht den Wunsch nach Vereinigung, wenn man ohne Unterlaß von Verpflichtungen abweiche, die man eben in jüngster Zeit und in der feierlichsten Weise eingegangen sei"[1]).

Cobenzl spricht wohl nicht mit Unrecht die Vermuthung aus, seine Erklärung habe auch dahin gewirkt, daß die fran-

---

[1] Cobenzl giebt den ausführlichen Bericht über die Conferenzen erst am 24. Februar, als er sich kaum von einem heftigen Fieber, das ihn am Abend des 17. befallen hatte, wieder erholte.

zöfische Antworts=Note vom 20. Februar bei aller Dringlichkeit doch weder von Krieg noch von Truppenbewegungen redete. Da er aus dem Vorhaben des Kaisers kein Geheimniß machte, so ließ sich auch die Deputation nicht einschüchtern, sondern blieb in der Sitzung vom 26. Februar im Wesentlichen bei ihrem früheren Angebot. Man berief sich auf die Erklärung der Franzosen, daß es ihnen nicht auf Eroberungen, sondern auf eine gute natürliche Grenze ankomme; diese würde durch die Mosel eben so gut, als durch die Rheinlinie gegeben. Sachsen machte darauf hin den Vorschlag, die Mosel in der Weise als Grenze anzubieten, daß der französischen Regierung die Wahl bleibe, ob sie die Reichslande am rechten oder am linken Ufer verlangen wolle. Lehrbach, wie er schreibt, um unbemerkt auf die Bedingungen von Campo Formio zu kommen, gab seinem Votum noch den Zusatz: wenn für eine militärische Grenze vielleicht etwas mehr als die Hälfte der linksrheinischen Gebiete nöthig erscheine, so könne das Reich auch dazu die Hand bieten [1]). Für diese Zugeständnisse stellte aber auch jeder Deputirte eine Reihe von Bedingungen oder, wie man sie nannte, Modificationen auf, die bei der Abtretung zu beobachten seien. Sie umfassen in der Form, in welcher sie später als Anhang zu dem Conclusum vereinigt wurden, nicht weniger als 18 Punkte; um die mannigfachen, sich widerstreitenden Interessen anschaulich zu machen, wird es unumgänglich, sie hier aufzuführen:

Vor Allem fordert man, daß die vorgeschlagenen Grenzflüsse zur Hälfte bei Deutschland verbleiben; Lehrbach erkannte richtig, daß die Franzosen sonst auch die Brückenköpfe des rechten Rheinufers begehren würden, ja, daß sie eben deshalb nicht allein das linke Rheinufer, sondern den Lauf des Rheines als Grenze gefordert hätten. Weiter sollte Frankreich die freie Ausübung der christlichen Religion, so wie die Erhaltung des Kirchenvermögens garantiren und in den bei Deutschland verbleibenden Ländern auf alle Hoheitsrechte verzichten, die aus

---

1) Lehrbach, 1. März; Protokoll I, 365.

dem Besitz der abgetretenen Gebiete etwa hergeleitet werden könnten (Art. 2 u. 3). — Als Beispiele des Mißbrauchs solcher Ansprüche hatte man nicht allein die Reunionen Ludwig's XIV. im Elsaß, sondern eben in den letzten Monaten die gewaltsamen Eingriffe vor Augen, welche die Republik, angeblich als Rechtsnachfolgerin der Herzoge von Savoyen und des Bischofs von Basel, in das Gebiet und die inneren Angelegenheiten der schweizer Eidgenossenschaft sich erlaubte. — Die Patrimonialgüter und das Privatgut der Reichsstände, der Reichsritterschaft und aller Reichsangehörigen sollten ihnen zu ungestörtem Genuß gelassen, auch der Verkauf und Wegzug nicht gehindert werden (Art. 4, 5 u. 8). Für die Hoheits- und anderen Rechte, welche mit den Grundsätzen der Republik nicht im Einklang ständen, verlangte man Entschädigung (Art. 7), für die Forderungen deutscher Reichsangehörigen an die französische Republik Bezahlung (Art. 9), für die hypothekarischen Schulden der abgetretenen Länder Uebernahme durch Frankreich (Art. 10). Die folgenden Artikel bezogen sich auf die Emigrantengesetze, die von den Franzosen mit unerträglicher Härte nicht allein in Belgien und im Elsaß, sondern sogar in den bis dahin deutschen Ländern des linken Rheinufers zur Anwendung gebracht wurden. Die Deputation forderte, daß in den erst abzutretenden Gebieten die schon erlassenen Verfügungen zurückgenommen, und daß die Mitglieder des deutschen Reichsadels, die man ungeachtet ihrer Reichsangehörigkeit auf die Emigrantenliste gesetzt, wieder gestrichen würden (Art. 11), daß man überhaupt Niemanden wegen seiner Anhänglichkeit an die frühere Regierung verfolge (Art. 12) und den geistlichen und weltlichen Beamten für die ohne ihr Verschulden verlorene Besoldung eine Entschädigung bewillige (Art. 13). Der 14. Artikel nahm sich der Reichsstände im Elsaß an. Sie sollten für die in Folge der neuen Einrichtungen erlittenen Nachtheile Ersatz, insbesondere ihr Eigenthum mit Veräußerungs-Befugniß zurückbekommen, ihre Beamten und wer sonst die vormals ihnen zustehenden Besitzungen verlassen hatte, nicht als Emigranten gelten. Für die besonderen Rechtsverhältnisse, die in früheren Friedensschlüssen oder in Privilegien der französischen Monarchen ihren Ursprung hatten, wurde eine besondere Uebereinkunft vorbehalten. — In Folge der immer erneuten Klagen über die französische Bedrückung forderte dann der 15. Artikel, daß auf die für den gegenwärtigen Krieg ausgeschriebenen, aber noch nicht geleisteten Contributionen kein weiterer Anspruch erhoben würde. Als Anhang verlangt man noch einen Handelsvertrag mit Frankreich und der batavischen Republik gegen willkürliche Störungen der Rheinschifffahrt (Art. 16), Neutralität und Einquartirungs=Freiheit für den Sitz des Reichstages und des Reichskammergerichts (Art. 17) und zum Schluß, damit doch nichts vergessen würde, die noch in Straßburg zurückgebliebenen Akten dieses letzteren[1]). Albini, der durch die Abtretung des mainzischen Besitzes auf dem linken Rheinufer und dann noch zu fürchtende Säcularisationen am meisten bedroht war, führte außerdem in seinem Votum den Nachweis, daß das Reich zur Entschädigung der auf dem linken Ufer angesessenen Fürsten an sich nicht verpflichtet sei, daß aber eine Entschädigung, wenn sie stattfände, in keinem Falle ausschließlich auf Kosten des geistlichen Standes sondern nur von der Gesammtheit des Reiches gefordert werden dürfe; die geistlichen Reichsstände, die ganz unabhängig von ihrer geistlichen Würde vor allem Wahlfürsten seien, müßten an der Entschädigung ebensowohl wie die weltlichen Theil nehmen. Es waren dies ganz die Ansichten Lehrbach's, der denn auch Albini's Votum vortrefflich nennt, besonders, „weil es so manche versteckte Angriffe gegen Preußen enthalte". In das Conclusum wurden sie aber, da man überhaupt von der Entschädigung noch nicht reden wollte, nicht aufgenommen, auch die 18 Bedingungen nur als ein Nachtrag dem eigentlichen Beschluß über die Abtretung beigelegt.

------

[1]) Die beiden letzten Forderungen waren veranlaßt durch ein Schreiben des Reichskammergerichts an die Deputation vom 20. Januar 1798, Protokoll I, 416.

Bis man aus den umfangreichen Abstimmungen dies Ergebniß gezogen und in passende Form gebracht hatte, vergingen mehrere Tage. Natürlich dauerte es nicht so lange, daß die Franzosen von der Berathung Kenntniß erhielten, und sie säumten nicht, ihrem Unwillen über die nochmalige Widerspenstigkeit der Deputation in der heftigsten Weise Ausdruck zu geben. „Gerade als ich aus der Sitzung kam", erzählt Lehrbach, „begegnete mir, vielleicht nicht zufällig, der Minister Treilhard, der eben zu Bonnier zum Speisen ging. Er nahm mich auf die Seite und fragte, was vorgegangen sei? Ich sagte ihm, die Sache sei so weit, daß, wenn sich Frankreich mit der zu Campo Formio stipulirten Linie begnüge, ich ihm fest dafür stehen könnte, daß die Republik in Folge der österreichischen bons offices dieselbe erhalten würde. Hier fuhr er wie wüthend auf und sagte: Sans toute la rive gauche la guerre commence demain, und lief davon. Ich schrie ihm nach: J'espère que non. Dem Grafen von Cobenzl gab ich von allem Nachricht, auch von dem so eben bemerkten Ausfall des Treilhard. Er glaubte, es würde nöthig sein, daß ich Abends zu Treilhard ginge und ihm alles in der Sitzung Vorgegangene um so mehr auseinandersetzte, als Oesterreich dabei nach dem Inhalt und Geist der Stipulationen eine schöne Rolle gespielt habe. Er, Graf Cobenzl, wolle zu gleicher Zeit zu dem Minister Bonnier gehen. Ob ich gleich Treilhard sehr aufgebracht sah, und nach Tisch bei selbem der Wein wirket, so habe ich mich doch aus Liebe zum Dienst entschlossen, zu ihm zu gehen. Er war aber Abends nicht zu Hause und noch immer bei Bonnier; ich ging daher dahin, um zugleich Bonnier, welcher Tafel und bei derselben die preußischen Minister hatte, einen Besuch zu machen".

„Als Treilhard mich erblickte, nahm er mich in das Nebenzimmer, schlug wie wüthend auf den Tisch und sagte: L'Empire veut la guerre, vous l'aurez. Ich faßte mich, setzte eine auffallende Kälte entgegen und suchte es so zu drehen, daß ich ihn in das Nebenzimmer führte, wo Bonnier und Graf

Cobenzl sich im Gespräche befanden. Hier überließ er sich, besonders gegen den Artikel 7 der geheimen Stipulation seiner vollen Wuth, und ich kann sagen, daß ich dergleichen Benehmen unter gesitteten Menschen, am wenigsten unter Geschäftsleuten nie gesehen habe. Er lief das Zimmer auf und ab, wie ein rasender Mensch; bald schlug er auf den Tisch, bald warf er sich auf einen Stuhl und attaquirte den Grafen v. Cobenzl über diesen Artikel; daß kein Mensch in der Welt ihn so nehmen könne, wie er ihn nehme, nämlich: daß Oesterreich, wenn Frankreich das ganze linke Rheinufer erhalte, jetzt auch sogleich eben so viel, das Surplus, erhalten müßte. Man solle Frankreich das ganze linke Rheinufer geben, und die Republik würde für Oesterreich das Nämliche besorgen; man müsse Vertrauen haben. Niemand als Oesterreich sei in der Deputation Schuld, daß nicht darauf abgestimmt würde"[1]). Baiern und Augsburg, behauptete er weiter, seien ganz von Oesterreich abhängig; weil der Graf Preysing nicht immer fügsam gewesen sei, habe man ihn abberufen und durch Morawitzky ersetzen lassen. Lehrbach suchte alles dies zu widerlegen, Cobenzl kam ihm zu Hülfe, vertheidigte die Auslegung des Artikels 7 und wies nach, daß Lehrbach in der Sitzung noch mehr als die übrigen Mitglieder der Deputation bewilligt, überhaupt in jeder Beziehung die zu Campo Formio gegebenen Zusicherungen erfüllt habe. Wenn Frankreich auf die letzten Vorschläge des Kaisers einginge, alsdann, aber nicht eher, würde auch Lehrbach in der Deputation für die ganze Forderung der Franzosen stimmen. So dauerte das Gespräch, zuweilen noch durch einen Wuthausbruch Treilhard's unterbrochen, beinahe drei Stunden, ohne daß man einen Schritt weiter gekommen wäre. Die Franzosen wollten kein Zugeständniß machen, und die kaiserlichen Gesandten ebensowenig über die Bestimmungen von Campo Formio hinausgehen. „Von allen Forderungen", schreibt Cobenzl, „die jemals von den Franzosen vorgebracht wurden, ist ohne Zweifel die unerhörteste, daß

______

1) Lehrbach, 1. März.

Oesterreich seine Stimme für die Abtretung des gesammten linken Rheinufers geben soll, ohne die geringste Sicherung, daß die Franzosen auch unseren gerechten Forderungen genug thun. Graf Lehrbach und ich, beide hätten wir geglaubt, direkt gegen unsere Instructionen zu handeln, wenn wir zu einer solchen Forderung die Hand geboten und nicht lieber die Sachen auf's Aeußerste hätten kommen lassen" [1]).

„Sonderbarer Weise", setzt Cobenzl seinem Bericht hinzu, „hat Treilhard den preußischen Ministern gegenüber sich noch heftigere Ausfälle erlaubt, als gegen uns. Er hat Herrn von Dohm die Antwort der preußischen Gesandtschaft auf die Frage nach der Abtretung des linken Rheinufers zum Vorwurfe gemacht; denn trotz der Verpflichtung des Königs gegen Frankreich enthalte sie nur eine bedingte Zustimmung; der preußische Hof sei falsch, während die Grafen Cobenzl und Lehrbach wenigstens ehrlich und offen zu Werke gingen. Auch Görtz und Jacobi hat er dann zum Vorwurfe gemacht, daß sie die Deputation nicht zwingen wollten, die französische Forderung zu unterschreiben. Görtz sagt, Treilhard habe insbesondere verlangt, daß man gegen den wiener-Hof Gewaltmittel gebrauche, und die Gunst des gegenwärtigen Augenblickes vorgestellt. Freilich", meint Cobenzl, „mag Görtz dies einigermaßen brodirt haben. Da die Unterredung der französischen Gesandten mit den preußischen und mit uns in Folge eines Diners bei Bonnier stattfand, so war noch alle Welt in den an das Cabinet anstoßenden Zimmern versammelt; man hörte mit lauter Stimme reden, und es hat sich das Gerücht verbreitet, daß es zu sehr gewaltsamen Erörterungen gekommen sei." Cobenzl vermuthet, die Heftigkeit Treilhard's habe zum großen Theil darin ihren Grund, daß ihm äußerst daran liege, vor der Rückkehr Bonaparte's die Abtretung des linken Rheinufers zu erzwingen. Er hoffe dadurch bei seiner Regierung sich ein Verdienst zu machen und ein Recht zum Eintritt in das Directorium zu gewinnen.

––––––––––

[1]) Cobenzl, 1. März.

Die Rückkehr des Generals wurde eben damals von Tag zu Tage erwartet und war auch für Cobenzl ein Grund, auf's neue und auch in Bezug auf die Entschädigungen in Deutschland um genaue Instructionen zu bitten; denn bei der Heftigkeit, mit welcher Bonaparte zu unterhandeln pflege, werde er ihm schwerlich die Zeit für eine Anfrage in Wien bewilligen. Was Cobenzl aber in der Erzählung des preußischen Gesandten als Ausschmückung oder sonderbar erschien, war vollkommen begründet, auch den Absichten der Franzosen durchaus entsprechend. Da sie den Oesterreichern nichts abgewinnen konnten, und Cobenzl ihre Drohungen mit einem Hinweis auf die kaiserlichen Truppen beantwortete, so mußten sie versuchen, auf anderem Wege, wenn auch gegen den Willen der Oesterreicher, zum Ziele zu gelangen. Eine Menge der kleineren Reichsstände, unter den Deputirten: Baden, Darmstadt und Frankfurt, ebenso Würtemberg und Zweibrücken waren theils aus Furcht, theils aus Begier den französischen Wünschen schon geneigt. Aber wirksamen Einfluß auf die stärkeren Mitglieder der Deputation, insbesondere auf Sachsen und Hannover, konnte man nur von Preußen erwarten. Je mehr also die Verhandlungen zur Entscheidung drängten, desto ungestümer wurden die Franzosen. Schon vor der Sitzung vom 26. ergingen sie sich den preußischen Gesandten gegenüber in den heftigsten Reden gegen Oesterreich und die Deputation. Eine abermals ausweichende Antwort, äußerte Treilhard, würde man als Kriegserklärung betrachten und mit Kanonenschüssen erwiedern. Ob das Reich 400,000 Mann den Franzosen entgegenzustellen habe? Preußen müsse sich endlich offen erklären und die Gesandten von Sachsen und Hannover zum Nachgeben bewegen, sonst verlöre die Convention vom 5. August 1796 ihre Kraft. Die Gesandten, schon durch eine Instruction aus Berlin auf solche Reden vorbereitet, wiesen die Vorwürfe wie die Anträge zurück¹). Ihre passive Haltung,

---

1) Die Gesandten am 17. u. 20. Februar. Am 14. war ihnen eine Mittheilung des Ministeriums vom 9. Februar zugekommen: Sandoz erhalte von Talleyrand Versprechungen, wenn Preußen die Abtretung des linken Rhein=

sagten sie, bringe Frankreich Vortheil genug; die Convention würde gar nicht dadurch berührt. „Wir konnten mit Genugthuung bemerken", schreiben sie am 24. Februar, „daß Herr Treilhard fähig ist, zu sich selbst zu kommen, wenn man ihm gegenüber die rechte Stellung einnimmt. Wir betrachten seine Heftigkeit wie eine Comödie, um furchtsame Gemüther einzuschüchtern." Aber ein zweiter Sturm begann, als kurz nach der Sitzung das Ergebniß der Abstimmung den Franzosen durch die badischen Deputirten bekannt geworden war. Das Benehmen Bonnier's an seiner eigenen Mittagstafel war Jacobi gegenüber gerade so, wie es von Cobenzl geschildert wird. Auch bei Görtz ließ dieser Mann, der sonst durch Ruhe und Mäßigung vor Treilhard Manches voraus hatte, die heftigsten Worte fallen. Er nannte die Deputation die Sclavin des Kaisers; es sei eine Schande für den König von Preußen, daß er sich dergleichen gefallen lasse. Aber Görtz erwiederte, der König wisse selbst am besten, was Preußens Ehre und Interesse erforderen, und eine Deputation, in welcher Sachsen und Hannover vertreten seien, könne unmöglich als Sclavin des Kaisers erscheinen[1]). Die Gesandten waren eben in diesen Tagen nicht ohne Hoffnung, sich mit den Oesterreichern zu einigen; das Benehmen der Franzosen flößte ihnen wenig Vertrauen ein, sie zeigten gar keine Neigung, aus der ihnen vorgeschriebenen, abwartenden Stellung herauszutreten. So ging auch die Deputation noch wesentlich unter dem Einflusse Oesterreichs ihren Gang. In den Sitzungen vom 1. und 2. März wurde das Conclusum, wie es Albini nach den umfangreichen Abstimmungen des 26. Februar zusammengestellt hatte, angenommen, darauf dem Grafen Metternich und von diesem, freilich nicht ohne ungeschickte Veränderungen, am folgenden Abend der französischen Gesandtschaft zugeschickt. Ihrer Gewohnheit gemäß antworteten die Franzosen gleich am Morgen des 4. März,

ufers in der Deputation befördern wolle; aber der König erkenne zu wohl die Perfidie dieser Anträge.

1) Die preußischen Gesandten am 28. Februar.

nur in wenigen Zeilen, die das Anerbieten der Deputation zurückwiesen und ganz bestimmt ein Ende der Discussion: Ja oder Nein auf die von Frankreich vorgeschlagene Friedens= basis forderten. Auch jetzt vermieden sie, ausdrücklich mit Feindseligkeiten zu drohen; um so lauter erklärten sie aber allen, die in ihre Nähe kamen, daß diese Aufforderung unwider= ruflich die letzte sei. Selbst Lehrbach und noch bestimmter die preußischen Gesandten waren der Meinung, die Franzosen würden, wenn man nicht nachgebe, entweder die Feindseligkeiten wieder anfangen, oder doch den Ort des Congresses verlassen. Abgesehen von den neuen Bedrängnissen, die dann für die bedrohten deutschen Länder in Aussicht standen, hatten die preußischen Gesandten noch manche Gründe, um die Nachgie= bigkeit der Deputation zu wünschen. Schon durch die in dem letzten Conclusum angebotene Linie von Campo Formio erhielten die Franzosen ungefähr zwei Drittel der linksrheinischen Gebiete, es trat also beinahe der Fall ein, in welchem Preußen die isolirten und entfernten Provinzen auf dem linken Ufer lieber abtreten als behalten wollte. Sollte man nun um ihretwillen die Hoffnung auf Entschädigung aufgeben, die Gefahr eines neuen Krieges heraufbeschwören, ja vielleicht eines allgemeinen Umsturzes der deutschen Verhältnisse? Eben trafen aus Rom und aus der Schweiz die bedrohlichsten Nachrichten ein; auch im Süden von Deutschland zeigte sich eine Gährung, die, wie die Besorgniß der Gesandten sich ausdrückt, mit Riesen= schritten täglich an Boden gewann. Mit Cobenzl und Lehrbach war man noch immer nicht zur Verständigung gelangt, im Gegentheil, man fürchtete, die österreichischen Gesandten würden sich schließlich doch mit den Franzosen einigen, vielleicht auf Kosten des Königs, während Preußen, wenn es die Deputation den Franzosen gefügig machte, auf ihren Dank und um so reichere Entschädigung rechnen durfte. Aus allen diesen Gründen entschlossen sich die Gesandten nicht länger unthätig zuzusehen. Am Abend des 4. März begaben sie sich zu der Zusammenkunft, die wie gewöhnlich bei dem Grafen Löben stattfand. Sie sprachen lebhaft ihre Meinung aus, und es gelang ihnen, Reden ganz zu gewinnen, Löben wenigstens schwankend zu machen. Während man noch redete, trat Albini herein, schon in heftiger Aufregung durch Alles, was in den letzten Tagen geschehen war. Keiner war bei der Abstimmung mehr betheiligt, als er; denn der Verlust des gesammten linken Rheinufers mußte offenbar umfassende Säcularisationen auf dem rechten zur Folge haben, und er durfte sich nicht schmeicheln, daß dabei für Mainz etwas zu gewinnen sei. Nicht die geringste Zusage hatte er für seinen Herrn erlangen können; seine letzte Abstimmung, daß die Entschädigungen von sämmtlichen Reichsständen gemeinschaftlich zu übernehmen seien, hatten die Franzosen eine Narrheit genannt und oftmals von der Vernichtung des Kurfürstenthums gesprochen. Als jetzt Görtz in ihn eindrang, er solle der Abtretung zustimmen, erfolgte eine Scene, nicht weniger heftig, als vor der Capitulation von Mainz. „Ist das der preußische Patriotismus für das Reich?" fuhr er Görtz an, „ich soll die Abtretung des linken Rheinufers und damit zugleich mein eigenes Todesurtheil unterschreiben? ich soll nur wie das Tintenfaß gebraucht werden, aus dem man schreibt, und hernach weggeworfen werden? Vor Allem muß ich meine Existenz gesichert haben. Die Franzosen haben auf keine Modification geantwortet und sie als Evasionen verworfen. Kleine Herren brauchen wir nicht, das sind wir selbst und noch mehr; lieber soll uns der Kaiser nehmen, oder wir werden eine Republik, und ich selbst will lieber unter die Fünfhundert gehen, als mich so gottlos und reichsverrätherisch fressen lassen." Görtz erwiederte: „Sie wollen also den Krieg? Wird denn der Kaiser seine Armee vorrücken lassen?" „Warum der Kaiser allein?" fiel Albini ihm in die Rede. „Warum nicht die Preußen, die Hannoveraner, die Sachsen? Rückt vor! alsdann wird auch der Kaiser sehen, was er thun kann[1])."

---

1) Lehrbach, 5. März; die preußischen Gesandten, 7. März.

Nicht weniger heftig sprach er zwei Tage später in der Deputation, als man über die Beantwortung der französischen Sommation eine Vorberathung hielt. Die badischen Gesandten drängten auf rasche Abstimmung, um den Zorn der Franzosen zu besänftigen, aber Albini erwiederte, die Wichtigkeit der Sache fordere Bedenkzeit; er erkläre hier öffentlich, daß Kurmainz sich nicht von einem noch kleineren wolle auffressen lassen. Er selber habe nicht Lust, Kanzleidirector eines kleinen Prinzen, etwa des Fürsten von Leiningen zu werden; eher wolle er Alles aufbieten, daß der Kaiser, der doch einmal sein Herr sei, alles bis an den Rhein nehmen möge. Man solle nur fortfahren, diese Freßprojecte bekannt zu machen; ehe die Völker sich von kleinen oder anderen Religionsverwandten nehmen ließen, würden sie sich lieber dem Kaiser übergeben, oder eine Republik bilden. Im Verein mit Stadion richtete er an den österreichischen Deputirten die dringende Frage, ob die Reichsarmee nicht wenigstens bis Aschaffenburg vorgehen könne; sie würde dort 3000 Mainzer und 9000 Würzburger finden, zu denen sich gewiß auch die so berühmten spessarter Bauern schlagen würden.

Was diese leidenschaftlichen Reden von früheren ähnlichen unterschied, war der Umstand, daß sie nicht lediglich als Ausbrüche eines ohnmächtigen Zornes erschienen. Denn das Ergebniß der Abstimmung lag in der That in Albini's Hand. Wenn auch Sachsen und Hannover den drei zur Abtretung geneigten Deputirten von Baden, Darmstadt und Frankfurt sich anschlossen — was von Seiten Sachsens, falls Mainz sich dagegen erklärte, nicht einmal feststand — so bildeten sie doch nur die Hälfte der Stimmen, und man konnte voraussehen, daß der kaiserliche Plenipotentiar einem Conclusum, dem Oesterreich und Mainz nicht zugestimmt hätten, niemals beitreten würde. Albini erkannte sehr richtig die Vortheile der Lage. Die preußischen Gesandten vernahmen, er würde, wenn man ihn nicht zufrieden stelle, die Dinge bis zum Aeußersten treiben; selbst die Franzosen mußten einsehen, daß man ihn nicht umgehen könne. Gleich am Morgen des 5. hatten sie erfahren, was Abends vorher bei Löben vorgegangen war. Sie ließen den preußischen Gesandten ihre Dankbarkeit ausdrücken und erklärten sich bereit, Albini für die Erhaltung des mainzer Kurfürstenthums eine beruhigende Versicherung zu geben. Tags darauf hatte Treilhard mit den preußischen Gesandten eine Unterredung, wiederholte unter den schmeichelhaftesten Ausdrücken für Preußen, unter heftigen Scheltworten gegen Oesterreich die Zusicherung für die Erhaltung von Mainz, von deren Nothwendigkeit, wie er angab, auch seine Regierung überzeugt sei; anderen Tags wollte er selbst zu Albini gehen und auch ihm das Versprechen bekräftigen. „Er hat dies", setzen die Gesandten ihrem Bericht hinzu, „pünktlich ausgeführt. Sie haben sich, einer mit dem anderen vollkommen zufrieden, verlassen; beide Theile glauben ihren Erfolg, der sie mit der höchsten Genugthuung erfüllt, dem Einfluß Ew. Majestät zu verdanken und schreiben uns größeren Antheil dabei zu, als wir verdienen[1]."

Unter den wenigen Blättern, die sich aus der Correspondenz Albini's mit seinem Kurfürsten erhalten haben, befindet sich der Brief, in welchem er in der Nacht vom 8. auf den 9. März, unmittelbar vor der entscheidenden Sitzung von den Ereignissen der beiden letzten Tage Nachricht giebt. Der eitle, selbstgefällige Mann war durch den plötzlichen Erfolg, wie früher durch die Demüthigungen ganz außer sich gerathen. „Gewiß", schreibt er, „ist es ein unerhörtes Ereigniß, daß ein minder mächtiger Hof, der noch vorgestern an seiner Existenz zweifeln mußte, seit gestern sich der Politik so bemächtigt hat, daß die großen Höfe um seine entscheidende Stimme buhlen; es ist dieses schon heute hier die große nouvelle du jour." Er schildert dann die Lage: daß man seiner bei der Abstimmung durchaus bedürfe; das hätten auch die Franzosen und Preußen gefühlt; sie hätten gesehen, daß er sich nicht schrecken

---

1) Die Gesandten am 7. u. 9. März.

lasse, und daß seine Stimme nicht anders zu haben wäre, als wenn man alle Existenz für den Kurfürsten, und noch Entschädigung zusichere. „Ich wollte aber", fährt er fort, „auch die Kaiserlichen nicht plantiren (die Franzosen wünschten, daß ohne Oesterreich Majora würden, damit sie dem kaiserlichen Hofe Vorwürfe machen könnten), ich bestand also darauf, daß ich, obgleich nicht per modum conditionis, dennoch unter einer zuversichtlichen Voraussetzung die Lande zwischen der Nette, Roer und dem Rheine von der Basis ausnehmen wolle." Er meint, diesem Votum werde sich auch Oesterreich und dann die Gesammtheit der Stimmen anschließen. „Es geht auf Mitternacht und ich habe noch gar die Feder nicht an mein Votum setzen können." Aber doch muß er noch erzählen, wie er den Tag über von den Gesandten der großen Höfe überlaufen wurde. „Bonnier ließ mir heute früh schon, als ich mich nach seiner Gesundheit erkundigen ließ, höflich bemerken, daß er sehr einen Besuch von mir wünsche. Treilhard communicirte heute morgen zweimal mit mir. Dohm und Görtz suchten mich auf, ich war aber nicht zu sprechen. Den Nachmittag besuchte ich den Bonnier, traf aber bei ihm gerade mit Cobenzl zusammen; wir sprachen also höflich von indifferenten Dingen, und ich empfahl mich, um zu Treilhard zu gehen, der mich auch erwartete. Mit diesem repetirte ich die Lection, damit wir einander recht finaliter verständen, und er war ganz zufrieden, repetirte mir dagegen die gestrigen officiellen Versicherungen, und ich nahm mir schon die Freiheit, für die Wahlstaaten und gegen die Fresser, sonderlich gegen Hessen, Würtemberg ꝛc. mich zu prononciren. Er gab mir in Nichts Unrecht und sagte, wir wollten uns schon verstehen. Kaum war ich zu Hause, so kam Bonnier zu mir, war sehr freundschaftlich, bedauerte, daß er gestern nicht auch mit seinem Collegen l'organe des intentions amicales du Gouvernement für Ew. Kurfürstliche Gnaden habe sein können; Son Altesse Electorale devoit être désormais l'ami naturel de la république; Entschädigung sei billig, j'avois la confiance du

Gouvernement françois, et qu'il dépendoit de moi de l'obliger. Ich machte ihm begreiflich, daß Oranien, für welches Preußen sich verwende, im Reiche keine Entschädigung bekommen dürfe. Wir waren auf dem besten Fuße zusammen, und er drückte mir beim Weggehen die Hände. Lehrbach kam einen Augenblick vor Bonnier zu mir und schlich sich weg, um dem Bonnier Platz zu machen. Als Bonnier fort war, kam er wieder. Ich richtete ihm auch das gnädige Compliment von Ew. Kurfürstlichen Gnaden aus, welches ihn sehr freute, und wofür er den unterthänigsten Dank erstattete. Er sagte mir, es sei unbegreiflich, welches Gewicht ich bei den Franzosen gewonnen hätte. Er mußte bald wieder fortgehen, weil schon Görtz im Nebenzimmer auf mich wartete. Ich hatte heute zum ersten Male ein Diner von sechszehn Personen. Ich kann mich noch fast in diese glückliche Metamorphose nicht finden; sie ist eine wunderliche Schickung des Himmels, und ich denke mir die gerechte Freude, welche Ew. Kurfürstlichen Gnaden darüber empfinden werden. Es kann an Bitterkeiten in der Folge nicht ganz fehlen, aber ich hoffe nun auch das Meiste zu besiegen, und Dank sei dem Allmächtigen, daß wir so weit sind [1])."

Unter allen Briefen, die zu jener Zeit aus Rastatt geschrieben wurden, wird kaum ein anderer so charakteristisch für Personen und Zustände sein. Neben der Eitelkeit, welche Leichtgläubigkeit, die sich durch bloß mündlich gegebene Versprechen eines französischen Gesandten für gesichert hält! Und doch darf man nicht verkennen, daß hier einer der wenigen Fälle vorliegt, in denen ein Deutscher durch geschickte Benutzung der Umstände seinen Zweck erreichte. Denn die Erhaltung des Kurfürstenthums Mainz, die spätere Stellung Dalberg's, also ein nicht gerade erfreuliches, aber doch nicht unbedeutendes

---

1) Der Brief ist mit den übrigen Akten des erzkanzlerischen Archivs von Mainz nach Frankfurt und von da in das wiener Staatsarchiv gekommen.

Stück späterer Geschichte beruht in der That auf diesen Verhandlungen des mainzischen Kanzlers.

Die Sitzung am 9. März verlief im Wesentlichen so, wie man nach der Wendung Albini's vorhersagen konnte. Sachsen erklärte, es wolle vorerst die übrigen Stimmen hören, machte aber für den Fall, wenn etwa die Abtretung des ganzen linken Rheinufers nöthig werden sollte, sogleich die drei Voraussetzungen: daß die französischen Truppen vom rechten Ufer sich zurückzögen, und die Contributionen aufhörten, daß ferner außer der Ueberlassung des linken Rheinufers keine Forderung erhoben, endlich über die dem letzten Deputations-Conclusum beigelegten achtzehn Artikel das Erforderliche in der weiteren Verhandlung festgesetzt würde. Lehrbach nahm dann in einem sehr geschickten und genau mit Cobenzl verabredeten Votum sowohl den Franzosen als der Deputation gegenüber seine Stellung. Nach den früheren Abstimmungen, sagte er, würden die Franzosen zwei Drittel des linken Rheinufers — die Linie von Campo Formio — erhalten haben. „Bei diesem Anerbieten müsse er stehen bleiben und ausdrücklich wiederholen, daß man bei dem linken Rheinufer nur das auf der linken Seite Gelegene verstehe, da auf dem rechten Ufer Alles bei Deutschland zu verbleiben habe. Uebrigens werde man der Deputation jede zu ergreifen nöthig findende Maßregel ganz gerne überlassen"[1]). Baiern und Würzburg sprachen sich ungefähr wie Sachsen aus, dann Bremen, Baden und Darmstadt für die Abtretung, und diesen folgten die beiden Reichsstädte, auf die man, wie Lehrbach glaubte, von Seiten der französischen und preußischen Gesandtschaft stark eingewirkt hatte. Zuletzt kam, der die Entscheidung herbeiführen sollte, Albini. In kläglichen Worten setzte er auseinander, daß der allgemeine Wunsch des sich nach Ruhe sehnenden Vaterlandes nicht anders erreicht werden könne, als wenn man der französischen Friedensbasis nunmehr accedire, ohne jedoch die Hoffnung aufzugeben, daß gleichwohl ein Theil

---

1) Protokoll I, 437, 440 fg.

der deutschen Länder zwischen der Roer, der Nette und dem Rheine — also Köln, Cleve, Moers und Geldern und der größte Theil von Jülich — bei Deutschland verbleiben könnten. Als Gründe dieser Hoffnung erschienen ihm: daß es der französischen Regierung nicht auf Landgewinn, sondern nur auf gute Grenzen ankomme, daß sie die Erhaltung der deutschen Constitution und eine aufrichtige Aussöhnung mit Deutschland wünsche und in edelmüthiger Weise wie Alexander der Große den Abgesandten des besiegten Darius sagen würde: Armatus esse debet, quem oderim. Er stimmte daher dahin, daß man der französischen Friedensbasis unter den von Sachsen zugefügten Voraussetzungen accedire, aber zugleich die Hoffnung auf Erhaltung der genannten Landestheile ausdrücklich beifüge. Diese Abstimmung, wie sie wohl keinem der Deputirten unerwartet kam, fand auch sogleich bei Sachsen, Baiern und Würzburg vollen Beifall; auch die fünf Stimmen, welche schon für die Abtretung sich ausgesprochen hatten, traten bei. Nur Lehrbach blieb, Albini's Erwartungen entgegen, bei seinem früheren Votum; er schloß sich zwar der von Mainz ausgesprochenen Hoffnung, aber nicht dem ersten Theile des Conclusums in Bezug auf die Abtretung des gesammten linken Rheinufers an. Er schreibt, während der Sitzung habe eine betäubende, innere Vorwürfe verrathende Stille geherrscht. Ganz richtig sieht er voraus, was er schon früher Albini gesagt hatte, daß die Zufügung von Modificationen, da sie nur als Wunsch und Voraussetzung, aber nicht als Bedingung beigefügt würden, ein leeres Wortspiel bleiben, daß die Franzosen die Abtretung des linken Rheinufers annehmen, aber im Uebrigen thun würden, was ihnen beliebe. „Früher, nach dem Frieden von Campo Formio“, setzt er nicht ohne berechtigten Spott hinzu, „habe man alle Schuld auf Oesterreich geworfen, Albini habe sich auf die Wälle von Mainz stellen und kein Stück des linken Rheinufers übergeben wollen. Dann habe man es doch übergeben, und jetzt werfe man das ganze linke Rheinufer den Franzosen vor die Füße, ohne für das Schicksal

von zwei Millionen Menschen Fürsorge zu treffen. Deutsch=
land möge das Schicksal Polens nicht aus den Augen ver=
lieren, das ihm unzweifelhaft, wenn es auf diesem Wege fort=
gehe, bevorstände[1]). Er vergißt nur hinzuzusetzen, daß er selbst
im Namen Oesterreichs jeden Augenblick bereit war, in die Ab=
tretung zu willigen, wenn man Oesterreich in Italien Länder zu=
sagte, die ihm noch viel weniger gebührten, als den Franzosen
das linke Rheinufer. Aber freilich hätte er auf einen Vorwurf
dieser Art erwiedern können, daß dasselbe Oesterreich auch in
jedem Augenblicke bereit gewesen sei, für die Erhaltung des
linken Rheinufers die Waffen zu ergreifen, wenn es bei den
übrigen Reichsständen nur die pflichtmäßige Unterstützung
gefunden hätte, und daß es unter dieser Voraussetzung wohl
niemals zu einem Frieden von Campo Formio und einem
Rastatter Congreß gekommen wäre.

Mit der Zustimmung der Deputation waren jedoch für
die Franzosen noch nicht alle Schwierigkeiten gehoben. Schon
früher, als nur die Hälfte des linken Rheinufers zugestanden
wurde, hatte Metternich gezweifelt, ob er seinen Instructionen
gemäß einem solchen Beschluß beitreten dürfe[2]). Damals und
so lange die Abtretungen innerhalb der Grenze von Campo
Formio blieben, hatte Lehrbach ihm begreiflich gemacht, es sei
immer ein Vortheil, wenn Jemand, der das Ganze verlieren
solle, mit dem Verlust der Hälfte davonkäme. Jetzt, wo es
sich um das Ganze handelte, wollte der Plenipotentiar sich noch
weniger fügen. Gleich nach der Sitzung machte er zum größten
Aerger Lehrbach's dem Herrn von Jacobi voreilig die Mit=
theilung, er würde vorerst durch einen Courier aus Wien neue
Instructionen erbitten. Auch Lehrbach und Cobenzl wollten
nicht durch eine förmliche Beitrittserklärung der Plenipotenz
der letzten, noch immer vorbehaltenen Ratification des Kaisers
präjudiziren, andererseits aber dem Drängen der Franzosen

---

1) Lehrbach, 10. März.
2) Metternich an Colloredo, 24. Februar.

und der Deputation gegenüber Oesterreich nicht für eine längere Zögerung verantwortlich machen. Sie schlugen also, diesmal im Einvernehmen mit den preußischen Gesandten, einen Mittel= weg vor. Metternich sollte nicht, wie es die Sitte forderte, das Conclusum als eine Vereinbarung des Plenipotentiars mit der Deputation bezeichnen, sondern ohne jeden Zusatz lediglich den in der Sitzung festgestellten Wortlaut den Franzosen über= mitteln[1]). Dies geschah denn auch, nachdem der Beschluß mit ungewöhnlicher Eile schon am 11. die endgültige Fassung er= halten hatte. Metternich führt aber selbst in dem Berichte an den Reichsvicekanzler aus: „da nach der Verfassung kein Depu= tationsconclusum ohne Bestätigung des Plenipotentiars an eine fremde Macht übergeben werden dürfe, so seien die Franzosen berechtigt, dieselbe vorauszusetzen. Sie würden gewiß in Be= zug auf die Form gerade so, wie in Bezug auf den Inhalt des Conclusums verfahren: annehmen, was ihnen bequem sei, und das Uebrige gar nicht berücksichtigen." Diese Erwartung wurde vollkommen bestätigt. Die Franzosen erklärten am 15. März, sie sähen mit Genugthuung, daß die Deputation der Abtretung des linken Rheinufers offen und bedingungslos zustimme. Jetzt könne man wirksam für das Glück der Völker und für den Frieden arbeiten; nach Abschluß des Friedens würden auch die fran= zösischen Truppen in das Innere von Frankreich zurückgezogen werden. Ebenso nothwendig als die Bestimmung der Grenze sei aber die Entschädigung der auf dem linken Rheinufer bis= her angesessenen Reichsstände. Die Grundlage dafür fänden die Gesandten in den Säcularisationen, aber auch hier müsse man zuvörderst den Grundsatz im Allgemeinen anerkennen; erst dann könne man mit den Einzelheiten und in der Folge auch mit den der Note vom 3. März beigelegten achtzehn Artikeln sich beschäftigen.

---

[1]) Lehrbach, 10. und 14. März; Metternich, 11. und 17. März; die preußischen Gesandten, 30. März.

Fünftes Kapitel.

Der Kirchenstaat und die römische Republik.

Als die Franzosen mit dem Antrag hervortraten, der die politische Stellung der deutschen Kirchenfürsten vernichten sollte, hatten sie gegen das Oberhaupt der Kirche dieselbe Absicht schon zur Ausführung gebracht. Der Sturz der päpstlichen Gewalt und des Kirchenstaates in Italien war von jeher ein Lieblingswunsch des Directoriums gewesen, und wenn Bonaparte die Gelegenheit, Rom zu nehmen, zweimal nicht ergreifen wollte, so lag der Grund gewiß nicht in einer Vorliebe für den Fortbestand der päpstlichen Regierung. Was ihn bestimmte waren strategische Rücksichten, die Besorgniß vor einer damals noch sehr unbequemen Verwicklung mit Neapel, endlich die Erwägung, daß der Gewinn, welchen der Friede sicherte, die ungewisse Beute bei der Eroberung Roms überwog. Zu Tolentino — am 19. Februar 1797 — verlor der Papst die drei Legationen und den Besitz von Ancona; er versprach, die vorzüglichsten Kunstwerke und Manuscripte auszuliefern und dreißig Millionen Franken zu bezahlen. „Wäre ich nach Rom gegangen, wo alles eingepackt war, so hätte ich nicht so viel erhalten", schreibt Bonaparte an das Directorium: „nach allem, was wir ihm genommen haben, kann Rom nicht länger bestehen, diese alte Maschine wird ganz von selber auseinander fallen[1]." Gleichwohl dachte er den Papst noch für seine Absichten zu benutzen. Kein Unbefangener konnte sich damals verhehlen, daß trotz Allem, was die Gewalt versucht hatte, ein großer, ja der bei weitem größere

---

[1] Corresp. de Napoléon, 15. und 19. Februar 1797.

Theil des französischen Volkes der alten Kirche treu geblieben war. „In der Religion ist uns die Revolution mißlungen", schreibt der General Clarke im Dezember 1796 an Bonaparte. „Man ist in Frankreich wieder römisch-katholisch geworden, und vielleicht stehen wir auf dem Punkte, des Papstes selbst zu bedürfen, um die Revolution durch die Priester und das Landvolk, das sie wieder beherrschen, zu beschützen. Hätte man den Papst vor drei Jahren vernichtet, so wäre es die Wiedergeburt Europas gewesen. Aber ihn jetzt stürzen, heißt das nicht, von unserer Regierung auf immer eine Menge von Franzosen trennen, die man doch gewinnen könnte [1])?" Bonaparte erkannte die Wichtigkeit dieser Erwägungen um so mehr, als im Sommer 1797 die gemäßigten Parteien in Frankreich an Einfluß gewannen. In seinen Briefen an die päpstlichen Minister, an den französischen Gesandten in Rom spricht er zu wiederholten Malen den Gedanken aus, der Papst solle jetzt, da die katholische Religion geduldet und geschützt, und die Kirchen wieder geöffnet seien, die Geistlichen zum Gehorsam gegen die Gesetze ermahnen, alsdann die constitutionellen Priester mit den nichtconstitutionellen versöhnen, endlich Maßregeln vorschlagen, welche die Mehrheit des französischen Volkes zu den Grundsätzen der Religion zurückführen könnten [2]). In der That nahmen constitutionelle Bischöfe, darunter Gregoire, auf den Rath Talleyrand's die Vermittlung des Generals bei dem Papste in Anspruch [3]).

Alles dieses geschah aber vor dem 18. Fructidor. Als die alte Bergpartei im Directorium wie in den Räthen wieder zur Herrschaft gelangt war, folgten alsbald strenge Maßregeln gegen die Priester; auch Bonaparte's Sprache gegen den Papst

---

1) Corresp. inédite II, 480.

2) Corresp. de Napoléon, 3. August, 2. September 1797.

3) Gregoire an Bonaparte, 30. August 1797. Der Herzog von Parma erbittet am 23 Juli sogar Bonaparte's Fürsprache, damit die Einwohner von Casal-Maggiore einen Bischofssitz erhielten. Corresp. inéd. IV, 127; VII, 303.

wird seit diesem Tage weniger rücksichtsvoll, wie er denn überhaupt niemals sich hatte abhalten lassen, die Forderungen von Tolentino mit unnachsichtlicher Strenge zur Ausführung zu bringen. Die Lage Roms wurde mit jedem Tage weniger haltbar. Die einträglichsten Provinzen waren weggenommen; die Contribution erschöpfte die schon lange zerrütteten Finanzen, und wenn man glaubte, alles, wozu man verpflichtet war, mit der äußersten Anstrengung geleistet zu haben, so wußte Haller[1]), der französische Armee=Commissar, der sein Verfahren wohl selbst als „etwas corsarenhaft" bezeichnete, immer noch einige Millionen hinzuzurechnen. Ein Glück, daß ein ehrlicher Mann aus der Bretagne, Cacault, nachdem er mit Bonaparte den Frieden von Tolentino unterzeichnet hatte, den Gesandtschaftsposten in Rom erhielt. Weit entfernt, von dem, was er fordern konnte, etwas nachzulassen, trat er doch dem Räuberwesen Haller's entgegen und machte es möglich, zu einem Ende zu kommen[2]). Eben deshalb schien er aber dem Directorium wenig brauchbar; im September gab man ihm Joseph Bonaparte, den ältesten Bruder des Generals, zum Nachfolger. Auch dieser war seinem Charakter nach wohlwollend, gemäßigt, eher geneigt, die Dinge gehen zu lassen, als eigenmächtig einzugreifen; unter anderen Verhältnissen hätte zwischen einem solchen Gesandten und einer solchen Regierung — der erste Minister Cardinal Doria wird selbst von den Franzosen als ein sanfter, ehrenwerther Mann geschildert[3]) — ein Einverständniß nicht schwer fallen können. Aber das Directorium wollte die Revolution; der Gesandte und, wie es damals Sitte war, noch eine Anzahl von Agenten-des zweiten und dritten Ranges wurden in diesem Sinne ange=

---

1) Der schon S. 69 erwähnte Rudolf Emanuel von Haller (1747—1833), zweiter Sohn des Naturforschers Albrecht von Haller, Onkel Karl Ludwig's v. Haller, des Verfassers der Restauration der Staatswissenschaften.

2) Cacault an Bonaparte, 25. Mai, 3. Juni, 10. Juni, 8. Juli. Corresp. inéd. III, 246, 270, 382, 441.

3) Cacault, 25. Mai, Joseph Bonaparte, 10. September, Corresp. inédite III, 250, IV, 146.

wiesen. Nicht so leicht war es, Elemente des Aufstandes im Innern der römischen Provinzen in Bewegung zu setzen. Die Masse des Volkes und sogar der höheren Stände, an ein ruhig-behagliches Dahinleben gewöhnt, empfand die priesterliche Herrschaft weder als Beschwerde, noch als Zurücksetzung. Dabei hatten freilich Zustände sich entwickelt, die schon Goethe im Jahre 1786 den Ausruf entlockten, der Staat des Papstes scheine nur noch zu bestehen, weil ihn die Erde nicht verschlingen wolle. Bei dem geringsten Anstoß von innen oder Außen mußte dies morsche, jedes festen Halts entbehrende Gebäude zusammenbrechen; wie hätte es den Sturm der Revolution überdauern sollen?

Das langjährige Behagen der Römer wurde durch die schweren Contributionen sehr unangenehm gestört, und mit noch größerer Entrüstung sahen sie endlose Züge schwerbepackter Wagen den köstlichen Raub ihrer Museen in die Fremde führen. Das Papiergeld sank bald auf ein Drittel seines Werthes; mit übergroßem Verlust mußte die Regierung Massen von Getreide aufkaufen, um nur dem äußersten Mangel zu wehren. Alles dieses wußten die französischen Agenten zu benutzen. Ancona, die weggenommenen Provinzen boten einen sicheren Heerd, immer neue Unruhen anzufachen; es gelang, auch in Rom Vereine zu bilden, die päpstliche Polizei schritt ein, die Bedrohten suchten Schutz bei den Franzosen, und der Gesandte erhielt aus Paris den Auftrag, die Freilassung aller wegen politischer Vergehen Verhafteten zu fordern. So wurden die französische Gesandtschaft und ihr Sitz, der Palast Corsini, von selbst Beschützerin und Asyl der Unzufriedenen, um so wirksamer, als die althergebrachte Prärogative der Gesandten und ihrer Wohnungen in Rom einen Umfang bewahrte, den längst keine andere Regierung mehr geduldet haben würde. Der alte Papst, durch alle diese Vorgänge in beständiger Unruhe gehalten, näherte sich zusehends seinem Ende. Im September, nach einem heftigen Krankheitsanfall, wurde es täglich erwartet[1]);

1) Joseph Bonaparte, 24. September, Corresp. inéd., IV, 252.

wäre es eingetreten, es hätte gewiß schon damals gefährliche Verwicklungen hervorgerufen. Denn Bonaparte, der eben mit den Oesterreichern in Udine verhandelte, wies seinen Bruder an, für den Fall, daß der Papst stürbe, eine Revolution zu veranlassen und dadurch die Wahl eines Nachfolgers zu verhindern. Keinenfalls dürfe ein anderer als ein den Franzosen freundlich gesinnter Cardinal, gewählt werden; einer Einmischung des Königs von Neapel würden französische Truppen zuvorkommen. Zum Glück erholte sich der Papst und bewilligte alles, was die Franzosen verlangten. Die Verhafteten wurden freigegeben; als Joseph gegen die Ankunft des österreichischen Generals Provera, der das päpstliche Militärwesen wieder in eine gewisse Ordnung bringen sollte, drohende Verwahrung einlegte, beeilte man sich, ihn wieder abreisen zu lassen¹). Aber das Directorium war nicht zu erweichen; es hatte am 10. October den Obergeneral auf's neue anweisen lassen, er solle Unternehmungen gegen die Herrschaft der Päpste nicht zurückhalten, sondern fördern²). Was der Gesandte etwa an Eifer fehlen ließ, ersetzten die übrigen Agenten. Ancona, das nach dem allgemeinen Frieden an den Papst zurückfallen sollte, erklärte sich, eben da der Friede von Campo Formio unterzeichnet war, am 19. November für eine freie, in Wahrheit für eine französische Stadt; auch in Rom traten seit dieser Zeit die Versammlungen der Unzufriedenen offen hervor. Consalvi, der später so berühmt gewordene Staatssekretär, damals Beisitzer einer neu errichteten militärischen Congregation, ließ in den Straßen patrouilliren; es erfolgten, besonders zur Nachtzeit, häufige Tumulte, aber immer mit dem Ausgang, daß die Aufrührer auseinander getrieben, oder verhaftet wurden. Sammelplatz der Verschworenen waren die französische Gesandtschaft und die Villa

---

1) Joseph Bonaparte an Napoleon, 24. September, 7. October, 25. November, Corresp. inéd. IV, 253, 262, 454; Napoleon an Joseph, 29. September, 14. November 1797.

2) Talleyrand an Bonaparte, Corresp. inéd. IV, 227.

Medici, die einige Jahre später in französischen Besitz gelangte, und, wie es scheint, schon damals in einer gewissen Beziehung zur französischen Gesandtschaft stand. Hier war es auch am 27. Dezember wieder zu den gewöhnlichen Auftritten gekommen. In der Nacht versammelte sich aber ein stärkerer Haufe, und es wird versichert, daß darunter der General Duphot sich befunden habe, der von Genua nach Rom gekommen war und einige Tage später mit der jungen Schwägerin Joseph Bonaparte's sich vermählen sollte. Am Morgen des 28. wurde in der That der Versuch eines Aufstandes gemacht und, als er nicht ohne Blutvergießen unterdrückt war, Nachmittags mit gesteigerter Erbitterung wiederholt. Die Aufrührer versammelten sich unweit des französischen Gesandtschaftshotels, griffen einen Posten an der naheliegenden Sixtinischen Brücke an und suchten darauf, von den Soldaten zurückgetrieben, eine Zuflucht in dem Hofe der Gesandtschaft. Die Soldaten folgten, drangen durch einige Gassen von Trastevere bis zur Lungara, in welcher der Palast Corsini gelegen ist. Am Eingange dieser Straße, den die Porta Settimana bezeichnet, blieben sie, wenigstens nach dem officiellen römischen Berichte, stehen, um nicht die französische Jurisdiction zu verletzen. In diesem Augenblicke kam aber, wie es scheint, von der anderen Seite eine Abtheilung Dragoner den früher angegriffenen Fußsoldaten zu Hülfe und feuerte, indem sie an dem Palaste vorbeiritt, durch die drei großen Portale mehrere Schüsse in den Hof. Der Gesandte, durch den Lärm von der Tafel aufgeschreckt, eilt mit seiner Begleitung herbei, findet eine Abtheilung von Füsiliren, wie er angiebt, schon in die Vorhalle eindringend. Auf seine Frage, wie sie wagen könnten, die französische Jurisdiction zu verletzen, ziehen die Soldaten sich zurück, geben aber, von der wüthenden Menge mit Schimpfreden und Pistolenschüssen verfolgt, eine neue Salve. Der Gesandte, indem er zwei Adjutanten die Sorge für das Innere des Hofes überläßt, wendet sich, von Duphot und dem General Sherlock begleitet, abermals an die Soldaten; sie ziehen sich zurück, Duphot, in heftiger Aufregung, stürzt sich in das Gewühl, reißt dem einen das Gewehr aus der Hand, hindert den andern am Schießen, und während er so, halb drängend, halb mit fortgerissen, in die Nähe der Porta Settimana gelangt, trifft ihn der Schuß aus der Flinte eines Corporals, die er niederschlagen will. Joseph und der General Sherlock kommen durch eine Nebenstraße und von hinten durch die Gärten wieder in den Palast, dessen Höfe und Treppen von einer aufgeregten Menge, von Schreienden und Verwundeten gefüllt waren. Der Leichnam Duphot's wurde herbeigebracht. „Die Klagen der Braut, die Abwesenheit der Mutter und des Bruders, die um die Merkwürdigkeiten von Rom zu sehen, sich entfernt hatten, alles dieses und vieles Andere", schreibt Joseph, „machten die Scene zu einer der peinlichsten, die man sich vorstellen kann." Er entschloß sich abzureisen. Die Gesandten von Toscana und Spanien kamen durch die Soldaten, welche die Straßen besetzt hielten, in den Palast, später ein Offizier mit den Entschuldigungen und Bitten der Regierung und des Cardinals Doria. Aber Joseph ließ sich nicht zurückhalten; „keine Macht der Erde", schreibt er, „hätte mich bewogen, meinen Entschluß zu ändern." Am 29. Dezember, Morgens 6 Uhr, war er mit den Seinigen auf dem Wege nach Florenz, wo er bei Cacault Wohnung nahm, und am 30. seinen Bericht an das Directorium abgehen ließ[1]).

Eine angenehmere Nachricht hätte in Paris nicht eintreffen können. Was so lange gewünscht und vorbereitet war, gab nun ein glücklicher Zufall in die Macht des Directoriums. Die Entschuldigungen, die flehendsten Bitten der päpstlichen Regierung, die Verwendung befreundeter Mächte wurden nicht

---

1) Abgedruckt bei du Casse, Mémoires et correspondance du roi Joseph, Paris, 1853, I, 174. Gleich zu Anfang ist statt des 7. Nivôse (27. Dezember) der 6. zu lesen, sonst würden alle später erwähnten Ereignisse um einen Tag verschoben. Das richtige Datum schon im Abdruck des Moniteur vom 11. Januar 1798. Der offizielle römische Bericht bei Artaud, Histoire de Pie VII, I, chap. 2. Alle Einzelheiten bei völlig widersprechenden Angaben festzustellen, wird nicht wohl möglich sein.

beachtet; den päpstlichen Gesandten Grafen Massimi unterwarf man sogar einer Haussuchung und persönlichen Haft. Hätten die Machthaber in Paris ganz nach Belieben schalten können, sie hätten wohl sogleich die Absetzung des Papstes proclamirt. Sandoz-Rollin schreibt im Januar, das Directorium habe bei der ersten Nachricht Rom plündern und verbrennen, dann bei ruhigerem Blute den Papst seiner Herrschaft berauben und den Kirchenstaat mit der cisalpinischen Republik vereinigen wollen. Aber er setzt hinzu, der General Bonaparte rathe zum Frieden und wünsche weder die Absetzung des Papstes, noch eine Vergrößerung der cisalpinischen Republik, die dann auch Frankreich gefährlich werden könnte[1]). So wenig das, was der General den leicht zu täuschenden Diplomaten wissen ließ, im Allgemeinen als zuverlässig zu betrachten ist, hier möchte es seinen wahren Gesinnungen nicht widersprechen. Aber Bonaparte's Stellung war damals noch nicht von der Art, um seinen Willen zum einzig entscheidenden zu machen; auch ergriff er gewiß nicht ungern eine Gelegenheit, die leeren Kassen für seine großen Unternehmungen zu füllen. Am 11. Januar arbeitete er für Berthier Instructionen aus, die, im Wesent= lichen den Wünschen des Directoriums gemäß, doch den Zug gegen Rom nicht sofort als den Umsturz der italienischen Verhält= nisse erscheinen und zugleich die Vorsicht nicht vermissen ließen, die das Gelingen sicherte. Der Papst hatte alsbald nach dem Ereignisse seinen Neffen, den Cardinal Braschi, mit der Bitte um Schutz nach Neapel geschickt und vom Könige die Antwort erhalten, er würde mit aller Macht die Person und den Staat des heiligen Vaters schützen. Man konnte erwarten, daß neapo= litanische Truppen nach Rom kommen, oder vielleicht im Verein mit Oesterreich dem Einmarsch der Franzosen mit Gewalt sich widersetzen würden. Gegen beide trifft deshalb die Instruction militärische Vorkehrungen, die in jeder Zeile von der Hand des Meisters zeugen. In erster Linie wünschte man aber einen

―――――――

1) Sandoz, 11. und 15. Januar.

Zusammenstoß ganz zu vermeiden. Deßhalb sollte ein diplomatisch geschickter General in Neapel ankündigen: das Directorium werde die Besetzung Roms durch neapolitanische Truppen als eine Kriegserklärung betrachten, sei aber nicht abgeneigt, eine Genugthuung für den Mord des Generals Duphot anzunehmen; wenn man Frankreich gewähren lasse, könnten sich daraus auch für Neapel in Italien oder in der Levante Vortheile ergeben. Berthier sollte erst auf dem Wege nach Rom ein Manifest erlassen, darin die Genugthuung für Duphot's Mord als einzigen Zweck des Zuges angeben und sich auf keine Verhandlungen, sei es mit römischen, sei es mit neapolitanischen Gesandten, einlassen. Kurz vor Rom sollte ein neues Manifest gegen den Papst erfolgen, und dann in der Stadt alles dahin gelenkt werden, daß die römische Republik sich organisire, ohne daß dabei die Absicht der französischen Regierung offen hervorträte. Die republikanische Bewegung in Ancona und den Marken wollte man gefördert, dagegen die cisalpinische Republik von der ganzen Angelegenheit fern gehalten wissen.

Ob es dem französischen General mit der Bildung der römischen Republik wirklich Ernst gewesen ist? Dreizehn Tage später schreibt er an Berthier: „Unterdrücken Sie jede Art von Ausschreitungen, dulden Sie nicht, daß einige Schelme von Franzosen und Italienern sich als die auserwählten Patrioten hinstellen, um Ihnen zu imponiren. Man muß sie nicht schonen, sondern einfach einstecken lassen [1]." Auch aus Berthier's Briefen erkennt man, daß er auf die Ehre, Rom zu erobern, gern würde verzichtet haben. Er fühlte überhaupt für die Aufgabe in Italien weder Neigung noch Befähigung. Schon am ersten Januar, noch ehe er von den römischen Ereignissen Nachricht erhielt, bat er bringend um seine Abberufung und um Verwendung bei der Armee, die man damals die englische zu nennen pflegte. „Als Soldat", schreibt er, „will ich mich schlagen, so

---

1) Corresp. de Napoléon, III, 484. Statt „menacer" ist wohl ménager zu lesen.

lange das Vaterland Feinde zu bekämpfen hat; aber in die revolutionäre Politik will ich mich nicht mischen." Die eigentlichen Wünsche Bonaparte's faßt er gewiß richtig auf, wenn er wenig später seinem Dank, daß er dem Generalstab der englischen Armee vorstehen solle, hinzufügt: „Einstweilen haben Sie mich zum Schatzmeister dieser Armee gemacht; ich werde suchen, die Casse gut zu füllen[1])."

Ende Januars setzte er sich von Ancona aus in Bewegung. In Loreto nahm der Vortrab zweihundert päpstliche Soldaten gefangen; Widerstand zeigte sich auf dem ganzen Wege nicht, nur Deputationen von Prälaten, der Gesandte von Neapel, der Gesandte von Spanien, welche zum Stillstand zu bewegen suchten. Berthier antwortete, wie seine Instructionen vorschrieben, und beschleunigte seinen Marsch. Am 10. Februar lagerte er auf dem Monte Mario; zum erstenmale seit den Tagen des Herzogs von Alba sah die ewige Stadt wieder ein feindliches Heer vor den Thoren.

Der französische General hätte gewünscht, als Befreier von dem päpstlichen Joche in Rom einzuziehen, aber die erwartete Revolution blieb aus. Ein schwacher Versuch war am 3. Februar leicht unterdrückt worden; die päpstlichen Behörden wußten die Ruhe zu erhalten. „Ich habe in diesem Lande nicht einen Strahl des Geistes der Freiheit gefunden," schreibt Berthier noch am 10. Februar. „Ein einziger Patriot hat sich mir vorgestellt mit dem Anerbieten, zweitausend Galeerensclaven frei zu machen. Sie können denken, wie ich seinen Vorschlag aufgenommen habe[2])." Er bestand darauf, Rom zu besetzen, versprach aber nochmals, er werde nur die Mörder Duphot's bestrafen, dagegen Religion und Cultus in keiner Weise anfechten. Widerstand war unmöglich; der Papst selbst mußte seine Unterthanen zur Unterwerfung ermahnen; noch am 10. Februar wurde die Engelsburg von französischen Soldaten be-

---

1) Corresp. inéd. IV, 482, 499.
2) Corresp. inéd. IV, 510.

ſetzt, am folgenden Tage hielt Berthier mit ungefähr neun=
tauſend Mann ſeinen Einzug.

Pius VI. war im Vatican zurückgeblieben. Ein Jahr
früher, als Bonaparte gegen Rom zog, ſtand der Papſt im Be=
griffe, nach Neapel zu fliehen; die Koſtbarkeiten der Muſeen
waren nach Terracina geſchickt, um von da nach Sicilien ein=
geſchifft zu werden. Jetzt hatte ſich der franzöſiſche Machtbereich
ſchon ſo ſehr erweitert, daß er den Weg zur Flucht verſperrte.
Das Meer war ſeit dem Abzug der engliſchen Flotte von fran=
zöſiſchen Schiffen beherrſcht, und der König von Neapel, durch
die Drohungen Berthier's erſchreckt, wagte nicht, dem Papſte
ein Aſyl anzubieten. De Gallo ſchickte Boten auf Boten an den
Geſandten in Rom, er möge, ohne ein beſtimmtes Nein zu
ſagen, doch Alles aufbieten, daß der Papſt nicht nach Neapel
käme[1]). So blieb nichts übrig, als den Verſicherungen des
feindlichen Generals zu vertrauen. Vor dem Einmarſch der
Franzoſen war eine Art von Capitulation geſchloſſen, welche
die Mörder Duphot's zu ſtrafen verſprach, eine neue Contri=
bution auferlegte, aber die Herrſchaft des Papſtes beſtehen
ließ[2]). Berthier ſelbſt mochte einſehen, daß eine geordnete
Regierung ſeine Forderungen weit eher befriedigen würde, als
eine Revolution. Noch am Tage ſeiner Ankunft ſchickte er den
General Cervoni, den er zum Commandanten der Stadt er=
nannt hatte, in den Vatican, mit der Verſicherung: der Papſt
habe weder für ſeine Perſon, noch für ſeine Souveränetät etwas
zu fürchten; ſogar die aufgerichteten Freiheitsbäume wurden
niedergeſchlagen, und ein Artillerieoffizier, Lauters, der ſich in
der Peterskirche unanſtändige Reden erlaubt hatte, aus der

---

1) Den Beweis für dieſe den gewöhnlichen Annahmen widerſprechenden
Thatſachen gibt ein Brief der Königin Caroline von Neapel an ihre Tochter,
die Kaiſerin Maria Thereſia, vom 23. Mai 1798 im W. St.=A., abgedruckt
im Anhang meines Aufſatzes: „Die Abtretung der Villa Medici in Rom an
Frankreich“, in Hillebrand's Italia, Bd. IV.

2) Genauere Angaben enthält die noch im Erſcheinen begriffene Storia
d'Italia dopo il 1789, per Augusto Franchetti, Milano, I, 307 fg.

Armee ausgestoßen. Es ist schwer, die eigentliche Absicht Berthier's zu bestimmen. Möglich, daß er nach den Instructionen vom 11. Januar sich jeder offenen Betheiligung an einer Revolution enthalten wollte, um sie dann gleichwohl durch die Römer herbeizuführen; und eben so möglich, daß er zunächst eine Revolution gar nicht wollte. Aber, wie es scheint, erhielt er gerade in diesen Tagen, kurz nach dem Einzug, eine neue Instruction des Directoriums vom 31. Januar[1]). Darin wird die Zerstörung der päpstlichen Herrschaft und die Errichtung einer römischen Republik als der bestimmte Zweck des Zuges aufgestellt. Ganz im Gegensatz zu der früheren Instruction soll der General die öffentlichen Acte, die dahin führen könnten, selbst vornehmen, aber dabei den Rath der Commissäre befolgen, welche das Directorium nach Rom senden wird. Nach solchen Anweisungen konnte Berthier nicht länger stehen bleiben; hätte er auch gewollt, so würden schon die Agenten, die ihn begleiteten, gedrängt haben. Neben Haller ist hier vor allem ein Mensch Namens Bassal zu nennen, welcher vordem Pfarrer in Versailles, dann Mitglied und Commissär des Convents, schon mehrmals in Deutschland und Italien die Plage einer unterworfenen Bevölkerung geworden war[2]). Inzwischen hatte man sich der übrigen Theile des Kirchenstaates bemächtigt, Consalvi und den vormaligen Stadtcommandanten Sandini, als hätten sie Duphot's Tod verschuldet, in Haft genommen, eine starke Contribution ausgeschrieben, das päpstliche Militär aufgelöst und die Behörden durch Veränderung der leitenden Persönlichkeiten in ihrer Wirksamkeit gelähmt. Am Morgen des 15. Februar versammelten sich einige hundert Republikaner, begleitet von einer größeren Schaar Schaulustiger, auf dem Forum. Man trug einen Freiheitsbaum auf das Capitol,

---

1) Abgedruckt in den Mémoires du Maréchal Gouvion Saint-Cyr, Paris 1831, I, 370. Il sera enlever la colonne Trajane et la sera transférer en France lautet die letzte Vorschrift dieses sonderbaren Actenstücks.

2) Vgl. Bd. I, S. 215.

pflanzte ihn vor der Statue Marc Aurel's und ließ von fünf
Notarien eine Urkunde ausfertigen, daß das römische Volk sich
frei erkläre. Eine Deputation überbrachte dem französischen
General, der schon im Einverständniß war, die Bitte, den
Willen der römischen Nation zu bekräftigen. Von dem Lager
an der Milvischen Brücke zog Berthier an der Spitze seines
Generalstabes in festlichem Zuge in die Stadt. Am Thor
überreichte man ihm als dem Befreier Roms eine Bürgerkrone;
er antwortete, daß er sie nur im Namen des Generals Bonaparte empfangen könne, zog weiter auf das Capitol, und indem
er „den Manen des Cato, Pompejus, Brutus, Cicero und
Hortensius die Huldigung der freien Söhne der Gallier" dar-
brachte, ermahnte er die Römer, mit der neugewonnenen Freiheit
auch ihre alte Größe und Tugend wieder anzunehmen[1]).

Zur selbigen Zeit, als dies geschah, beging man in der
sixtinischen Kapelle den 23. Jahrestag der Regierung Pius VI.
Noch nicht lange hatte der Papst die Glückwünsche seiner Umgebung entgegengenommen, als Haller eintrat, um in Berthier's
Auftrage zu melden: das römische Volk habe seine Unabhängigkeit ausgesprochen und erkenne den Papst nicht mehr als Souverän. Pius berief sich auf die Capitulation und die späteren
Versprechungen, aber Berthier ließ erwiedern, er habe sich in
das Verhältniß des Papstes zu den Römern nicht einzumischen.
Zugleich nahm man dem Papst die Schweizergarde und gab
ihm als Wache fünfhundert französische Soldaten. Tags darauf
brachte Cervoni eine Cocarde mit den Farben der neuen Republik; jeder Römer, sagte er, sei verpflichtet sie anzulegen; der
Papst möge dasselbe thun und sich öffentlich mit der Cocarde
zeigen. Wenn er freiwillig auf seine Herrschaft verzichte, könne
er die geistliche Würde sichern und sogar von der französischen

---

1) Berthier an Bonaparte, 15. Februar, Corresp. inéd. IV, 512.
Die genauesten gleichzeitigen Nachrichten über die Vorgänge in Rom findet man
in den Nouvelles politiques publiées à Leyde (Gazette de Leyde) vom
13., 16., 20., 23., 30. März u. 6. April 1798.

Republik eine Pension von 300,000 Francs erhalten, andern=
falls werde er Alles, sogar die Freiheit verlieren.

Man hatte lange von dem Papste nichts anderes gehört,
als daß er, von Alter und Krankheit gebeugt, seine Diener
für sich handeln und von unangenehmen Ereignissen sich nicht
einmal Kenntniß geben lasse. Jetzt, als es zum Aeußersten
gekommen war, zeigte er noch einmal den Muth und die Stand=
haftigkeit seiner besten Tage. „Ich erkenne keine anderen Ab=
zeichen“, erwiederte er dem General, „als die, mit denen die
Kirche mich geehrt hat. Meine Gewalt habe ich kraft einer
freien Wahl allein von Gott. Ich kann und darf nicht darauf
verzichten. Beinahe achtzig Jahre bin ich alt; ich bedarf keiner
Pension und brauche nichts mehr zu fürchten. Meinen Körper
mögen die, welche die Macht in Händen haben, der Gewalt
und Erniedrigung preisgeben, aber meine Seele ist so stark, so
frei und so muthvoll, daß sie lieber dem Tod begegnen, als
ihre Ehre und ihren Gott beleidigen wird[1].“

Seit dieser Zeit hat man kein Wort von ihm gehört, das
dieser Gesinnung nicht entsprochen hätte, obgleich sie hart genug
geprüft wurde. Sein Vermögen und die Güter der von ihm
so sehr geliebten und unmäßig begünstigten Nepoten, des Car=
binals und des Herzogs Braschi, wurden mit Beschlag belegt,
das Mobilar der päpstlichen Paläste als Eigenthum nicht etwa
der römischen Republik, sondern Frankreichs erklärt, sogar die
eigenen Zimmer Pius' VI. nicht geschont. Haller schämte sich
nicht, den spanischen Tabak des Papstes unter dessen Augen
sich anzueignen. Tages darauf, am 18. Februar, als der Papst
eben beim Frühstück saß, trat er wieder, den Hut auf dem Kopfe,
in das Zimmer, forderte von dem Papste seine Kostbarkeiten
und nahm, als nichts anderes mehr zu finden war, die beiden
Ringe, die der Papst, den einen als Zeichen seiner Würde, am
Finger trug. Aber das Schlimmste war noch zurück. Nach
einer Weile kündigte er dem Papste an, er solle sich bereit

---

1) Novaes, Storia de' Sommi Pontefici, Roma 1822, XVI, 115.

halten, den Palast und Rom zu verlassen. Pius erwiederte, sein Gewissen erlaube ihm nicht, sich von seinem Amt und seinem Volke zu entfernen; er wies auf sein Alter, seine Krankheit hin und bat, man möge ihn in Rom sterben lassen. „Sterben können Sie überall", erwiederte der Elende, „Sie reisen gutwillig oder gezwungen; wählen Sie eins von Beiden."

Am 20. Februar vor Tagesanbruch hielten einige Wagen, begleitet von französischen Dragonern, vor dem Palaste. Man erlaubte dem Papst nicht einmal, eine Messe zu hören. „Voran! eilen Sie!", schrie Haller ihn an, als der alte Mann die Treppen nicht rasch genug hinabsteigen konnte. Die Fahrt ging in kurzen Tagereisen über die toscanische Grenze, nach Siena, wo der Papst am 25. anlangte und für die nächsten Wochen im Augustinerkloster Aufnahme erhielt.

In Rom war indessen am 19. Februar der General-Massena eingetroffen, um an Berthier's Stelle den Oberbefehl zu übernehmen. Er fand die Armee durchaus nicht in der Stimmung, die man bei siegreichen Soldaten nach dem Einzuge in die Hauptstadt der Welt hätte erwarten dürfen. Schon der Marsch gegen Rom war keineswegs mit Freude angetreten. Nach dem schweren Kriege, und nachdem der Friede nun endlich abgeschlossen war, hofften die Soldaten, in die lang entbehrte Heimath zurückzukehren. Statt dessen wurden sie in immer weitere Fernen geführt, und schon gingen Gerüchte, daß das Ziel ihrer Mühen noch längst nicht erreicht sei. Von der ungeheuren Beute war das Wenigste ihnen zu Gute gekommen. Die Regierung, die Lieferanten, einzelne bevorzugte, habsüchtige Offiziere hatten das Land ausgesogen, und während man den Raub verpraßte, mußte der Soldat das Nöthigste, oft Monate lang den versprochenen Sold entbehren. Selbst Bonaparte's strenge Aufsicht hatte dem Unwesen nicht steuern können; nach seiner Abreise trat es mit doppelter Frechheit hervor, und mit jedem Tage wuchs auch das Mißvergnügen der Soldaten. Beim Ausmarsch aus Ancona hatte Berthier ihnen feierlich als Gratification einen zweimonatlichen Sold versprochen. Er hoffte,

die Beute in den römischen Provinzen würde das Nöthige ein=
bringen; gerade deshalb wollte er lieber ein Abkommen mit dem
Papste, als den Umsturz der bestehenden Verwaltung, der alles
in's Ungewisse setzen mußte. Seine Befürchtung zeigte sich voll=
kommen begründet. Eine schamlose Beraubung, die gleich in den
ersten Tagen der Republik und besonders nach der Entfernung
des Papstes gegen einzelne Personen und Familien zur Anwen=
dung kam, bereicherte nur Einzelne; die ausgeschriebenen Contri=
butionen waren in dem erschöpften Lande bei der allgemeinen
Unordnung nicht aufzubringen; auch in den päpstlichen Maga=
zinen hatte sich weniger gefunden, als man erwartete, und lange
nicht genug, um der Noth der Soldaten abzuhelfen. Sah es
in Rom übel aus, so liefen von dem Heere in Oberitalien noch
schlimmere Nachrichten ein. Seit fünf Monaten waren die
Truppen ohne Sold, ohne Stiefel, ohne die nöthigsten Klei=
dungsstücke; bei der Rückkehr aus dem Venetianischen fanden
sie sogar die Soldaten der cisalpinischen Republik beneidens=
werth. Eine allgemeine Unzufriedenheit ging durch die Armee.
Die Generale hielten sich zurück, der Soldat klagte am lautesten,
Hauptleute und Subaltern=Offiziere stimmten heimlich oder ohne
Rückhalt bei. Am 11. Februar, gerade an dem Tage, als
Berthier in Rom einzog, kam es in der Garnison von Mantua
zu offenem Aufruhr. Die Soldaten weigerten den Gehorsam,
verlangten den rückständigen Sold und erklärten, sie würden
nach Frankreich abmarschiren; mit Axtschlägen wurden die
Thore geöffnet, die der Commandant, General Miollis, hatte
schließen lassen. Alles dieses geschah in vollkommener Ordnung,
die Soldaten hatten sich selbst unter die strengste Disciplin
gestellt, aber zum Gehorsam gegen ihre Generale führte sie erst
das bestimmte Versprechen zurück, daß am 2. Ventôse (20. Fe=
bruar 1798) der rückständige Sold pünktlich bezahlt werden
solle[1]. Es scheint, daß die Nachricht von diesen Vorfällen

---

[1] Baraguay d'Hilliers am 19. Februar an Bonaparte, Corresp.
inéd. IV, 516. Nouvelles politiques de Leyde, 20. März 1798.

Berthier bewogen hat, einige Tage länger in Rom zu verweilen. Vielleicht hoffte er noch immer, durch die ausgeschriebene Contribution die Mittel zur Befriedigung auch der Soldaten zu finden, zu denen er zurückkehren mußte. Aber bald überboten die Ereignisse in Rom bei Weitem was in Mantua geschehen war. Schon die Uebertragung des Oberbefehls an Massena war von den Truppen übel aufgenommen. Dieser General stand wegen seiner Habsucht im schlechtesten Ruf; man behauptete, er habe von den Paduanern mehr als drei Millionen Franken erpreßt und nicht den zehnten Theil für seine Division verwendet[1]). Als er nun in Rom das von Berthier in Ancona gegebene Versprechen nicht erfüllte, auch wahrscheinlich nicht erfüllen konnte, kam der allgemeine Unwille zum Ausbruch. Am 23. Februar hatte man noch mit großem Pomp und guter Ordnung auf dem Petersplatz ein Trauerfest zur Erinnerung an Duphot begangen; Tages darauf versammelten sich beinahe sämmtliche Offiziere der mittleren Grade im Pantheon, erließen eine Adresse nicht an Massena, sondern an Berthier, in einer Sprache, wie sie vielleicht nicht zum zweiten Male einem commandirenden General gegenüber von Offizieren geführt worden ist. Schlechte Subjecte, klagen sie, begäben sich, mit Vollmachten versehen, in die reichsten Häuser der Stadt und nähmen, ohne Empfangscheine auszustellen, die kostbarsten Sachen weg, um dann Tag und Nacht in Luxus und Ausschweifungen ihren Raub zu verprassen. Die Soldaten hätten indessen seit zehn Monaten ihren Sold zu fordern. Innerhalb zweimal vier und zwanzig Stunden verlangen sie Bezahlung, denn in den Cassen seien die nöthigen drei Millionen vorhanden. Die geraubten Gegenstände sollen den Palästen und Kirchen zurückerstattet, und die privilegirten Räuber, die den französischen Namen entehren, eingezogen und bestraft werden. Die Unterzeichner hoffen noch, der General werde von jetzt an durch sein

---

1) Kilmaine im November und am 19. Dezember 1797 an Bonaparte, Corresp. inéd. IV, 460, 468.

Benehmen beweisen, daß er an diesen Verbrechen nicht schuldig sei, aber ihre Adresse werden sie in beiden Sprachen drucken und öffentlich anschlagen lassen, damit sie vor dem römischen Volke in keinem Falle die Verantwortung tragen. Drei Tage später wiederholen sie dem Directorium ihre Forderungen; sie erklären die Ankunft Massena's ganz offen als einen Hauptgrund ihrer Unzufriedenheit; die Armee habe die Räubereien im Venetianischen noch nicht vergessen und wolle Frankreich nicht in den Augen des ganzen Erdkreises entehren lassen[1]).

Massena konnte die erzürnten Offiziere um so weniger beruhigen, als er auch von Berthier und den inzwischen eingetroffenen Commissären des Directoriums nicht kräftig unterstützt wurde. Er begab sich schon am 24. in das Lager an der Milvischen Brücke, und, es scheint, vornehmlich um die Aufständischen zu trennen, faßte er den Entschluß, den größeren Theil der Truppen von Rom weg zu ziehen. Sogleich kam zu der einen Gefahr noch eine andere. Die städtische Bevölkerung hatte bisher ohne Widerstand alles über sich ergehen lassen. Jetzt aber, als die Sieger unter einander sich entzweiten, als man hörte, daß nur ein kleiner Theil in Rom zurückbleiben sollte, erstarkte mit dem Wunsch nach Rache auch der Muth, ihn zu befriedigen. Die Bewohner von Trastevere drangen mit den Waffen, die sie zur Hand hatten, in die Stadt; einzelne Franzosen und Parteigänger der Republik wurden in den Straßen umgebracht, und die Bewegung gewann an Bedeutung, als auf die Nachrichten aus Rom auch die ländliche Bevölkerung der Umgegend sich erhob. Aber zu ihrem Unglück. In der Stadt gelang es den Soldaten, die sich sogleich in größter Ordnung um die in Rom zurückgebliebenen Generale sammelten, den Aufstand zu unterdrücken, und eine Abtheilung von 1000 Mann unter Murat erstickte in den folgenden Tagen die Bewegung auf dem Lande in dem Blut ihrer Urheber[2]).

---

1) Nouvelles politiques de Loyde, 23. u. 30. März, 17. April.
2) Murat an Dallemagne bei St. Cyr, Mémoires I, 281. L'on mo

Vergebens hoffte jedoch Massena, die Rücksicht auf die eigene Gefahr möchte die Truppen seinem Ansehen wieder gefügig machen. Der Ausschuß der Offiziere erklärte ihm noch am Abend des Aufstandes, er habe das Vertrauen der Armee verloren, man erkenne nur noch den General Berthier als obersten Befehlshaber an. Berthier beeilte sich, durch rasche Abreise nach Mailand der gefährlichen Ehre zu entgehen; Massena, von Allen verlassen, zog sich nach Monterosi zurück und mußte einwilligen, daß der älteste General, Dallemagne, dem Namen nach den Oberbefehl übernahm. Dem Namen nach, denn die wirkliche Gewalt besaß auch ferner der Ausschuß der Offiziere. Er setzte eine Commission zur Untersuchung der Räubereien ein, ließ sich Rechenschaft ablegen, sprach sogar ein Todesurtheil gegen einen Offizier des Generalstabes aus und bewirkte, daß den Truppen ein Theil des rückständigen Soldes bezahlt wurde. Als das verständige Benehmen des Generals Dallemagne die Aufregung allmählich beschwichtigte, konnte auch Massena am 13. März nach Rom zurückkehren; aber er lebte wie ein Geduldeter, ohne Befehle zu ertheilen, ja ohne den Soldaten sich nur zeigen zu dürfen[1]).

Das Directorium erfuhr hier zum ersten Male den entschiedenen Widerstand einer Militärgewalt. Vor dem Staatsstreich des 18. Fructidor hatte es selbst die Armeen zu politischen Adressen aufgefordert, jetzt mochte es seine Unvorsichtigkeit erkennen. Es suchte noch den Schein des Ansehens zu behaupten, indem es die vier Offiziere, welche die Adresse des römischen Heeres nach Paris überbrachten, verhaften ließ. Aber am 8. März wurde auch Massena's Abberufung verfügt; statt seiner übernahm der General St. Cyr, ein Mann von unbe-

---

rapporte que la perte des rebelles est de 400 hommes, qui tous ont été tués. Je crois avoir environ 100 prisonniers, que demain je ferai mitrailler.

1) Mémoires de Massena, rédigés par le Général Koch, Paris 1849, III, 16 fg.

scholtenem Rufe, am 26. März den Oberbefehl. Es gelang ihm, die zerrüttete Disciplin wieder herzustellen; allein auf eine Bestrafung der Aufständischen mußte er verzichten. Als er die Mitglieder des leitenden Ausschusses Nachts verhaften und in die Engelsburg führen ließ, stand die Armee im Begriffe, ihre Kameraden mit Gewalt zu befreien, und St. Cyr mußte froh sein, daß er die Verhafteten gegen eine wenig sagende Erklärung wieder entlassen konnte. Eine Proclamation versprach dann Bezahlung des Soldes und Bestrafung der Diebstähle, also in der That gerade, was die Offiziere gefordert hatten[1]). Die ganze Bewegung zeigte die Ohnmacht des Directoriums gegen= über der bewaffneten Macht, sie ließ vorhersehen, was bevor= stände, wenn einmal ein kluger, kräftiger Leiter den Unwillen der Soldaten wie des Volkes für seine eigenen Zwecke gegen eine solche Regierung benutzen könne.

Alle diese Unordnungen hatten aber nicht verhindert, daß noch vor Ankunft St. Cyr's die römische Republik in's Leben trat. Schon am 15. Februar, als man die Freiheit proclamirte, hatte der General Cervoni im Namen des römischen Volkes vorläufig sieben Consuln eingesetzt, deren Bedeutung am besten dadurch bezeichnet wird, daß sie den Agenten Bassal als Secretär erhielten. Einige Tage nachher, am 22., langten die Commissäre des Directoriums an: Daunou, Monge, Florent, denen wenig später Faypoult folgte. Ein Decret des Directoriums vom 19. Fe= bruar machte dem commandirenden General zur Pflicht, unver= züglich mit diesen Commissären die Constitution für die neue Re= publik zu vereinbaren; zehn Tage nach Empfang des Decrets sollten die beiden gesetzgebenden Räthe ernannt und im Amte sein. Diese wenigen Worte zeigen, wie man die Arbeit der Commissäre auffaßte. Die französische Constitution diente wieder als Muster, nur daß antike Namen die französischen ersetzten; statt der fünf

---

1) St. Cyr, Mémoires I, 50 fg. Er sucht zwar möglichst den Schein zu wahren, als habe er das Ansehen des Directoriums aufrecht erhalten, aber am meisten spricht dagegen seine eigene Proclamation.

Directoren hatte man fünf Consuln, statt des Rathes der Alten zwei und dreißig Senatoren, statt des Rathes der Fünfhundert, zwei und siebenzig Tribunen. Das Gebiet, mit dem nun auch die anconitanische Republik vereinigt wurde, zerfiel in acht Departements mit den gewöhnlichen Eintheilungen der Cantone und Gemeinden. Eine merkwürdige Wahrnehmung macht man aber bei dieser Constitution. In seinen Handlungen war das Directorium damals noch völlig revolutionär; gleichwohl wandte sich die Theorie schon mehr und mehr zu aristokratischen Institutionen zurück. Die Bestimmungen über Census und Wahlrecht würde man in unserer Zeit nicht als demokratische gelten lassen. Auf dem Papier nimmt sich diese römische Verfassung nicht so übel aus. Man erwehrt sich kaum des Gedankens, daß sie der Schlaffheit des geistlichen Regiments gegenüber ein Quell des Segens hätte werden können. Wäre es nur möglich, durch Verfassungsbestimmungen ein Land und eine Bevölkerung umzuwandeln, die nicht im Geringsten darauf vorbereitet sind! Sogleich zeigte sich die Schwierigkeit, in einer Stadt, die bisher ausschließlich von Geistlichen geleitet war, taugliche Personen für die Verwaltung zu finden. Unter den fünf Consuln sehen wir den Geburtshelfer Angelucci[1]) und den Archäologen Ennius Quirinus Visconti, beide vielfach bei den früheren Aufständen betheiligt, dann noch zwei Aerzte. Die Besten, Tüchtigsten hielten sich zurück; wer mochte so unbedingt, wie die Franzosen es verlangten, sich zum Werkzeug der Fremden machen? Unter solchen Umständen fiel die eigentliche Leitung von selbst an den Generalsecretär Baffal. Zudem legte ein Artikel der Verfassung auch gesetzlich alle Gewalt in die Hände der Franzosen. Bis zum Abschluß eines Bündnißvertrages mit der französischen Republik sollte kein Gesetz

---

1) Der Moniteur vom 26. April berichtet aus Rom: Le consul Angelucci a publié un avis par lequel il annonce, que ses fonctions comme premier magistrat ne l'empêcheront pas d'assister l'humanité souffrante comme accoucheur et chirurgien.

ohne Zustimmung des commandirenden Generals promulgirt werden, der General dagegen aus eigener Machtvollkommenheit jedes ihm nothwendig scheinende Gesetz erlassen können. Ohne irgend eine Theilnahme des römischen Volkes brachten denn auch die Commissäre beinahe innerhalb der vom Directorium gesetzten Frist ihre Arbeit zu Stande; Massena ließ sich noch einmal vernehmen, indem er durch eine Proclamation die Verfassung in Kraft setzte. Am 20. März wurde sie feierlich unter den gebräuchlichen Reden und Freudebezeigungen veröffentlicht[1]); man wird vorhersehen, was von ihrer Wirksamkeit uns später zu sagen bleibt.

Von der größten Bedeutung war dagegen die neue Eroberung für die Macht des Directoriums in Italien. Erst jetzt wurde sie zur eigentlich herrschenden. Bis dahin hatte der Kirchenstaat die dem französischen Einfluß entgegenstehenden Gebiete: Neapel, Toscana, das Venetianische noch vereinigt, jetzt, in französischen Händen, trennte er sie und gab Toscana und Neapel in den Machtbereich der Republik. Um so auffallender erschien es, daß der Kaiser eine so gewaltige Veränderung ohne Widerstand, ja sogar ohne öffentlichen Widerspruch sich gefallen ließ. Viele glaubten damals nur in einem geheimen Einverständniß zwischen Oesterreich und Frankreich die Erklärung zu finden. Ein Einverständniß bestand freilich nicht, aber wahr ist, daß auch Thugut die Vernichtung des Kirchenstaates nicht unbedingt als ein Hinderniß für die Einigung mit Frankreich betrachtete. Wir haben gesehen, wie er schon am 9. Februar den Gesandten in Rastatt zu Vorschlägen ermächtigte, die den Papst auf den Besitz der Stadt Rom und eine Pension beschränkt hätten. Und so muß es als ein charakteristisches Merkzeichen für die Stimmungen jener Tage hervorgehoben werden, daß die Fortdauer der päpstlichen Herrschaft auch in den Augen der katholischen Höfe keineswegs als

---

1) Nouvelles politiques de Leyde, 10. April. Franchetti a. a. O. I, 312.

Bedingung einer sicheren Rechtsordnung in Europa galt. Thugut's Hauptziel bei den Unterhandlungen mit Frankreich war die Erwerbung der Legationen; Neapel hatte schon vor dem Frieden von Campo Formio begehrliche Blicke auf die Mark Ancona gerichtet; nicht weniger liegt ein Entwurf des spanischen Friedensfürsten vor, der eine neue Theilung Italiens in der Weise vorschlägt, daß neben vier Monarchien und zwei Republiken der Papst von seinem Territorialbesitz nur den geringsten Theil und nicht einmal seine Hauptstadt behalten hätte [1]).

---

1) Dritte Beilage zu Thugut's Depeschen an Cobenzl vom 23. Februar.

Sechstes Kapitel.

Die Schweiz.

Größere Aufregung als die Vernichtung der päpstlichen Herrschaft rief wenige Tage später der Untergang eines anderen Staatswesens in Rastatt hervor.

Je weiter die Franzosen ihre Macht in Italien ausdehnten, je eifriger sie ihrem Besitz Dauer und Festigkeit zu geben suchten, um so mehr wünschten sie sich auch der Alpenpässe und der großen Straßen zu versichern, welche die Verbindung mit Frankreich herstellen. Viel war dafür schon geschehen. Bereits im September 1792 hatte der General Montesquiou Savoyen in Besitz genommen; auch die Stadt Genf wäre damals in französische Hände gefallen, hätte nicht rasche Hülfe von Bern das Heer, das schon die Thore bedrohte, zum Rückzug genöthigt. Einen Vertrag, der dann zum Abschluß kam, hatte der Convent nur ungern und nach langem Zögern genehmigt, ohne aber seine Absichten auf die beinahe ganz von französischem Gebiete umschlossene Stadt aufzugeben.

Als Bonaparte seinen Siegeszug in Italien begann, war wieder sein erstes Bestreben, sich der piemontesischen Festungen und dadurch der italienischen Seite des großen Gebirges zu bemächtigen. Später hat er als Kaiser in Mailand den prächtigen Triumphbogen für die Simplonstraße gebaut; schon im Mai 1797, während er mit den Oesterreichern in Montebello verhandelte, wünschte er den Canton Wallis zu einem Vertrage zu nöthigen, der den Alpenpaß und die Straße durch das Rhonethal den französischen Heeren freistellte. Das Directorium, damals in seiner Mehrheit noch zum Frieden geneigt, ging jedoch nicht auf einen Antrag ein, der beinahe unvermeidlich zu einem Bruch mit der Eidgenossenschaft führen mußte[1]). Aber die Revolution vom 18. Fructidor lenkte nach allen Seiten die Gedanken auf den Krieg, und wenn die starke Hand des Generals Bonaparte gleichwohl den Frieden mit dem Kaiser unterzeichnete, so stellte sie eben dadurch mächtige Heere den Directoren zur Verfügung. Beinahe mit Nothwendigkeit wurde die Schweiz in den Kreis der neuen kriegerischen Ent= würfe hineingezogen, und zwar die ganze Schweiz. Denn so unentbehrlich der Süden des Landes für die Herrschaft in Italien, so wichtig war der Norden für einen Krieg mit Deutsch= land. Gelang es, die Schweiz französischer Herrschaft, oder doch französischem Einfluß zu unterwerfen, so war der große Plan, ganz Frankreich mit abhängigen Republiken zu umgeben, zum Abschluß gebracht. Man erinnert sich, daß im Sommer 1797 eine cisrhenanische Republik in's Dasein gerufen, eine alemannische durch Aufwiegelung der süddeutschen Länder we= nigstens in Aussicht genommen war. Wenn die eine Dauer, die andere Leben erhielt, so reichte mit dem Eintreten der Schweiz der große Gürtel ohne Unterbrechung von der Nordsee bis zum Mittelmeer, und die herrschende Stellung Frankreichs war auf dem Festlande nach allen Seiten von dienstbaren Vasallen anerkannt.

Manches in den Zuständen der Schweiz schien den französi= schen Absichten förderlich. Ein Gemisch der verschiedensten Staats= formen hatte sich auf diesem Boden seit dem Mittelalter beinahe unverändert erhalten. Dreizehn Cantone bildeten die eigentliche Eidgenossenschaft; dazu kamen noch die eilf zugewandten Orte, theils Bundesgenossen (associés) mit Sitz und Stimme auf der Tagsatzung, wie das Stift St. Gallen und die Städte St. Gallen und Biel, theils Verbündete (alliés) kraft Verträgen verschiedenen Inhalts, nämlich die grauen Bünde, Wallis, Neuenburg, die Städte Genf und Mühlhausen und der Bischof von Basel.

---

1) Bonaparte an das Directorium, 14. Mai; Delacroix an Bonaparte am 13. Juli 1797, Corresp. inéd. VII, 305.

Dieser Zustand war Förderung, ja vielleicht Bedingung der so lange von ganz Europa gewünschten und anerkannten Neutralität. Es fragte sich nur, ob eine so vielfach getheilte Bevölkerung rasch und kräftig genug gegen den drohenden Angriff eines übermächtigen Nachbars sich würde einigen können, besonders wenn auch in den einzelnen Cantonen die politischen Parteien eine neue, noch tiefer gehende Theilung hervorriefen. Denn der Vielheit der Staaten entsprach die Verschiedenheit der Verfassungen. Neben einer rein demokratischen Gemeindebildung in den Waldstädten, in Zug, Glarus und im Appenzell waren in allen größeren Cantonen mehr oder weniger aristokratische Elemente die leitenden geworden. Man kann nicht sagen, daß die Regierung schlecht, oder daß die Mehrheit, ja nur ein beträchtlicher Theil der Bevölkerung dem Umsturz des Bestehenden geneigt gewesen sei; aber auch in den schweizerischen Aristokratien hatten sich die Fehler nicht fern halten lassen, an denen alle Institutionen dieser Art gegen Ende des achtzehnten Jahrhunderts zu leiden pflegten. Die frühere Thatkraft war erloschen; man begnügte sich, in den gewohnten Geleisen alte Rechte und Vorrechte zu wahren, und je engherziger die regierenden Geschlechter und Stadtgemeinden ihren Kreis abschlossen, um so mehr gewöhnten sie sich, in der Geburt die wesentlichste Bedingung für den Erwerb der Aemter zu finden. Zu zahlreichen und begründeten Klagen gaben seit langer Zeit die unterthänigen Landschaften Veranlassung, vor allen die gemeinen Vogteien. Nicht weniger als zwanzig an der Zahl, darunter einzelne, wie das Thurgau, an Volksmenge den meisten Cantonen voraus, waren sie der Regierung von Landvögten unterworfen, welche von den herrschenden — zwei, drei, acht, neun, zuweilen sogar von zwölf — Cantonen bestellt wurden. Aber ganz abgesehen von wirklichen Uebelständen: es lag in der Natur der Verhältnisse, daß eine so gewaltige Bewegung wie die französische Revolution in dem, wenn auch aristokratisch, doch immer republikanisch organisirten Nachbarlande die lebhafteste Theilnahme und neben entschiedenen Gegensätzen auch begeisterte Zustimmung hervorrief.

Die Franzosen wußten die Sympathien für ihre Sache trefflich zu benutzen. Sie hatten Agenten in Wallis, in Genf, in Graubündten; der Mittelpunkt ihrer Wirksamkeit war Basel, das schon durch seine Handelsverbindungen seit langer Zeit auf Frankreich und den Elsaß hingewiesen wurde. Die Stadt hatte seit dem Ausbruche des Krieges durch ihre Lage ganz besondere Wichtigkeit gewonnen. Was von diplomatischem Verkehr noch übrig blieb, concentrirte sich auf diesen neutralen Punkt. Frankreich war bereits seit dem Januar 1792 durch Barthelemy vertreten, und dieser kluge, gemäßigte Mann, noch in den Ueber= lieferungen der alten Diplomatie herangebildet, hatte im Verein mit Bacher, seinem thätigen Secretär, eben so eifrig als erfolg= reich für die französischen Interessen gewirkt. In Basel war es vor Allen der Oberzunftmeister Peter Ochs, der von französischen Ideen erfüllt, eitel, unruhig, leidenschaftlich, durch sein ganzes Wesen bestimmt schien, ein Werkzeug in fremden Händen zu werden. Einstweilen zeigte er sich, wo immer möglich, den französischen Diplomaten gefällig; aus den Hansestädten wandte man sich an ihn, wenn man Barthelemy trotz des Krieges eine vertrau= liche Mittheilung zu machen wünschte, und er rechnete sich zu besonderem Ruhme, daß der Friede mit Preußen in seinem Hause zum Abschluß gekommen war[1]). Es scheint nicht, daß der österreichische Gesandte, Freiherr von Degelmann, eben so ergebene Anhänger in Basel habe gewinnen können. Ueber= wiegend trat dagegen der Einfluß der Coalition in Bern her= vor. In der Verfassung dieses mächtigen Cantons war das aristokratische Element am entschiedensten zur Geltung gelangt. Ungefähr dritthalb hundert patrizische Familien waren ausschließ= lich zum Regiment befähigt. Ihre Angehörigen bildeten den großen Rath, der nicht weniger als zweihundert, aber nicht mehr als zweihundert neun und neunzig Mitglieder zählen sollte und immer nach dem Ablauf von zehn Jahren neu ergänzt wurde.

---

1) P. Ochs, Geschichte der Stadt und Landschaft Basel, Basel 1822, VIII, 560 fg. Wohlwill, Reinhard als französischer Gesandter in Hamburg, Hansische Geschichtsblätter, Jahrgang 1875, S. 63 fg.

Dieser Rath besaß die höchste Gewalt; er gab Gesetze, beschloß über Krieg und Frieden, über Steuern und Finanzen, nahm auch an der Rechtspflege Theil und ernannte die höheren Offiziere und Beamten, insbesondere den regierenden Schultheißen und dessen Stellvertreter. Er wählte auch den kleinen Rath, der aus den Schultheißen, dem deutschen und dem welschen Seckelmeister, 4 Vennern, 17 Rathsherren und 2 sogenannten Heimlichern oder Jüngstgewählten sich zusammensetzte und die laufenden Geschäfte besorgte. Auf der schweizerischen Tagsatzung nahm Bern den zweiten Platz nach dem Vorort Zürich ein, an Macht und Einfluß war es unstreitig unter allen Cantonen der erste. Sein Gebiet, theils der deutschen, theils der welschen oder romanischen Zunge angehörig, umfaßte beinahe ein Drittel der gesammten Eidgenossenschaft; die Zahl der Einwohner wurde auf 400,000 angeschlagen. Schatz- und Zeughaus waren gefüllt, die bewaffnete Macht konnte man äußersten Falles auf 60000 Mann erhöhen, Kriegsdienste in fremdem Solde erhielten militärische Zucht und Geschicklichkeit [1]). Mit Stolz und Selbstvertrauen sah man auf die politischen und kriegerischen Erfolge so vieler Jahrhunderte zurück und mochte sich wohl berechtigt glauben, den großen italienischen Gemeinwesen: Venedig und Genua an die Seite zu treten. Aber diese beiden waren dem Andrang der Revolution unterlegen. Würde die berner Aristokratie sich glücklicher behaupten können?

Von jeher in engen Beziehungen zur französischen Monarchie fand man sich jetzt auch den demokratischen Einflüssen in nächster Nähe gegenüber und betrachtete seit dem Herbst 1792 mit steigender Besorgniß das immer bedrohlicher heranwachsende neue Staatswesen. Die herrschende Partei unter ihrem so thätigen als einsichtsvollen Führer, dem Schultheißen Nicolaus Friedrich von Steiger, wäre wohl geneigt gewesen, sich an dem Kriege der Coalition zu betheiligen; aber so weit reichte ihr Einfluß nicht. Es gab in Bern und ebenso in

---

1) A. v. Tillier, Geschichte des Freistaats Bern. Bern 1839, V, 329 fg., 383 fg.

Zürich und Luzern viele Stimmen, die zwar nicht den An= schluß an die französische Republik verlangten, aber doch den Wunsch und die Hoffnung aussprachen, durch eine vorsichtige Neutralität den Brand, der die umliegenden Länder ergriffen hatte, von sich fern zu halten. Als der große Rath in Bern am Charfreitag 1795 zu einem Drittel ergänzt wurde, gehörte von den neu eintretenden vier und neunzig Mitgliedern der bei weitem größere Theil dieser Richtung an. Sie gewann an Stärke unter dem Eindruck der französischen Siege und des preußischen Friedens, und da auch die Franzosen während des Krieges mit der Coalition nicht wünschen konnten, zu den alten Feinden noch einen neuen in nächster Nähe heranzuziehen, so blieb das Verhältniß ohne Freundschaft und Vertrauen, aber auch ohne daß der Friede ernstlich gestört worden wäre.

Der 18. Fructidor bezeichnet auch nach dieser Seite die Wendung. Barthelemy hatte als Mitglied des Directoriums seine freundlichen Gesinnungen gegen die Schweiz bewährt; wesentlich durch seinen Einfluß waren im Juli 1797 die Pläne Bonaparte's noch zurückgewiesen. Der Staatsstreich entfernte ihn aus der Regierung; die entscheidende Persönlichkeit für die auswärtigen Angelegenheiten wurde Rewbel, der als geborener Elsasser bei den schweizer Händeln schon lange auch persönlich betheiligt und durch unangenehme Erlebnisse in Bern gegen diese Stadt mit ganz besonderem Groll erfüllt war [1]). Er hätte ihn nicht wirksamer bethätigen können, als indem er den früher von Barthelemy bekleideten Posten einem seiner zahlreichen Verwandten Namens Mengaud verlieh. Die aufdringliche Rück= sichtslosigkeit dieses Mannes verschärfte noch den schroffen In= halt seiner Aufträge. Klagen über die Emigranten, Beschwerden, daß man die Anhänger Frankreichs mißhandele, folgten eine der anderen; den schweizerischen Offizieren sollte untersagt werden, das vordem von französischen Monarchen verliehene

---

1) Sandoz bemerkt am 10. Februar 1798, Rewbel leite das Unter= nehmen gegen Bern par un motif de ressentiment personnel. Er hatte als Anwalt einen wichtigen Prozeß in Bern verloren.

Ludwigskreuz zu tragen; am 10. October forderte Mengaud sogar die Ausweisung des englischen Geschäftsträgers Wickham, weil derselbe von Bern aus die Gegenrevolution in Frankreich beförbere. Die Berner Regierung verwies die Entscheidung an die schweizerische Tagsatzung, und so bedroht schien besonders in Folge des Friedens von Campo Formio die Lage der Eidgenossenschaft, daß das englische Ministerium sich entschloß, den Geschäftsträger abzurufen, um den Schweizern neue Unannehmlichkeiten zu ersparen [1]).

Aber Mengaud fand immer neue Gelegenheit, sich zu beschweren, und bald erfolgte auch der erste Uebergriff auf schweizerisches Gebiet. Schon vor dem Abschluß des Friedens von Campo Formio hatte Bonaparte das Veltlinerthal durch einen Schiedsspruch von Graubündten getrennt und der cisalpinischen Republik oder, was dasselbe bedeutete, französischer Gewalt überwiesen. Im November, als er durch die Schweiz nach Rastatt reiste, gab er seinen Wünschen für die Befreiung der Waadt, seiner Abneigung gegen die berner Aristokraten so wie der Vorliebe für die baseler Patrioten lebhaften Ausdruck, und es läßt sich denken, wie die Anwesenheit eines solchen Mannes auf die Parteien wirken mußte. Als er von Rastatt in Paris anlangte, fand er dort eine Zahl waadtländischer Flüchtlinge, die ihn als den künftigen Befreier ihrer Heimath begrüßten, und neben ihnen den Zunftmeister Peter Ochs, mit dem er drei Wochen früher schon in Basel sich besprochen hatte. Ochs erzählt in einer späteren Darstellung der Ereignisse, er habe eine Einladung des Directoriums nach Paris erhalten, wo man über den Austausch des Frickthals mit ihm habe verhandeln wollen. Bald nach Bonaparte's Ankunft, am 8. Dezember sei er von Rewbel zugleich mit dem General zu einem Mittag-

<hr>

1) Wickham's Note an die bernische Regierung aus Frankfurt vom 22. November 1797 in dem ganz auf archivalischen Quellen beruhenden Aufsatz: Diplomatische Verhältnisse zwischen Frankreich und der Schweiz in den Jahren 1789 bis 1798, bei Posselt, Europäische Annalen, Jahrg. 1807, IV, 251 fg.

essen eingeladen und nach demselben mit Vorschlägen bedrängt
worden, wie man in der Schweiz eine Revolution herbeiführen
könne; er habe eine solche für unmöglich erklärt, und nur auf
Bonaparte's eifriges Zureden endlich versprochen, in seinem
Canton eine demokratische Umgestaltung zu versuchen [1]). Seine
eigenen Briefe an Bonaparte beweisen freilich, daß seine Ungeduld,
durch französische Unterstützung sich und seine Partei zur Herrschaft zu bringen, hinter den Wünschen der pariser Machthaber
zum wenigsten nicht zurückblieb. Schon am 12. Dezember verbreitet er sich ausführlich über die Art, wie man die Schweiz
in eine einzige, untheilbare, demokratische Republik umgestalten
könne. Vor allem müsse man der französischen Hülfe versichert
sein. Frankreich solle deßhalb seine unbestreitbaren Rechte auf
verschiedene Theile des schweizerischen Gebietes geltend machen,
die Patrioten öffentlich unter seinen Schutz nehmen, durch Flugschriften und Agenten auf die Bevölkerung wirken lassen. Am
19. und 22. Dezember folgen neue Bitten [2]); man sieht, der
verblendete Mann hatte gar keine Ahnung, daß er die Fackel
in sein eigenes Haus warf.

Was die Besetzung schweizerischen Gebietes betrifft, so war
das Directorium seinen Wünschen zuvorgekommen. Bereits im
Jahre 1792, beim Ausbruch des Krieges mit Deutschland, hatte
der General Custine diejenigen Theile des Bisthums Basel besetzt, welche dem Reiche angehörten. Nach einer kurzen Existenz
als raurakische Republik waren sie am 23. März 1793 als
Departement des Schreckensberges (Mont-terrible) mit Frankreich vereinigt worden. Der Bischof von Basel besaß aber auch
Hoheitsrechte über Landschaften, die einen Bestandtheil des
schweizerischen oder doch des neutralen Gebietes bildeten, nämlich
über das Immer- und das Münsterthal und die Stadt Biel, die
zugleich durch ein besonderes Bundesverhältniß der Eidgenossenschaft angehörte. Nach dem Frieden von Campo Formio fühlte
man sich in Paris vollkommen als Herrn des linken Rheinufers

1) Ochs a. a. O. VIII, 252 fg.
2) Corresp. inéd. IV, 470, 474, 476.

und stark genug, um Theorien wieder aufleben zu lassen, die ein Jahrhundert früher von den Reunionskammern Ludwig's XIV. auf diesem selben Boden mit so großem Erfolge zur Anwendung gebracht waren. Obgleich der Besitz der ehemals zum Bisthum Basel gehörigen Landschaften noch nicht einmal durch einen Reichsfrieden bestätigt war, glaubte das Directorium als Rechtsnachfolger des Bischofes auftreten und unter diesem Titel auch die schweizerischen Bestandtheile des Bisthums ansprechen zu können. Am 19. November erging ein Directorialbeschluß in diesem Sinne, Bonaparte's Ankunft und das Drängen des baseler Zunftmeisters mögen die Ausführung beschleunigt haben. Schon am 13. Dezember machte Mengaud der Eidgenossenschaft die Anzeige, Frankreich würde von dem Immer- und Münsterthal als integrirenden Theilen des Departements des Schreckensberges Besitz nehmen, zwei Tage später rückte der General St. Cyr in die Thäler ein und besetzte sie bis in die Nähe der Stadt Biel ohne Widerstand. Die wichtigen Pässe des Jura waren dadurch in der Macht der Franzosen; von Biel aus konnten sie in einem Tagemarsche nach Bern, Freiburg und Solothurn gelangen. Es klang wie Hohn, wenn Mengaud gleichzeitig versicherte, die geschehene Occupation solle die schweizerische Neutralität und die freundlichen Beziehungen zu Frankreich in keiner Weise beeinträchtigen. Bern, das in unbegreiflicher Sorglosigkeit die schon längst gefährdeten Thäler unbesetzt gelassen hatte, erkannte nun die Nähe der Gefahr; der Rath rief am 22. Dezember einige tausend Mann unter die Waffen und traf Vorkehrungen für ein größeres Aufgebot. Es wäre damals nicht schwer geworden, die noch wenig beträchtliche Macht der Franzosen wieder zurück zu drängen, aber das hieß Frankreich den Krieg erklären; die Mehrheit des berner Rathes hoffte noch, durch Unterhandlungen den Frieden zu erlangen; jedenfalls wünschte man die Entscheidung der außerordentlichen Tagsatzung abzuwarten, die vor Ende des Jahres sich zu Aarau versammeln sollte [1]).

---

1) Vgl. den Aufsatz: „Helvetien" in Possell's Europäischen Annalen

Unterdessen blieb die demokratische Partei nicht müßig; das Vorgehen der Franzosen, das Vertrauen auf bewaffneten Beistand gab ihr neue Kraft. Ochs war voller Freude; jetzt, meint er, habe die letzte Stunde der Oligarchen geschlagen, bald werde es in der Schweiz keine Unterthanen mehr geben; sein einziger Zweifel ist, ob die künftige Verfassung den föderativen Charakter behalten, oder den Einheitsstaat herbeiführen solle; darüber erbittet er am 21. Dezember Bonaparte's Entscheidung mit dem Wunsche, der General möge der Gesetzgeber seines Vaterlandes werden. Einstweilen hatte er am 18. Dezember im großen Rath zu Basel den Antrag stellen lassen, den Landbewohnern gleiche Rechte mit den Stadtbürgern einzuräumen. Der Antrag wurde unter heftigen Erörterungen verworfen; gar zu selten hat eine herrschende Partei veralteten, ja haltlosen Vorrechten zu guter Zeit entsagen wollen. Aber draußen wuchs die Aufregung und das Machtgefühl der Gegner. Seit dem 8. Januar kam es in mehreren Landstädten zu offenem Aufstand; die Hauptstadt selbst war getheilt, der Rath fühlte sich zu schwach, die Bewegung aufzuhalten oder zu leiten. Am 5. Februar übergab er seine Gewalt einer Nationalversammlung von sechszig Mitgliedern, unter denen Stadt und Landschaft ungefähr gleichmäßig vertreten waren [1]).

Weit gefährlicher als diese unblutige Revolution erhob sich auf der anderen Seite der Schweiz eine Bewegung gegen Bern. Seit dem Kriege, der im sechszehnten Jahrhundert das reiche Waadtland den savoyischen Herzogen entriß und, mit Ausnahme weniger an Freiburg fallenden Vogteien, den Bernern unterwarf, war der fremden Herrschaft bald heimlich, bald offener ein Widerstand der Einheimischen entgegen getreten. Mehrmals wurden aufrührerische Bestrebungen noch im achtzehnten Jahrhundert blutig unterdrückt. Der Anfang der französischen Revolution weckte in den Städten wie bei einem Theile

---

1798, I, 117 fg. Tillier a. a. O. V, 545; Em. v. Rodt, Geschichte des bernerischen Kriegswesens, Bern 1834, III, 565.

[1]) Ochs a. a. O. VIII, 259 fg., 305 fg.

des Adels Jubel und Begeisterung, und bei der Feier des Bastille-Festes am 14. Juli 1791 trat eine so feindselige Gesinnung gegen Bern hervor, daß die Regierung eine Untersuchungscommission, unterstützt von bewaffneter Macht, in die Waadt sandte. Strenge Strafen wurden gegen einige der Hauptteilnehmer verhängt; gegen andere, die eine rechtzeitige Flucht gerettet hatte, das Todesurtheil ausgesprochen. Barthelemy erwirkte jedoch im Jahre 1796 eine Amnestie, sogar für den Hauptbetheiligten, den General Amadeus Emanuel Laharpe, die freilich nur seinen Erben zu Gute kam, denn er selbst war kurz vorher im italienischen Feldzuge an der Spitze einer französischen Division gefallen. Ausgeschlossen blieb aber sein Vetter, der Oberst Friedrich Caesar Laharpe, weil er noch in letzter Zeit die bernische Aristokratie in seinen Schriften auf das heftigste angegriffen hatte. Dieser Mann, dem auch seine Gegner redliche Absichten, einen starken Willen und bedeutende Fähigkeiten nicht absprechen, war dreizehn Jahre lang Erzieher der russischen Großfürsten in Petersburg, und seit 1794 die Seele der waadtländischen Bewegung gewesen. In der Heimath nicht geduldet, nahm er nahe der Grenze, dann mit einigen Gleichgesinnten in Paris seinen Aufenthalt. Bonaparte's Benehmen in der Schweiz hatte ihre Hoffnungen neu belebt; kurz nachdem der General in Paris eingetroffen war, — vielleicht von ihm angeregt — reichten sie am 9. Dezember dem Directorium eine Denkschrift ein, welche Frankreichs Beistand zum Schutz der verfassungsmäßigen Rechte der Waadtländer anrief. Der Herzog von Savoyen, führten sie aus, habe die Waadt im Jahre 1564 nur unter der Bedingung an Bern abgetreten, daß die Rechte und Privilegien der Einwohner aufrecht erhalten blieben; gleichwohl seien die in der Waadt bestehenden Landstände nie wieder einberufen. Frankreich, das dem savoyschen Vertrage im Jahre 1565 seine Garantie beigefügt, möge nun auf diesen Grund und zugleich als Rechtsnachfolger des Herzogs von Savoyen für die Waadtländer eintreten. Man sieht: eine ganz ähnliche Theorie, wie sie eben bei der Occupation der bischöflich baselschen Besitzungen zur Anwendung kommen sollte; und es wäre schwer zu sagen, in welchem Falle mit minderer Berechtigung. Denn wenn Frankreich dem Bischof seine reichsständischen Besitzungen genommen hatte, welches Recht ergab sich daraus, ihm auch zu nehmen, was er als unabhängiger Fürst und Verbündeter der schweizerischen Eidgenossenschaft besaß? Eben so wenig ließ sich behaupten, daß Frankreich durch die Aneignung Savoyens auch die Ansprüche der nach wie vor in Turin regierenden Familie erworben habe. Und wenn man sich auf die französische Garantie des Jahres 1565 berief, so war es schon seltsam genug, eine länger als zweihundert Jahre niemals angerufene Clausel jetzt für wesentlich verschiedene Verhältnisse geltend zu machen; es kam aber noch hinzu, daß Frankreich im Jahre 1579 ausdrücklich darauf verzichtet hatte. Talleyrand machte in seinem Berichte über die Bittschrift in der That diese Gründe geltend; ging man auf die Sache ein, so erfolgte unzweifelhaft ein Bruch mit Bern, der damals noch nicht in den Wünschen des Directoriums lag. So wurde die Entscheidung einstweilen verschoben. Als aber die Reunion der baselschen Landschaften über Erwarten leicht von Statten ging, ja in der ganzen Schweiz die Regsamkeit der französischen Partei verdoppelte, fanden auch die Bitten und Verheißungen der Waadtländer ein geneigteres Ohr. Talleyrand mußte über die zuerst verworfene Denkschrift zu Ende des Monats noch einmal und in einem ganz verschiedenen Sinne berichten[1]); am 28. Dezember erklärte das Directorium den Regierungen von Bern und Freiburg: es mache ihre Mitglieder persönlich verantwortlich für die Sicherheit der Waadtländer, welche die Vermittlung der französischen Regierung angerufen hätten, oder anrufen würden, um in Ausführung der alten Verträge in ihren Rechten erhalten, oder in dieselben wieder eingesetzt zu

---

1) Sybel, Geschichte der Revolutionszeit V, 56. Posselt a. a. O. 1798, I, 172. Die ganze Deduction findet sich schon in Laharpe's Essai sur la Constitution du Pays de Vaud, 2 Bde., Paris 1797.

werden [1]). Gleichzeitig erging der Befehl an den General Menard, eine Division der italienischen Armee über Savoyen und Genf nach Frankreich zu führen und an der Grenze der Waadt Stellung zu nehmen.

Es gab kein wirksameres Mittel, die Unruhe des Landes, die Widersetzlichkeit gegen die Landvögte auf den höchsten Punkt zu bringen. Auch von Bern wurde eine außerordentliche Commission nach Lausanne geschickt, gelangte aber zu keinem Ansehen. In den größeren Städten, sogar unmittelbar neben ihr in Lausanne, bildeten sich Comités zur Ordnung und Leitung des Widerstandes; in Vevey wurde der Landvogt verhaftet, das Schloß Chillon durch einen Ueberfall genommen. Als Gegenmittel verordnete man in Bern die Erneuerung des gegenseitigen Treueides zwischen der Regierung und dem Waadtlande, und unter den dreißig Bataillonen der waadtländischen Miliz waren immer noch vier und zwanzig, die den Eid, wenn auch nicht ohne Widerstreben und Bedingungen, leisteten. Ein kräftiger Wille hätte gewiß, wenn nicht in Allem die bestehende Ordnung, doch den Besitz des Landes für Bern erhalten können. Leider war der Oberst Weiß, der am 12. Januar den Oberbefehl in der Waadt, einige Tage später sogar unbeschränkte Vollmacht erhielt, dieser Aufgabe durchaus nicht gewachsen. Er hatte immer der Partei angehört, die vor allem den Frieden mit Frankreich wollte. Mit den französischen Diplomaten stand er in nahem Verkehr, er rühmt sich sogar, durch seine Verbindungen in Paris Barthelemy's Eintritt in das Directorium bewirkt zu haben. Wenige Wochen vorher hatte er den General Bonaparte in seiner Landvogtei zu Moudon glänzend empfangen; jetzt erging es ihm, wie es gewöhnlich Menschen zu ergehen pflegt, deren Vergangenheit mit ihren gegenwärtigen Pflichten streitet. Er konnte sich zu keiner durchgreifenden Maßregel entschließen. Statt sogleich die zum großen Theil noch gut-

---

1) (Weiss), Du debut de la révolution suisse ou défense du cy-devant général de Weiss, Avril 1799. Vertheidigung des Verfassers, einseitig, aber doch eine nützliche Quelle.

willigen Milizen einzuberufen, vertraute er auf die Wirkung schwungvoller Proclamationen und einer umfänglichen Flugschrift, die er eben druckfertig machte; statt den Mittelpunkt der Bewegung, Lausanne, in fester Hand zu halten, reiste er von einem Ort zum andern, um zu ermahnen und zu bekehren. Unterdessen behielten seine Gegner das Feld; überall wurden die Landvögte vertrieben, oder ihrer Macht beraubt; die Waadt war für Bern so gut wie verloren, als Weiß endlich am 23. in Yverdon beinahe an der Grenze seines Bezirks einige Soldaten zusammenbrachte. Er überlegte nun, wie er sich der Hauptstadt wieder bemächtigen könnte. Mittlerweile waren aber die französischen Truppen an der Grenze erheblich verstärkt; Menard trat mit den revolutionären Comités in Verbindung, erließ am 23. eine Proclamation, welche die Waadt unter den Schutz Frankreichs stellte, und auf solchen Rückhalt gestützt, wagte das Centralcomité zu Lausanne Tages darauf, den berner Commandanten zur Räumung des Waadtlandes förmlich aufzufordern. Weiß, dessen eigene Truppen schon der Revolution sich anschlossen, verlor den Muth; er schrieb nach Bern, lieber wolle er seine Entlassung nehmen, als Gewaltmaßregeln anwenden, die bald die ganze Schweiz in Revolution versetzen und die berner Excellenzen zu Emigranten machen würden[1]).

---

1) Weiß a. a. O. 54. Menard's Proclamation im Archiv für schweizerische Geschichte, Zürich 1864, XIV, 226. Diese Zeitschrift enthält die wichtigsten, unentbehrlichen Quellen für die folgende Darstellung: Bd. XII die Correspondenz des General Brüne; Bd. XIV u. XVI die dazu gehörigen „Aktenstücke zur Geschichte der französischen Invasion in die Schweiz im Jahre 1798". — Sie wurden aus dem Nachlaß des Generals Brüne von einem patriotischen Schweizer, dem Banquier Marcouard, in Paris angekauft, dem Archiv in Bern zum Geschenk gemacht, dann von dem Staatsschreiber und Archivdirector M. v. Stürler mit musterhafter Sorgfalt herausgegeben. Dazu kommen noch: Bd. XV, Bulletin historique de la campagne d'Helvétie — eigenhändige Aufzeichnung des Generals Schauenburg — und der Aufsatz von Stürler „Ueber die Ermordung des Generalmajors Karl Ludwig v. Erlach" im Archiv des historischen Vereins des Cantons Bern, 1875, VIII, 298.

Wie die Dinge lagen, blieb allerdings nicht viel zu hoffen; gewaltsames Vorgehen hätte wahrscheinlich nur den Franzosen einen Dienst geleistet. Denn das Directorium wünschte nichts mehr, als eine Veranlassung, die Waadt zu besetzen. Die Instruction für Menard vom 17. Januar befahl für den Fall, daß Bern oder Freiburg den Bestrebungen der Waadtländer mit bewaffneter Hand entgegenträten, die Truppen beider Cantone sofort zur Räumung des Landes aufzufordern, und falls dieser Aufforderung — wie man voraussetzen mußte — nicht Folge geleistet würde, Gewalt zu brauchen. Dann sollte der General sogleich gegen Bern ziehen, um entweder die Stadt mit Gewalt zu nehmen, oder doch die Regierung zur Abdankung zu zwingen[1]); die geeigneten Proclamationen wurden schon im Voraus beigelegt. Menard nahm die in den deutschen Theilen des Cantons betriebenen Rüstungen zum Vorwand, um am 25. Januar die Räumung der Waadt zu verlangen. Weiß war aber seinen Forderungen eigentlich schon zuvorgekommen, und es möchte für den französischen General nicht leicht geworden sein, bei den friedlichen Gesinnungen seines Gegners neuen Vorwand zum Streit zu finden, als ein Zufall ihm alles, was er wünschte, in die Hand gab. Der Adjutant, der das Schreiben Menard's an Weiß überbringen sollte, stieß vor dem Dorfe Thierens zwischen Moudon und Yverdon bei dunkler Nacht auf eine Sicherheitswache. Angerufen, hieb einer der französischen Husaren den zunächststehenden Schweizer über das Gesicht, der Verwundete streckte ihn dafür mit einem Schuß zu Boden; mehrere Schüsse tödteten auch den anderen Husaren, der Adjutant verließ den Wagen, rettete sich mit der übrigen Begleitung nach Moudon und schickte von da aus seine Sommation und seine Beschwerden nach Yverdon. Weiß antwortet sogleich am folgenden Tage: das wenige, was er von Truppen gesammelt habe, sei theils aufgelöst, theils auf dem Rückzuge; er selbst werde sich nach Bern begeben. In der That war die

----

1) Archiv XIV, 231, 246.

Stimmung in der Stadt und unter den Soldaten schon der Art, daß er froh sein mußte, als man ihn, statt ihn festzuhalten, ruhig abziehen ließ. Ueber das Mißverständniß der Landleute in Thierens äußerte er das lebhafteste Bedauern, und versprach vollkommene Genugthuung. Aber Menard gab die glücklich gewonnene Handhabe nicht auf. Wer weiß, ob irgend eine Antwort auf seine Sommation den gewiß schon beschlossenen Einmarsch verhindert hätte, aber jetzt konnte man auch, gerade wie einen Monat früher in Rom, den Gegner als den angreifenden Theil unter den lautesten Vorwürfen für alles Unheil verantwortlich machen. Der nächtliche Vorfall zu Thierens wurde zu einer in der Kriegsgeschichte unerhörten Verletzung des Völkerrechtes aufgeblasen. Das Directorium, sagte Menard's Proclamation, habe nur von der Grenze aus die edlen Bestrebungen der Waadtländer schützen wollen; jetzt aber, da die heiligsten Rechte von den Satelliten der berner Oligarchen mitten im Frieden verletzt, da die Person des Gesandten angegriffen, zwei Husaren von diesen Scheusalen meuchelmörderisch umgebracht seien, jetzt würden auch die Soldaten der großen Nation nicht ruhige Zuschauer bleiben, sondern unter den Waadtländern selbst die Befehle des Directoriums zur Bestrafung der Frevler erwarten. Schon am 28. Januar zogen die Franzosen theils über den See, theils von Ferney aus in die Waadt, bald war die ganze Landschaft bis über Payerne, bis an die äußerste Grenze von ihnen besetzt; es fragte sich, wie lange das eigentlich bernische Gebiet noch würde geachtet werden [1]).

Der drohenden Gefahr gegenüber war man in Bern nicht müssig geblieben. Man hatte Truppen gesammelt und einem tapfern, freilich im Kriege noch nicht erprobten Offizier den Befehl gegeben: dem Obersten von Erlach, der bei Murten in einer gutgewählten Stellung die Franzosen erwartete. Aber Muth und Entschlossenheit waren von der regierenden Partei gewichen. Von allen

---

[1]) Archiv f. schw. Gesch. XII, 286; XIV, 186, 188, 192, 242 fg.

Seiten kamen die Nachrichten über den Fortgang der demokrati=
schen Bewegung. Die am 27. Dezember zu Aarau versammelte
Tagsatzung zeigte sich rath= und thatlos. Am 25. Januar ließ
man die alten Bundeseide feierlich erneuern; es fehlte nicht
an Worten der Rührung und Begeisterung, auch beschloß man
das Doppelte der in dem Bündniß versprochenen Contingente
zu stellen[1]). Aber vom Beschluß bis zur Ausführung war weit;
eine Deputation, die bei Menard vermitteln sollte, wurde von
diesem nicht einmal vorgelassen, und mehr und mehr trat die
Ansicht hervor, die Waadt sei gar kein integrirender Theil weder
der Eidgenossenschaft, noch des Cantons Bern; es frage sich,
ob man ihretwillen den Frieden mit Frankreich und das Schick=
sal der gesammten Schweiz gefährden dürfe. Mengaud, der
selbst in großem Aufzuge von Basel nach Aarau gekommen
war, unterließ nichts, die Tagsatzung zu verwirren, Uneinigkeit
hervorzurufen und Bern sowie die übrigen Cantone durch dro=
hende Noten einzuschüchtern. Die Aristokratie empfand, daß ihre
Stellung unhaltbar geworden sei. Leider zu spät und deßhalb
fruchtlos geschah jetzt, was einige Monate früher vielleicht den
Sturm hätte beschwören können. Im Canton Bern ließ man
am 31. Januar aus allen Städten und Landgemeinden des deut=
schen Gebietes zwei und fünfzig Deputirte wählen, und nahm diese
am 2. Februar als stimmberechtigte Mitglieder in den Rath auf.
Tages darauf folgte der Beschluß, daß eine Commission binnen
Jahresfrist den Entwurf einer neuen Verfassung ausarbeiten
sollte. Aehnliche Versprechungen ergingen beinahe gleichzeitig in
den übrigen aristokratischen Cantonen, in Luzern, Freiburg, Solo=
thurn, Schaffhausen und Zürich, aber mit verschiedenem Erfolge.
In Solothurn zwang das bewaffnete Volk den Magistrat, der
sich seiner Macht schon begeben hatte, sie wieder anzunehmen. In
Luzern mußte die Regierung den Unterthanen beinahe mit Ge=
walt die demokratischen Formen annehmlich machen. Auch

---

1) Die Höhe der einzelnen Contingente nach der Schirmordnung von
1668 bei Bluntschli, Geschichte des schweizerischen Bundesrechts, Zürich 1849,
I, 414 Die Gesammtleistung wird auf 13,400 Mann bestimmt.

der Canton Zürich war den ganzen Februar hindurch der Schauplatz unruhiger Bewegungen; der Ausgang war aber, daß die politischen Gefangenen befreit, die Landschaft mit einer im Rath überwiegenden Vertretung ausgestattet, und die Einführung einer demokratischen Verfassung beschlossen wurde[1]). Daß während solcher Verwirrung die in Aarau zugesagte Bundeshülfe den Bernern nur spärlich geleistet wurde, läßt sich denken. Die Stadt sah sich wesentlich auf ihre eigenen Kräfte angewiesen, einer Gefahr gegenüber, die von Tag zu Tage drohender heranwuchs.

Am 4. Februar war General Brüne, der neue Oberbefehlshaber, in Lausanne angekommen: ein Mann, durch mehr als eine Fähigkeit ein gefährlicher Gegner. In der Jugend Schriftsetzer, dann Herausgeber eines Journals, hatte er sich mit Leidenschaft der Revolution angeschlossen; man machte ihm sogar den Vorwurf, und er hat ihn später mit dem Leben gebüßt, daß er sich an den Septembermorden betheiligt habe. Beziehungen zu Barras verschafften ihm rasche Beförderung im Heere, die er durch ausgezeichnete Dienste im italienischen Feldzuge rechtfertigte. Seiner ganzen Entwicklung nach war er zu den Generalen gehörig, die sich zugleich mit Politik befaßten, also besonders geeignet für die Schweiz, wo es darauf ankam, die französische oder wenigstens die demokratische Partei zu leiten und die von Ochs bereits entworfene einheitliche Verfassung durchzuführen. Für alle Fälle verlangte das Directorium, daß Bern der neuen Ordnung sich füge, daß die aristokratische Regierung beseitigt würde. Ob man aber besser und leichter durch Waffengewalt oder durch Verhandlungen zum Ziel gelange, das war, als Brüne den Oberbefehl erhielt, noch zweifelhaft und wesentlich dem Ermessen des Generals anheim gegeben[2]).

Hätte die Entscheidung bei Mengaud gestanden, sie würde

---

1) Die Proclamationen von Luzern vom 31. Januar, Bern, Zürich, Solothurn vom 3. 5. 11. Februar bei Posselt a. a. O. 294.

2) Brüne an das Directorium, 17. Februar, Archiv XII, 270.

bald genug erfolgt sein. Dieser roh und gewaltsam vorgehende Mann befand sich bereits im heftigsten Streit. Er hatte in Aarau während der Tagsatzung die bernischen Unterthanen mit den gewöhnlichen Mitteln aufgereizt, ihnen am 30. Januar förmlich französischen Schutz versprochen und kurz, ehe er nach Basel zurückkehrte, dahin gewirkt, daß am 1. Februar in der Stadt ein Freiheitsbaum errichtet wurde. Als die Regierung dem gegenüber ihre Vorkehrungen traf, schrieb Mengaud am 2. Februar nach Bern: Wenn die Demokraten in Aarau irgendwie beunruhigt würden, oder eine bewaffnete Macht der Stadt sich nähere, so würden auch die französischen Truppen von allen Seiten auf dem kürzesten Wege nach Bern rücken und der hochmüthigen, lächerlichen Thrannei der Aristokraten ein Ende machen[1]).

So weit war es aber in Bern noch nicht gekommen, daß man solche Drohungen in solchem Tone sich hätte gefallen lassen. Bernische Truppen gingen gegen Aarau vor, und das Ansehen der Regierung war in wenigen Tagen wieder hergestellt. Die drohende Note Mengaud's ließ Steiger öffentlich anschlagen, die Rüstungen wurden fortgesetzt, und von allen Orten strömte die Bevölkerung zu den Fahnen. Mengaud in der äußersten Erbitterung, hatte wirklich am 3. Februar in einem Tone, als hätte er nur zu befehlen, den General Brüne zu einem entscheidenden Schlage gegen die Oligarchen aufgefordert. Aber Brüne, schon durch die Anmaßung des Agenten verletzt, fand sich auch durch die Lage der Dinge durchaus nicht zu so raschen und gewaltsamen Schritten angeregt. Die französische Division, etwa 9000 Mann stark, war ohne Geschütz und Reiterei, die Stimmung des Waadtlandes zweifelhaft. Brüne klagt zu wiederholten Malen, daß die bernische Oligarchie längst nicht so verhaßt sei, wie man hätte erwarten dürfen; nicht die Waadtländer, sondern die Decrete des Directoriums hätten die Revolution gemacht. Viele, denen die französischen Truppen an der Grenze als Schreckmittel gegen Bern willkommen waren, zeigten sich doch keineswegs erfreut, als die-

---

1) Archiv XIV, 270; XII, 466.

selben Truppen ungerufen die Grenze überschritten und nun auf Kosten des Landes ernährt und bezahlt werden sollten[1]). Menard hatte eine Contribution von 700,000 Franken ausgeschrieben, aber die Waadtländer in Paris erhoben so bittere Klagen, und Brüne begegnete einem so ausgesprochenen Widerwillen, daß er schon am 6. Februar die Forderung auf sich beruhen ließ und mit etwa 200,000 Franken, die bis dahin eingegangen waren, sich begnügte. Dazu kam, daß er die gegnerischen Streitkräfte keineswegs unterschätzen durfte. Er weiß kaum Worte zu finden für seinen Aerger, daß Mengaud's unzeitige Drohungen die bernische Regierung aufgerüttelt und zu Vertheidigungsmaßregeln beinahe gezwungen hätten. Was sonst vielleicht nur ein Handstreich gewesen wäre, würde jetzt zu einer ernsten und schwierigen Aufgabe, die sich ohne kräftige Unterstützung von Seiten der Rheinarmee gar nicht ausführen lasse. „Hätte Menard meine Instructionen gehabt", schreibt er am 6. Februar an das Directorium, „so wäre er jetzt in Bern. Ich bedaure, daß ich zu spät oder zu früh gekommen bin. Die Berner haben sich in Vertheidigungszustand gesetzt. Ich habe mich entschlossen, auf das Unbestimmte zu unterhandeln, bis der General Schauenburg die Stellung bei Biel eingenommen hat; dann werden die Oligarchen thun, was Ihr von ihnen begehrt, oder mein Unternehmen wird nur ein Handstreich sein. Ich glaube aber, sie werden halb aus Furcht, halb aus Schuldbewußtsein, an sich selbst Gerechtigkeit üben, ohne daß es zur Gewalt kommt. Im letzteren Falle desto schlimmer für sie; denn sie haben nicht vernünftig sein wollen[2]). Auch bei Bonaparte bringt er vornehmlich darauf, Schauenburg müsse die Stellung bei Biel einnehmen, um von da die befestigten Stellungen der Berner bei Murten und Gümminen im Rücken zu bedrohen. „Sie selbst", setzt er hinzu, „haben schon geäußert, daß der kürzeste Weg gegen Bern von Biel ausgeht. Soll das Unter-

---

1) Monnod, Denkschrift über die helvet. Revolution bei Posselt Europäische Annalen 1805, II, 121 fg.

2) Archiv XII, 236, 247; XIV, 271.

nehmen gelingen, so bedarf man durchaus die 12000 Mann von der Rheinarmee, die Sie selbst dafür gefordert haben. Nicht als ob ich nicht glaubte, Alles ohne Schwertstreich zu Ende zu führen, aber die Gegenwart der bewaffneten Macht ist unentbehrlich[1]."

Hätte man damals in Bern die letzten Absichten des Directoriums gekannt und die Vortheile der Lage benutzt, so würde sehr wahrscheinlich ein rascher Angriff auf die französischen Stellungen die Waadt wie das Münsterthal befreit und dem Kriege für den Anfang, wenn nicht für immer, eine andere Wendung gegeben haben. Der General Erlach hörte nicht auf, seiner Regierung in den bringendsten Ausdrücken die Nachtheile der bloßen Vertheidigung und die Nothwendigkeit eines kräftigen Entschlusses ans Herz zu legen[2]. Aber dahin vermochte Steiger den Rath nicht zu bringen. Die Friedenspartei hoffte noch immer durch Zögern, Nachgiebigkeiten, Verhandlungen der gefährlichen Entscheidung auszuweichen. Man schickte sogar nach allem, was vorgegangen, doch wieder eine Gesandtschaft nach Basel, um mit Mengaud zu unterhandeln. Aber zum Dank erhielt man Schimpfreden und neue drohende Aufforderungen, die Aristokratie solle durch unverzügliche Abbankung einer provisorischen Regierung nach demokratischen Grundsätzen Platz machen[3]. Um so größer war die Freude, als man in Brüne den Mann zu finden glaubte, mit dem Alles auf freundlichem Wege sich schlichten lasse.

Der General war am 9. Februar, als er die vorgeschobenen Posten musterte, in Moudon einem angesehenen Einwohner von Murten, Namens Herrenschwand, begegnet; scheinbar zufällig, in der That auf Veranlassung der bernischen Regierung[4]. Von beiden Seiten wurde der Wunsch nach fried-

---

1) Briefe vom 6. u. 11. Februar, Archiv XII, 239, 251.

2) Brief vom 8. Februar, Archiv f. schw. Gesch. XIV, 284; Archiv des Cantons Bern VIII, 322, 328, 340.

3) Mengaud an das Directorium, 12. Februar; an Brüne, 13. u. 14. Februar; an die Berner, 18. Februar; Archiv XIV, 327, 339, 345, 340.

4) Archiv des Cantons Bern VIII, 331.

licher Einigung laut, und Herrenschwand konnte in die Haupt=
stadt berichten, daß Brüne gern mit bernischen Abgeordneten
sich besprechen würde. Ebenso freundlich äußerte sich in Bern
ein französischer Offizier, den Brüne um diese Zeit mit Erlach's
Bewilligung mitten durch das bedrohte Land an Mengaud
abschickte. In Folge dessen gingen zwei Abgesandte, der Seckel=
meister Jacob von Frisching und der Oberst Tscharner —
ersterer das Haupt der Friedenspartei —, begleitet von Her=
renschwand und dem Legations=Secretär Ludwig von Haller,
am 15. Februar zu Brüne nach Payerne [1]). Sie fanden
gute Aufnahme; der General schien recht im Gegensatz zu
Mengaud durch Freundlichkeit und höfliche Formen seinen Vor=
schlägen Eingang verschaffen zu wollen. Dem Inhalt nach
stimmten sie freilich mit dem, was Mengaud forderte, überein;
ja der General bestand noch außerdem ganz besonders auf der
Verpflichtung, daß Bern sich für die in Paris entworfene hel=
vetische Einheitsverfassung erklären solle. Gerade gegen diesen
Punkt erhoben die Gesandten die stärksten Einwendungen. Sie
waren geneigt, die bernische Verfassung demokratisch umzuge=
stalten; der Beschluß vom 3. Februar, meinten sie, habe dies
im Wesentlichen schon vorbereitet, eine neue Verfassung werde
in Jahresfrist in Wirksamkeit treten. Sie gaben sogar zu ver=
stehen, daß die gegenwärtige Regierung auch noch eher, viel=
leicht·sogleich — Brüne schreibt: in drei Stunden — einer
anderen Platz machen würde; auch die Freigebung der Waadt
und ihre Verwandlung in einen lemanischen Canton wollten
sie zugestehen, vorausgesetzt, daß der Aargau ihnen bliebe, der
durch seine Getreidefelder für die gebirgigen Theile unentbehr=
lich sei. Aber die Einheitsverfassung für die ganze Schweiz,
sagten sie, werde bei der großen Mehrheit der Cantone unüber=
windlichen Schwierigkeiten begegnen. Bern könne sich unmög=

---

1) Brüne an das Directorium, 17. Februar; Bericht Herrenschwand's
vom 12. Februar; der bernische Rath an Brüne, 13. Februar; Erlach, über
den Adjutanten Campane am 7. Februar; Archiv XII, 270. XIV, 338, 283.

lich gefallen lassen, aus der Hauptstadt eines souveränen Staates zum Hauptort eines unbedeutenden Departements herabgesetzt zu werden; selbst für Frankreich könne das centralisirte helvetische Directorium, wenn es einmal in fremde Abhängigkeit geriethe, gefährlich werden, während die gegenwärtige Eidgenossenschaft seit beinahe dreihundert Jahren ihre enge Verbindung mit Frankreich und in allen Kriegen ihre Neutralität bewahrt habe. Uebrigens würden die Verfassungs-Veränderungen in den einzelnen Cantonen von selbst dazu führen, daß auch die Eidgenossenschaft enger, kräftiger, fester sich zusammenschlösse, sodaß sie allen Wünschen des französischen Directoriums entsprechen und nach Außen sogar als einheitliche Republik erscheinen könne. „Sie sehen“, fügt Brüne seinem Bericht vom 17. Februar hinzu, „es giebt in dieser Verhandlung genug Uebereinstimmung, um sie weiter auszuspinnen, und genug abschlägige Antworten, um sie nach Belieben abzubrechen.“ „Wäre nicht der Constitutionsentwurf“, meint er am folgenden Tage, „so hätte ich alles beendigen können. Ich bitte mir zu schreiben, wie Sie es mit dem Entwurf wollen gehalten wissen, ob man ihn den Cantonen als unumgängliche Norm, oder nur als die mehr oder minder gemeinsame Grundlage der Berathung vorlegen soll. Bis zum 8. Ventôse (26. Februar) kann ich Antwort haben, die mir bestimmter den Weg zeigt. Bis dahin werde ich warten, bereit zu unterhandeln oder mich zu schlagen [1].“

Einstweilen wählte er das Erstere. Er schloß nichts Bestimmtes ab, wie denn auch die berner Abgesandten keine verbindliche Vollmacht besaßen, aber er versprach, an das Directorium zu berichten und bis zum Eintreffen der Antwort die Feindseligkeiten nicht zu eröffnen. Die Gesandten hatten in einer Note, die sie schon am 16. einreichten, einen vierzehntägigen Waffenstillstand vorgeschlagen; während desselben sollten

---

1) Note der bernischen Gesandten vom 16. Februar, Brüne's Bemerkungen dazu, seine Berichte an das Directorium vom 17. u. 18. Februar; Archiv XIV, 353; XII, 265, 268 fg., 271, 272.

die französischen Truppen die Waadt und das Immerthal räumen, die bernischen sich gleichfalls zurückziehen, damit dann in vollem Frieden zwischen Bern und den Waadtländern, nicht weniger zwischen Bern und den Franzosen über die zur Schweiz gehörigen Theile des Bisthums Basel verhandelt werden könne. Darauf wollte Brüne sich nicht einlassen; seine Instructionen und die Waffenehre, sagte er, erlaubten ihm keinen Rückzug. Gleichwohl sprach man von der Einstellung der Feindseligkeiten in einer Weise, daß die Gesandten — freilich ohne etwas Schriftliches, ja, wie es scheint, ohne nur eine verbindliche Aeußerung von Seiten des Generals erhalten zu haben — nach Bern mit der Nach=richt zurückkehrten, es sei wirklich für die Dauer von vierzehn Tagen — vom 16. Februar bis zum 2. März — ein Waffenstill=stand abgeschlossen. Der ganze Vortheil der Verhandlung fiel dadurch auf Brüne's Seite. Für die Berner ging die kostbare Zeit, in welcher die größere oder doch die gleiche Macht auf ihrer Seite war, ungenutzt vorüber, dagegen lag es in der Hand des französischen Generals, die Verhandlung abzubrechen und die Feindseligkeiten, gerade wenn es ihm günstig schien, wieder zu eröffnen[1]). Seine Stellung, schon damals wesentlich ver=

---

1) Die kaum zu erklärende Versäumniß der bernischen Gesandten, die sich gar nichts Schriftliches geben ließen, macht es schwierig, eine deutliche Einsicht in den Gang der Verhandlung zu gewinnen. Möglich, daß Brüne versprach, bis zur Antwort des Directoriums zu warten, und dagegen von den Bernern die Zusage erlangte, daß sie gleichfalls diese Antwort erwarten und keinenfalls in den nächsten vierzehn Tagen einen Angriff unternehmen würden. Die Berner hielten sich, wie aus den von Herrn Staatsschreiber von Stürler mir gütigst mitgetheilten Rathsbeschlüssen vom 19. und 26. Februar und andern darauf bezüglichen Schriftstücken hervorgeht, an die Frist gebunden. In einem Erlaß des kleinen an den großen Rath vom 19. Februar redet man von einem Waffenstillstand „von vierzehn Tagen, bis eine Antwort des Directoire Exécutif bei der Stelle seyn könne", was ganz darauf hinweist, daß man in Bern beide Fristen als gleichbedeutend ansah. Dagegen findet sich in Brüne's Depeschen an seine Regierung, an Mengaud, an Schauenburg nicht die geringste Spur von einem vierzehntägigen Waffenstillstand; immer wird lediglich die Antwort des Directoriums als der entscheidende Termin

stärkt, mußte noch immer stärker werden. Schauenburg hatte vom Elsaß aus mit den neu herangeführten Truppen das Münsterthal, Biel und die Grenzen von Bern und Solothurn besetzt. Der gemeinschaftliche Angriffsplan war genau verabredet; trotz der winterlichen Zeit konnte man in wenigen Tagen vollkommen fertig sein. Auch in der Waadt wurde gerüstet; viertausend Waadtländer hoffte man binnen weniger Tage für den Kampf verwenden zu können. „Die Soldaten sind in bester Stimmung", schreibt Brüne; „sie äußern lebhaft das Verlangen, sich zu schlagen, und die Herren aus Bern haben unter ihren Fenstern hören können, wie die Corporale über die Theuerung der Lebensmittel klagten und dabei ausriefen: Gehen wir nach Bern, da finden wir sie wohlfeiler." Um die Ungeduld des Directoriums zu beschwichtigen, setzt er dann auseinander, welchen Schwierigkeiten er begegnet sei, und mit welcher Anstrengung er sie überwunden habe. Bis zum 26. Februar könne aber alles bereit, und aus Paris Antwort zur Stelle sein. Dann werde er angreifen, wenn die Berner nicht zur Vernunft gekommen wären, oder das Directorium nicht etwa neue Befehle ertheile[1]).

Er konnte der Entwicklung um so ruhiger entgegensehen, als die Kräfte seiner Gegner in dem Maße abnahmen, in welchem die seinigen sich vermehrten. Die berner Landbevölkerung war zu Anfang des Monats mit Begeisterung zu den Fahnen geeilt. „Sie sind alle unter den Waffen und fanatisirt", schreibt

bezeichnet. Es ist sehr wahrscheinlich, daß Brüne durch zweideutige Ausdrücke die Berner hinzuhalten und in falsche Sicherheit einzuwiegen suchte. Aber daß er förmlich einen militärisch verbindlichen Waffenstillstand abgeschlossen habe, mit der vorgefaßten Absicht, ihn nicht zu halten, dieser von Mallet du Pan (Essai historique sur la destruction de la ligue helvétique, Londres 1798 S. 203 fg.), zuerst erhobene und unzählige Male wiederholte Vorwurf scheint mir eben so wenig berechtigt, als der andere: Brüne habe die ganze Verhandlung nur in betrüglicher Absicht angesponnen und in jedem Falle, selbst wenn Bern alle Forderungen bewilligte, zur Gewalt schreiten wollen.

1) Brüne an das Directorium, 17. Februar; an Barras, 18. Februar, Archiv XII, 271, 275.

Brüne an Bonaparte noch am 18. Februar, „und fest ent=
schlossen, ihr Land zu vertheidigen." Aber die Unthätigkeit,
die vergebliche Erwartung waren für Truppen dieser Art un=
erträglich. Sie wurden mißvergnügt, zweifelhaft in dem Ver=
trauen auf ihre Regierung und ihre eigenen Offiziere, beson=
ders da revolutionäre Sendlinge nicht unterließen, mündlich
und durch Flugschriften in dem einen den Geist der Unzu=
friedenheit, bei anderen den Verdacht des Verrathes, bei anderen
Neigung für die demokratische Umgestaltung wachzurufen[1]).
Auch auf die Hauptstadt wirkte dieser Geist zurück; dazu kamen
aus Basel, aus Luzern, aus Schaffhausen, aus Zürich die
Nachrichten von dem Sturze der alten Regierungen, die Dro=
hungen Mengaud's, die Verheißungen Brüne's. Wie hätte die
bernische Aristokratie, die sich selbst durch den Beschluß vom
3. Februar schon aufgegeben hatte, in solcher Lage Muth und
Kraft finden sollen?

Das Directorium, dem die Vortheile der Lage nicht ent=
gingen, wurde ungeduldig, sie zu benutzen. Die schweizerischen
Emigrirten boten ihren Einfluß auf, auch Mengaud, voll
Aerger, daß Brüne in die Verhandlungen sich eingemischt
habe, verklagte den General in Paris und drängte auf rasche
Gewaltmaßregeln[2]). Schon am 17. Februar ging eine Depesche
an Brüne ab, die abermals zur Eile mahnte und unbeugsame
Festigkeit gegen die Oligarchen zur Pflicht machte; auf Ver=
handlungen, hieß es, solle er sich gar nicht mit ihnen einlassen,
es sei denn, daß sie unverzüglich von der Regierung zurück=
treten und die helvetische Verfassung annehmen wollten[3]).
War schon der Inhalt dieser Depesche für Brüne empfindlich,
so kränkte es ihn noch mehr, daß er sie verspätet, erst am
24. Februar, auf dem Umwege über Basel durch Mengaud er=

---

1) Erlach an die Kriegsbehörde in Bern, 19. Februar, Archiv des
Cantons Bern VIII, 344.

2) Mengaud an das Directorium, 12. Februar, Archiv XIV, 327.

3) Archiv, XIV, 359.

hielt, und daß das Directorium sogar die Klageschrift Men=
gaud's gewissermaßen zur Berücksichtigung beilegte. Eben war
er beschäftigt, seinem Unwillen über den aufdringlichen, unge=
schickten Menschen in einem Briefe an Barras Ausdruck zu
geben, als ihm aus Paris am Morgen des 25. Februar eine
neue Depesche des Directoriums vom 22. zukam: die Antwort
auf seinen eigenen Bericht vom 18. Februar. Diese schloß nun
jeden Zweifel aus. Man bezeugte für das, was Brüne ge=
leistet, volle Zufriedenheit. „Aber", hieß es dann weiter, „Sie
sind jetzt wohl überzeugt, daß man keinen Augenblick länger
verlieren darf, um die äußersten Maßregeln zu ergreifen. Die
Oligarchen von Bern, Solothurn und Freiburg wollen nur
Zeit gewinnen, um sich in Vertheidigungszustand zu setzen und
sich fremden Beistand zu verschaffen". Brüne soll unverzüglich
gegen Bern marschiren, jeden Widerstand, der nur einen Tropfen
Blut kosten würde, mit unerbittlich strenger Vergeltung be=
drohen, durch Schauenburg auch Solothurn besetzen lassen[1]).

Wäre der General mit allen Vorbereitungen fertig ge=
wesen, so würde der Angriff wohl sogleich am 26. Februar er=
folgt sein. Dies war aber nicht der Fall.. Er hatte erst am
24. Artillerie und Munition erhalten; der reichlich fallende
Schnee erschwerte· die Verbindungen so sehr, daß wenigstens
drei Tage erfordert wurden, um Schauenburg's Truppen zu=
sammen zu ziehen. Brüne antwortete dem Directorium, der
Angriff müsse auf den 28. Februar verschoben werden. Um
so heftiger läßt er sich über Mengaud aus, der abermals
durch seine thörichten Drohungen und seine lärmende Geschwätzig=
keit die Feinde aufgerüttelt und gewarnt habe. Die bernischen
Truppen zu überraschen, sei jetzt unmöglich; viele tapfere Leute
würden Mengaud's Geschwätz mit dem Leben bezahlen müssen[2]).

Er hatte Grund, sich so auszudrücken. Wenn Mengaud
durch seine Klagen und Beschuldigungen einerseits die Abnei=

---

1) Archiv XII, 299; XIV, 377.
2) Archiv XII, 297, 299; XIV, 376.

gung des Directoriums gegen jede gütliche Uebereinkunft be=
stärkte, so konnten seine Noten an die bernische Regierung als
Signalrufe für das Anrücken eines Feindes gelten. Die
Berner hatten auch während der Unterredungen in Payerne
die Verhandlung in Basel noch nicht abgebrochen, aber auf
Mengaud's ungestüme Forderungen ließ der Rath am 18. Fe=
bruar eine würdige, feste, durchaus ablehnende Antwort er=
theilen. Zum Vergelt veröffentlichte der französische Geschäfts=
träger in dem ihm gewöhnlichen Tone eine Proclamation an
die Schweizer gegen die an England verkauften Oligarchen,
und man kann sich vorstellen, wie der Bericht an das Direc=
torium ausfallen mußte, mit welchem er die bernische Regierung
am 20. Februar bedroht[1]). Aber dies genügte dem Manne
nicht. Als er die seinen Wünschen ganz und gar entsprechende
Depesche des Directoriums an Brüne vom 17. Februar ab=
schriftlich erhielt, konnte er seinen Triumph nicht an sich halten.
Seinen Freunden und sogar den berner Deputirten theilte er den
Inhalt mit, und einer derselben, Oberst Tillier, der nicht zu den
Muthigsten gehörte, schrieb sogleich in großer Aufregung an
einen Freund in Bern: „Eben, 10 Uhr Morgens, am 20. Februar
trifft die Entscheidung des Directoriums ein; die Franzosen
werden unverzüglich angreifen, wenn die Regierung nicht ab=
bankt. Welche Folge von Schrecknissen, wenn man sich wider=
setzt[2])!" Der berner Rath kam gleichwohl nicht aus der alten
Unentschlossenheit; Mengaud's wüthenden Ausbrücken maß man
wenig Bedeutung bei; es war Brüne, welcher die entscheidende
Antwort geben sollte. Aber die Offiziere, die den Boden unter
ihren Füßen wanken fühlten, die sich mit jedem Tage gefähr=
licher bedroht und enger umgarnt sahen, blieben nicht ruhig.
Schon am 21. Februar richteten die Befehlshaber der verschie=
benen an der Grenze aufgestellten Divisionen aus dem Haupt=

---

1) Archiv XIV, 340, 862, 366, 372.

2) Archiv XII, 299. Ein ähnliches Schreiben Tillier's schon bei
Mallet du Pan a. a. O. S. 202; vgl. Tillier a. a. O. V, 562.

quartier zu Aarberg einen dringenden Mahnruf an die Regie=
rung. „Jeder Tag Aufschub‟, schreiben sie, „ist ein Verlust für
uns, ein wahrer Gewinn für den Feind‟. Am 26. kam Erlach,
der erst in diesen Tagen den Oberbefehl über die gesammte
Armee erhalten hatte, selbst nach Bern. Mit zwei und siebenzig
seiner Offiziere trat er in die Versammlung des großen Rathes,
zu dessen Mitgliedern sie gehörten, und beklagte mit lebhaften
Worten, daß man so viele wackere Leute nutzlos dem Verderben
preisgebe. Er verlangte Vollmacht, von der Tapferkeit seiner Trup=
pen Gebrauch zu machen, andernfalls sei er unwiderruflich
entschlossen, von seiner Stelle zurück zu treten. Die kräftige Rede
wirkte; selbst die Friedenspartei konnte sich dem Eindrucke nicht
entziehen, und durch einstimmigen Beschluß wurde Erlach die
Vollmacht ertheilt, nach Ablauf des Waffenstillstandes, am
2. März, diejenigen Maßregeln zu nehmen, die er nach Eid
und Pflicht zum Heil und zur Rettung des Vaterlandes nütz=
lich finden werde[1]). Voll Hoffnung eilte der brave, thätige
Mann in das Lager zurück, um sogleich die Vorbereitungen
für einen Angriff zu treffen, der nach dem damaligen Verhält=

---

1) Mehrfachen ungenauen Angaben gegenüber und als Muster der
berner Rathsprotokolle mag der Beschluß, wie ich ihn der Güte des Herrn
Staatsschreibers M. v. Stürler verdanke, hier eine Stelle finden:

Montag den 26<u>ten</u> Hornung 1798.

Räth und Burger, dazu Megh<u>n</u> [Meine Gnädige Herren] und Obere und die
Herrn Ausgeschoßenen von Stadt und Land durch den gewoñten Gloggenschlag
versam̃let worden.

An Herrn General von Erlach: Ihme nach Auslauff des auf künfftigen
Freytag [2. März] zu End lauffenden 14tägigen Waffenstillstandes die Voll=
macht ertheilen, alle diejenigen Maasregeln zu neñen, die er nach Eyd und
Pflicht zum Heil und zur Rettung des Vatterlands nötig finden werde; wie
im Missiv=Buch.

Zedel an Megh<u>n</u> die Geheimen Räthe und Kriegsräthe, Sie deßen be=
richten.

N<u>ta</u>: dem H<u>rn</u> General von Erlach die obenthaltene Gewalt und
Vollmacht zu geben, ist mit einhellem Mehr der Stimmen erkennt worden.
Auszug aus dem Geheimen Manual p. 160—161.

niß der Kräfte noch immer günstigen Erfolg versprach. Wäre nur die Regierung in der Hauptstadt fest geblieben! Aber noch immer hielt man an dem Glauben, daß von Brüne bessere Bedingungen als von Mengaud zu erlangen, daß vielleicht die Gefahren des Kampfes ganz zu vermeiden seien. Am 24. Februar hatten Frisching und Tscharner sich wieder mit der Frage an Brüne gewendet, ob er nunmehr Antwort und genügende Vollmachten aus Paris erhalten habe. Die Instruction des Directoriums, welche gleichzeitig mit dieser Anfrage eintraf, ließ nur die geringste Aussicht auf gütliche Einigung, aber Brüne ergriff mit Eifer das Mittel, den Fehler Mengaud's wieder gut zu machen und die Berner auf's Neue in Friedenshoffnungen einzuwiegen.. Am 25. Februar lud er die Deputirten zu einer Zusammenkunft in Payerne für den 27. ein; er selbst habe Vollmachten, setzt er hinzu, es sei unumgänglich, daß auch die Gesandten dergleichen mitbrächten. An demselben Tage giebt er Schauenburg den Befehl, am 1. März den Angriff zuerst gegen Solothurn zu beginnen [1]).

Der Adjutant, der Brüne's Schreiben überbrachte, kam am 26. nach Bern, als eben im Rathe der Beschluß zum Angriff gefaßt worden war. Die gehobene Stimmung dauerte noch fort und war nachhaltig genug, um weitere Fügsamkeit den Franzosen gegenüber auszuschließen; aber ebensowenig wollte man die von Bern zuerst erbetene, von Brüne bewilligte Fortsetzung der Unterhandlung verweigern, und schon aus diesem Grunde kam in den kriegerischen Aufschwung auf's Neue eine Erschlaffung. Frisching und Tscharner reisten ab, wie es scheint, ohne genaue Instruction, ohne rechte Vollmacht. Sie verhandelten am 28. zu Payerne mit Brüne, der ihnen, in Uebereinstimmung mit seiner Instruction, ein Ultimatum übergab, welches die alten Forderungen: unverzügliche Abdankung der Aristokratie und Annahme der helvetischen Constitution, wiederholte. Außerdem forderte er jetzt die Befreiung der verhafteten

---

1) Archiv XIV, 382; XII, 306.

Demokraten, den Rückzug der bernischen Truppen und ihre
Entfernung aus den anderen Cantonen, also aus Freiburg
und Solothurn; unter diesen Bedingungen würden die Fran=
zosen die Grenze nicht überschreiten und auch von denjenigen
Posten sich zurückziehen, wo sie die Freiheit der neuen Regie=
rung beunruhigen könnten. Die Gesandten mußten diese
Bedingungen für unannehmbar erachten, gleichwohl behielten
sie eine neue Anfrage in Bern vor, und Brüne bewilligte für
die Unterhandlung dreißig Stunden, übergab auch den Gesandten
zur Beförderung an Schauenburg um 4 Uhr Nachmittags
einen Befehl, daß bis zum 1. März Abends 10 Uhr keine
Feindseligkeit stattfinden sollte [1].

Die Gesandten selbst sagten den Soldaten, als sie durch
die bernischen Linien zurückkehrten, der Krieg sei unvermeidlich,
und Erlach bereitete alles vor, um in der Nacht vom 1. auf den
2. März den Angriff zu beginnen. Aber jetzt vollzog sich in
Bern die unheilvollste Umwandlung. Erlach und seine Offiziere
hatten die letzte Abstimmung entschieden; als sie ins Lager
zurückkehrten, wurde Steiger der besten Stütze beraubt, und die
Friedenspartei wieder vorherrschend. Die Gesandten von
Basel, Zürich, Schaffhausen riethen dringend, den Frieden nicht
zu brechen, und boten ihre Vermittlung an. Ja die zu Hülfe
geschickten schweizerischen Contingente stellten die Forderung,
daß sie nicht zum Angriff, sondern nur zur Vertheidigung ver=
wendet werden dürften, als wenn die Waadt, und was die
Franzosen bereits besetzt hatten, fremdes Gebiet seien. Man
hatte schon die früheren Angriffspläne dahin ausarbeiten
müssen, daß diese Contingente die Grenze nicht überschreiten,
sondern nur in die zuvor von bernischen Truppen besetzten
Stellungen nachrücken sollten. Aber der Angriff kam gar

---

1) Archiv XII, 311, 312; Geheime Geschichte des rastatter Con=
gresses I, 398. In diesem Buche wird beständig der vierzehntägige Waffen=
stillstand mit dem dreißigstündigen verwechselt; über die Gesandtschaften an
Brüne wiederholt es nur die Erzählung Mallet's, was, neben so viel unrich=
tigen und ungenauen Angaben, nicht für die Autorschaft Haller's spricht.

nicht zu Stande; am 1. März 6 Uhr Nachmittags erhielt Erlach aus Bern die Nachricht: die Gesandten würden noch einmal nach Payerne zu Brüne zurückkehren; bis zu seiner Entscheidung müsse man von allen Feindseligkeiten abstehen [1]). Am Morgen des 1. März, gleich nachdem die Gesandten mit Brüne's Ultimatum zurückkehrten, hatte der große Rath diese verhängnißvollen Beschlüsse gefaßt. Er wollte abbanken und nur provisorisch die Geschäfte weiter führen, bis Urversammlungen, die binnen Monatsfrist nach dem beiderseitigen Rückzug der Truppen berufen werden sollten, eine neue Repräsentativ-Regierung nach den Grundsätzen der politischen Freiheit und Gleichheit gewählt haben würden. Auch die Vereinigung der gesammten Schweiz nahm man an, nur nicht unbedingt nach dem pariser Verfassungsentwurf, sondern nach der Form, in welcher die Cantone ohne fremde Einmischung sich darüber einverstehen würden. Weiter sollten nach Brüne's Forderungen die wegen politischer Vergehen Verhafteten befreit, auch alle Beschwerden, sobald die Gefahr von Außen abgewendet, untersucht und, wenn immer möglich, gehoben werden. Durch diese Zugeständnisse hoffte man Brüne zu befriedigen [2]).

---

1) Archiv XIV, 401.

2) Ich lasse den Beschluß gleichfalls nach einer gütigen Mittheilung des Herrn v. Stürler hier folgen. Er ist, kurz nachdem er gefaßt wurde, auf einem Flugblatt vertheilt und dann, so viel mir bekannt, nur unvollständig in Tillier's Geschichte des Freistaats Bern, V, 570 zum Abdruck gekommen.

Decret,

auf das von dem französischen General Brune eingelangte, aus Petterlingen vom 10. Ventôse (28. Februar 1798) datirte Ultimatum.

Die Regierung des Eidgenößischen Freystaates Bern setzt in ihrer heutigen Versammlung von Schultheiß, Klein und Grossen Räthen und Ausgeschossenen der Städte und Landschaften fest, was von einem zum andern folgt:

1) Die Regierung nimmt den Grundsatz von politischer Freyheit, und Gleichheit der Rechte, von nun an, als die Grundlage ihrer mit aller Beschleunigung abzufassenden, und von den Urversammlungen zu sanktionirenden Constitution unwiderruflig an.

2) Die jezige Regierung erklärt sich von nun an als provisorisch, und

Allein der französische General, mit allen Vorbereitungen fertig, zeigte jetzt der Schwäche und Verwirrung seiner Gegner ein anderes Gesicht. Die Gesandten waren, wie er wenigstens später behauptete, um 12 Uhr Nachts, also zwei Stunden nach Ablauf der bewilligten Frist in seinem Lager wieder angekommen. Brüne empfing sie kalt und erklärte, er könne die schon gegebenen Befehle zum Vormarsch nicht wieder rückgängig machen. In der Nacht um halb zwei Uhr gab er ihnen dann ein neues Ultimatum, das, die früheren Forderungen noch verschärfend, die Entscheidung ganz in seine Hände legte: Nur wenn ihm Nachricht von der Entlassung der bernischen Truppen zukomme, wollte er dem Vormarsch Einhalt thun. Um diese Zeit waren seine Truppen schon auf allen Punkten gegen die feindlichen Stellungen in Bewegung ¹).

In Folge seiner Art zu unterhandeln und hinzuhalten,

---

wird sich unter Mitwirkung der Ausgeschossenen von Stadt und Land, nach Luzern's Beyspiel, innert Monatsfrist, einstweilen provisorisch rekreiren, bis die neue Repräsentativ-Regierung von den Urversammlungen des ganzen Landes gewählt seyn wird.

3) Diese Urversammlungen sollen abgehalten werden innert Monatszeit von dem Zeitpunkte an, da die Truppen von beiden Seiten sich werden zurückgezogen haben.

4) Die Regierung nimmt den Grundsatz der Vereinigung der ganzen Schweiz an, in dem Verstand, wie die Cantone ohne fremde Einmischung über die daherige Form sich einverstehen werden.

5) Die wegen politischer Vergehen verhaftete Personen sollen auf die Empfehlung des französischen Directoriums sogleich in Freyheit gesetzt werden.

6) Zugleich mit diesem Dekret wird von hochgedacht Mnghrn und Obern, Schultheiß, Klein und Grossen Räthen und Ausgeschossenen von Städten und Landschaften, dem ganzen Lande die feyerliche Versicherung ertheilt, daß sobald die Gefahr von Aussen abgewendet seyn wird, jede einkommende Beschwerde untersucht und, wenn es nur immer mit dem Wohl des Landes bestehen kann, gehoben werden soll.

Gegeben den 1. Merz 1798.

Canzley Bern.

1) Archiv XII, 316 fg. 321.

und, man muß leider hinzusetzen, in Folge der Schwäche und Unentschlossenheit seiner Gegner war der Sieg im Voraus entschieden. Die schweizerischen Truppen, schon seit längerer Zeit durch das vergebliche Warten, die Entbehrungen des ungewohnten Feldbienstes zur Unzufriedenheit gereizt, hatten nach dem Beschluß vom 26. Februar noch einmal frischen Muth gefaßt. Alles war voll Eifer und Erwartung, es würde nun endlich gegen den verhaßten Feind gehen. Statt dessen kam die neue Verhandlung, dann am 1. März wieder ein kriegerischer, und wenige Stunden später ein Gegenbefehl, der Alles im Un= gewissen ließ. So oft in ihren Hoffnungen getäuscht, von Zweifel, Verdacht, Besorgniß erfüllt, durch angefangene und unterbrochene Märsche erschöpft, verloren die Soldaten den inneren Halt, der im Kriege am wenigsten zu entbehren ist. Dem aufs Beste vorbereiteten Angriff eines auch an Zahl überlegenen Feindes vermochten sie nicht mehr die Spitze zu bieten. Schon vor Tagesanbruch war die Umgebung Frei= burgs von französischen und waadtländischen Truppen besetzt. In der Stadt lagen 1000 Berner und 1200 deutsche Freiburger, unterstützt durch die Landbevölkerung; aber es kam nicht ein= mal zu einer Vertheidigung. Auf eine drohende Aufforderung Brüne's erwiederte der Rath, er sei in seinen Entschlüssen nicht frei; einige Kugeln wurden in die Stadt geworfen, Soldaten kletterten über die Mauern, die Landleute flohen, das berner Bataillon zog sich auf der Straße nach Neueneck zurück, und Brüne ließ sogleich eine demokratische Regierung einsetzen.

Ganz Aehnliches geschah auf der andern Seite, wo Schauenburg befehligte. Der General hatte sich schon am Morgen des 1. März des Schlosses Dornach bemächtigt, weil die Nachricht von dem Aufschub der Feindseligkeiten ihm ver= spätet zugekommen war. Unmittelbar nach Ablauf der Frist, in der Nacht vom 1. auf den 2. März ging er weiter vor, griff mit vielmal überlegenen Kräften eine bernische Abtheilung von 850 Mann bei Lengnau an und drängte, was nicht getödtet oder gefangen wurde, nach Solothurn zurück. Auch hier hatte eine mit barbarischen Drohungen erfüllte Sommation den Erfolg, daß die gegen einen ersten Angriff durchaus widerstandsfähige Stadt und mit ihr die wichtige Brücke über die Aar den Franzosen übergeben wurden.

Durch den Verlust Freiburgs war der linke Flügel der Schweizer, durch die Uebergabe Solothurns auch der rechte Flügel mit Umgehung bedroht. Erlach mußte sich näher bei Bern concentriren, er nahm südlich gegen Brüne bei Neueneck an der Sense, nördlich gegen Schauenburg bei Fraubrunnen Stellung. Aber diese rückgängige Bewegung zerstörte den Rest von Gehorsam und Disciplin. Die Soldaten schrieen laut, sie seien von ihren Führern verrathen, die Regierung habe das Land den Franzosen verkauft; was in der Nähe von Solothurn an Truppen übrig war, zum größten Theile Aargauer, lief auseinander, die meisten kehrten zum Schutze der eigenen Wohnung in ihre Heimath zurück[1]). Zu allem diesem kam noch die Theilung des Oberbefehls. Anordnungen des Militärausschusses in Bern widersprachen den Vorkehrungen Erlach's, und, um alle Thätigkeit zu lähmen, setzte man auch die Verhandlungen mit Brüne noch immer fort. Am 4. März versammelte sich der große Rath zum letzten Male. Steiger, noch immer gefaßt und muthig, verwahrte sich lebhaft gegen den Gedanken einer Uebergabe. Aber bei der Mehrheit war alle Thatkraft geschwunden. Man beschloß, Brüne noch einen Schritt entgegen zu thun. Der Rath löste sich auf, es wurde sogleich eine neue provisorische Regierung eingesetzt: 105 Mitglieder, darunter die 52 am 31. Januar „vom Volke erwählten Ausgeschossenen von Stadt und Land, welche dann aus den alten Regierungsgliedern diejenigen 53 auswählen sollten, zu welchen sie das meiste Zutrauen hätten". Schweigend verließ Steiger den Saal; der siebenzigjährige Greis begab sich in das Lager

---

1) Erlach an die Kriegsbehörde in Bern, 3. März, Archiv des Cantons Bern, VIII, 360; Rohl, bernerische Kriegsgeschichte III, 625 fg.

zu seinem Freunde Erlach, während die provisorische Regierung eine neue Deputation an Brüne abgehen ließ. Aber dieser steigerte jetzt abermals seine Forderungen. Er verlangte, man solle die bernischen Truppen abbanken und ihn selber in die Stadt einladen, um mit ihm zu „fraternisiren"; in diesem Falle wolle er nur zwei Compagnien Infanterie und eine Es= cadron Cavallerie mitbringen [1]). Ehe er Antwort erhalten konnte, noch in der Nacht vom 4. auf den 5. ließ er von beiden Seiten den Angriff beginnen.

Die bernische Armee zählte damals noch ungefähr 16,000 Mann. Eine Division, die am besten geordnete, hielt, 7000 Mann stark, die Stellungen bei Neueneck und Gümminen; nach der Nordseite hatte Erlach wenig mehr als 4000 Mann zu= sammengebracht; der Rest stand in einem abgetrennten Corps unter dem Obersten Roverea bei Aarberg, oder diente als Besatzung von Bern. Dazu hätten die Contingente von Uri, Schwyz und Glarus kommen sollen. Aber diese, wenig ein= gedenk der alten Eidgenossenschaft, hatten schon Tags vorher erklärt, Bern sei nicht mehr zu halten, sie müßten unter solchen Umständen an die Rettung ihrer eigenen Heimath denken. In der äußersten Nöth hatte man auch den Landsturm aufgeboten und dadurch freilich manchen kräftigen Arm gewonnen, aber auch die allgemeine Unordnung noch vermehrt. Die Truppen, durch widersprechende Befehle hin und her getrieben, waren der Verzweiflung nahe; wenig an Disciplin gewöhnt, tobten sie gegen ihre eigenen Offiziere; zwei Obersten Stettler und Ryhiner, wurden nahe an den Thoren Berns ganz ohne Ver= anlassung von wüthenden Landstürmern niedergeschossen. Gegen diesen Kriegshaufen zogen 13,000 Franzosen von Freiburg, 15,000 andere von Solothurn heran.

---

1) Brüne an Talleyrand, 7. März, Archiv XII, 845. Bericht und Anträge der [gleich zu erwähnenden] Schatzgelder=Commission an den großen Rath, Bern 1853, S. 48; ebenda S. 157 fg. auch die Abdankungs=Urkunde des großen Raths, die Antrittserklärung und das Verzeichniß der Mitglieder der provisorischen Regierung. — Tillier a. a. O. V, 579 fg.

Aber jetzt, leider zu spät, gab die alte schweizerische Tapfer=
keit noch einmal den Beweis, was mit solchen Kräften zur
rechten Zeit am rechten Ort sich hätte ausrichten lassen. Durch
einen unvermutheten Angriff in der Nacht überrascht, wurde
die Division an der Sense bei Neueneck nach hartnäckigem Wider=
stande Morgens bis in die Nähe von Bern zurückgetrieben.
Hier sammelte sich, was von Truppen zur Hand war, und wer
sonst sich bewaffnen konnte; die Todesverachtung von Frauen
und Kindern wetteiferte mit dem Muthe gedienter Soldaten.
In heftigem Kampfe wurden die Stellungen an der Sense zu=
rückgenommen; auch da bringt das feindliche Geschütz die Sieger
nur auf kurze Zeit zum Stehen, in gewaltigem Anlauf stürzen
sie über die Brücke und treiben den Feind mit blutigem Ver=
lust gegen Freiburg zurück. Noch einmal leuchtete ein Strahl
von Hoffnung und Siegesfreude. Aber nur ein Strahl; um
drei Uhr Nachmittags traf die Nachricht ein, die Hauptstadt habe
capitulirt, der Krieg sei zu Ende.

Und doch war auch auf der Nordseite die Tapferkeit nicht
geringer gewesen. Mit Tagesanbruch hatte Schauenburg den
Kampf gegen Fraubrunnen, etwa drei Stunden von Bern, er=
öffnet. Zwei bernische Bataillone hielten in drei verschiedenen
Stellungen den wiederholten Angriffen des Feindes Stand.
Endlich gab die französische Artillerie den Ausschlag, auch ein
drittes Bataillon, das einzeln vorging, wurde zurückgeworfen;
die Reste zogen sich auf das Grauholz, einen Höhenzug kaum
anderthalb Stunden von der Hauptstadt, zurück. Hier in einem
Hohlwege, der auf der einen Seite durch waldige Hügel, auf
der andern durch Gehölz und Sümpfe begrenzt wird, hatte
Erlach Verhaue errichten lassen. Er selbst befehligte, auch der
alte Steiger suchte den Muth der Soldaten zu beleben; wieder
sah man Weiber und Kinder sich in die feindlichen Reihen
stürzen, und mit unglaublicher Hartnäckigkeit wurde drittehalb
Stunden gegen die Ueberzahl gekämpft. Schauenburg selbst
spricht in seinem Berichte sein Erstaunen aus, daß Truppen, die
seit zweihundert Jahren keinen Krieg mitgemacht, in fünf ver=

schiedenen Gefechten mit Standhaftigkeit ausgehalten und, kaum aus einer Stellung vertrieben, wieder eine neue hätten nehmen können[1]). Denn selbst als beim Grauholz die französischen Kanonen und ein letzter kräftiger Reiterangriff den Widerstand gebrochen hatten, setzten sich die Schweizer auf den Höhen dicht vor Bern ohne Leitung, wie jeder dem Feinde nahe war, noch einmal zur Wehr; es wäre wohl zum Sturm auf die Stadt gekommen, hätte nicht noch eben rechtzeitig ein Mitglied der neuen Regierung beinahe auf eigene Hand eine Capitulation vermittelt, in Folge deren Schauenburg gegen halb ein Uhr seinen Einzug hielt[2]). Die Stadt blieb von Plünderung ver=schont, aber auf dem Lande übten die nach solchem Kampfe zur Wuth erbitterten Soldaten alle erdenklichen Gräuel, und der bernische Landsturm, durch den Verlust der Hauptstadt und den Tod so vieler Genossen zur Verzweiflung gebracht, ließ seine Rachsucht an den eigenen Offizieren aus. Beim Auf=gang der Sonne hatte Erlach in trüber Ahnung einem Freunde gesagt: „Ich werde sie nicht mehr untergehen sehen". Von dem Schlachtfelde riß ihn der Strom der Fliehenden auf die Straße nach Thun. Er hoffte im Oberland schon vorbereitete Mittel zum Widerstande zu sammeln und den Kampf vielleicht mit besserem Glück zu erneuern. Drei Stunden von Bern, bei dem Dorfe Nieder=Wichtrach, traf er auf eine Bande von Land=stürmern. Wildes Geschrei, Schimpfreden und Flüche gegen den Landesverräther schallen ihm entgegen, kaum erlaubt man dem erschöpften Manne, auf dem kleinen Wagen eines Freundes seinen Weg inmitten der tobenden Menge langsam fortzusetzen. Aber andere Wüthende kamen hinzu, und einer steigert die Raserei des andern. Ein übel berüchtigter Mensch, Rudolf Müller aus Thun, führte den ersten Kolbenschlag gegen den General, Bajonettstiche folgen, man reißt ihn aus dem Wagen, und auf dem Boden liegend, unter den Mißhandlungen seiner

---

1) Bericht vom 7. März, Archiv XII, 480; Moniteur vom 23. März.

2) Monnard, Geschichte der helvetischen Revolution, Zürich 1849, I, 64 fg.; Jenner's Denkwürdigkeiten im Archiv XII, 481.

eigenen Soldaten, haucht der edle, unglückliche Vertheidiger des alten Bern den Athem aus[1]). Wenig fehlte, daß auch seinem Freunde Steiger von denselben Mördern, auf derselben Straße ein ähnliches Schicksal bereitet wäre; aber ein Rest der alten Ehrfurcht und die Würde seines Benehmens retteten ihn. Er konnte über die Seen nach Luzern, weiter nach Bregenz gelangen, und hörte nicht auf, für die Befreiung des verlorenen Vaterlandes thätig zu sein.

Am 6. März zog Brüne mit der bei Neueneck geschlagenen Division nach Bern und übernahm den Oberbefehl. Immer war es ein Vortheil, daß er auch jetzt noch den Schein bewahren wollte, als hätte er nur gegen die Oligarchen Krieg geführt. Wenige Stunden nach seiner Ankunft erschien er in der Versammlung der provisorischen Regierung, versicherte das bernische Volk des Schutzes und der wiederhergestellten Freundschaft der französischen Republik und sprach den Wunsch aus: es möge binnen Monatsfrist eine neue Constitution für den Canton ausgearbeitet werden, damit man sich demnächst einer Verfassung für ganz Helvetien anschließen könne[2]). Nächste Folge war, daß die provisorische Regierung eine Deputation nach Paris schicken mußte, um dem Directorium den Dank für die Befreiung aus den Ketten der Oligarchen auszusprechen. Vor dem Rathhause errichtete man den Freiheitsbaum, auch an patriotischen Gesängen und Declamationen fehlte es nicht. Aber alle diese Festlichkeiten ließen nicht vergessen, daß das Land einem fremden, rücksichtslosen Sieger unterworfen war. Brüne's Befehle gegen Plünderung und Erpressung wurden nicht einmal in Bern strenge befolgt, das Land blieb noch lange ein Schauplatz der wildesten Gräuel. Man berechnete später

---

1) Die Einzelheiten, zum Theil aus dem Munde des letzten noch überlebenden Augenzeugen gesammelt von Stürler in dem Aufsatz über die Ermordung Erlach's, Archiv des historischen Vereins des Cantons Bern VIII, 289 fg.

2) Stürler im Archiv XVI, 277.

den Schaden, der berechnet werden konnte, nämlich, was durch
Raub und Zerstörung verloren war, für den vierten Theil des
Staates auf mehr als 12 Millionen Franken; die großen, im
Zeughause aufgespeicherten Vorräthe, der seit vielen Jahren
angesammelte Schatz fielen, statt gegen Feinde zu dienen,
jetzt dem Feind in die Hände. Dieser Schatz, von dem schon
vor dem Kriege die außerordentlichsten Schilderungen gemacht
wurden, enthielt die für damalige Zeiten immerhin bedeutende
Summe von 28 Millionen Francs: 18 Millionen in fremden
Schuldtiteln, 6,776,000 Francs baar im Schatzgewölbe, 1 Million
in verschiedenen Kassen, dazu 2,200,000 Francs, die nach lang=
wieriger Berathung erst beim Herannahen der Gefahr, am 3. März
nebst dem größten Theil der fremden Schuldtitel nach Inter=
laken geflüchtet waren [1]). Ich möchte nicht wiederholen, was so
oft behauptet worden ist: das Directorium habe den Krieg
gegen Bern nur deshalb unternommen, um mit dem bernischen
Gelde seine Kassen zu füllen. Aber daß neben anderen Be=
weggründen auch die Habsucht wirksam war, wird sich schwer=
lich bestreiten lassen. Leider fällt auch hier wieder ein Theil
der Verantwortlichkeit den Schweizern zu. Die ausgewanderten
Waadtländer waren es, welche die Begierde des Directoriums
anreizten, indem sie beständig den berner Schatz, weil er durch
Erpressungen in ihrer Heimath gebildet sei, für die Waadt zu=

---

1) Stürler im Archiv XII, 333, 382, 396, 408; Monnard a. a.
O. I, 81; Gonzenbach, die Verhandlungen zwischen der Schweiz und Frank=
reich in Folge der pariser Friedensverträge von 1814 und 1815 über die
Kriegsentschädigungen im Archiv XIX, 101, 171, 182. Die verschiedenen An=
gaben stimmen nicht völlig überein, auch die im Text gegebenen Zahlen sind
Durchschnittszahlen. Mancherlei Reclamationen veranlaßten die bernische
Regierung im October 1851 eine eigene „Commission zum Untersuch über
den Bestand und das Schicksal des bernischen Staatsschatzes vom Jahre 1798"
einzusetzen. Der Bericht der Mehrheit dieser Commission an den großen Rath
so wie der „Eingangsbericht" des Berichterstatters Dr. v. Gonzenbach (Bern
1853) gewähren einen genauen Einblick in die ältere, vortrefflich geordnete,
bernische Finanzverwaltung.

rückverlangten; dieselben Waadtländer betrachteten auch die vorsorgliche Geldsendung in das Oberland, ehe sie nur geschehen war, beinahe als eine Unterschlagung dessen, was sie schon als ihr Eigenthum ansprachen[1]). Sie verfehlten nicht, dem Directorium Kenntniß zu geben, und bald nach Brüne's Einzug in Bern fand sich ein Verräther, der den bernischen Münzwardein und Oberstkriegs-Commissar Jenner vor dem General den Vorwurf machte, er habe bedeutende Summen dem Schatz entzogen. Aber gegen ein Geldgeschenk von 200,000 Francs ließ Brüne sich beschwichtigen, erlaubte sogar, daß die Gelder, deren Betrag er nicht kannte, weiter nach Deutschland gebracht würden. „Wäre der Streich gelungen", erzählt Jenner in einer späteren Denkschrift, „so würden alle fremden Titel mit dem Gelde in Sicherheit gekommen sein[2])." Aber wieder waren es Schweizer, die den Plan vereitelten. Die argwöhnischen, erbitterten Bewohner des Oberlandes machten es den Abgesandten Jenner's, dann als er selbst ging, ihm selbst unmöglich, seine Schätze außer Landes zu führen; nach Bern zurückgebracht, fielen sie bis auf einen geringen Theil, den man noch verheimlichen konnte, den Franzosen in die Hände.

„Wie wird nun die Freiheit Helvetiens beschaffen sein, die Frankreich gefallen könnte?" schreibt Brüne am 7. März an Talleyrand. Diese Frage war in der Schweiz und, worauf es mehr ankam, in Paris noch keineswegs entschieden. Mehrere Cantone hatten allerdings schon im Laufe des Februar ihre Verfassung in demokratischem Sinne verändert; Aehnliches stand jetzt in Bern bevor; aber für das Directorium war das Wesentliche, daß die gesammte Schweiz so, wie es den Interessen Frankreichs entsprach, gestaltet würde. Zu diesem Zwecke hatte man bereits im Dezember durch den baseler Oberzunftmeister eine Verfassung ausarbeiten lassen, nach Grundsätzen, die in

---

1) Laharpe an Brüne, 7. Februar; an das Directorium, 17. Februar; Archiv XIV, 288, 276.

2) Archiv XII, 335 fg.

jener ersten Besprechung von Rewbell und Bonaparte bezeichnet
waren, und natürlich im Wesentlichen nach französischem Vorbild. Es gab fünf Directoren, einen Senat oder Rath der
Alten, einen großen Rath, beide von Wahlmännern gewählt,
die aus Urwahlen hervorgegangen waren. Die ganze Schweiz
zerfiel in zwei und zwanzig Cantone, und man darf nicht übersehen, daß von den neugebildeten die meisten — Waadtland,
Aargau, Thurgau, Tessin, allerdings von Ochs in zwei Cantone:
Lugano und Bellinzona getheilt — bis heute sich erhalten
haben. Von Neuenburg und der Stadt Genf konnte nicht die
Rede sein; das erstere war Preußen gehörig, die andere, wie
die Theile des früheren Bisthums Basel und die Stadt Mühlhausen, für Frankreich bestimmt. Recht eigentlich bezweckte der
neue Entwurf die Schwächung Berns, das nicht allein die
Waadt unter dem Namen des lemanischen Cantons, sondern
auch den Aargau verlieren sollte. Das Frickthal, obgleich vom
deutschen Reiche noch gar nicht abgetreten, hatte Ochs sogleich
mit dem Canton Basel vereinigt; aber Bonaparte, der Bevollmächtigte für den rastatter Congreß, trat dazwischen; er veränderte den 18. Artikel des Entwurfs dahin, daß er Basel nur
zutheilte, „was ihm etwa vom Frickthal könnte abgetreten
werden" [1]). Alle Cantone sollten aber nicht mehr besondere
Staaten, sondern bloße Verwaltungsbezirke bilden, mit weniger
Selbstständigkeit, als sie noch in unserer Zeit nach den letzten
Umgestaltungen besitzen; dieser Umstand war es wohl vornehmlich, der gegen die neue Verfassung entschiedenen Widerstand
hervorrief. Sie war schon um die Mitte Januars fertig geworden und wurde wenig später zur Annahme in die eben
von Menard besetzte Waadt geschickt. Aber es bedurfte der
mächtigen Vermittlung der französischen Generale und der
dringendsten, beinahe drohenden Briefe Laharpe's aus Paris,
um zu bewirken, daß am 9. Februar Lausanne und am 15.
das gesammte Waadtland sich für die Annahme erklärten.

---

1) Ochs a. a. O. VIII, 312.

Selbst in Basel konnte Ochs, der am 4. März aus Paris zu=
rückgekehrt, Präsident der Nationalversammlung und Mitglied
einer Verfassungscommission geworden war, nicht alles lenken
wie er wollte. Der Entwurf mußte nicht unbedeutende Ver=
änderungen erleiden, bevor er am 15. März die Mehrheit der
Stimmen erhielt[1]. Zwei Deputationen gingen sogleich, die
eine in die nördliche, die andere in die westliche Schweiz, um
auch die übrigen Cantone dieser veränderten Verfassung ge=
neigt zu machen. Als Ochs aber an der Spitze der letztge=
nannten Deputation in Bern anlangte, fand er die Lage wesent=
lich verändert.

Denn das Directorium scheint über diese wichtigste An=
gelegenheit eine feste Ansicht gar nicht gehabt zu haben. In
der früher angeführten Depesche an Brüne vom 17. Februar
legt es noch den größten Werth auf die Einheitsverfassung.
Man dankt dem General, daß er in der Waadt die Annahme
durchgesetzt habe; sobald nur in fünf oder sechs Cantonen das
Gleiche geschehen sei, soll er zur Bildung einer gemeinsamen
Republik auffordern, die dann durch ein Bündniß und einen
Handelsvertrag sich an Frankreich anschließen könne. In diesem
Sinne gab auch Talleyrand am 23. Februar seinem Freunde
Ochs vor der Abreise schriftlich die besten Hoffnungen und
pries das Glück der Schweizer, die nun als eine Familie unter
denselben Gesetzen leben würden[2]. Aber beinahe unmittelbar
nachher muß eine Aenderung eingetreten sein. Man hörte aus
dem Wallis und anderen Cantonen, daß die neue Verfassung
großem Widerstand begegne; ja für das eigene Interesse Frank=
reichs mochte es bedenklich scheinen, einer starken einheitlichen
Regierung, die sich auch einmal gegen Frankreich wenden konnte,
die gesammte Schweiz in die Hand zu geben. Weit eher empfahl
es sich, wenigstens den romanischen Theil, der die Verbindung
mit Italien sicherte, gesondert und dadurch unbedingt unter

---

1) Ochs a. a. O. VIII, 326, 329.

2) Archiv XIV, 359; Ochs, Geschichte von Basel VIII, 322 ff.

französischem Einfluß zu halten. Darauf war schon lange die Absicht Bonaparte's gegangen, und ich möchte glauben, daß er, der eben in diesen Tagen von einer Reise an die westlichen Küsten nach Paris zurückkehrte, auf die Gesinnungen der Regierung nicht ohne Einfluß geblieben sei. Am 27. Februar schreibt das Directorium an Brüne, man wolle den Wünschen von Waadt und Wallis nicht widerstreben, es sei vielleicht gerathen, statt einer Republik deren zwei oder gar drei zu bilden, die dann jede dieselben demokratischen Einrichtungen erhalten könnten. Am 8. März, als die ersten Nachrichten von der Ueberwältigung der Berner eingetroffen waren, hebt man den Plan noch stärker hervor und wünscht, mit der südlichen Republik, außer der Waadt, dem walliser Land und den italienischen Balleien, auch den Canton Freiburg, selbst in seinen deutschen Theilen zu verbinden[1]). Brüne war sogleich geneigt, auf den neuen Plan einzugehen. Er verhandelte eben damals mit den Abgeordneten der Waldstädte und überzeugte sich aus ihren festen, bestimmten Aeußerungen, daß man sie nur schwer, ja nicht ohne Waffengewalt ihrer alten Einrichtungen berauben und der einheitlichen Republik einverleiben könne; seine Freunde, die Residenten Mangourit und Desportes, schrieben Aehnliches über Wallis und die Waadt. Am 11. März antwortet er dem Directorium: auch nach seiner Ansicht werde es leichter sein, drei Republiken als eine einzige zu bilden. Er hoffte sogar, die neuen Verhältnisse noch selbst zu ordnen, obgleich sein Aufenthalt in der Schweiz sich dem Ende näherte. Denn das Directorium hatte ihm auf die Nachricht von dem glücklichen Fortgang des Feldzugs schon am 8. März den Oberbefehl in Italien übertragen, sei es, um ihn zu belohnen, sei es, um die neue Ordnung der Dinge lenksameren Händen zu übergeben, als denen eines Generals, der es liebte, sich mit Bonaparte zu

---

1) Archiv XIV, 387; XVI, 201. Man muß annehmen, der Brief vom 8. März sei das Schreiben, welches von Brüne am 11. März (XII, 356) als ein Schreiben vom 17. Ventôse (7. März) bezeichnet wird.

vergleichen, und der in der That in seinem Briefwechsel mit dem Directorium als der Ueberlegene erscheint.

Brüne hatte bisher die provisorische Regierung in Bern noch immer anerkannt und für die Einführung einer neuen Constitution einen Monat Frist bewilligt. Aber die Ungeduld des Directoriums forderte rascheres Verfahren gegen die verhaßten Oligarchen. Auf eine dringende Mahnung antwortet Brüne am 15. März, „er werde jetzt die alten Töpfe zerschlagen", und schreibt am folgenden Tage Wahlen aus für eine Munizipalität von fünfzehn Mitgliedern, die mit dem 24. März an die Stelle der provisorischen Regierung treten sollte. Schon die von Ochs bearbeitete Constitution entzog dem früher so mächtigen Canton die Waadt und den Aargau; jetzt trennte Brüne auch noch das ganze Oberland und sogar die am bieler See gelegene Stadt Nidau sowie das freie Amt Murten ab, um die letzteren mit dem Canton Freiburg, das erstere als eigenen Canton mit der südlichen Republik zu verbinden. Dieser südlichen Republik war der Name der rhodanischen beigelegt, im Norden trat eine helvetische ihr an die Seite. Vom 22. bis 24. März sollten von Urversammlungen die Wahlmänner, zwei Tage später von diesen die Abgeordneten für den Senat und den großen Rath erwählt werden — gewöhnlich zwölf in jedem Canton — alsdann der gesetzgebende Körper für die rhodanische Republik in Lausanne, für Helvetien in Aarau, später in Luzern zusammentreten. Nur die Waldstädte ließ man einstweilen ungestört; sie sollten den Namen Tellgau führen, aber ihre alte Verfassung behalten; Brüne versprach sogar, daß die französische Armee ihre Grenzen nicht überschreiten würde[1]).

Am 16. März wurde das Wahldecret für die rhodanische, am 19. das für die helvetische Republik vollzogen. Aber kaum war die Entscheidung bekannt geworden, als auch von allen Seiten der Widerstand sich erhob. Wer die einheitliche Schweiz nicht wollte, war doch gewöhnlich mit einer solchen Theilung

---

[1]) Archiv XII, 360, 362, 363, 365, 369, 392.

nicht besser zufrieden, denn die cantonale Unabhängigkeit ging in diesem wie in dem anderen Falle verloren. Die Anhänger der Einheitsverfassung sahen sich nicht weniger in ihren Hoffnungen getäuscht. Die gestürzte Partei fand dann willkommene Gelegenheit, die Schmach und Knechtschaft des Vaterlandes jedem deutlich zu machen und die Theilung der Schweiz nur als das Vorzeichen der Absicht darzustellen, die südliche Republik mit Frankreich zu vereinigen. Ochs, der am 18. März in Bern eintraf, machte dem Obergeneral die lebhaftesten Vorstellungen; er berief sich auf die Versprechungen des Directoriums, auf den Brief Talleyrand's, den er gedruckt zur Vertheilung brachte, und Brüne, wenn er auch seinen eigenen Plan noch nicht fahren ließ, gab wenigstens Hoffnung, daß die beiden Republiken in nicht langer Zeit sich vereinigen könnten, schrieb auch in diesem Sinne an die baseler Nationalversammlung[1]). Die Entscheidung brachte eine Depesche aus Paris, in welcher das Directorium, nachdem es noch am 14. März die Dreitheilung festgehalten, am 15. dem General anzeigte, es habe seine Ansicht geändert; in Folge des Widerstandes und der Verdächtigungen, denen der Plan der drei Republiken begegne, wolle man zu der einen untheilbaren Republik zurückkehren. Am 20. März, gerade als Tages vorher die Proclamation für die helvetische Republik veröffentlicht war, traf diese Nachricht in Bern ein. Um den Wechsel nicht gar zu plötzlich erscheinen zu lassen, dachte Brüne es den beiden Versammlungen in Lausanne und Aarau anheim zu geben, die Vereinigung auszusprechen. Aber auch dieser Ausweg wurde verschlossen. Die veränderte Stimmung des Directoriums war nicht unbekannt geblieben. Ochs trat mit großer Entschiedenheit für seine Verfassung ein, allerorten erklärte man sich gegen die Theilung; „ich habe dem Strome nachgeben müssen", schreibt Brüne selbst an das Directorium. Am 22. März widerrief er seine Verordnungen und proclamirte die eine untheilbare Republik[2]).

---

1) Archiv XII, 397, 385; Ochs a. a. O. VIII, 346.
2) Archiv XVI, 251, 253; XII, 396, 401, 402.

Es mochte ihm nach diesen Vorgängen erwünscht sein, die Schweiz bald zu verlassen. Im Lande machte man ihn für die Veränderlichkeit des Directoriums verantwortlich; aus Paris, wie es scheint auf Antrieb Laharpe's, gingen ihm Vorwürfe zu, daß er gegen die berner Aristokratie nicht rasch und nachdrücklich genug aufgetreten sei. Am 24. erläßt er denn auch ein Decret, das von der neugewählten Municipalität und sogar von den Wahlmännern nicht allein die früheren Mitglieder des bernischen großen Rathes, sondern auch ihre Familien ausschließt. Drei Tage später reiste er ab. Er selbst und seine Offiziere hatten die letzten Tage noch auf das Beste benutzt, von der Beute was immer möglich sich anzueignen. Man sagte, der Wagen, in dem er Bern verließ, sei kurz vor dem Thore unter der Last des mitgeführten Goldes und Silbers zusammengebrochen. So wenig Gutes seine Anwesenheit den Bernern gebracht hat, man kann seine Entfernung doch nicht als einen Vortheil betrachten. Bei allen Fehlern seines Charakters gehörte er nicht zu denen, die aus Bosheit oder Rohheit Uebles thun. Er zog es vor, auch nach dem Siege sich freundlicher und milder Formen zu bedienen; in seinen Briefen ist oft davon die Rede, daß man nicht blos das Land, sondern auch die Herzen gewinnen müsse. Freunde und Schmeichler verfehlen nicht, ihm zu versichern, daß auch die letztere Eroberung ihm gelungen sei. Dies Lob mag begründetem Zweifel unterliegen, aber gewiß ist, daß man ihn besonders in neuerer Zeit häufig zu hart beurtheilt hat. Die Art, wie er seine Aufgabe löste, würde einem offenen, ehrlichen Charakter mehr als einmal unerträglich gewesen sein, aber wenn man in seinem Verfahren bei den Verhandlungen nur Treulosigkeit und Arglist finden wollte, so läßt eine genaue Kenntniß der Urkunden nicht bezweifeln, daß er wirklich den Wunsch und die Hoffnung hegte, auf friedlichem Wege zum Ziele, freilich immer zur vollständigen Unterdrückung der aristokratischen Partei in Bern, zu gelangen. Auch hat man ihn oft für die ärgsten und härtesten Maßregeln verantwortlich gemacht, die er nur gezwungen, nicht ohne

Widerstreben zur Anwendung brachte. Nur zu bald kam die Zeit, in der man eine Gewalt wie die seinige als eine Erleichterung zurückwünschen mußte.

Denn am Tage nach seiner Abreise langte der neue Regierungscommissär Lecarlier in Bern an. Wie er Verfassungsfragen zu behandeln denke, zeigte gleich die erste Proclamation vom 28. März. Die neugewählten Mitglieder des Senats und des großen Raths wurden nach Aarau beschieden, nicht etwa, wie Brüne's Absicht war, um die helvetische Verfassung im Einzelnen zu berathen, sondern um ohne Zeitverlust den pariser Entwurf mit einigen von Lecarlier festgestellten Aenderungen anzunehmen[1]). Wem Brüne's wechselnde Verordnungen noch einen Zweifel gelassen hatten, mochte jetzt erkennen, was von schweizerischer Freiheit noch übrig sei, und wo das Geschick des Landes entschieden werde. Aber zum Widerstande war es zu spät. Nicht ohne stürmische Auftritte und mehrmals nur dem fremden Zwang gehorchend, hatten sich doch vor Ende des Monats zehn theils alte, theils neu geschaffene Cantone für die helvetische Republik erklärt. In den ersten Tagen des April versammelten sich die Deputirten von Aargau, Basel, Bern, Freiburg, dem lemanischen Canton, Luzern, Oberland, Schaffhausen, Solothurn, Zürich in Aarau, und am 12. April hatte Ochs als Präsident des Senats die Genugthuung, abwechselnd mit dem Präsidenten des großen Rathes die neue Verfassung unter den üblichen Feierlichkeiten zu verlesen[2]).

Daß Institutionen, in solcher Weise zu Stande gekommen, nur ein Werkzeug der Franzosen sein würden, konnte innerhalb und außerhalb der Schweiz nur wenigen zweifelhaft sein. Um so mehr bezeichnet es die Lage Europas, daß man mitten im Frieden eine so gewaltige Veränderung der Machtverhältnisse sich gefallen ließ. Rußland äußerte sich gar nicht, Preußen

<hr>

1) Archiv XVI, 316.

2) Monnard a. a. O. I, 95. Ein vollständiges Verzeichniß der am 12. April in Aarau anwesenden Repräsentanten und ein Abdruck der Verfassung bei Posselt, Europäische Annalen 1798, II, 174, 183, 185.

eben so wenig, selbst Oesterreich war bei allem, was vorging, unthätiger Zuschauer geblieben. Im November 1797 hatte Thugut den Geschichtschreiber der Schweiz, Johannes von Müller, der seit fünf Jahren für die Staatscanzlei beschäftigt war, um Kundschaft einzuziehen, in die Heimath gesandt. Müller hatte in Schaffhausen, in Basel, in Zürich und an anderen Orten mit Freunden und bedeutenden Persönlichkeiten verhandelt, seiner Art nach für Alle, sogar für die französischen Diplomaten ein gutes oder schönes Wort gefunden und die Schweizer hoffen lassen, er würde als juristischer Beistand der kaiserlichen Gesandtschaft in Rastatt die Interessen seines Vaterlandes fördern können. Er erkannte deutlich genug, daß es sich für die Eidgenossenschaft „um Sein oder Nichtsein handelte", und man darf ihm gewiß nicht Unrecht geben, wenn er hochtönenden Mahnungen zur Eintracht den dringenden Rath gesellte, durch rechtzeitige Zugeständnisse an die unzufriedenen Landschaften vor allem den inneren Frieden wieder herbeizuführen. Von der Größe und Nähe der äußeren Gefahr scheint er sich dagegen keinen richtigen Begriff gemacht zu haben. Seine Anstellung in Rastatt unterblieb; die Interessen der Schweiz waren auf dem Congreß nur ungenügend vertreten. Bern und Zürich hatten allerdings im November den Professor Karl Ludwig Tscharner abgeordnet, um vorerst den kaiserlichen, dann auch den preußischen und sogar den französischen Gesandten die Aufrechthaltung der bestehenden Cantonalverfassung und die Unverletzlichkeit des Territoriums zu empfehlen. Aber Tscharner, von den Franzosen schroff zurückgewiesen, fand auch bei Preußen und Oesterreichern keine wirksame Unterstützung. Ohne irgend etwas ausgerichtet zu haben, mußte er Anfangs Februar mit seinem Secretär Karl Ludwig von Haller den Congreßort wieder verlassen[1]). Selbst nach dem Falle Berns war Thugut durch

<hr>

1) Müller an Fäsi in Zürich bei Ochs, Geschichte von Basel VIII, 340, 343; Bacher an Talleyrand 13. November 1797, 8. Februar 1798, Archiv des Ministeriums der auswärtigen Angelegenheiten in Paris. Tillier a. a. O. V, 544, 562; Stürler im Archiv XIV, 378.

die italienischen und deutschen Angelegenheiten so sehr in Anspruch genommen, daß die Schweiz seltener, als man denken
sollte, in den rastatter Verhandlungen eine Erwähnung
findet. Und doch war es das nächste, durch Sitte und
Sprache verwandte Nachbarland, bei künftigen Kriegen der
Schlüssel der wichtigsten strategischen Operationen, das jetzt in
die Gewalt des furchtbaren Gegners überging. Und nur zu
bald sollte was eben in der Schweiz geschah, auf dem eigenen
Boden Nachahmung finden. Durch die Besitznahme des linken
Rheinufers hatten die Franzosen ein Stück von Deutschland
abgetrennt, bei der Frage über die Säcularisationen griffen sie
tief in die inneren Angelegenheiten unseres Vaterlandes ein.
Zu diesen müssen wir uns zurückwenden.

Siebentes Kapitel.

Die Säcularisationen.

Aus den gewaltigen Erschütterungen der Reformations-
zeit und des dreißigjährigen Krieges hatte die katholische Kirche
noch immer einen bedeutenden Theil ihrer Macht und ihres
Besitzes gerettet. Drei rheinische Erzbischöfe saßen als die ersten
Würdenträger des Reichs im Collegium der Kurfürsten, unter
den hundert Stimmen des Fürstencollegiums zählte die geistliche Bank sieben und dreißig, darunter die Erzbischöfe von
Salzburg und Besançon, die Bischöfe von Bamberg, Würzburg,
Worms, Eichstädt, Speyer, Straßburg, Constanz, Augsburg,
Hildesheim, Paderborn, Freising, Regensburg, Passau, Trient,
Brixen, Basel, Münster, Osnabrück, Lüttich, Lübeck und Chur,
nebst den gefürsteten Abteien von Fulda, Kempten, Ellwangen,
Berchtesgaden, Weißenburg, Prüm, Stablo und Corvei. Dazu
kamen noch der Johannitermeister zu Heitersheim, und, mit
der ersten Stimme gleich nach den Erzbischöfen, der Hoch= und
Deutschmeister des deutschen Ordens in Mergentheim, endlich
nicht weniger als zwei und vierzig reichsunmittelbare Stifter,
die zusammen zwei Curiatstimmen der schwäbischen und rheinischen Prälaten führten. Die reichsunmittelbaren geistlichen Besitzungen in Deutschland wurden damals auf beinahe 1200
Quadratmeilen mit mehr als drei Millionen Einwohnern an=
geschlagen ¹).

----

1) Einige Bemerkungen mögen hier gestattet sein: Um Rangstreitigkeiten mit Baiern auszugleichen, hatte man im Jahre 1500 Oesterreich die
erste und Burgund die zweite Stimme auf der geistlichen Bank zugetheilt, so
daß in Wahrheit 35 geistliche Stimmen übrig bleiben. Die Stimme für

Man kann nicht behaupten, daß in diesen geistlichen Terri=
torien die Regierung schlechter, die wirthschaftlichen und socialen
Zustände mehr veraltet und zerrüttet gewesen wären, als in
weltlichen Staaten von ungefähr gleicher Bedeutung. Das
alte Sprüchwort: unter dem Krummstab sei gut wohnen, hatte
seine Bedeutung, und gerade bei denen, die es am nächsten
anging, seine Anerkennung noch nicht verloren. Selten haben, so
weit ich sehen kann, die Einwohner, und zwar alle Klassen der
Einwohner, anderswo so zufrieden, so neidlos und in ihrer
Weise behaglich neben einander gelebt. Die Domcapitel, denen
das Wahlrecht des Fürsten zustand, hatten als mächtige Cor=
porationen sich behaupten, dagegen das Militärwesen der Natur
der Regierung zufolge niemals in vorwiegendem Maße sich
entwickeln können; unter solchen Umständen gelangte denn auch
die landesherrliche Gewalt niemals zu der Unbeschränktheit, die
in anderen Territorien häufig so gehässige Formen angenommen
hat. Dafür fehlte aber die kräftige Anregung, die man
seit dem sechszehnten Jahrhundert vornehmlich dem weltlichen
Fürstenthum verdankte. Und wenn einmal, wie es gerade in
den Jahrzehnten vor der Revolution nicht selten geschah, geist=
liche Regenten als Reformatoren auftraten, so wurden sie
durch die Verfassung ihres Landes, insbesondere die stän=
dischen Versammlungen, mehr gehindert als unterstützt. Blieb
alles in Deutschland in den früheren Verhältnissen, so konnten
die geistlichen Staaten ebensowohl ein Recht auf Existenz an=
sprechen, wie die kleinen weltlichen Fürsten, die Reichsstädte

---

Besançon wurde nicht mehr abgegeben. Fulda war 1752, Corvei 1783 zum
Bisthum erhoben, aber ihre Stellung im Fürstencollegium dadurch nicht ver=
ändert. Lübeck war das einzig noch übrige protestantische Hochstift; in Osna=
brück wurde abwechselnd ein katholischer und ein protestantischer Bischof ge=
wählt; Magdeburg, Bremen, Halberstadt, Verden, Minden, Schwerin, Camin,
Ratzeburg stimmten als säcularisirte Fürstenthümer auf der weltlichen Bank.
Unter den achtzehn Abteien der rheinischen Prälaten gehörten Gandersheim,
Gernrode, Hervord und Quedlinburg dem protestantischen Bekenntniß. Nicht
unbeträchtlich war auch der protestantische Besitz an mittelbaren Stiftern.

und die Reichsritterschaft; aber einer großen Erschütterung mußten sie voraussichtlich am ersten zum Opfer fallen. Denn es fehlte ihnen, was den festesten Halt der weltlichen Herrschaft bildete: ein erblicher Fürstenthron. Noch immer war die Auffassung nicht verschwunden, welche den Staat als Eigenthum des regierenden Hauses betrachtete; ein Wahlstaat, der bei jedem Regierungswechsel einer anderen Familie zufiel, erschien danach beinahe als herrenloses Gut. Wesentlich diesem Umstande war die Einziehung so mancher geistlichen Staaten im westphälischen Frieden zuzuschreiben; auch in der Folgezeit und gerade in der zweiten Hälfte des achtzehnten Jahrhunderts hatte es wenigstens die Theorie nicht an Säcularisations-Versuchen fehlen lassen. So nahm denn auch Preußen keinen Anstand, schon in dem Vertrage vom 5. August 1796 für sich und das Haus Oranien geistliche Fürstenthümer auszubedingen, ja sogar der Kaiser hatte in den geheimen Artikeln von Campo Formio die Erwerbung von Salzburg sich versprechen lassen. Wie hätte es danach in Rastatt an begehrlichen Blicken auf eine so reiche Beute fehlen sollen? Am ersten konnte es für die Franzosen bedenklich scheinen, durch geistliche Staaten, die im Kriege niemals gefährlich wurden, weltliche Fürsten und dadurch die militärische Bedeutung Deutschlands zu verstärken. Aber diese Besorgniß verschwand vor dem Wunsche, das Haus Oesterreich, den gefährlichsten Feind, seiner Stütze im Reich zu berauben. Denn die geistlichen Staaten, schon durch ihre Lage mehr den Oesterreichern als den Preußen genähert, fanden im Gegensatze zu den meist protestantischen erblichen Reichsständen ihren eigentlichen Rückhalt in Wien. Außerordentliche Ereignisse konnten Einzelne auch einmal dem Kaiser gegenüberstellen, wie man vor nicht langer Zeit während des Fürstenbundes gesehen hatte; aber in der Regel waren es die geistlichen Staaten, durch welche der Kaiser seinen Einfluß im Reiche geltend machte und auf dem Reichstage der Stimmenmehrheit versichert blieb. Eine allgemeine Säcularisation mußte das kaiserliche Ansehen zum bloßen Scheine machen. Wie leicht konnte selbst die kaiserliche Würde dem österreichischen Hause verloren gehen, wenn einmal im Kurfürsten-Collegium die drei geistlichen Stimmen durch protestantische Erbfürsten ersetzt wurden! Gerade darauf rechneten die Franzosen, und diese Aussicht überwog jedes Bedenken. Denn die Verstärkung der Erbfürsten konnte freilich eine Verstärkung Deutschlands sein, wenn die Säcularisation von Deutschen im deutschen Interesse vorgenommen wurde. Konnten aber die Franzosen auch jetzt wieder Oesterreich und Preußen gegeneinander stellen und die Beute nach eigenem Belieben vertheilen, so öffneten sich ihnen unschätzbar vortheilhafte Aussichten. Schon jene ersten Reden Bonaparte's lassen erkennen, daß die Ideen des Rheinbundes, in Wahrheit schon Jahrhunderte alt, auch den französischen Gesandten in Rastatt keineswegs fremd waren.

Es kam noch hinzu, daß das Hauptziel der rastatter Unterhandlungen, der Gewinn der Rheingrenze, wesentlich durch Säcularisationen bedingt war. Denn die schon im Voraus eingegangenen Verträge nicht allein mit Preußen, sondern auch mit Hessen-Kassel vom 28. August 1795, mit Würtemberg und Baden vom 18. und 22. August 1796 beruhten durchaus auf der Schadloshaltung der erblichen Fürsten durch geistliche Besitzungen. Diese Angelegenheit wird denn auch in dem Depeschenwechsel des Directoriums mit ganz derselben Ausführlichkeit wie in dem österreichischen und preußischen erörtert; sie bildet einen Angelpunkt französischer Politik, den man bei allen Wendungen des Congresses niemals aus den Augen verliert.

Die ersten, Anfang Novembers für die rastatter Gesandtschaft ausgefertigten Instructionen reden noch von der Möglichkeit, daß Frankreich mit der Linie von Campo Formio sich begnügen müsse. Schon für diesen Fall schienen Säcularisationen unerläßlich; wie viel mehr, wenn man das gesammte linke Rheinufer gewinnen wollte! Man hoffte auf den Beistand Preußens, um sie allgemein zu machen und dadurch, wie die Instruction sich ausdrückt, das zu Münster 1648 begonnene Werk zu vollenden; zu diesem Zweck, und um die Sache zu beschleunigen, sei ein Courier — derselbe von welchem Sandoz am 9. November berichtet[1]) — nach Berlin geschickt.

„Bonaparte", heißt es in einer beiliegenden Denkschrift, „hat gesagt: Wenn die deutsche Reichsconstitution nicht bestände, müsse man sie erschaffen. Es bleibt nur zu bedauern, daß er gleichwohl den Oesterreichern so große Vortheile und so bedeutenden Machtzuwachs im Reiche eingeräumt hat. Der Friede von Campo Formio ist vortrefflich, aber diese für Oesterreich zu günstigen Artikel müssen in Rastatt verbessert werden. Vordem dachte man in Allem mit Preußen zu gehen; aber Preußen hat nicht gehalten, was man erwartete; deßhalb besteht auch ihm gegenüber keine Verpflichtung mehr. Wollte man den Dingen freien Lauf lassen, so wäre zu fürchten, daß Deutschland zwischen den beiden großen Monarchien getheilt würde. Das kann Frankreich nicht dulden; es muß mit keiner Partei gehen, die Entscheidung zwischen Oesterreich und Preußen, zwischen Katholiken und Protestanten in der Hand behalten und das Princip der Säcularisationen in seinem Sinne zur Anwendung bringen." In einer besonderen „Denkschrift über die Säcularisationen" vom 4. November werden dann die Interessen Frankreichs näher erörtert, und es folgt, freilich nur als erster Entwurf, sogar schon ein Theilungsplan. Der Kaiser sollte Salzburg, Trient, Brixen und Berchtesgaden erhalten, dafür die schwäbischen Besitzungen zur Entschädigung kleinerer Fürsten abgeben, Pfalz-Baiern durch Augsburg, Würzburg, Bamberg, Freising, Regensburg, Speyer, Constanz, Worms, Kempten und Elwangen erweitert und abgerundet werden, dagegen am Niederrhein das Herzogthum Berg verlieren. Dies Herzogthum war für Preußen bestimmt, dazu die rechtsrheinischen Besitzungen von Köln und Trier, Münster, mit Ausnahme des an Holland fallenden Theiles links von der Ems, ferner Osnabrück, die Abteien Hervord und Quedlinburg, endlich die mittelbaren Stiftsgüter von Breslau und die protestantische

---

1) Vgl. oben S. 75.

Malteser-Ballei Sonnenburg. Die neuen Besitzungen, verbunden mit den alten, hätten am Niederrhein ein stattliches
Territorium gebildet. Im Hintergrunde lauerte freilich der
Gedanke, durch den schon früher von Caillard angeregten Tausch
mit Mecklenburg Preußen ganz vom Rheine und aus der Nähe
der französischen Grenzen bis hinter die Weser zurückzuschieben.
Ja! die fränkischen Besitzungen sollten sogleich aufgegeben, Ansbach
und Bayreuth dem Erbstatthalter von Holland als Abfindung
überlassen werden, der dazu den Titel eines Herzogs von Franken,
die fränkischen Reichsstädte, auch die Besitzungen von Nürnberg,
aber weder die Stadt noch ihr Weichbild erhalten würde[1]).

Was in diesem Entwurf am meisten auffällt, ist nicht gerade eine Benachtheiligung Preußens, aber die völlige Veränderung des Augustvertrags. Nur französische Zuversicht
konnte annehmen, daß der König ohne Umstände auf die neuen
Pläne eingehen werde, von denen man vorerst nicht einmal
Kenntniß gab. Treilhard scheint diese Schwierigkeit mehr als
die pariser Machthaber empfunden zu haben, mehr als diese
auch die Nothwendigkeit, sich mit Preußen zu einigen, da man
Oesterreich doch einmal nicht befriedigen wollte. Das langsame Vorgehen zu Anfang des Congresses findet nicht zum
wenigsten darin seine Erklärung, daß Talleyrand eine Antwort
aus Berlin, Treilhard eine Instruction für Verhandlungen
mit den Preußen erwartete. Schon am 2. Dezember klagt der
Gesandte: „da wir keine Nachricht über Preußen empfangen,
können Sie denken, wie groß unsere Verlegenheit ist. Einstweilen suchen wir unsere Zeit zu verlieren, ohne Aergerniß zu
geben und ohne daß jemand uns beschuldigen kann, wir wollten
nicht vorwärts gehen. Bonaparte", setzt er hinzu, „scheint mir
von den Vortheilen einer allgemeinen Säcularisation nicht eben
erbaut zu sein. Was mich betrifft, so neige ich gleichfalls zu

---

1) Das Ernennungsdecret für die Gesandten vom 27. October, Bonnier's
Annahme vom 5. November und die sehr umfangreichen Instructionen vom
1., 2. und 4. November im Archiv des Ministeriums des Auswärtigen.

der Ansicht, daß für uns das möglichst Beste in der Erwerbung
des linken Rheinufers besteht. Erhalten wir das, so haben
wir für die Republik geleistet, was die weitestgehenden For=
derungen verlangen können, und wenn man so viel säcularisirt,
als für Compensationen und Entschädigungen nöthig ist, so soll
es mich sehr wenig kümmern, daß geistliche Fürsten im Reiche
verbleiben. Haben wir ein Interesse, diese alte Maschine wieder
in Gang zu bringen? und hat Bonaparte nicht Recht, wenn
er denkt, Ihr würdet bei dem ersten neuen Zerwürfniß auf dem
rechten Rheinufer eine Republik bilden, die für uns vortheil=
hafter wäre, als diese Menge von kleinen Staaten?" Vor Allem
dringt er auf Einigung mit Preußen. Seine erste Begegnung
mit Görtz am 17. Dezember flößte ihm Vertrauen und gute
Hoffnung ein; um so mehr bedauert er, daß man ihn noch immer
ohne Nachricht lasse. Er argwohnt, man wolle ihn ganz über=
gehen und den wahren Sitz der Verhandlung nach Berlin ver=
legen [1]. Talleyrand stellt dies am 14. Januar bestimmt in
Abrede; Alles, schreibt er, sei der Gesandtschaft in Rastatt
übertragen. Bereits die früheren Instructionen gäben hin=
reichende Auskunft. Man wünsche das ganze linke Rheinufer,
also auch die preußischen Besitzungen, werde aber dem König
gern Entschädigung bieten. Die Instruction deute sogar schon
an, wo sie sich finden lasse. Sei Preußen damit nicht zu=
frieden, so könne man unterhandeln. Aber Treilhard erwiedert
am 19. Januar — er hatte eben den preußischen Gesandten
die französische Forderung mitgetheilt — die Schwierigkeit
liege gerade darin, daß die Instruction sich völlig von dem
Augustvertrage entferne, während Preußen auf den früheren
Zusicherungen nebst einem surplus als Compensation für den
Machtzuwachs Oesterreichs bestände und zugleich den Inhalt
der geheimen Artikel von Campo Formio erfahren wolle.
Darüber möge man ihm Anweisung geben, um so mehr als
an dem Widerstande Oesterreichs nicht mehr zu zweifeln sei [2].

---

1) Treilhard an Talleyrand, 18. Dezember 1797, 3. und 5. Januar 1798.
2) Treilhard, 19. Januar, 23. u. 27. Februar.

Sein Wunsch ist offenbar, ganz und gar mit Preußen abzuschließen. Aber Talleyrand wollte die Mittelstellung zwischen
beiden Mächten nicht aufgeben, um so weniger, als die Nachrichten aus Berlin ihn nicht befriedigten. Die Hauptschwierigkeit,
antwortet er am 28. Januar, bestehe darin, die streitigen Ansprüche zwischen Oesterreich und Preußen auszugleichen. Preußen
berufe sich auf den Augustvertrag, Oesterreich fordere die Ausführung des Friedens von Campo Formio. Aber die erstere
sei unter Erwartungen abgeschlossen, welche Preußen nicht erfüllt habe; deßhalb brauche man nicht alle Einzelheiten zu
halten, sondern habe volles Recht, eine neue Vereinbarung
zu treffen. Andererseits würden sich auch Oesterreich gegenüber Mittel finden, die Verbindlichkeit des 7. und .9. Artikels
von Campo Formio in Frage zu stellen und den Beweis zu
führen, daß die in dem 5. Artikel dem Kaiser versprochene
Entschädigung — Salzburg und der Inndistrict — reichlich
genug sei, um Frankreich zu neuen Forderungen — des gesammten linken Rheinufers — ohne weitere Compensation für
Oesterreich zu berechtigen. „Die Republik", fährt er fort, „verlangt die Rheingrenze, sie will die Länder behalten, die sie
seit vier Jahren nach dem Recht der Eroberung besitzt, nach
einem Recht, das legitim ist, wenn ·der Besiegte der angreifende
Theil war. Im Besitz von Mainz und Kehl, bald auch von
Ehrenbreitstein braucht sie nicht zu scheuen, daß irgend eine
Vereinigung von Mächten oder Kräften den Preis so langer
Anstrengungen ihr entreißen könnte. Die definitive Abtretung
durch das Reich ist deßhalb kein Opfer, das man gar zu hoch
erheben darf." Die Gesandten sollen mit beiden deutschen
Mächten unterhandeln und die vortheilhafte Stellung des Ver-
mittlers sich bestens zu Nutze machen. Wie Talleyrand diese
Vermittlerrolle auffaßte, erläutert er einige Tage später. „Sehen
Sie", schreibt er an Treilhard, „was ich thun würde, wenn ich
an ihrem Platze wäre. Mir scheint, ein Schiedsspruch setzt einen
Streit voraus, und in Ihrer Stellung zwischen den beiden
Mächten müßte es Ihre erste Sorge sein, Eifersucht und Er-

bitterung hervorzurufen, ja sogar irgend ein Gezänk anzuregen und lebendig zu halten, kurz Ihre Vermittlung nothwendig zu machen; denn nur wenn sie angerufen wird, kann sie mit Leichtigkeit und Vortheil zur Anwendung kommen. Man muß die Leute erst veruneinigen, wenn man sie einigen will. Diese hier haben vortreffliche Anlagen sich zu hassen. Benutzen Sie das, um sie dahin zu bringen, wo wir sie haben möchten[1])."

Aus der früheren Erzählung hat sich bereits ergeben, wie Treilhard diesen Anweisungen nachkam. Aber seine Grundansicht blieb dieselbe, besonders als die Deputation unter Oesterreichs Einflusse nicht so leicht, als er wünschte, den französischen Ansprüchen sich fügte. Aeußerlich begegnete er den Preußen eben so roh und hochfahrend, ja beinahe noch beleidigender als den Oesterreichern, auch Talleyrand gegenüber klagt er, die preußischen Gesandten spielten eine platte, erbärmliche Rolle, wagten nicht einmal sich auszusprechen. Aber man muß gestehen, daß er in der That nichts mehr wünschte, als sie zufrieden zu stellen. Die Mittheilung der geheimen Artikel von Campo Formio betreibt er kaum weniger eifrig als die preußischen Gesandten; im Februar, nach jenen heftigen Unterredungen, in welchen Cobenzl Entschädigung in Italien verlangte, berichtet er zwar darüber nach Paris, setzt aber sogleich warnend hinzu: wenn man den Kaiser in Italien abfinde, werde er noch entschiedener als bisher den Säcularisationen und der Entschädigung Preußens widerstreben. Immer kommt er darauf zu-

---

1) Talleyrand an Treilhard, 7. Februar: Voici ce que je ferai, si j'étais à votre place .. Il me semble, qu'un arbitrage suppose une querelle, et que dans la position, où vous vous trouvez entre les deux puissances, qui peuvent difficilement s'entendre, votre premier soin doit être d'entretenir d'abord la jalousie, l'aigreur, d'exiter même quelque altercation, de l'animer, de rendre enfin votre médiation nécessaire. Car ce n'est que lorsqu'elle sera invoquée, qu'elle pourra s'exercer avec facilité et profit. Il faut brouiller les gens qu'on veut raccomoder. Ceux-ci ont excellentes dispositions pour se haïr. Profitez en pour les amener à ce qui nous convient.

rück: um zum Ziele zu gelangen, müsse man Preußen bestimmte Anträge machen [1]).

Das Directorium war gleichwohl nicht geneigt, nach dieser Richtung einen Schritt zu thun. Es schrieb den Gesandten vor, die Einwilligung der Deputation nöthigenfalls durch ein Ultimatum zu erzwingen. Aber seine Zufriedenheit war groß, und Talleyrand macht „seinem lieben Treilhard" die schönsten Complimente bei der Nachricht, man habe ohne gewaltsame Mittel durch Albini's Schmiegsamkeit das gewünschte Conclusum erlangt [2]). Freilich ließ die Zustimmung der kaiserlichen Plenipotenz sich noch erwarten. Treilhard machte sich viele Sorge deßwegen. Talleyrand räth am 21. März abermals zu einem Ultimatum und meint dann, man könne allenfalls den Oesterreichern auch mehr versprechen, als man halten wolle; es würden sich schon Andere einmischen, um die Ausführung zu hindern. Aber Treilhard erwiedert, lieber wolle er doch etwas Anderes versuchen; mehr versprechen als man halten wolle, sei immer ein bedenkliches Mittel. „Endlich hat er das Conclusum übergeben, dieser Metternich", schreibt er hocherfreut am 28. März, als der Plenipotentiar auf Cobenzl's Rath jenen Ausweg eingeschlagen hatte, dessen Zulässigkeit ihm selbst so zweifelhaft erschien. Albini beeilte sich denn auch als Kenner des deutschen Staatsrechts von Franzosen gerade die Erläuterung zu geben, welche Metternich gefürchtet hatte. Er erklärte die bloße Uebergabe des Conclusums für vollkommen genügend; frühere Deputationsschlüsse, darunter die berühmten über das Reichskammergericht von 1775, seien auch nicht förmlich bestätigt worden. Da nach der Reichsvollmacht kein Conclusum ohne Genehmigung der Plenipotenz an die Franzosen gelangen dürfe, so sei die Genehmigung, auch ohne ausdrückliche Bemerkung, schon durch die Uebergabe hinreichend bezeugt [3]).

---

1) Treilhard an Talleyrand, 16., 17., 28. Februar.

2) Treilhard an Talleyrand, 7. März; Talleyrand an Treilhard, 15. März.

3) Treilhard an Talleyrand, 1. April.

Zu Anfang der Verhandlungen hatte Treilhard einmal für räthlich erachtet, vorerst einen besonderen Vertrag über die Rheingrenze zum Abschluß zu bringen, darin das Princip der Säcularisationen anzuerkennen, aber die Anwendung im Einzelnen auf einen besonderen folgenden Vertrag zu verschieben. Vermische man so viele verschiedene Gegenstände, so werde man sich in unübersehbare Weitläufigkeiten verwickeln[1]). Jetzt trat abermals die Frage hervor, ob das gewonnene Ergebniß sogleich in einem besonderen Vertrage festzustellen sei. Talleyrand spricht sich am 21. März dagegen aus und, man muß sagen, mit gutem Grunde. Denn nicht zufrieden mit dem, was auf dem linken Ufer erreicht war, äußert er in derselben Depesche auch schon das Verlangen nach einer passenden Arrondirung auf dem rechten Ufer. Worin sie bestehen sollte, bleibt später im Einzelnen mitzutheilen. Auch ein Diplomat, viel weniger fein als Talleyrand, konnte voraussehen, die Franzosen würden, wenn sie mit solchen Ansprüchen, mit der Zurückweisung der billigsten Gegenforderungen sogleich hervorträten, die Mitglieder der Deputation, ja beinahe sämmtliche Reichsstände zu Gegnern haben. Kam aber vorerst die Frage der Säcularisationen, die Vertheilung der geistlichen Besitzungen zur Verhandlung, so ließ sich mit gutem Grund erwarten: Habsucht und Eifersucht würden die deutschen Fürsten heftig genug gegen einander stellen, um jeden Einzelnen zu jedem Zugeständniß geneigt zu machen, das ihn französischer Hülfe gegen noch verhaßtere Mitbewerber versicherte. Das Verhältniß zu Preußen gewann bei einer solchen Verhandlung ganz besondere Wichtigkeit, und man begreift, daß Treilhard bei Talleyrand fort und fort die früheren Mahnungen wiederholt. Dagegen mußte das Zerwürfniß mit Oesterreich um so schärfer hervortreten. Noch mehr als bei der Rheingrenze standen bei den Säcularisationen die Interessen beider Staaten schroff einander entgegen. Nur war die Stellung der Franzosen bei

---

1) An Talleyrand, 21. Januar.

dem zweiten Streitpunkt weit günstiger, als bei dem ersten. Denn im Wesentlichen hatten sie erlangt, was sie für sich erlangen wollten; es kam nur noch darauf an, die Oesterreicher um den versprochenen Preis zu bringen; und wenn die Abtretung des linken Rheinufers vielen Reichsständen ein Unheil schien, so gab es wenige, die jetzt, nachdem das Opfer einmal gebracht war, nicht Entschädigung und wo möglich Vergrößerung auf Kosten des geistlichen Standes gewünscht hätten. Nur etwa bei der Mehrheit der Deputation mochte der Kaiser noch auf Unterstützung hoffen.

Vorerst, so wenig auch die letzten Unterredungen mit Treilhard versprachen, versuchte man noch einmal mit den Franzosen sich zu einigen. Auf Cobenzl's und Lehrbach's Berichte vom 1. März hatte Thugut am 13. eine ausführliche Instruction erlassen. Er billigt durchaus das Verfahren der beiden Gesandten; Lehrbach soll nach wie vor in seiner abwartenden Stellung bleiben[1]). Dann folgt aber ein bedeutendes Zugeständniß an die Republik. Der Minister begnügt sich statt eines bestimmten Aequivalents für die Abtretung des linken Rheinufers mit einer schriftlichen Erklärung, daß Oesterreich dies Aequivalent, so wie es zu Campo Formio versprochen sei, erhalten würde. Wenn neuer Landbesitz in Italien unerreichbar bleibe, so solle man vor allem die Schulden für Mailand und Belgien abzuschütteln suchen; das sei weit wichtiger, als den österreichischen Besitzungen in Deutschland einen Fetzen hinzuzufügen.

Sobald der junge Graf Metternich[2]) diese Depesche am

---

1) Thugut an Lehrbach, 13. März; an Cobenzl, 13. März.

2) Dürfte man die Zukunft in Rechnung bringen, so hätte unter den merkwürdigen Persönlichkeiten des Congresses auch Graf Clemens Metternich, der spätere Staatskanzler, erwähnt werden können. Er war im Gefolge seines Vaters nach Rastatt gekommen; der Plenipotentiar machte Lehrbach die Mittheilung, Thugut habe erlaubt, daß sein Sohn auch von der „österreichischen Geschäftsführung" Kenntniß nehme. Lehrbach fragte aber, ehe er darauf einging, am 7. Dezember in Wien an und konnte sich nicht enthalten, eine solche Erlaubniß

18. März nach Rastatt gebracht hatte, begab sich Cobenzl mit Lehrbach zu Treilhard. Thugut's Anerbieten enthielt genau das, was von den Franzosen noch vor wenig Wochen gefordert war; aber seitdem hatte die Deputation das ganze linke Rhein=ufer abgetreten, die Franzosen hatten ihr Hauptziel ohne Bei=hülfe, ja im Gegensatz zu Oesterreich erreicht. Als Cobenzl mit seinem Antrage hervortrat, mußte er mit Erstaunen hören, außer den zu Campo Formio festgestellten Entschädigungen habe der Kaiser gar nichts mehr zu fordern; Salzburg und das Gebiet bis zum Inn seien auch für die Abtretung des ganzen linken Rheinufers Entschädigung genug, so bedeutend, daß Preußen und Baiern schon beständig Widerspruch erhöben, und ohne Frankreichs Hülfe gar nichts an Oesterreich gelangen würde. Treilhard suchte diese Behauptung durch eine Aus=legung des siebenten Artikels zu begründen, die Cobenzl nur als absurd bezeichnet. Aus Treilhard's Depeschen sieht man, daß er nunmehr die von seinem Minister schon am 28. Januar entwickelte Theorie zur Anwendung brachte. Der Friede von Campo Formio hatte den Franzosen zwei Drittel des linken Rheinufers zugesagt und für den Fall, daß sie nach dem Frieden noch eine Erwerbung in Deutschland machten, dem Kaiser ein Aequivalent versprochen. Treilhard behauptete nun, die Er=werbung des letzten Drittels dürfe gar nicht als eine Erwerbung nach dem Frieden gelten, denn Frankreich habe das gesammte linke Rheinufer schon seit vier Jahren in seiner Gewalt; deß=

——————

für äußerst bedenklich zu erklären. Der Minister stimmt ihm am 6. Januar vollkommen bei. Der Kaiser, schreibt er, habe dem Plenipotentiar nur er=laubt, daß sein Sohn in Rastatt sich in den Geschäften üben dürfe; Lehrbach könne sich leicht mit dem Mangel an Weisungen entschuldigen. Am 28. De=zember erhielt der junge Metternich eine officielle Stellung als Bevollmäch=tigter „von wegen des westphälischen Grafen=Collegiums katholischen Theils". Am 23. Januar, als er zur Entbindung seiner Frau nach Wien zurückkehrte, nahm er auch Depeschen Lehrbach's mit. Lehrbach spendet ihm dabei ein glänzendes Lob wegen seiner Talente, seiner Kenntnisse und seines guten Betragens.

halb könne auch der Kaiser kein Aequivalent ansprechen. Der
Sophismus liegt freilich auf der Hand; aber das Verhältniß
der beiden Staaten war schon von der Art, daß Verträge und
rechtliche Gründe nicht mehr entscheiden konnten. Am 20. März
versammelte man sich abermals. Die Franzosen drängten mit
Heftigkeit, Lehrbach solle seinen Widerspruch aufgeben und dem
Conclusum der Deputation sich anschließen. Aber dazu wollten
nun auch die Oesterreicher sich nicht verstehen. Jedenfalls, erwiederte Cobenzl, müsse man vorher aus Paris eine bestimmte
Antwort auf seine frühere Anfrage erwarten [1]). Und so blieb
wieder alles unentschieden. Eine Antwort des Directoriums
erfolgte nicht, wenigstens nicht an die österreichischen Gesandten.
Talleyrand hatte bereits am 27. Februar auf den Bericht über
die vorgängigen Besprechungen geantwortet, das Directorium
werde schon aus den von Treilhard hervorgehobenen Gründen
durchaus keine österreichische Vergrößerung in Italien gestatten.
Jetzt als ihm die herabgestimmten Forderungen Thuguts zur
Kenntniß gelangten, erwiedert er am 25. März: die Oesterreicher würden nur deßhalb weniger anspruchsvoll, weil sie
sähen, daß man ihrer nicht bedürfe. „Hüten Sie sich", setzt
er hinzu, „die verlangte schriftliche Erklärung zu geben." Treilhard soll durch schöne Redensarten die österreichischen Gesandten hinhalten, zunächst den damals noch fraglichen Beitritt
Metternich's zum Conclusum der Deputation herbeiführen, alsdann sich den Preußen nähern. Soweit ich sehe, hielt es Treilhard nicht für gerathen, die Oesterreicher von dieser Antwort
irgend etwas wissen zu lassen, aber auch zu den schönen Redensarten wollte er sich nicht verstehen; sein Benehmen wurde mit
jedem Tage schroffer, seine Ausdrucksweise schneidender. Von
einer Vergrößerung der österreichischen Entschädigung wollte
er nicht mehr hören, über die mailändischen und belgischen
Schulden nicht einmal nach Paris berichten. Er glaubte die
Wege zu kennen, auch ohne Oesterreich die Deputation seinem
letzten Vorschlage gefügig zu machen.

---

[1]) Lehrbach, 25. März; Cobenzl, 27. März.

Den Wünschen Talleyrand's hatte er schon vorgearbeitet. Die Note vom 15. März hatte die Säcularisationen durchaus in den Vordergrund gestellt und erst nach der Erledigung dieser Angelegenheit eine Verhandlung über einzelne der Artikel hoffen lassen, die von der Deputation der Abtretung des linken Rheinufers beigefügt waren. Allein die Absicht bei diesem Spiel lag zu nahe, als daß sie nicht wenigstens den bei der Säcularisation minder betheiligten Deputirten hätte ein= leuchten sollen. In der nächsten Sitzung am 20. März sprach sich Löben sehr entschieden über die neue französische For= derung aus. Er erinnerte an die drei Voraussetzungen, unter welchen die Abtretung des linken Rheinufers am 11. März zugestanden war; sie seien durch Gerechtigkeit und Billigkeit empfohlen und mehr als alles Andere geeignet, den von den Franzosen so dringend gewünschten Frieden zu beschleunigen. Dagegen könne der Kurfürst nicht in solche Veränderungen des Besitzstandes willigen, durch welche dem rechtmäßigen Besitzer sein Eigenthum zu Gunsten anderer Reichsstände entzogen würde. Würzburg sprach noch stärker gegen die Ungerechtigkeit der Säcularisationen und die Einmischung der Fremden in die inneren Reichsangelegenheiten. Auch die übrigen Stimmen waren mit Kursachsen wenigstens soweit ein= verstanden, daß man von den Franzosen noch einmal eine be= stimmte Antwort auf die letzten Vorschläge erbitten solle. In diesem Sinne ist das Conclusum vom 22. März abgefaßt; aber man kann vorhersehen, wie es von den Franzosen aufgenommen wurde. Schon vor der Sitzung vom 20., bald schmeichelnd, bald wieder drohend, hatten sie die preußischen Gesandten an= gegangen, ihren Einfluß auf Hannover und Sachsen geltend zu machen. Oesterreich brenne vor Verlangen nach geistlichen Besitzungen, aber es werde seine Erwartungen nicht erfüllt sehen, wenn Preußen die richtige Stellung einnehme; auch Baiern sei nur auf diesem Wege unverletzt zu erhalten [1]. Die

---

[1] Ganz dasselbe setzte Bonaparte kurz vorher dem preußischen Ge= sandten in Paris auseinander. Sandoz, 14. März.

preußischen Gesandten waren, wie wir sahen, den Säculari=
sationen nicht entgegen. Sie hatten selbst schon nach Berlin
den Wunsch geäußert, daß Löben, dessen Widerstand man am
meisten fürchtete, aus Dresden bestimmtere Instructionen er=
hielte; wegen der anerkannten Rechtschaffenheit seines Charakters
werde er dann auch auf seine Collegen wirken können [1]). Aber
was die Franzosen sonst noch äußerten, lautete um so bedenk=
licher. Nicht mehr das linke Ufer sondern das rechte war
jetzt der Gegenstand ihrer Forderungen. Sie sprachen von vier
Brückenköpfen, deren sie bedürften; von Uebernahme der Landes=
schulden wollten sie nicht hören, auch die Truppen vor dem
Abschlusse des Friedens nicht zurückziehen. Gerade dieser Punkt
lag der preußischen Regierung vor allem am Herzen, nicht nur
wegen der drückenden Contributionen, denen die Gebiete des
rechten Ufers ausgesetzt waren, sondern noch mehr wegen der
revolutionären Umtriebe, denen die Anwesenheit der franzö=
sischen Soldaten als Förderung diente. Unter einem Obergeneral
wie Augereau war dies unzweideutig hervorgetreten. Jetzt war
er freilich auf Bonaparte's Betreiben an die spanische Grenze
versetzt, aber die Gefahr war damit nicht verschwunden. Be=
denkt man, was am linken Rheinufer, in Holland, in Italien,
und eben in den letzten Tagen in der Schweiz geschehen war,
so müßte man in der That erstaunen, wenn die revolutionäre
Propaganda gerade am Rhein sich eine Grenze gesteckt hätte.
Am Niederrhein scheinen ihre Bemühungen ohne jeden Erfolg
geblieben zu sein; aber in Würtemberg, Baden, in einzelnen
Reichsstädten, besonders in Ulm, hatten sich Elemente gesammelt,
die, in ruhigen Zeiten unter einer geordneten Regierung unbe=
deutend, während eines Krieges und gar bei dem Einmarsch
feindlicher Truppen gefährlich werden konnten. Straßburg und
Basel waren die Punkte, von denen aus die Bewegung ge=
leitet wurde, oder doch geleitet werden sollte; man sagte, bei
dem Einfall Moreau's im Sommer 1796 sei schon alles für

---

1) Die preußischen Gesandten, 13,. 17., 30. März.

die Proclamirung der Republik vorbereitet gewesen; nur die raschen Erfolge des Erzherzogs hätten damals den Plan vereitelt[1]). Immer hielt sich aber eine Anzahl süddeutscher Flüchtlinge in Paris auf und bestürmte das Directorium mit Bitten, sich ihrer anzunehmen. Sandoz erhielt zu wiederholten Malen den Auftrag, sie genau zu überwachen; seine Berichte sind durchaus nicht ohne Besorgniß, und die französischen Machthaber verfehlten nicht, sich eines so nützlichen Instrumentes der Einschüchterung zu bedienen. Zum großen Aerger des preußischen Ministeriums äußerte Barras ganz öffentlich, die Revolution würde die Runde in Europa machen[2]), und Treilhard, wenn er von Wein und Aerger erhitzt war, scheute sich nicht, den Gesandten zu sagen, in Deutschland sei alles reif für eine Umwälzung, in wenigen Jahren würde es keine Könige mehr geben.

Auf Thugut scheinen Mittheilungen dieser Art wenig Eindruck gemacht zu haben, aber um so größeren in den zunächst bedrohten süddeutschen Staaten und in Berlin[2]). Und da wieder die französischen Truppen nicht anders als durch den Frieden vom rechten Ufer wegzubringen waren, so lag darin für die preußischen Gesandten allerdings ein Grund, so weit als irgend möglich, wenn auch längst nicht so weit als Treilhard verlangte, der französischen Forderung nachzugeben. Diese Forderung wurde am 27. März der Deputation abermals vorgelegt in einer Note, die an Rücksichtslosigkeit alle früheren überbot. Die französischen Gesandten, hieß es, hätten erwartet, daß die Deputation eine Entschädigungsweise annehmen würde, an deren Gerechtigkeit und Nothwendigkeit keines ihrer Mitglieder im Grunde des Herzens zweifeln könne. Mit Erstaunen sähen sie,

---

1) Die preußischen Gesandten am 28. März.

2) Das Ministerium an Sandoz, 26. März, 27. April; Sandoz, 7. April, 15. April.

3) Keller an das Ministerium, 27. Februar; die Minister an den König, 16. März.

14

daß die Deputation statt dessen nach langem Zögern sich darauf beschränke, abermals die nicht begründete Hoffnung auf einen Theil des linken Rheinufers auszusprechen und Vorschläge zu wiederholen, bei denen jeder vernünftige Mensch finden müsse, daß sie von den französischen Gesandten in der einzig ange= messenen Weise schon am 15. März beantwortet seien. Ohne Säcularisationen sei der Friede unmöglich; statt mit voreiligen Erörterungen die Zeit zu verlieren, möge man ungesäumt durch eine offene, loyale Erklärung auf die französische Note Antwort geben.

Sollte die Deputation, nachdem sie die Hauptsache: die Abtretung des linken Rheinufers zugestanden hatte, wegen der sich anschließenden Forderung die Verhandlungen zum Abbruch kommen lassen? Die Franzosen behaupteten gar nicht mit Unrecht, daß der Grundsatz an sich, die Nothwendigkeit von Säcularisationen, allgemein, selbst von Oesterreich anerkannt worden sei. Auch Lehrbach hatte schon in der Sitzung vom 20. März darauf hingedeutet, daß nicht „alle Alteration des Besitzstandes hintangehalten werden könne"; das österreichische Bestreben konnte nur noch dahin gerichtet sein, die Säculari= sationen zu beschränken und insbesondere durch die Erhaltung der geistlichen Kurstimmen bei künftigen Kaiserwahlen sich die Mehrheit zu sichern. In solchem Sinne hatte Lehrbach mit Albini gesprochen. Aber nicht einmal bei diesem fand er ein Entgegenkommen, wie es von dem Gesandten des ersten geist= lichen Standes sich erwarten ließ. „Jeder", schreibt er am 2. April, „denkt nur an sich. Mainz glaubt durch die gege= benen mündlichen Versprechungen der Franzosen und Preußen gedeckt zu sein, und hätte kein Bedenken, auf die Säculari= sation seines Nachbarn zu stimmen; es sieht nicht, daß es, wenn dieser zu Grunde geht, sich allein nicht halten kann."

Die Sitzung vom 2. April verlief danach, wie man ungefähr sich vorstellen kann. Sachsen und Oesterreich hielten sich bei der ersten Umfrage das Protokoll offen. Baiern stimmte in einem ausführlichen, sehr geschickt abgefaßten Votum für die Nothwendigkeit von Säcularisationen: denn die Franzosen würden unter keiner anderen Bedingung Frieden schließen, und für das Reich selbst sei es nöthig, die durch Abtretung der schönsten Provinzen geminderte Extension durch Concentrirung der zerstreuten Kräfte wieder zu ersetzen. Dabei müsse man aber mit aller Vorsicht für die Reichsinstitutionen und die betheiligten Stände verfahren[1]. Das Votum war nicht mehr von dem Grafen Preysing verfaßt und wohl ebensowenig von dem Grafen Morawitzky, der seit dem 22. Februar für ihn eingetreten war, sondern wahrscheinlich von dem vormaligen Professor Zentner, der als juristischer Beistand das volle Vertrauen seines Vorgesetzten wie des Ministeriums in München besaß. Nach dem bairischen Gesandten entwickelte Stadion genau die entgegenstehende Auffassung, ganz den Ansichten gemäß, die Lehrbach in seinen Depeschen an Thugut vertritt und eben zu derselben Zeit auch in einer Verhandlung mit den preußischen Gesandten geltend zu machen suchte. Er führte aus; bei früheren Abtretungen von Reichsgebiet sei eine Entschädigungspflicht des Reiches den benachtheiligten Ständen gegenüber niemals anerkannt; so habe Oesterreich für die verlorenen Besitzungen im Elsaß keinen Ersatz und noch weniger eine Immission in das Eigenthum anderer Reichsstände erhalten. Auch die Säcularisationen des westphälischen Friedens könne man nicht mit den jetzt vorgeschlagenen vergleichen. Denn damals seien die schon in den Händen der protestantischen Fürsten befindlichen Territorien als Preis des Friedens von den Katholiken aufgegeben, während jetzt alle Reichsstände gemeinsam im Kriege gegen Frankreich zusammengestanden hätten. Solle also wirklich eine Entschädigung eintreten, so müsse sie auch von sämmtlichen Reichsständen, nicht ausschließlich von den geistlichen getragen werden[2]. Bremen, Darmstadt,

---

1) Protokoll I, 492.

2) Ganz ähnliche Grundsätze entwickelt eine Schrift: Freimüthige Gedanken eines teutschen Staatsbürgers über die Säcularisirung der geistlichen Wahlstaaten Teutschlands, Altona und Hamburg 1798.

Baden stimmten dann für Säcularisationen, Baden in der weitesten Ausdehnung, ebenso Frankfurt; dagegen hatten die augsburgischen Deputirten sich diesmal vor der Sitzung bei Lehrbach Rath geholt. Sie sprachen nur im Allgemeinen von gerechten Entschädigungsmitteln und betonten um so stärker die der Abtretung des linken Rheinufers beigefügten Anträge. Zuletzt kam Albini mit einem Votum, das die weitschichtigen Abstimmungen seiner Collegen noch überbietend, in den gedruckten Protokollen vierzehn Quartseiten einnimmt. Unmittelbar auf die vorliegende Frage bezieht sich nur das kurze Geständniß, daß Säcularisationen unvermeidlich seien. Doch meint er, neben ihnen würde die Deputation noch andere unschädlichere Mittel der Entschädigung finden, es würde überhaupt so wenig, als nur immer möglich, von den Landen der geistlichen Wahlstaaten zerrüttet werden. Er sucht diese Hoffnungen durch die andere zu begründen, daß Oesterreich und Preußen sich jetzt eben so edelmüthig zeigen würden als in früheren Zeiten, wo sie unter ähnlichen Verhältnissen zwar Entschädigung vom Reiche begehrt, aber auf Zureden ihrer Mitstände darauf verzichtet hätten. Deshalb, schließt er, müsse man die schlechterdings nöthigen Säcularisationen bewilligen, auch auf die näheren Anträge der Franzosen in Unterhandlung eingehen, zugleich aber von ihnen eine bestimmte Antwort auf die früheren Anträge der Deputation verlangen; denn der wirkliche Schaden müsse doch bekannt sein, ehe man über Entschädigung verhandeln könne. Diesem Votum schloß sich im Wesentlichen auch Kursachsen an, und so konnte man sagen, daß die Stimmenmehrheit zwar für Säcularisationen, aber in sehr beschränktem Maße entschieden habe. Lehrbach war mit der Abstimmung nicht gerade unzufrieden; er nahm sich vor, in der zweiten Berathung bei Feststellung des Conclusums die österreichische Ansicht bestimmt zu formuliren und in dem Conclusum selbst zum Ausdruck zu bringen.

In der nächsten Sitzung am 4. April führte er aus [1],

___

1) Protokolle I, 531.

daß, wenn überhaupt Entschädigungen geleistet werden sollten, sie auch für die geistlichen Stände, insbesondere für die geistlichen Kurfürsten eintreten müßten. Ferner hätte man die Entschädigungen nicht als Acquisition zu gebrauchen, sondern genau auf das Maß des Verlorenen zu beschränken; dabei würden sich neben den Säcularisationen auch andere, weniger nachtheilige Entschädigungsmittel — nämlich in Gelde — finden lassen. Er beantragte ausdrücklich, diese Erwägungen dem Conclusum einzuverleiben. Stadion, der schon vor der Sitzung bringend angehalten hatte, Lehrbach möge etwas zur Rettung des geistlichen Standes thun, stimmte mit warmen Worten bei. Aber nun geschah das Unerwartete. Albini trat dem österreichischen Deputirten entgegen. „Was Lehrbach und Stadion angeführt hätten", sagte er, „sei ganz dem, was er selbst schon geäußert habe, conform; in diesem Sinne könne er nur wünschen, daß es der Antwort an die Franzosen eingerückt würde. Aber er müsse seinem Grundsatze treu bleiben, daß die Deputation den Franzosen durchaus keine Entschädigungsmittel aus irgend einem reichsständischen Vermögen anbieten dürfe. Sie dürfe nur erwarten, daß die Franzosen solche in Vorschlag brächten, so daß ihr dann lediglich zwischen der Annahme und dem Wiederausbruch des Krieges die Wahl gelassen sei." In dem Augenblicke, wo man den Franzosen die Säcularisationen nachgab, nahm sich eine solche Gewissenhaftigkeit allerdings sonderbar aus. Die Clauseln, welche Lehrbach beifügen, die Geldentschädigung, auf die er hindeuten wollte, waren gerade das, was die geistlichen Stände wünschen, die Franzosen vermeiden mußten. Albini's Weigerung erregte deßhalb allgemeines Erstaunen; er bestand aber so fest darauf, daß er den österreichischen Antrag nicht einmal zur Abstimmung brachte. Lehrbach zeigte, wie es scheint, nicht die gewöhnliche Geistesgegenwart. Er ließ Albini gewähren, obgleich Löben schon in der Sitzung, und andere Deputirte später ihr Mißvergnügen kund gaben. So wurde das Conclusum ganz, wie es Albini schon vor der Sitzung

entworfen hatte, freilich nur mit Stimmenmehrheit, angenommen.

Es zeugt in jeder Zeile von der Hand seines Urhebers.
Die Säcularisationen werden als unumgängliche Vorbedin-
gung des Friedens für nothwendig erklärt, und die von Lehrbach formulirten Clauseln durch die „vertrauensvolle Hoffnung
ersetzt, daß dabei mit aller erdenklichen Fürsorge für die Erhaltung der Reichsconstitution und des Wohles der Reichsangehörigen eingeschritten werde". Lehrbach war außer sich vor
Aerger. „Durch die Ungeschicklichkeit, Eigenliebe und den
unglaublichen Hang zur Rechthaberei des Baron Albini",
schreibt er am Tage nach der Sitzung, „ist das Conclusum
zum Todesurtheil für den geistlichen Stand geworden. Es
wird hier allgemein geglaubt, dieser Mann leide an Hochmuths-
Absencen, oder er müßte gar noch üblere und verdächtigere
Beweggründe haben." Daß Albini, wie Lehrbach andeutet,
auch jetzt wieder unter dem Einfluß der Franzosen gehandelt
habe, läßt sich zwar nicht, wie bei der Abstimmung vom
11. März, durch seine eigenen Briefe beweisen. Es ist aber
nur zu gewiß, daß ein Mann, dessen ganze Hoffnung auf
einem von den Franzosen nur mündlich gegebenen Versprechen
beruhte, sich ihnen damit in die Hand gegeben hatte. Wie
lebhaft sie den in der letzten Sitzung geleisteten Dienst erkannten,
zeigt folgende, in mehr als einem Sinne charakteristische Mittheilung des mainzischen Gesandtschafts-Sekretärs: „Es ist der
sorgfältigen Aufzeichnung in diesem Diario würdig", schreibt
er am 9. April, „daß Bonnier bei dem heutigen Diner bei
dem Grafen Görtz dem preußischen Minister mit ausgezeichneter
Kälte, dem Grafen Cobenzl aber beinahe mit Hintansetzung
aller im gesellschaftlichen Leben gewöhnlichen Formen begegnete,
und auf verschiedene Fragen gar keine Antwort gegeben, mit
Directoriali aber, der sein Tischnachbar gewesen, ein lebhaftes,
vertrauliches und noch beinahe anderthalb Stunden nach auf-
gehobener Tafel fortdauerndes Gespräch unterhalten hat."

So war denn für die Franzosen zu Anfang April gerade

das erreicht, was sie Mitte Januars gefordert hatten. Sie hatten es ohne Beistand, ja wider den Willen der Oesterreicher erreicht, glaubten sich deshalb aller Pflichten gegen sie erledigt. In den wichtigsten Punkten blieb die Vereinbarung von Campo Formio wirkungslos. Die Compensation in Italien wurde verweigert, die Erwerbung des schon zugesagten Inndistricts und die Erhaltung der drei geistlichen Kurfürsten in Frage gestellt; weder die Rückgabe der linksrheinischen Provinzen an Preußen, noch die Ausschließung Preußens von den Säcularisationen, nichts war von den Franzosen zu erlangen. Auch die Hoffnung, daß etwa Bonaparte den Frieden, dessen Urheber er gewesen war, in Rastatt zur Anerkennung bringen würde, auch diese Hoffnung schwand. Immerwährend hatte man von der Rückkehr des Generals gesprochen, im Februar wurde sie beinahe täglich erwartet[1]); aber am 27. März meldet Cobenzl, es sei jetzt bestimmt, daß Bonaparte nicht zurückkäme, seine Leute würden abreisen, sein Adjutant Lavalette habe ihn mündlich entschuldigt[2]).

Da ihnen selber Alles verweigert wurde, blieben die Gesandten auch den Franzosen gegenüber in ihrer früheren Zurückhaltung. Lehrbach sprach von der Abtretung des linken Rheinufers und von den Säcularisationen nur mit dem Ausdruck, daß sie durch die Mehrheit bewilligt seien; auch Metternich stellte zwar diesen letzteren Beschluß, sowie den früheren vom 22. März auf Albini's Drängen der französischen Gesandtschaft zu, aber wieder ohne die übliche Eingangsformel: daß der Plenipotentiar mit der Deputation sich vereinigt habe. Eigentlich überschritt er schon dadurch seine Instructionen, denn ein

---

1) Talleyrand an Bonaparte, 21. Februar 1798. Corresp. inéd. IV, 446.

2) Dasselbe melden die preußischen Gesandten am 26. März mit dem Zusatze, Bonaparte habe Cobenzl eine Uhr mit Diamanten im Werthe von 40,000 Gulden überreichen lassen, als Geschenk der Republik für den Abschluß des Friedens von Campo Formio. „Les effets du Pape", sagte Treilhard.

Rescript der wiener Reichskanzlei nannte diesen Mittelweg sehr erzürnt eine „staatsrechtliche Mißgeburt, durch welche die Plenipotenz sich zum Mitschuldigen der Deputation mache". Da aber kein anderer Weg angegeben war, blieb Metternich, wenn nicht der Congreß ganz stocken sollte, nichts übrig, als mit dem Beschluß vom 4. April in gleicher Weise zu verfahren. Die Franzosen stellte er freilich auch dadurch nicht zufrieden; wenigstens der Plenipotenz gegenüber trugen sie ihre Unzufriedenheit zur Schau. Es kam zu heftigen Erörterungen, die wieder nur die völlige Abweichung der Meinungen hervortreten ließen. Und so wurde es immer deutlicher, daß auf dem bisherigen Wege eine Einigung zwischen dem Kaiser und Frankreich nicht zu erreichen sei.

Achtes Kapitel.

Oesterreich und Preußen.

Je mehr diese Ueberzeugung sich befestigte, um so dringender wurde die Frage, ob nicht auf anderem Wege leidliche Zustände sich erreichen, ob nicht die Ansprüche der beiden deutschen Mächte doch vielleicht sich vereinigen ließen. Selbst Thugut hatte dieses Ziel niemals ganz aus den Augen verloren. Wir haben gesehen, wie er dem Grafen Cobenzl am 13. Januar die Weisung ertheilte, einer Verständigung mit den preußischen Gesandten nicht aus dem Wege zu gehen. In demselben Sinne handelte er in Wien, aber zögernd, widerwillig; der eigentliche Anstoß auch in der österreichischen Hauptstadt ging von Preußen aus.

Das Ministerium schreibt am 8. Januar an Keller, der König sei erfreut durch die freundlichen Versicherungen, die Herr von der Reck aus Wien mitgebracht habe, er werde gern die Verhandlung fortsetzen und wolle dem wiener Hof einen Schritt entgegen thun. Keller möge Thugut die Versicherung geben, er kenne, nachdem der petersburger Hof die Convention vom 5. August 1796 mitgetheilt habe, alle Geheimnisse Preußens. Als Keller am 19. Januar diesen Auftrag ausrichtete, fand er jedoch Thugut wenig entgegenkommend. Der österreichische Minister schien Zweifel zu hegen, ob Rußland den vollen Wortlaut der Convention mitgetheilt habe, und der preußischen Versicherung wenig Vertrauen zu schenken; „in Regensburg", bemerkte er, „habe Preußen erklärt, es bestehe seit dem baseler Frieden keine neue Uebereinkunft[1]." Gleichwohl lehnte er Ver-

---

1) Keller, 20 Januar.

handlungen nicht ab, wollte aber nicht allein mit Keller verhandeln. Denn wenn er schon dem preußischen Diplomaten überhaupt nicht traute, so glaubte er auch in aufgefangenen Depeschen Keller's den Beweis zu finden, daß seine Aeußerungen von dem Gesandten absichtlich entstellt würden [1]). Er erbat sich deshalb den Grafen Franz Colloredo als Gehülfen, der aber bei seiner bescheidenen Unterordnung nicht eigentlich als Theilnehmer, sondern nur als Zeuge den Conferenzen beiwohnte. Die erste fand am 22. Januar in der Hofburg statt. Thugut schlug zwei Grundlagen vor, erstens: die Integrität der Reichsver= fassung, zweitens: die Integrität des Gebietes, soweit als mög= lich; er wünschte, daß die preußischen Gesandten in Rastatt in diesem Sinne Anweisung erhielten. Keller erwiederte, die In= tegrität der Verfassung hinge doch wesentlich von der Integrität des Gebietes ab; es frage sich vor allem, wie weit Deutschland das linke Rheinufer verlieren würde. Gerade die Beantwortung dieser ersten Frage war aber für Thugut die unbequemste, denn sie schloß die Bekanntmachung der geheimen Artikel von Campo Formio in sich, zu einer Zeit, als er noch die Hoffnung nicht aufgegeben hatte, ihre Erfüllung von Seiten der Franzosen zu erlangen. Er gab deshalb keine bestimmte Antwort, sondern bemerkte nur, es sei nicht gesagt, daß das ganze linke Rhein= ufer an Frankreich fallen müsse; über die Absichten der Fran= zosen werde Preußen, das schon so lange einen Gesandten in Paris habe, wohl am besten unterrichtet sein [2]). Als der Keller'sche Bericht nach Berlin kam, wollte Alvensleben sogleich abbrechen; Thugut, bemerkt er, sage nicht ein Wort über die Bedingungen von Campo Formio; seine Absicht sei nur, Preußen mit Frank= reich zu veruneinigen. Eingehender faßt Haugwitz in einer

---

1) Thugut an Colloredo, 24. Januar, bei Vivenot a. a. O. II, 84. Votre Excellence verra, que Keller à plusieurs égards ne paraît pas avoir compris ou voulu comprendre ce qui lui a été dit; quoique je crois qu'à l'égard de la constitution de l'Empire dans son intégrité et sans changement   on lui a parlé assez clairement.

2) Keller, 23. Januar.

Denkschrift vom 29. Januar die Frage auf. Die Zurückhaltung der geheimen Artikel, sagt er, sei allerdings zu bedauern; immer bleibe aber eine Verständigung mit dem wiener Hofe vielleicht das einzige Mittel, um die Schlingen zu vermeiden, welche Frankreich allen monarchischen Regierungen gelegt habe. Im Ganzen stimme die österreichische Basis mit den preußischen Wünschen überein. Man könne das sagen, aber zugleich offen erklären: da nach den Maßnahmen der Franzosen der Verlust des linken Rheinufers unzweifelhaft scheine, so wünsche der König, selbst wenn über die preußischen Provinzen nichts ausgemacht sei, einen so geringen Besitz aufzugeben, und durch Säcularisationen Entschädigung zu erhalten. In diesem Sinne entschied auch der König. Gleich am folgenden Tage erhielt Keller den Auftrag, die August-Convention officiell vorzulegen und zugleich um Mittheilung der Artikel von Campo Formio zu ersuchen; wenig später folgten ausführliche Anweisungen, in denen, ähnlich wie in der Instruction für die rastatter Gesandten, die preußischen Ansprüche nach dem Verhältniß der österreichischen verschieden normirt werden[1]).

Als diese Erklärung nach Wien gelangte, hatte eben — am 10. Februar, also mehr als 14 Tage nach der ersten — die zweite Conferenz stattgefunden; Keller hatte die Augustconvention bereits mitgetheilt. Aber Thugut, wenig geneigt, für einen schon bekannten Vertrag eines der wichtigsten Geheimnisse seiner Politik zu enthüllen, erwiederte beinahe unwillig, er habe ja die Mittheilung der Convention gar nicht verlangt; geheime Artikel von Campo Formio, wenn es solche gebe, könne er nicht mittheilen; aber nichts hindere, daß die preußischen Gesandten in Rastatt für die Erhaltung der Reichsintegrität instruirt würden. Keller nahm aus der Unterredung keine güte Hoffnung mit. Thugut, meint er, betrachte die Ausführung des Augustvertrages, vor allem die Festsetzung des Hauses Oranien in Franken mit dem eventuellen Nach-

---

1) Das Ministerium an Keller, 30. Januar, 4. Februar 1798.

folge=Recht für Preußen, als tödtliche Schläge für den öster=
reichischen Einfluß. Er wolle jetzt nur Zeit verlieren, bis er
dem Kaiser entsprechende Vortheile verschaffen könne[1]).

Diese Stimmung änderte sich auch nicht, als vier Tage
später eine dritte Conferenz stattfand, in welcher Keller der
neuen Instruction gemäß sein Begehren wiederholte und ohne
wörtliche Mittheilung doch auf den Inhalt der berliner An=
träge einging. Thugut wollte nicht einsehen, daß die preu=
ßischen Besitzungen auf dem linken Rheinufer nicht behauptet
werden könnten, erklärte die Entschädigung des holländischen
Statthalters für eine dem Reiche fremde Sache, und Säcula=
risationen für einen Eingriff in fremdes Eigenthum. Er bat
die Mittheilung der geheimen Artikel nicht zu fordern, denn
das heiße verlangen, daß der Kaiser einem gegebenen Worte
untreu würde. Auf Keller's Wunsch dictirte er ihm aber die
Erklärung: zwischen dem Kaiser und Frankreich bestünde keine
Vereinbarung im Widerspruche mit der von ihm vorgeschlagenen
doppelten Basis: erstens: Erhaltung der Reichsverfassung in
den Gebietstheilen, die man beim Frieden dem Reiche bewahren
könne; zweitens: Erhaltung der gegenwärtigen Besitzungen und
möglichste Verminderung der Opfer, die das Reich bringen
müsse[2]). Schon Tages vorher war ein noch wirksameres Mittel
ergriffen, um den Zumuthungen des preußischen Ministeriums
ein Ziel zu setzen: am 13. Februar hatte Kaiser Franz einen
langen eigenhändigen Brief an den König gerichtet. Neben
Versicherungen der Freundschaft und Uneigennützigkeit ist das
Wesentliche darin die Klage, daß Keller, ehe er auf die öster=
reichische Friedensbasis weiter eingegangen sei, sogleich die Mit=
theilung der geheimen Artikel verlangt habe. „Ich bitte Ew.
Majestät zu erwägen", fährt der Kaiser fort, „daß die Annahme,
es seien geheime Artikel vorhanden, auch von der Voraussetzung
begleitet ist, daß die beiden vertragschließenden Theile sich

---

1) Keller, 12. Februar.
2) Keller, 15. Februar.

verpflichtet haben, den Inhalt nicht zu veröffentlichen, daß also das fernere Drängen auf ihre Mittheilung die Forderung in sich schließen würde, ich sollte ein gegebenes Wort verletzen. Ich überlasse es mit Vertrauen der eigenen Entscheidung Ew. Majestät, ob es in diesen traurigen Zeiten uns Souveränen geziemt, den Franzosen das Beispiel eines Wortbruchs zu geben." Reuß wurde angewiesen, den Brief nicht in der gewöhnlichen Weise, sondern ohne Wissen des Ministeriums durch eine wohlgesinnte Person, etwa den General Köckeritz oder Herrn von der Reck dem Könige zu übermitteln[1]). Schon diese Uebergehung reizte die preußischen Minister, denen sie nicht verborgen blieb; ebensowenig wurden sie durch Keller's Berichte erfreut. Thugut's Zögerungen, Verschlossenheit und gewundene Erklärungen erschienen nur als ein Gewebe von Ränken und Ausflüchten, und als ein schlecht verhülltes Geständniß, daß das linke Rheinufer unbedingt oder bedingt den Franzosen abgetreten sei. Auch dem Gesandten machte man zum Vorwurf, daß er zu lange gezögert und die verschiedenen preußischen Vorschläge nicht förmlich mitgetheilt habe[2]). Durch den Brief des Kaisers war jedoch die Angelegenheit der ministeriellen Verhandlung entzogen. Keller hatte am 26. und 28. Februar noch Unterredungen mit Thugut, aber dieser erklärte, man müsse jetzt die Antwort des Königs erwarten. Diese Antwort, vom 24. Februar datirt, wurde von Keller auch wieder, ohne daß er Thugut von dem Inhalt Kenntniß gegeben hätte, am 3. März dem Kaiser überreicht. Sie begann mit der Bemerkung, wie nützlich und wünschenswerth die Mittheilung der geheimen Artikel gewesen wäre; da sie aber unmöglich sei, wolle der König gleichwohl ohne jeden Hinterhalt seine Absichten eröffnen. „Ich schlage Ew. Majestät vor", heißt es dann, „sich mit den Entschädigungen in Italien zu begnügen, die erblichen Besitzungen des Reiches unberührt zu lassen und auf jede Gebiets

---

erwerbung in Deutschland zu verzichten, das Princip der Sä=
cularisationen in dem Maße zuzulassen, als es erforderlich ist,
um die auf dem linken Rheinufer verletzten Fürsten in billiger
Weise zu entschädigen, und die Anwendung dieses Princips zu
Gunsten des Hauses Oranien auszudehnen. Ich verspreche da=
gegen, mich auf die einzige Entschädigung zu beschränken, welche
mir für den unvermeidlichen Verlust meiner linksrheinischen
Besitzungen zufallen wird [1]."

Dieser Brief machte in Wien den übelsten Eindruck, und
man braucht nicht eben mit Thugut's Augen zu sehen, um es
begreiflich zu finden. Was Oesterreich den Franzosen mit der
äußersten Anstrengung in Campo Formio abgerungen hatte,
oder in Rastatt abringen wollte, alles dies sollte es gleich beim
Beginn der preußischen Unterhandlung verlieren. Die Hoffnung
auf Passau, Salzburg und die Innlinie, der Rest des linken
Rheinufers und zugleich das für die Abtretung etwa zu er=
langende Aequivalent wurden nach den preußischen Vorschlägen
aufgegeben, die geistlichen Fürsten, des Kaisers treueste Anhänger,
zum guten Theile geopfert. War schon dadurch der preußische
Einfluß im Reiche gemehrt, so kam noch dazu die Entschädigung,
die der König sich vorbehielt, und die Verpflanzung des von
Preußen abhängigen Hauses Oranien nach Deutschland, vor=
aussichtlich nach Franken. Das preußische Ministerium selbst
scheint den Widerstand vorauszusehen, dem dieser Anspruch
eines dem Reiche ganz fremden Fürsten begegnen würde. Es
schreibt an Keller, er solle sich aus der Verlegenheit ziehen durch

---

1) Je Lui propose de se contenter des indemnités, qu'Elle
obtient en Italie, de laisser intactes les possessions héréditaires de
l'Empire et de renoncer à toute acquisition territoriale quelconque
en Allemagne, d'adopter le principe des sécularisations en tant qu'il
est nécessaire pour dédommager équitablement les princes lésés par
la cession de la rive gauche, et d'étendre l'application de ce principe
en faveur de la maison d'Orange — et je Lui promets en retour,
de m'en tenir à la seule indemnité qui me reviendra pour compenser
la perte inévitable de mes provinces transrhénanes.

die Bemerkung, daß ja auch der Kaiser die drei geistlichen Kur=
fürsten, also unter ihnen seinen Onkel, den Kurfürsten von
Köln, entschädigen wolle. Aber dies zweifelhafte Argument war
gewiß nicht geeignet, Eindruck auf Thugut zu machen. Er fand
seine üble Meinung, seinen Argwohn vollkommen bestätigt. Der
Brief des Königs, schreibt er am 8. März an Reuß, zeige die
ganze Unbilligkeit des berliner Hofes, der selbst drei Millionen
Einwohner in Polen gewonnen habe und dem Kaiser gleich=
wohl nicht einmal eine Entschädigung gönnen wolle. Mit
einer solchen Regierung werde man nie zu Ende kommen; der
Kaiser habe die Vermittlung Rußlands vorgeschlagen.

Von jeher hatte Thugut sich bestrebt, russische Hülfe zu
dem Kriege gegen Frankreich zu gewinnen. Durch den Tod
der Kaiserin Katharina, durch die Politik Paul's I. wurden
seine Hoffnungen vereitelt, aber es blieb zu versuchen, ob
man nicht wenigstens Preußen gegenüber durch Rußlands Ein=
fluß eine günstigere Stellung sich verschaffen könne. Gleich nach
der ersten Conferenz mit Keller am 24. Januar schreibt Thugut
dem Fürsten Reuß, die preußischen Eröffnungen besagten gar
nichts, als daß außer dem Vertrage vom 5. August kein anderer mit
Frankreich abgeschlossen sei; ohne Vorsichtsmaßregeln könne man
Preußen nicht vertrauen, der Kaiser sei überhaupt entschlossen,
sich ohne Rußlands Dazwischenkunft auf gar nichts Erhebliches
mit Preußen einzulassen. Reuß soll deßhalb dem russischen
Gesandten, Grafen Panin, von allen darauf bezüglichen Unter=
handlungen Kenntniß geben. In stärkeren Worten wird die=
selbe Absicht zu wiederholten Malen dem Grafen Dietrichstein in
Petersburg mitgetheilt. Der Kaiser, schreibt Thugut, vermöge
allein der preußischen Böswilligkeit nicht zu steuern, die den Fran=
zosen das ganze linke Rheinufer, selbst die Theile, welche der
Friede von Campo Formio noch gerettet habe, überliefern wolle.
Bleibe Rußland ferner unthätig, so müsse man eine noch engere
Verbindung, ja ein förmliches Bündniß Preußens mit der Re=

publik befürchten. Oesterreich sei gern bereit, dem Vorschlag der Russen gemäß, die alten auf die Türkei bezüglichen Ver=einbarungen zu erneuern, schmeichle sich aber auch, daß die Verpflichtungen erfüllt würden, welche zwischen beiden Höfen in Bezug auf Preußen beständen [1]).

Am 8. März ging dann die eigenhändige Antwort des Kaisers nach Berlin ab. In etwas gereiztem Tone deutet sie an, daß mit den guten Absichten des Königs die Maßregeln seiner Minister und die Vorschläge des letzten Schreibens nicht im Einklange ständen. Die Anstrengungen Oesterreichs seit dem Anfange des Krieges hätten wohl zu dem Vertrauen berechtigen dürfen, daß die Mittheilungen des Grafen Keller nicht so ganz und gar den Stempel der Besorgniß tragen würden, als wolle Oesterreich sich in Deutschland auf Kosten des Reiches unmäßig vergrößern. Die Ansprüche in Deutschland, versichert der Kaiser, würden sich beständig mit den bisher bewährten edelmüthigen Gesinnungen im Einklange finden. Er wünscht, daß die preußi=schen Minister in Rastatt den kaiserlichen gegen die Franzosen beistehen möchten; zugleich könne man in Wien oder Berlin besondere Verhandlungen eröffnen und dabei den Kaiser von Rußland als Vermittler nehmen [2]).

An diesen ging denn auch am folgenden Tage das ent=sprechende Schreiben ab. Zuerst wieder die gewöhnlichen Klagen über die preußische Politik. „Außerdem, fährt der Kaiser fort, sind auch die preußischen Vorschläge in Bezug auf die Ent=schädigungen von einer so offenbaren Ungerechtigkeit gegen mich, daß ich mehr als jemals mich überzeugen muß, es könne keine Verhandlung zwischen uns ohne Dazwischenkunft eines Souverains, wie Ew. kaiserliche Majestät, zu einem erwünschten

---

1) Thugut an Dietrichstein, 25. Januar, 25. u. 27. Februar bei Vivenot: Zur Geschichte des rastatter Congresses, Wien 1871, S. 133 fg.

2) Das Schreiben im Pr. St.-A. als Beilage der Acten Berlin — Wien, 15. März, und im W. St.-A. als Beilage zu Thugut's Expedition an Cobenzl vom 13. März.

Ziele führen.“ Er bittet dringend, Paul möge die wichtige Aufgabe nicht ablehnen; er verlange keineswegs beträchtliche Erwerbungen auf Kosten des Reiches, nur könne er nicht zugeben, daß Preußen das Unglück, welches Oesterreich bei Vertheidigung einer ehrenvollen Sache erfahren habe, dazu benutze, um die österreichische Macht im Reiche völlig zu vernichten und sich selbst ein dem allgemeinen Interesse sehr nachtheiliges Uebergewicht zu verschaffen [1]).

Als der Vorschlag des Kaisers nach Berlin gelangte, erregte er mancherlei Bedenken. Am 16. März legen die Minister Haugwitz, Finkenstein und Alvensleben dem König ausführlich ihre Ansichten dar. „Was man auch wählt“, schreiben sie, „man wird gefährlichen Klippen begegnen. Bricht man mit Wien, so werden die Franzosen sich unzweifelhaft entgegenkommender und gefälliger zeigen; aber da zur Entschädigung der linksrheinischen Fürsten Säcularisationen nöthig sind, werden sie das Recht der Vertheilung in Anspruch nehmen, sich auf dem rechten Rheinufer festsetzen, Norddeutschland bedrohen und die geistlichen Fürstenthümer ihren alten Plänen gemäß, statt zu säcularisiren, in Republiken verwandeln. Dieser Plan“, fügt Haugwitz eigenhändig hinzu, „scheint um so leichter ausführbar, je genauer man die Stimmung im Allgemeinen und des Clerus insbesondere in den geistlichen Staaten in's Auge faßt. Es ist kein Zweifel, daß diese Länder eine republikanische Verfassung der Säcularisation vorziehen würden, und die Franzosen, welche diese Stimmung kennen, zeigen vielleicht nur deshalb so großen Eifer für die Entschädigung der linksrheinischen Fürsten, um auf diesem Wege zu ihrem Ziele zu gelangen. Aber“, fahren die Minister fort, „auch die Einigung mit Wien ist schwierig und gefährlich. Der Kaiser müßte vor allem anerkennen, es sei physisch unmöglich, das linke Rheinufer zu retten, und deshalb auf den hinterlistigen Plan verzichten, einen kleinen Theil der deutschen Besitzungen auf dem linken Ufer dem

---

1) Vivenot a. a. O. S. 140.

Reiche zu erhalten; ferner müßte er sich über die Art der Entschädigungen erklären. Wäre man dessen versichert, so könnte man den Franzosen anzeigen, daß man ihnen das linke Ufer abträte, daß aber die Maßregeln auf dem rechten Ufer ausschließlich von dem Kaiser und dem Reiche ohne Einmischung der Franzosen getroffen werden sollten, daß daher ihre Truppen auf dem rechten Ufer zwecklos wären und innerhalb eines bestimmten Zeitraumes sich zurückziehen müßten. Aber daraus könnte, wenn die Franzosen sich weigerten, ein offener Krieg entstehen, und für diesen Fall wäre zu erwägen, wessen man sich von Seiten Oesterreichs zu versehen hätte." Die Minister wagen nicht, sich bestimmt zu erklären, sie überlassen die schwierige Entscheidung der Weisheit des Königs.

Schon zwei Tage darauf kann aber Haugwitz seinen Collegen anzeigen, „der König sei gewillt, nichts zu unterlassen, was das Vertrauen zwischen Preußen und dem wiener Hofe befestigen könne; der Kaiser habe doch immer mit Preußen das gleiche Interesse: Deutschland von der französischen Einmischung zu befreien." Die Vermittlung Rußlands konnte man schon aus Rücksicht für Paul I. nicht abschlagen. Der König wünschte aber, daß die Conferenzen in Berlin stattfänden, um sie dem unmittelbaren Einfluß Thugut's und Rasumowsky's zu entziehen; auch sei diese Stadt der passendste Ort für eine Verhandlung, die zugleich mit Wien und Petersburg correspondire. In diesem Sinne ging am 19. März die Antwort nach Wien ab. „Der König", hieß es den Anspielungen des kaiserlichen Schreibens gegenüber, „kenne seine Pflichten als Monarch zu wohl, um sich nicht selbst um die Geschäfte zu kümmern, und begreife deshalb nicht, wie zwischen seinen Absichten und dem System seiner Minister ein Widerspruch entstehen könne. Er sei aber bereit, neue Verhandlungen unter seinen Augen in Berlin eröffnen zu lassen, und heiße die Intervention Rußlands willkommen. Gern werde er auch seinen Gesandten in Rastatt neue Instructionen geben, sobald nur — das heißt nicht eher als — eine feste Grundlage für die Einigung zwischen Oesterreich und Preußen sich gefunden habe; deshalb sei es sehr zu wünschen, daß die Verhandlungen unverzüglich nach der Rück= kehr des wiener Couriers in Berlin ihren Anfang nähmen [1])."

Aber ohne Rußland wollte sich Thugut in Berlin auf durch= aus nichts einlassen. „Preußen", meint er in einem Schreiben an Reuß, „habe die russische Vermittlung zwar angenommen, aber es wolle sie wieder beseitigen durch den Vorschlag, die Verhandlungen noch vor dem Eintreffen einer Antwort aus Petersburg zu eröffnen; man werde sich hüten, in diese Falle zu gehen [2])." Demgemäß antwortete auch der Kaiser dem Könige am 3. April, die Unterhandlungen könnten in Berlin ihren Anfang nehmen, sobald — das heißt nicht eher als — die russische Antwort eingetroffen sei. Nichts desto weniger verlangt er gerade das, was der König erst von dem Ausfall der berliner Verhandlungen wollte abhängen lassen, nämlich daß die preußischen Gesandten in Rastatt zu wechselseitigem Bei= stand gegen die französischen Gewaltschritte Anweisung erhielten; dann werde Deutschland die persönliche Bekanntschaft der bei= den Monarchen, die ihnen gegenseitige Achtung und Freund= schaft eingeflößt habe, segnen.

Dagegen suchte der österreichische Minister allerdings die Antwort aus Petersburg zu beschleunigen. Am 5. April richtet er an Dietrichstein unter Beigabe der berliner Depeschen die dringendsten Vorstellungen über die Gefährlichkeit der Lage. Mehr als jemals sei es nothwendig, eine Einigung zwischen den Höfen von Wien und Berlin herbeizuführen, und dies könne nur durch schleunigste Uebersendung der Instructionen für den russischen Gesandten nach Berlin geschehen. „Kein Augenblick ist zu verlieren", setzt er hinzu. „Ohne aufrichtige Einigung der verschiedenen Mächte geht Europa zu Grunde.

---

1) Die zuletzt genannten Schriftstücke sämmtlich im Pr. St.-A. bei den Acten: Berlin — Wien.

2) Thugut an Reuß, 3. April; beiliegend der Brief des Kaisers von demselben Tage, W. St.-A.

Jeder Tag erweitert die Verwüstungen eines allgemeinen Umsturzes. Man betrachtet eine Revolution in Spanien als bald bevorstehend und unvermeidlich. Der König von Sardinien ist genöthigt, bei der ersten Aufforderung eines französischen Generals von seinem Throne herabzusteigen. Der Hof von Neapel achtet sich selbst dem völligen Untergange nahe, und eben wird in Genua eine bedeutende Zahl von Truppen eingeschifft, die man zum Angriff gegen Sicilien bestimmt glaubt. Der Umsturz so vieler Regierungen regt die Völker auf; er schwächt ihre Ehrfurcht vor den Monarchen, die ihnen unfähig erscheinen sie zu schützen, und es ist nur zu wahr, daß in dem Maße, wie die ungeheure Macht der Demokratie sich vermehrt, die Mittel des Widerstandes, welche den monarchischen Regierungen noch geblieben sind, von Tag zu Tage sich vermindern[1]).“

Indessen schon der Entfernungen wegen konnte die Antwort des Zaaren nicht binnen Kurzem eintreffen; so geschah es, daß vorläufige Besprechungen in Rastatt die eigentliche Verhandlung in Berlin überholten.

Wir sahen, wie jene erste Annäherung bei Metternich am 24. Januar ohne Ergebniß blieb. Noch um die Mitte des folgenden Monats berichten die beiden Gesandtschaften, daß einer jeden von den eigentlichen Absichten der anderen nichts bekannt sei[2]). Gleichwohl wies das berliner Cabinet schon am 2. Februar seine Bevollmächtigten an, sich wenigstens Metternich soviel als möglich zu nähern, und eine Woche später theilte man über die Wünsche des Königs ungefähr dasselbe mit, was bereits an Keller geschrieben war.

Gerade an demselben Tage, am 9. Februar, erging auch von Wien eine ausführliche Instruction an die österreichischen Gesandten, dieselbe, welche für die Unterhandlung mit den

---

1) Vivenot, Zur Geschichte des rastatter Congresses, S. 163.
2) Cobenzl, 14. Februar; die preußischen Gesandten, 10. Februar.

Franzosen so genaue Anweisungen gab und die österreichische Entschädigung, so weit als irgend möglich, in Italien suchte. In Deutschland konnten unter dieser Voraussetzung Besitzstand und Verfassung im Wesentlichen unverändert bleiben; es kam nur darauf an, die preußischen Gesandten gleichfalls zum Verzicht auf Erwerbungen in Deutschland zu vermögen. Es folgte nun eine Reihe von Besprechungen, ähnlichen Inhalts wie kurz vorher die wiener Unterhandlung. Nur war man in Rastatt mehr entgegenkommend und, da beide Theile beinahe gleichmäßig von dem Uebermuth der Franzosen zu leiden hatten, auch lebhafter geneigt, durch gemeinschaftliche Anstrengung dem fremden Einfluß eine Schranke zu setzen. Die preußischen Gesandten geben diesem Gefühl nicht selten Ausdruck; bei Metternich, selbst bei Cobenzl glaubten sie denselben Gesinnungen, und nur bei Lehrbach noch immer dem eingewurzelten Haß gegen Preußen zu begegnen[1]). Es konnte als Zugeständniß gelten, daß Cobenzl eine Entschädigung für den König, wenn die linksrheinischen Provinzen abgetreten würden, in der Billigkeit begründet fand, und daß die preußischen Gesandten ihre Ansprüche auf eine stricte Entschädigung, etwa durch Hildesheim, beschränken wollten. Auch die Ansprüche des Landgrafen von Hessen-Cassel auf Fulda und Paderborn wurden als unmäßige nicht mehr von ihnen unterstützt, obgleich der Augustvertrag sie noch bekräftigt hatte, und der hessische Gesandte, Freiherr v. Waitz, in Paris und später in Berlin sie mit allem Eifer durchzusetzen suchte[2]). In Franken wünschte man Arrondirung, nahm sogar die Pläne gegen Nürnberg wieder auf, aber doch nicht als unabänderliche Forderung. Ein bedenklicher Punkt blieb immer die Entschädigung des Erbstatthalters, Prinzen von Oranien. Die Augustconvention wollte ihm Bamberg und Würzburg überweisen, auch Oesterreich hatte in Campo Formio eine Entschädigung

---

1) Die preußischen Gesandten, 21. Februar und 21. März.

2) Die preußischen Gesandten am 17., 20. und 21. Februar; das preußische Ministerium am 16. Februar; Cobenzl an Thugut, 27. März. Talleyrand an Treilhard, 24. Januar.

zugestehen müssen. Aber ein geheimes Abkommen zwischen
Oesterreich und Frankreich begründete kein Forderungsrecht für
Preußen, und nachdem die Bestimmungen des Friedens bereits
in so vielen Punkten verletzt waren, fühlte sich der Kaiser keines=
wegs verpflichtet, einer von Preußen abhängigen Familie so
überaus reichen Landbesitz in der gefährlichsten Nähe seiner
Grenzen zu überweisen. Thugut hatte sich darüber mit großer
Schärfe gegen Keller ausgesprochen, und der preußische Gesandte
berichtet: von den in Wien anwesenden Gesandten, auch der pro=
testantischen Stände, theilten viele Thugut's Ansichten über diese
Angelegenheit [1]). Sogar Jacobi äußerte in einem vertrauten
Gespräche, wenn man dem jungen Könige die Sache nur von
der rechten Seite vorstelle, würde er den ganzen Plan bald
als ungerecht und unausführbar erkennen. Görtz war aller=
dings anderer Meinung, bestand aber auch nicht mehr auf der
Entschädigung in Franken, sondern wollte sich mit den fünf
trier'schen Balleien auf dem rechten Rheinufer begnügen, die
den nassauischen Familienbesitz arrondirten und weit genug so=
wohl von der österreichischen als der holländischen Grenze ge=
legen waren. Am liebsten hätte der Kaiser die Entschädigung
für Oranien ganz beseitigt. Um diesen Preis, oder wenn Preußen
die Entschädigung übernehmen wollte, war er bereit, auf jede
Erwerbung in Deutschland zu verzichten und den Herzog von
Modena ohne eigenen Ersatz durch den Breisgau zu entschädigen;
wollte Preußen darauf nicht eingehen, so forderte er für Mo=
dena eine Entschädigung, der oranischen entsprechend, auf Kosten
des Reiches. Alle diese Gegensätze schienen aber nicht unüber=
windlich; die Hauptschwierigkeit, auf welche die Preußen immer
zurückkamen, war die Erweiterung Oesterreichs nach der bairischen
Seite. Ueber diesen Punkt, sagt Jacobi, denke der junge König
gerade so, wie Friedrich II., der, um sie zu verhindern, sich an
die Spitze seines Heeres gestellt habe. Wolle Oesterreich sie
gleichwohl durchsetzen, so müsse auch Preußen seine Ansprüche

---

1) Keller, 27. Februar.

in solchem Maße ausdehnen, daß damit die Erhaltung der Reichsverfassung schwerlich vereinbar sei.

So lange die eigentliche Unterhandlung noch zwischen Wien und Berlin geführt wurde, kam man in Rastatt nicht über Gespräche, Vorschläge, Freundschaftsversicherungen hinaus. Wir haben nur zu oft gesehen, wie weit die Interessen beider Staaten selbst in Bezug auf die Abstimmungen der Deputation auseinandergingen, ja es blieb nicht leicht die Gelegenheit unbenutzt, wenn einer dem anderen, sei es bei den deutschen Mitständen, sei es bei den Franzosen, schaden konnte. Den französischen Gesandten, die schon den Schein eines Einigungsversuches zwischen den deutschen Mächten übel aufnahmen, versicherte Cobenzl, die ganze Verhandlung sei nur eine Folge preußischer Zudringlichkeit und für den Frieden mit Frankreich von gar keiner Bedeutung; wiederum ließ das berliner Cabinet in Paris erklären, man verfolge vor Allem das Ziel, Baiern aus den Händen der Oesterreicher zu retten[1]). Wirkliche Bedeutung erlangten die rastatter Besprechungen erst, als Thugut die directe Verhandlung mit Berlin abgebrochen oder wenigstens bis zum Eintritt russischer Vermittlung aufgeschoben hatte.

In derselben Depesche vom 13. März, in welcher er Cobenzl von diesem Zwischenfalle Nachricht gibt, erlaubt er ihm doch, sich vertraulich mit den Preußen zu benehmen und über ihre Absichten sich weitere Aufklärung zu verschaffen. Allenfalls möge er auch mit Görtz und Jacobi einen eventuellen Vertragsentwurf vereinbaren, der den beiden Höfen überschickt und für die späteren Verhandlungen benutzt werden könne. Cobenzl griff diese Idee mit Vergnügen auf, theilte sie kurz nach dem Eintreffen der Depesche, am 22. März, auch Jacobi als eigenen Einfall mit und fand bei ihm und seinen Collegen bereitwillige Zustimmung. Man bat den österreichischen Gesandten, den Entwurf selbst zu redigiren, und, schreibt er, „in der Ueberzeugung, daß immer der im Vortheil ist, der zuerst

1) Das Ministerium an Sandoz, 23. April.

die Feder in die Hand nimmt, ging ich auf ihren Vorschlag ein". In Cobenzl's Wohnung sollte auch die Berathung stattfinden, bei welcher aber, um kein Aufsehen zu erregen, von Seiten Preußens nur Görtz und Jacobi erscheinen würden. Sei es, daß Görtz, wie Cobenzl berichtet, einen alten Groll gegen Lehrbach bewahrte, oder daß die Preußen, vielleicht sogar Cobenzl, seine Schärfe und Derbheit fürchteten, man kam überein, Lehrbach solle, so wie Dohm, an der Conferenz keinen Antheil nehmen. Cobenzl, der alles mit ihm berieth, zeigte ihm aber den Entwurf eines Vertrages in sieben Artikeln, den er, „in der Geschwindigkeit", sagt Lehrbach später, niedergeschrieben hatte, und an welchem Lehrbach mit gutem Grunde manches zu verbessern fand. Insbesondere bewirkte er, daß Cobenzl bei der ersten Zusammenkunft am 25. März statt eines eigentlichen Vertrages, ein weniger officielles Dokument vorlegte, welches er aperçu eventuel nannte. In dem 1. Artikel verzichtete der Kaiser in Deutschland auf jede Entschädigung für die Niederlande und die Lombardei, wogegen Preußen für die linksrheinischen Provinzen nur ein genaues Aequivalent und zwar das Bisthum Hildesheim erlangte. Nach dem 2. Artikel wurde Modena vom Kaiser durch den Breisgau, und so auch der Erbstatthalter von Holland durch Preußen entschädigt. Ging man von dieser Bestimmung ab, so sollte er nach dem 3. Artikel doch keinen Falles in der Nähe der österreichischen Besitzungen seine Entschädigung erhalten, Modena' alsdann auf Kosten des Reiches entschädigt werden, oder dem Kaiser statt des Breisgaues eine Entschädigung nach seinem Gutbefinden (à sa convenance) zufallen. Diese beiden Artikel — 2 und 3 — entsprachen ungefähr dem, was Cobenzl einige Tage früher mit Jacobi überlegt hatte, aber Görtz setzte durch, daß man sie als Alternative neben einander stellte, was bei den bekannten Gesinnungen des berliner Hofes mit der Annahme des letzteren gleichbedeutend war. Der nun folgende Artikel — ursprünglich der 4., in dem veränderten Entwurf der 3. — verpflichtete die beiden Höfe, den Territorialbesitz des Reiches soviel als möglich, und in den er haltenen Theilen auch die Reichsverfassung zu erhalten; insbesondere sollten nach dem 4. Artikel die drei geistlichen Kurfürsten in billiger Weise entschädigt werden. Daran schloß sich, beinahe wörtlich einer Instruction Thugut's entnommen, der Grundsatz über die Säcularisationen (Art. 5), den Lehrbach auch in der Deputation zu vertheidigen gewohnt war. Oesterreich und Preußen verpflichteten sich, dafür einzutreten, daß die Entschädigungspflichten soviel als möglich auf alle Reichsstände gleichmäßig vertheilt, Säcularisationen nur soweit als nöthig zur Anwendung gebracht, und auch mittelbare Besitzungen und Geldleistungen als Entschädigung verwendet würden. In dem 6. Artikel versprachen die beiden Mächte, ihre Anstrengungen (efforts) dahin zu vereinigen, daß die Erwerbungen der Franzosen sich wenigstens in keiner Weise auf das rechte Rheinufer erstreckten; die Gesandten in Rastatt sollten (Art. 7) im Sinne dieser Uebereinkunft eine gleichmäßige Sprache führen, insbesondere dahin wirken, daß die französischen Truppen sobald als möglich das rechte Rheinufer und überhaupt das ganze dem Reich verbleibende Gebiet verließen[1].

Die beiden letzten Artikel machten keine Schwierigkeit Um so länger verweilte man bei dem fünften. Denn in Wahrheit waren die preußischen Wünsche auf ausgedehnte Säcularisationen gerichtet, und jeder mußte sich sagen, daß, wenn sämmtliche Stände für die Entschädigungen aufkommen sollten, nach dem Gange der Reichsangelegenheiten ein Ende gar nicht abzusehen sei. Auch die Entschädigung durch Hildesheim schien zu gering, und die preußischen Gesandten hatten sich den ersten Artikel nur gefallen lassen, weil Cobenzl versprach, sich in Wien zwar nicht für eine Vergrößerung in Franken, aber doch für die Erhaltung des von Preußen unlängst nicht ohne Gewaltsamkeit gewonnenen Besitzstandes zu verwenden. Als Entgeld für diese Mäßigung suchten sie nun aber das Hauptziel

---

1) Das Aperçu als Beilage zu den Berichten Lehrbach's und der preußischen Gesandten vom 26. März im W. und im Pr. St.-A.

der ganzen Verhandlung zu sichern: den Verzicht Oesterreichs auf jede Vergrößerung nach der bairischen Seite. Görtz schlug vor, in den fünften Artikel die Clausel aufzunehmen: die Besitzungen der erblichen Fürsten auf dem rechten Ufer würden unverletzt bleiben [1]). Ob Cobenzl die Bedeutung dieses Zusatzes sich nicht klar gemacht hat? Er nahm ohne großes Widerstreben selbst die Feder und schrieb ihn auf den Rand seines Entwurfes. Nach einem so wichtigen Zugeständniß zeigten sich auch die preußischen Gesandten nachgiebig, und man trennte sich mit guter Hoffnung auf baldige Uebereinstimmung.

„Aber unsere Freude dauerte nicht lange", bemerken sie in ihrem Bericht. Cobenzl theilte den veränderten Entwurf nach der Sitzung dem Grafen Lehrbach mit, und der Scharfblick dieses Mannes, noch geschärft durch den Haß gegen die preußischen Gesandten und den Aerger über seine Ausschließung von der Conferenz, erkannte alsobald das Bedenkliche der eingeschobenen Clausel. Mit Recht bemerkte er, daß sie dem Sinn des Artikel ganz und gar widerspräche; man könne nicht in demselben Augenblicke die Entschädigungspflicht den weltlichen und geistlichen Fürsten gleichmäßig auflegen und doch wieder die weltlichen von der Verpflichtung befreien. Cobenzl suchte seine Nachgiebigkeit dadurch zu entschuldigen, daß thatsächlich trotz aller Bestimmungen von den weltlichen Fürsten doch kein Beitrag zu den Entschädigungen zu erwarten sei. Aber Lehrbach erwiederte, er glaube selbst, daß die geistlichen Fürsten schließlich wieder die Zeche allein würden bezahlen müssen, aber darum brauche es doch nicht von Oesterreich, ehe einmal die Deputation sich darüber ausgesprochen, ausdrücklich autorisirt zu werden. Oesterreich würde sich dadurch, wenn die Convention bekannt werden sollte, den Haß aller geistlichen Stände zuziehen, während die Anerkennung des Societätsgrundsatzes, selbst wenn er nicht zur Ausführung gelange, doch dahin führen

---

1) Comme aussi que les possessions souveraines héréditaires sur la rive droite du Rhin restent intactes.

müsse, die weltlichen Fürsten in ihren Ansprüchen bescheidener und insbesondere Sachsen und Bremen gegen die unmäßigen Ansprüche anderer Stände behutsam zu machen. „Und", fuhr er fort, „nach dieser Einschaltung würde Oesterreich von Baiern nichts, nicht einmal den zu Campo Formio stipulirten Inn= district nehmen können, und dies wird wohl die Hauptabsicht der Preußen bei dieser proponirten Einschaltung gewesen sein. Und wenn nun die Einigung der beiden Höfe nicht zu Stande käme, und die Preußen nach ihrer gewohnten Böswilligkeit den Franzosen die Convention mittheilten, wie würden wir von ihnen den Inndistrict noch fordern können, den wir selbst den Preußen gegenüber aufgegeben hätten?" „Hier sah nun", be= richtet Lehrbach, „der Graf Cobenzl klar, daß ich Recht hatte, und daß ihn die Preußen haben mißbrauchen und anführen wollen."

Lehrbach hat über diese Verhandlung einen ausführlichen geheimen Bericht an Thugut abgesendet; man mag sich die Genugthuung vorstellen, mit welcher der eitle, selbstzufriedene Mann auseinandersetzt, wie sein vornehmer, berühmter College sich übereilt, und wie er, den man von der Conferenz ausge= schlossen, sogleich die Sache durchschaut und in das richtige Licht gebracht habe. In der diplomatischen Wirksamkeit Cobenzl's findet sich in der That nicht leicht ein anderes Beispiel, daß er mit solcher Gedankenlosigkeit verfahren wäre. Daß man ihn habe mißbrauchen und täuschen wollen, ist nur eine Aeußerung des Hasses; denn die Absicht der preußischen Ge= sandten lag offen vor Augen, war von ihrem Standpunkte aus vollkommen berechtigt, und es erscheint beinahe unbegreiflich, daß sie Cobenzl, wie man doch nach seinem eigenen Berichte annehmen muß, nur einen Augenblick entgehen konnte. Viel= leicht wendet jemand ein, schon in dem ersten Artikel des Ent= wurfs habe Oesterreich auf jeden Erwerb in Deutschland, also auch auf den Inndistrict verzichtet. Aber dies lag durchaus nicht in Cobenzl's Absicht; eher könnte man nach seinen eigenen Worten glauben, er habe mit jener Versicherung den preußischen

Gesandten eine Falle legen wollen, wenn nicht auch hier die Worte und der Sachverhalt zu deutlich wären. Denn in dem ersten Artikel verzichtete Oesterreich allerdings auf eine deutsche Entschädigung für den Verlust der Niederlande und der Lombardei, aber außer diesen Provinzen waren auf dem linken Rheinufer die Grafschaft Falkenstein und das Frickthal abzutreten, also dafür nach dem Wortlaut des Artikels Entschädigungen in Deutschland nicht ausgeschlossen. Der zweite Artikel der Convention bestimmte dann dem Kaiser ein Acquivalent für den an den Herzog von Modena fallenden Breisgau, und zwar ein Aequivalent nach seinem Gutbefinden. Wo anders fand sich ein Aequivalent dieser Art, als in dem Inndistrict? Denn den Erwerb der Souveränetät über die Enclaven Trient und Brixen wollte Oesterreich nicht als Entschädigung gelten lassen, Salzburg konnte man für die drei geistlichen Kurfürsten, wenn sie erhalten werden sollten, nach dem Verlust der trierischen Balleien nicht entbehren. Das kleine Bisthum Passau ersetzte kaum die beiden verlorenen linksrheinischen Besitzungen; es blieb also als Entschädigung für den Breisgau von allem, was Oesterreich bequem (à sa convenance) gelegen war, nichts anderes, als gerade der District, auf welchen der österreichische Diplomat ohne den Versuch eines Widerstandes selbst verzichtet hatte.

Unter solchen Umständen mochte Cobenzl für ein Glück erachten, daß die ganze Unterredung nur einen vertraulichen Charakter, und der Entwurf noch keine Verbindlichkeit besaß. Er kehrte zu den preußischen Gesandten mit der Erklärung zurück: nach reiflicher Ueberlegung mit Lehrbach könne er die Clausel nicht annehmen. Natürlich wurde diese Mittheilung sehr ungern gehört, Görtz äußerte lebhaft, der Verdacht, daß Oesterreich Absichten gegen Baiern nähre, gewinne durch diese Ablehnung, gerade nachdem die Clausel vorher angenommen, doppelte Stärke; er sagte auch ganz offen, daß er wegen Baierns die Einschaltung verlangt habe. In gleicher Weise suchte bald nachher Jacobi auf Lehrbach zu wirken. Er schob ihm die ganze Verantwortung zu, wenn die Verhandlung an diesem Punkte

scheitere, und wollte sich äußersten Falles schon mit einer Versiche=
rung zu Gunsten der weltlichen Kurfürsten begnügen. Aber die
beiden Oesterreicher hielten daran: aus dem Wegfall der Clausel
folge gar nicht, daß den weltlichen Fürsten etwas entzogen
werden sollte; man dürfe nur nicht im Voraus durch Annahme
der Clausel das Gegentheil ausdrücklich feststellen. Der Anstoß
wegen Baierns könne aber gehoben werden, wenn Preußen die
Entschädigung des Prinzen von Oranien übernehmen wolle;
denn in diesem Falle würde auch der Kaiser, selbst wenn er
den Breisgau abträte, keine Entschädigung in Deutschland for=
dern. Darauf konnten nun wieder die preußischen Gesandten
nicht eingehen, und man entschloß sich endlich, den Entwurf,
ohne den streitigen Punkt entschieden zu haben, nach Wien und
Berlin zu senden[1]).

Die Berichte, sowohl Cobenzl's als der preußischen Ge=
sandten, lassen jedoch erkennen, daß man von beiden Seiten
den Wunsch nach Einigung empfand. In Berlin wurde der
Entwurf sogleich einer eingehenden Berathung unterzogen, und,
wenn auch mehr als ein Punkt unzulässig erschien, immer
blieb es ein Vortheil, daß man wenigstens die gegenseitigen
Ansprüche kannte und nach Mitteln der Einigung suchen konnte.
Mit der Entschädigung durch Hildesheim wollte der König sich
begnügen, wenn er dazu noch die Sicherung des gegenwärtigen
Besitzstandes in Franken und außerdem die Anerkennung der
so viel bestrittenen Clausel erhielte. Für Oranien wünschte er
die trier'schen Balleien, wollte aber auch dem Kaiser eine Com=
pensation für den Breisgau zugestehen; nur müsse sie nicht
willkürlich von Oesterreich (à sa convenance), sondern durch
einen Vertrag bestimmt werden. Der Erhaltung der geistlichen
Kurfürsten war man nicht entgegen; aber die Vertheilung der
Entschädigungspflicht auf weltliche und geistliche Reichsstände
mußte freilich als unausführbar erscheinen. Sehr behutsam

---

1) Lehrbach, 26. März, Cobenzl, 27. März; beide Berichte abgedruckt
bei Sybel a. a. O. V, Anhang S. XIII fg., die preußischen Gesandten,
24. und 26. März.

blieb der König noch immer in Allem, was die Franzosen an=
ging. Um die Uebergriffe auf dem rechten Ufer abzuwehren,
wollte er nicht Anstrengungen (efforts), sondern nur Sorge
(soins) versprechen; selbst die Forderung, daß die Franzosen,
wie man doch so eifrig wünschte, das rechte Ufer verlassen
möchten, sollte erst dann gestellt werden, wenn ihnen das linke
förmlich abgetreten sei[1]). Am 8. April gelangte diese neue
Instruction nach Rastatt; gleich am folgenden Tage trat eine
Conferenz zusammen, an welcher nun auch Lehrbach theilnahm.
Es zeigten sich wieder die früheren Gegensätze, aber zugleich der
entschiedene Wunsch, sie zu überwinden. Außer Hildesheim,
dessen Werth von der einen Seite nicht weniger vermindert,
als von der anderen überschätzt wurde, suchten die preußischen
Gesandten noch bedeutende Erwerbungen in Franken zu machen,
sogar Nürnberg zu gewinnen; aber sie standen davon ab, als
Lehrbach erklärte, er würde, selbst wenn der Kaiser seine Zu=
stimmung ertheilte, lieber sein Amt aufgeben, als in eine der
österreichischen Monarchie so verderbliche Zumuthung willigen.
Allmälig ging man auf den gegenwärtigen Besitzstand in
Franken zurück, den die kaiserlichen Gesandten nicht anzufechten
schienen. Um so eifriger suchte Görtz nun die Clausel durch=
zusetzen. Auch jetzt erwiederten die Oesterreicher, der Kaiser
könne nicht ausschließlich die geistlichen Besitzungen als Ent=
schädigung bestimmen, aber sie erklärten zugleich mit der größten
Wärme, dem Inhalt der Clausel seien sie gar nicht entgegen;
wolle Preußen auf die Entschädigung für Oranien verzichten,
so würden sie auch das Aperçu sogleich noch im Zimmer unter=
zeichnen. Auf die preußischen Gesandten machte diese Erklärung
so wie das ganze Benehmen Cobenzl's und sogar Lehrbach's
sehr guten Eindruck[2]), auch ist nicht zu bezweifeln, daß beide
lebhaft eine Einigung wünschten. Es scheint sogar, daß Cobenzl
sich nachgiebiger zeigte, oder von den letzten Absichten Oester=
reichs in Deutschland weniger sagte, als ihm nach Thugut's

---

1) Das Ministerium am 2., 8., 13. April.

2) Die preußischen Gesandten, 10. u. 11. April.

Anweisungen gestattet war. In einem Nachtrage, den er am 25. März der Instruction vom 13. folgen läßt, hatte der Minister für den Herzog von Modena das Erzstift Salzburg in's Auge gefaßt. Da man in diesem Falle die trier'schen Balleien nicht wohl für die Erhaltung der geistlichen Kurfürsten entbehren konnte, verwies er als Entschädigung für Oranien auf das Bisthum Osnabrück, das er auf 117,000 Einwohner und 56 Quadrat-Meilen schätzte. Zum Ersatz für die Grafschaft Falkenstein dachte er die immediaten Theile von Passau, und außerdem den bairischen Inndistrict gegen österreichische Besitzungen in Schwaben einzutauschen. Es scheint nicht, daß Cobenzl in der Sitzung vom 9. April diese Punkte hervorgehoben hat, und so lange man sich nicht auch darüber einigte, blieb der erste Artikel des Aperçu nur eine Form, unter welcher die Preußen, allerdings dem strengen Wortlaut entgegen, etwas anderes verstanden, als die Oesterreicher. Aber unauflöslich mochten auch diese Hindernisse einem guten Willen nicht erscheinen; jedenfalls wurde das, was die Gesandten aus Rastatt berichteten, in Berlin nicht ungünstig aufgenommen. Aus Cobenzl's Erklärung zog man den Schluß, der Kaiser habe gegen Baiern wenigstens keine weitgehenden unwiderruflich bestimmten Absichten. Der König billigt in allen Stücken das Verfahren der Gesandten; die Einigung mit Oesterreich sei von der höchsten Wichtigkeit, gleichviel ob sie in Berlin oder in Rastatt zu Stande komme; sie sollen fortfahren, dafür zu arbeiten, ein Courier wird bald ausführliche Instructionen überbringen [1]).

Ehe aber diese Nachrichten nach Rastatt gelangten, war die Verhandlung abermals, und abermals durch Thugut unterbrochen. Der österreichische Minister hatte aus Cobenzl's Depeschen erfahren, daß auf die Rückkehr Bonaparte's nicht mehr zu rechnen, und von den Franzosen in Italien nichts zu erlangen sei. Damit war der Hauptgrund für Cobenzl's An-

---

1) Das Ministerium, 20. April.

wesenheit in Rastatt weggefallen. Für die österreichischen Interessen in der Friedensdeputation stand Lehrbach ein, und selbst für die Verhandlungen mit Preußen mochte er besonders nach den letzten Vorfällen ebenso geeignet als Cobenzl erscheinen. Ja die Fortsetzung der rastatter Unterhandlung war dem österreichischen Minister jetzt, nachdem Preußen die russische Vermittlung angenommen hatte, nicht einmal erwünscht. Wie der Kaiser in der Antwort an den König am 3. April auf den russischen Vermittler verwiesen hatte, so schreibt auch Thugut einige Tage später nach Rastatt, man müsse jetzt, ehe man an den eventuellen Entwurf die letzte Hand lege, die Antwort aus Petersburg erwarten. Der Kaiser wünsche Cobenzl für einige Zeit in Wien zu sehen, während seiner Abwesenheit könne Lehrbach auch die Geschäfte des Königs von Ungarn und Böhmen führen [1]).

Cobenzl empfing die Nachricht am Abend des 12. April, und mit der ihm gewöhnlichen Raschheit befand er sich schon am Abend des 15. auf dem Wege nach Wien. Die preußischen Gesandten wurden an Lehrbach gewiesen, und erhielten auch von diesem freundliche Versicherungen. Es war aber offenbar, daß die so hoffnungsvoll begonnene Unterhandlung jetzt auf längere Zeit stocken würde, und den nächsten Vortheil davon zogen wieder die Franzosen. Denn mochte auch Thugut noch ferner in Berlin und Rastatt auf gemeinsame Reden und Maßregeln gegen die Uebergriffe der Fremden drängen, es läßt sich erwarten, daß nun auch Preußen in seiner früheren Stellung verharrte; der König mußte sich, wie man am 13. April den Gesandten schreibt, einstweilen mit dem Troste begnügen, wenigstens einen großen Theil Norddeutschlands vor feindlichen Einfällen gesichert zu haben. Aber was geschehen war: die Verhandlung in Rastatt und vor allem die Nachricht von der russischen Vermittlung, war doch genug, um den Argwohn und Aerger der Franzosen zu erregen. Sie spotteten wohl

---

1) Thugut an Cobenzl, 8. April.

über die neue Coalition: fragten, wer die 200,000 Mann stellen würde, um ihnen ihre Beute zu entreißen; in Wirklichkeit war ihre Sorge größer, als die preußischen Gesandten wahrnahmen. Diese lassen in ihren Berichten nur das Mißbehagen an dem übermüthigen Benehmen Treilhard's und Bonnier's hervortreten. Andererseits waren sie auch wieder Oesterreichs nicht sicher; sie sprechen den Verdacht aus, der Kaiser und die Republik möchten doch heimlich gegen Preußen und über eine Theilung Baierns sich verständigt haben. Und den größten Anstoß nahmen sie, als Cobenzl kurz vor dem Abschied in seiner Weise die Worte fallen ließ: Er begreife nicht, was denn Preußen daran liegen könne, daß der Kaiser einen kleinen Grenzstreifen von Baiern und dadurch eine bessere Grenze gewinne. Wegen einer solchen Bagatelle solle man sich in einem so entscheidenden Augenblick nicht chikaniren[1]).

So sahen auch die preußischen Gesandten nach allen Seiten Hindernisse und Gegner, nach keiner sichern Halt. Aber bald trat ein Ereigniß ein, das Frankreich wie Oesterreich den Beistand Preußens noch eifriger als vordem suchen ließ und zu rascher Entscheidung drängte.

---

1) Die preußischen Gesandten am 18. April. Das Ministerium an Keller, 27. April.

Neuntes Kapitel.

Die Gesandtschaft Bernadotte's in Wien.

Wenn Thugut gleich nach dem Frieden von Campo Formio auf bevorstehende Widerwärtigkeiten hinwies, so hatte er ganz besonders den diplomatischen Verkehr im Sinne. Nicht ohne Grund. Die französischen Gesandten waren der Schrecken oder wenigstens die Unbequemlichkeit der Regierungen, bei denen sie die Republik vertraten. Unbegrenzt in ihren Ansprüchen, eifersüchtig und empfindlich, wie meistens rasch Emporgestiegene, wurden sie an den Höfen, die man stürzen wollte, zudem der Mittelpunkt der Unzufriedenen, die Förderer, wenn nicht die Anstifter von Unordnungen, in welchen dann das Directorium den Anlaß zu gewaltsamem Einschreiten finden konnte. So war es in Venedig, in Genua und noch jüngst in Rom und in der Schweiz gegangen. Das Uebel steigerte sich dadurch, daß den officiellen Gesandten gewöhnlich untergeordnete Agenten beigegeben wurden, die noch weniger Rücksicht zu nehmen brauchten. Wie viel Aerger hatte Parandier der preußischen Regierung in Berlin verursacht![1] Selbst Talleyrand klagte über die Frechheit dieses Menschen, ohne daß er doch wagen durfte, ihn abzurufen. Kein Wunder, daß man so lästige Gäste nicht mit Vergnügen kommen sah. Lange genug hatte Preußen gezögert, ehe es nach dem baseler Frieden eine unmittelbare Verbindung zwischen beiden Hauptstädten sich gefallen ließ. Noch mehr wünschte Thugut sowohl der cisalpinischen und batavischen Republik als Frankreich gegenüber den fremden Einfluß und den diplomatischen Verkehr einstweilen auf Rastatt

---

1) Vgl. Bd. I, S. 297 dieses Werkes.

zu beschränken. Er hatte noch den besonderen Grund, daß man am wiener Hofe Rangstreitigkeiten zwischen der französischen und der russischen Gesandtschaft, mithin sogar Unannehmlichkeiten in Petersburg befürchten mußte. Allein je mehr Thugut zögerte, um so eifriger drängten die Franzosen, die in der diplomatischen Vertretung an dem Kaiserhofe die feierliche Anerkennung ihrer Gleichberechtigung und der Aufnahme in die europäische Staatenverbindung erblickten. Gleich in Rastatt bei den ersten Unterredungen mit Cobenzl warf Bonaparte die Frage hin, ob er nicht wisse, welche Persönlichkeit der Kaiser als Botschafter nach Paris schicken werde. Cobenzl antwortete seinen Instructionen gemäß, über die Absichten seines Herrn sei ihm gar nichts bekannt; er wisse nur, daß der Kaiser nach den Grundsätzen strengster Sparsamkeit sich vorgenommen habe, wo nur irgend möglich, eine Beschränkung der Ausgaben eintreten zu lassen. Wahrscheinlich würden die Botschafter beträchtlich vermindert und durch Gesandte des zweiten und dritten Ranges ersetzt werden, die weniger Kosten verursachten und die Geschäfte ebenso gut besorgen könnten[1]).

Der französische Bevollmächtigte hatte damals nichts erwiedert, und die Angelegenheit ruhete einige Wochen. Plötzlich erhielt Cobenzl am 21. Januar einen Brief Bonaparte's vom 12. und darin unter verschiedenen Nachrichten auch die beiläufige Mittheilung, der General Bernadotte sei zum Botschafter in Wien ernannt und werde nicht säumen, sich dorthin zu begeben. Cobenzl, aufs äußerste überrascht, wagte nicht, ohne Thugut etwas Entscheidendes zu thun. Am 24. Januar schickte er einen Courier, um in Wien von dem Vorgefallenen Nachricht zu geben. „Es ist offenbar", setzt er hinzu, „daß die französische Regierung, weil sie bemerkt, daß wir die Ab-

---

sendung von Gesandten möglichst lange hinzuhalten suchen, die Sache auf die Spitze treiben will. Uebrigens", meint er dann, „ist die Wahl des Generals Bernadotte, den ich in Italien gekannt habe, vielleicht die wenigst schlechte, die sich treffen ließ. Obgleich er nur einfacher Grenadier war, als er den Krieg in Indien im Jahre 1782 mitmachte, ist er doch einer der Umgänglichsten, die man uns schicken konnte, hat auch immer gegen die, mit welchen er zu thun hatte, sich am anständigsten benommen. Aber es gilt nur zu sehr von diesen Leuten, daß auch der Beste nichts taugt." Thugut antwortet am 3. Februar sehr ungehalten, es sei gegen alle Formen, daß man die Ernennung eines Gesandten nicht vorher zur Anzeige bringe. Cobenzl soll Bonaparte mittheilen, der Kaiser wünsche nur Gesandte zweiten Ranges und zunächst nur in Rastatt; dahin werde demnächst auch ein kaiserlicher Bevollmächtigter abgehen. Uebrigens, meint Thugut, da man keine Pässe gefordert habe, so stehe Bernadotte's Reise sobald nicht zu besorgen, denn man werde ihn doch nicht der Gefahr aussetzen wollen, an der Grenze zurückgewiesen zu werden.

Genau in diesem Sinne schreibt denn auch Cobenzl am 10. Februar an Bonaparte. Aber wie mochte er zum zweiten Male überrascht werden, als er wenige Tage später in den Zeitungen las, der französische Botschafter, General Bernadotte, sei mit einem zahlreichen Gefolge am 8. Februar Abends in Wien eingetroffen [1]). Mit der Dreistigkeit, die alle Maßnahmen der Republik charakterisirt, hatte Bernadotte gar nicht erst Pässe verlangt, sondern ohne Umstände von Mailand aus die Reise angetreten. An der Grenze erklärte er dem österreichischen General, er werde es als Feindseligkeit betrachten, wenn man ihn seinen Weg nicht fortsetzen ließe. Man wagte nicht, ihn anzuhalten, und so kam er zum größten Verdruß der österreichischen Regierung nach Wien. Ihn auszuweisen hätte offenen

---

1) Bernadotte's erster Bericht aus Wien an Talleyrand ist vom 9. Februar datirt.

Bruch mit der Republik bedeutet, den man vorerst durchaus vermeiden wollte; Thugut schreibt an Cobenzl, der Kaiser habe schon vorher den Freiherrn von Degelmann zum Gesandten für Frankreich ernannt; er reise als ministre plénipotentiaire; nöthigenfalls werde man sich sogar entschließen müssen, einen Botschafter zu senden [1]).

Nach solchen Vorgängen konnte das Verhältniß des Ministers zu dem neuen Gesandten nicht das freundlichste sein. Thugut zögerte, den General als Botschafter zu empfangen; erst am 27. Februar machte Bernadotte den officiellen Besuch, nachdem man vorher sich geeinigt hatte, daß Degelmann nichtsdestoweniger nur als Gesandter zweiten Ranges nach Frankreich gehen würde [2]). In heftigem Aerger klagte der Director Rewbel dem preußischen Bevollmächtigten in Paris, daß Oesterreich sich in diesen Verhandlungen so kleinlich und hinterhaltig zeige und die Ehre, die man ihm durch die Ernennung eines Botschafters beweise, gar nicht zu schätzen wisse [3]).

Die Instruction, von Talleyrand am 17. Januar unterzeichnet, wies Bernadotte an, von den italienischen Angelegenheiten nur, wenn die Oesterreicher sie erwähnten, und dann versöhnlich und beschwichtigend zu reden, aber kein Zugeständniß zu machen, insbesondere jede Verletzung der cisalpinischen Grenze, jede Truppenbewegung gegen Rom mit einer Kriegserklärung zu bedrohen. Den Gesandten in Rastatt würde indessen die Aufgabe zufallen, den Einfluß des Kaisers im Reiche durch Begünstigung ausgedehnter Säcularisationen zu vermindern. Weiter sollte der General in Erfahrung bringen, ob vielleicht Oesterreich zu einer Herstellung Polens sich herbeilassen werde. „Es ist Katharina", schreibt Talleyrand, „welche die Theilung

---

1) Thugut an Cobenzl, 23. Februar, an Dietrichstein, 17. Februar; W. St.-A.

2) Thugut an Bernadotte, 24. Februar, Minist. d. Ausw. in Paris; an Colloredo, 26. Februar, bei Vivenot a. a. O. II, 88.

3) Bernadotte an Talleyrand, 11. Februar; Sandoz, 24. Februar.

angestiftet hat; in Preußen ist die Meinung des Volkes, die dort etwas bedeutet, ihr niemals günstig gewesen, der Kaiser hat sich unter den theilenden Monarchen immer am wenigsten eifrig und am wenigsten befriedigt gezeigt. Vielleicht ist es möglich, Polen unter einem sächsischen oder bairischen Prinzen herzustellen. Sehr wichtig wäre es sodann, die Absichten der beiden Kaiserhöfe in Bezug auf die Türkei zu erforschen. Sind sie noch auf eine Theilung gerichtet? Ein Unternehmen dieser Art dürfte in keinem Falle anders als mit Zuziehung Frankreichs zur Ausführung kommen."

Möglich, daß man durch diese Andeutung auf Bonaparte's Expedition nach Aegypten vorbereiten, möglich, daß man, wie zwei Jahre früher bei der Sendung Poterat's, darauf hinweisen wollte, Oesterreich könne durch türkische Provinzen für die polnischen eine Entschädigung, oder für die Vergrößerung Frankreichs ein Aequivalent finden. Denn in allem Uebrigen war die Instruction den Wünschen des Kaisers gerade entgegengesetzt, wie denn auch Talleyrand den Grundsatz an die Spitze stellt, der Friede von Campo Formio solle keineswegs die Rückkehr zu dem österreichischen Bündniß von 1756 bezeichnen. Oesterreich grenze freilich nicht mehr mit Frankreich zusammen, aber es könne noch immer gefährlich werden durch die Nachbarschaft mit der cisalpinischen Republik und den Einfluß, welchen der Kaiser im Reiche übe, wenn er die geistlichen Fürsten erhalten könne [1]).

Unter solchen Umständen war die Aufgabe des Gesandten schon an sich nicht leicht; nur wenn die thatsächlichen Gegensätze durch ein feines gewinnendes Benehmen gemildert wurden, ließ sich ein Erfolg erwarten, wie er einzelnen französischen Diplomaten, meistens der alten Schule, zu Theil geworden

---

[1]) Die Instruction nebst zwei Supplementen im Ministerium des Auswärtigen. Daneben Instructions générales pour les agents diplomatiques de la République, von Talleyrand unterzeichnet, sehr verständige Anweisungen, die, wären sie befolgt worden, viel Unheil hätten verhüten können.

war. Aber Bernadotte schien ein ganz anderes Vorbild vor
Augen zu haben. Cobenzl schildert ihn, wie wir sahen, nicht
unvortheilhaft; auch hat er stets zu den politischen Generalen
gezählt und in seiner späteren Laufbahn eine kluge Behutsamkeit
wahrlich nicht vermissen lassen. Aber in Wien zeigte er von allem
das Gegentheil. Am 2. März hatte er die erste Audienz beim
Kaiser, deployirte dann, wie man zu sagen pflegte, seinen
Charakter als Botschafter und empfing vom 6. bis 8. März
die Besuche der Diplomaten, die ihm im Range nachstanden.
Sein Verkehr blieb jedoch auf die mit der Republik befreundeten
Gesandtschaften von Spanien, Sardinien und Holland beschränkt. An den Hof kam er selten, da das Befinden der
Kaiserin, die am 1. März eine Tochter geboren hatte, größere
Festlichkeiten nicht gestattete. Noch dazu hatte Bernadotte die
Ungeschicklichkeit, den Erzherzog Karl, der zum Besuch der Erzherzogin Marie Christine nach Wien gekommen war, persönlich
zu beleidigen. Als der Prinz ihn ersuchen ließ, eine für den
Montag bestimmte Zusammenkunft auf den Dienstag zu verschieben, weil er einer Einladung des Kaisers folgen müsse,
antwortete Bernadotte: wenn der Erzherzog am Montag, so
sei er selbst am Dienstag verhindert und müsse deshalb auf
die Zusammenkunft verzichten[1]). Um so eifriger war er bemüht, in der wiener Gesellschaft Einfluß zu gewinnen und
republikanische Ansichten zu verbreiten. Es gelang ihm, einige
Verbindungen mit dem Adel anzuknüpfen; häufiger fand er in
den mittleren Ständen Unzufriedenheit mit dem geistigen Druck,
der auf Oesterreich lastete, und lebhafte Theilnahme, ja Be-
wunderung für die französischen Ideen. Es muß zweifelhaft
bleiben, ob Beethoven, wie so oft erzählt worden ist, die Anregung zu einem seiner bedeutendsten Werke von dem französischen General empfangen hat, aber gewiß ist er mit Bernadotte
und einigen der Gesandtschaft nahe befreundeten Musikern in

---

1) Eden an Grenville, 17. März, englisches Staatsarchiv. Bernadotte an Talleyrand, 19. März.

Verkehr getreten. Selbst auf die niederen Classen, die Hand=
werker, wandte der Botschafter seine Aufmerksamkeit, bezahlte
sie hoch und behandelte sie nach den Regeln der republikanischen
Egalität, ohne aber, wie Keller schreibt, etwas anderes zu er=
reichen, als daß er die unterthänige Devotion dieser Leute in
Verlegenheit setzte[1]. Natürlich blieb das Gefolge hinter dem
Vorgesetzten nicht zurück. Wahrscheinlich in Rücksicht auf den
Theil seiner Instructionen, der sich auf Polen bezog, hatte man
ihm einen Angehörigen dieses Landes als Adjutanten beige=
geben. Er nannte sich Marin oder Maurin, galt für einen
Neffen des Königs Stanislaus und setzte sich sogleich mit seinen
unzufriedenen Landsleuten in Wien und Galizien in Ver=
bindung[2]. Noch weiter gingen die Gesandtschaftssecretäre
Gaudin und Freville; sie trugen absichtlich die Verachtung der
österreichischen Zustände zur Schau; es kam zu auffälligen Auf=
tritten an öffentlichen Orten, ja zu einem heftigen Tumult im
Theater, als die Franzosen den durch die Darstellung gefor=
derten Ruf: „Es lebe der König“ mit lärmenden Protestationen
beantworteten. Die Polizei sah dagegen Alles, was mit der
französischen Gesandtschaft in Verbindung stand, mit arg=
wöhnischen Blicken an, wies einzelne Personen aus, nahm Bücher
verdächtigen Inhalts an der Grenze in Beschlag, und so hatte
ein kleiner Krieg beinahe gleichzeitig mit Bernadotte's Ankunft
seinen Anfang genommen. Von bedeutenden Unterhandlungen
findet sich dagegen keine Spur. Talleyrand selbst bemerkt in
der Instruction, Bernadotte's Stellung werde zunächst ein Be=
obachtungsposten sein. Was sich allenfalls anführen läßt, be=
trifft zum größeren Theil nur Aeußerlichkeiten. Das Direc=
torium hatte in den befreundeten Staaten[3] ein Verbot gegen
die alten französischen Orden erwirkt. Eine gleiche Forderung

---

1) Keller, 26. Mai.

2) Keller, 11. April.

3) Sandoz, 18. Dezember, das preußische Ministerium an Sandoz,
31. Dezember 1797, Pr. St.-A.; Thugut an Dietrichstein, 5. April, bei
Vivenot, Rastatter Congreß, S. 153.

stellte Bernadotte in Wien schon bald nach seiner Ankunft und mit besonderer Dringlichkeit am 30. März, als einige Emigranten sich herausgenommen hatten, ihre Orden unter den Fenstern des Botschafters zur Schau zu tragen und dadurch, wie Bernadotte sich ausdrückt, einen Act offener Rebellion gegen die Republik zu verüben. Daneben beklagt er sich, daß der österreichische Staatskalender die Mitglieder der vertriebenen Königsfamilie noch immer mit den alten Titeln aufführe; in einem Lande wo die Censur bestehe, trage die Regierung für dergleichen die Verantwortung.

Seinen politischen Beobachtungen kann man nicht eben besondere Schärfe nachrühmen. Thugut ließ sich wenig mit ihm ein, redete kaum über Rom oder die Schweiz; heimlich setzte er aber, wie Bernadotte zu bemerken glaubte, die Rüstungen fort[1]). Der Botschafter vernahm, Oesterreich habe von Rußland und England neue Anerbietungen erhalten, insbesondere sei Rasumowsky eifrig bemüht, eine neue Coalition zwischen den Kaiserhöfen, England und Dänemark zu Stande zu bringen. Thugut begegne ihm jedoch mit Kälte, sage, man müsse nicht reden, sondern handeln. Das hindere ihn aber nicht, mit den beiden Gesandten nächtliche Zusammenkünfte zu halten und mit vergnügtem Gesichte die englischen Goldstücke einzustreichen, wofür er dann jedesmal verspreche, den Kaiser für die Coalition zu gewinnen[2]). Beinahe noch bedenklicher klang, was über die hergestellte Einigung zwischen Oesterreich und Preußen verlautete. Caillard hatte von Berlin geschrieben, Bernadotte würde in dem preußischen Gesandten einen nützlichen und freundlichen Beistand finden[3]). Aber Keller zeigte sich wenig entgegenkommend, ein Verstoß gegen die Förmlichkeiten verstimmte ihn vollends, und Bernadotte schildert ihn zum Vergelt als den ergebenen, ganz von Thugut

---

1) Bernadotte an Talleyrand, 10. März, 20. März.

2) Bernadotte an Talleyrand, 4. April.

3) Caillard an Bernadotte, 31. März.

abhängigen Diener Oesterreichs. Am 11. April berichtet er, die Gerüchte über eine neue Coalition gewännen an Stärke; der Haß zwischen Berlin und Wien habe sich gemildert, der Kaiser lasse auch in seinem äußeren Benehmen deutlich erkennen, daß die Nachrichten aus der preußischen Hauptstadt ihm nicht mißfielen. Bernadotte wollte dagegen nicht müßig bleiben. In einem Gespräch mit dem neapolitanischen Gesandtschafts-Secretär Baptist, der für Thugut's Vertrauten galt, ließ er sich weitläufig über Preußen aus. Er wisse, sagte er, von den nächtlichen Zusammenkünften, den im Finstern schleichenden Umtrieben, von den Aussichten, die dem Kaiser durch einen Hof gemacht würden, der ihn immer getäuscht habe und der nicht verfehlen würde, alle schönen Betheuerungen, wie so oft, auch jetzt wieder in Rauch aufgehen zu lassen. „Der König von Preußen kann sagen, was er will", erwiederte Baptist, „der Kaiser wird schon wissen, wie weit er dem Feinde seines Hauses trauen darf." „Ich erachtete es aber", fährt Bernadotte fort, „für wesentlich, die beiden Höfe, soviel ich könnte, auseinander zu halten. Ich gab Herrn Baptist einige ungewisse Andeutungen, ließ ihn bemerken, daß mir die Entschlüsse, die der König von Preußen fassen würde, gar keine Sorge machten, und meine Worte so wie mein Benehmen gaben ihm viel zu denken."

Beinahe gleichzeitig kann Bernadotte freilich über einen ganz anderartigen, weit anziehenderen Gegenstand berichten. Die Kaiserin hatte während zweier Monate den neuen Botschafter noch immer nicht empfangen. Dann scheint aber die Sorge für ihre Eltern und das mehr und mehr bedrohte Königreich Neapel ihr selbst den Wunsch nach einer Zusammenkunft eingeflößt zu haben. Baptist war der Vermittler; als Tag der Vorstellung wählte man den 8. April, einen Sonntag, den Tag eines großen Empfanges in der Hofburg. Bernadotte hatte darauf bestanden, und die Kaiserin selbst alle Einreden und Bedenken zurückgewiesen. Auf der Straße wie im Innern des Palastes, erzählt er nicht ohne Selbstzufriedenheit, hatten sich Volk und Höflinge zahlreich versammelt, um die republikanische Gesandtschaft mit den dreifarbigen Schärpen einziehen zu sehen. Bernadotte traf die Kaiserin zuerst in ihrem besonderen Gemach, umgeben von einigen Prinzessinnen des Hofes. „Sie ist aufgestanden“, erzählt er, „und hat sich von ihren Frauen entfernt, um mich an der Thür zu empfangen.“ Man kann es dem General als Verdienst anrechnen, daß er hier, so wie früher, als er dem Kaiser vorgestellt wurde, seine Anrede auf wenige, einfache Worte beschränkte, ohne wie so manche republikanische Schönredner in Schwulst und großsprecherische Phrasen zu verfallen. Die Kaiserin wandte das Gespräch sogleich auf ihr Heimathsland; sie zweifle nicht, erwiederte sie, an den guten Gesinnungen des Directoriums und schenke deßhalb den Gerüchten, die in Bezug auf Neapel verbreitet würden, keinen Glauben. Bernadotte suchte sie zu beruhigen; die eben erfolgte Absendung eines französischen Botschafters, die Wahl Garat’s, sagte er, sei ein gutes Zeichen; Alles würde sich in Frieden ordnen lassen. Die Kaiserin wurde heiterer, schien allmälig von dem ersten Eindruck, den Bernadotte’s Anwesenheit hervorgerufen, zurückzukommen; sie fragte, wie er sich in Wien gefalle, sprach vom Theater, von Musik und anderen gleichgültigen Dingen. Auch die beiden Gesandschafts-Secretäre wurden vorgestellt. Dann folgte die Vorstellung bei den jungen Erzherzogen und der jungen Erzherzogin Amalie, worauf sich Bernadotte in den großen Cirkel begab. Der Kaiser kam und unterhielt sich eine Viertelstunde mit ihm, zum Aerger der Höflinge. „Auch die Kaiserin“, schreibt er, „welche nach ihrem Gemahl die Runde machte, hat sich lange bei mir aufgehalten. Die Freundlichkeit, mit welcher sie mit mir sprach, hat den Cirkel in Erstaunen gesetzt.“ Aus den Berichten anderer Gesandten ersieht man, daß die Neugier der Versammelten in der That aufs Höchste gespannt war und in den mannichfachsten Vermuthungen sich erging[1]). Die Meisten würden freilich

---

1) Bericht des batavischen Envoyé extraordinaire van Haeften,

enttäuscht worden sein, wenn sie aus Bernadotte's Bericht
erfahren hätten, daß die Reden der Kaiserin sich nur auf die
im Cirkel anwesenden Damen bezogen, und daß Bernadotte,
wie er schreibt, sich bestrebte, an Höflichkeit nicht hinter der
Kaiserin und der Erzherzogin Amalie zurückzustehen, die sich
gleichfalls mehrere Minuten bei ihm aufgehalten habe. Am
Abend ließ aber die Kaiserin Thugut rufen und hatte eine
lange Unterredung mit ihm. Bernadotte gewann den Eindruck, daß sie den Krieg nicht wolle, es sei denn, daß man
ihre Eltern in Neapel, oder Schwester und Schwager in Toscana angreife. „Ich würde mich wohl hüten, Bürger Minister, schließt der Bericht, Sie von allen diesen Nichtig-
keiten zu unterhalten; aber in dem Augenblick, in welchem
man eine neue Coalition anzettelt und alles aufbietet, um
Oesterreich zum Eintritt zu bewegen, schien es mir nicht über-
flüssig, Sie von allen Umständen in Kenntniß zu setzen, welche
meine Vorstellung begleitet haben."

So schmeichelhaft dieser Empfang erscheinen mochte,
er konnte den Botschafter mit den Unbequemlichkeiten seiner
Stellung und Beschäftigung nicht versöhnen. Das Verhältniß zu Thugut, zu den meisten Gesandtschaften war
und blieb der unfreundlichsten Art. Am 12. April hatte er
eine lange Unterredung mit dem österreichischen Minister.
Wieder bildeten die bourbonischen Orden den Haupt-
gegenstand. Als Thugut bemerkte, Oesterreich müsse auch
Rücksicht auf Paul I. nehmen, welcher Ludwig XVIII. als
König anerkenne und beschütze, fand Bernadotte Gelegenheit, einem prächtigen Strom republikanischer Beredsamkeit die
Schleusen zu öffnen. „Dieser Tyrann des Nordens, dieser
Tiger in Menschengestalt wird seinen Lohn erhalten," rief er
aus; „man wird ihn im Herzen seiner Staaten angreifen, alle

Klaffen in feinem Reiche find feines Joches überdrüffig, Frank=
reich kennt feine Projecte, aber es wird fie zu hindern wiffen
und Polen wiederherftellen." Thugut fragte, wie denn
Oefterreich dabei fahren folle. Der Friede von Campo For=
mio, erwiederte Bernadotte, zeige genugfam die guten Gefin=
nungen der Republik, bei der Herftellung Polens würde auch
etwas Nützliches für Oefterreich gefchehen. Thugut klagte da=
gegen, daß der Friede nicht zur Ausführung gekommen fei,
daß man die preußifchen Provinzen nicht zurückgebe. Aber
Bernadotte erwiederte, der König wolle fie gar nicht zurück=
nehmen, und das Gefpräch endigte wieder mit allgemeinen Re=
densarten. Bernadotte war auf das Aeußerfte verftimmt; in
einer Charakteriftik der wiener Diplomaten, die er feinem Be=
richte beilegt, braucht er die härteften Ausdrücke gegen Thu=
gut's Immoralität, Beftechlichkeit und Hinterlift. Den öfter=
reichifchen Minifter hätte es allenfalls tröften können, hätte
er gelefen, daß die meiften feiner Collegen nicht viel beffer be=
handelt wurden.

Noch an demfelben Tage fchreibt Bernadotte an Talleyrand:
er fei trotz aller Abneigung gegen die diplomatifche Laufbahn
nach Wien gegangen, denn er habe nachtheilige Folgen be=
fürchtet, wenn der dortige Poften auch nur Tage lang unbe=
fetzt bleibe. Seine Anwefenheit fei von Nutzen gewefen.
„Jetzt aber", fährt er fort, „glaube ich meine Aufgabe erfüllt
zu haben, und ich benachrichtige Sie im Voraus, daß ich das
Directorium erfuchen werde, mich den militärifchen Obliegen=
heiten zurückzugeben. Meine ausgefprochene Neigung für den
Lärm und die Aufregung des Lagers beftimmen mich, ihm
diefe Bitte vorzulegen. Erlauben Sie mir, Ihnen zu fagen,
daß es von der größten Wichtigkeit ift, mir einen Mann von
bekannter Charakterfeftigkeit zum Nachfolger zu geben [1]."

Offenbar hat er noch keine Ahnung, dies Gefuch würde
eher, als er erwartete, vielleicht eher und gewiß anders, als
er wünfchte, in Erfüllung gehen.

---

[1] Bernadotte an Talleyrand, 12. April.

Die Geschichte der Revolutionszeit hat immer von neuem von der übergroßen Bedeutung zu reden, welche damals den republikanischen Abzeichen beigelegt wurde. Den Gegnern waren sie ein Gegenstand des Abscheus, und das Directorium schien keine eifrigere Sorge zu tragen, als die Prophezeihung Lafajette's von der Weltreise der drei Farben recht bald zur Wahrheit zu machen. In der Instruction wird denn auch dem Botschafter ein scharfes Aufmerken auf die Formen der Etikette als unerläßlich empfohlen. „Die Republik", schreibt Talleyrand, „hätte gewünscht, alle Unterschiede der Etikette aufzuheben, aber so lange sie bestehen, verlangt sie ihr Recht. Nach dem Frieden von Campo Formio erhält die Republik alle Prärogative der alten Monarchie." Bernadotte soll deßhalb, wenn der päpstliche Nuntius mit der Vernichtung des Kirchenstaats seine Rechte verliert, den Vortritt vor allen übrigen Gesandten fordern. — Das Unwohlsein der Kaiserin beseitigte mit den großen Hoffesten auch die Veranlassung zu Conflicten, wie sie Thugut schon im Voraus befürchtet hatte. Mit besonderem Selbstgefühl und zu nicht geringem Aerger der Polizei trugen aber die Franzosen in der österreichischen Hauptstadt ihre runden Hüte mit den dreifarbigen Cocarden; selbst Thugut hielt die Sache für wichtig genug, um sich bei Keller zu erkundigen, ob der preußische Hof in Berlin sich dergleichen gefallen lasse[1]). Das Directorium hielt darauf noch strenger als der Botschafter, und als man einmal besorgte, Bernadotte möge sich doch vielleicht irgend eine Nachgiebigkeit zu Schulden kommen lassen, fügt Talleyrand einer Depesche die diplomatische Wendung bei: „Das Directorium ersieht aus Ihrem Bericht über die Audienz bei dem Kaiser, daß Sie Alles thun, und daß man Ihnen Alles erzeigt, was die Ehre der Republik erfordert. Es legt auch den Nachrichten einiger deutschen Zeitungsschreiber gar keinen Glauben bei, welche behaupten, die Personen in Ihrem Dienst trügen die franzö-

---

1) Keller, 11. April.

fifche Cocarde nur im Innern Ihrer Wohnung, und erschienen außerhalb ohne dies unterscheidende Zeichen[1]).“ Wo die Franzosen sich als Herren fühlten, brachten sie auch an den Gesandtschaftsgebäuden das Abzeichen der Republik, die Göttin der Freiheit, an. Ein Bild dieser Art, wie er es eben in Turin gesehen, wollte Bernadotte auch für sein stattliches Hotel in der Wallnerstraße herrichten lassen[2]); gleich nach den Empfangstagen hatte er einem wiener Maler den Auftrag gegeben. Aber das Bild wurde nicht fertig, man erfuhr, daß die Polizei sich eingemischt und dem Maler Entschädigung geboten habe, wenn er die Arbeit unterlassen oder verzögern wollte. Als endlich nach mehr als vier Wochen die Göttin der Freiheit ausgeliefert wurde, zeigte sich ein unförmliches, ganz unbrauchbares Zerrbild. Die Sache war um so verdrießlicher, als eben wieder ein Courier des Directoriums, ein Pole Namens Maliszewsky, die erneuerte Anweisung überbrachte, der Botschafter möge in keiner Weise, insbesondere nicht in Bezug auf die äußeren Zeichen, dem Ansehen der Republik zu nahe treten lassen. Ausführlich setzt Bernadotte dem Minister die Schwierigkeiten, denen er begegnet sei, auseinander, und bittet, sogleich durch einen tüchtigen Künstler in Paris ein neues Bild anfertigen zu lassen. „Es wird die Talente der französischen Schule bezeugen“, setzt er hinzu, „und zu gleicher Zeit die Heldenthaten und die Macht der großen Nation in Erinnerung bringen. Ich erwarte es mit großer Ungeduld. Vorläufig nimmt eine dreifarbige Fahne die Stelle ein, welche für das Abzeichen der Republik bestimmt ist.“

Maliszewsky sollte diese Depesche noch in der Nacht mit nach Paris nehmen. Die letzten Worte bezeichnen genau den Zeitpunkt, in welchem sie geschrieben wurde. Am 13. April

----

1) Talleyrand, 19. März.

2) Das Geymüller'sche Haus, Nr. 8. Bernadotte hatte den ersten Stock von dem reichen Armeelieferanten Wimmer gemiethet, der es von den Erben des im Duell getödteten Fürsten Karl von Lichtenstein gekauft hatte.

gegen sechs Uhr Abends, wahrscheinlich, um dem Directorium noch einen thatsächlichen Beweis seines patriotischen Eifers zu geben, hatte Bernadotte die dreifarbige Fahne an einer großen Stange auf dem Balkon seines Hauses aufpflanzen lassen [1]).

Das auffallende Zeichen blieb in der wenig belebten Straße eine Weile unbemerkt. Aber allmälig sammelten sich Gruppen, die ihre Verwunderung, bald auch ihr Mißvergnügen zu erkennen gaben. Das Aufpflanzen einer Fahne war an sich etwas Ungewöhnliches; einige hielten die große Stange für einen Freiheitsbaum, andere, in Erinnerung an den Stil französischer Proclamationen, für ein Symbol, daß man Wien wie eine eroberte Stadt behandeln wolle. Es kam hinzu, daß man eben lebhaft der Tage gedachte, in denen eine solche Gefahr sehr nahe gewesen war. Gerade vor einem Jahr hatten die Bürger der Hauptstadt sich erhoben, um den Angriff Bonaparte's nöthigenfalls mit den Waffen abzuwehren. Den 17. April, den Tag, an welchem die allgemeine Einzeichnung in die Listen der Nationalgarde stattgefunden hatte, wollte man feierlich begehen; schon seit dem 26. März waren Vorbereitungen getroffen, und daß die französische Gesandtschaft, tactlos genug, gegen die Feier als gegen eine Beleidigung Frankreichs sich heftig ausließ, vermehrte noch den Eifer der Bevölkerung, die schon Bernadotte's Benehmen gegen den geliebten Erzherzog als eine schwere Beleidigung empfunden hatte. Der Lärm vor dem Gesandtschaftshotel nahm zu; die Polizei wurde aufmerksam, und um 7 Uhr begab sich der Polizeidirector von der Leyen, wenig später ein Adjutant des Stadtcommandanten zu dem Botschafter, beide mit dem dringenden Ersuchen, die auffällige Fahne wieder einzuziehen. Aber Ber-

---

[1]) Hauptquellen für die folgende Darstellung sind Bernadotte's Berichte vom 14. u. 16. April, ein Brief Daiser's an Lehrbach vom 14. April, Keller's Depesche vom 18. April. Außerdem ist der im preußischen Staats-Archiv befindliche Bericht eines berliner Musikers Hummel benutzt, welcher beständig mit der französischen Gesandtschaft verkehrte und eben deßhalb wenige Tage nach Bernadotte's Abreise Wien verlassen mußte..

nabotte erklärte mit dem ganzen Pomp republikanischer Rede=
weise, es sei Pflicht der Polizei, die Ruhe herzustellen, die
Fahne werde bleiben, er werde sie auf der Spitze seines De=
gens aufrecht halten; nur über seinen Leichnam gehe der Weg
zu dem geheiligten Zeichen der Republik[1]). Nicht ohne Sorge
begab sich der Beamte auf die Staatscanzlei, wo man einige
Vorkehrungen traf, aber zu spät und nicht wirksam genug,
um gleich im Beginn eine Bewegung zu unterdrücken, von
deren Umfang man noch keine Ahnung hatte.

Unterdessen war die Dunkelheit eingebrochen und der
Lärm in der Wallnerstraße zum Tumult geworden. Das Ge=
rücht, die Franzosen wollten einen Aufruhr gegen den Kaiser
anstiften, hatte eine unzählige Menschenmenge — man rechnete
gegen 50000 — aus den Vorstädten herbeigezogen, deren Er=
bitterung wuchs, als ein Adjutant Bernadotte's in dem Thor=
weg des Palastes erschien und, die Faust am Säbel, das Volk
bedrohte, auf die Polizei und die Beamten schalt, ja, nach dem
Ausdruck eines Augenzeugen sich wie ein Rasender geberdete.
Vergebens nahm die Polizei einige Verhaftungen vor; gegen
halb neun Uhr flogen die ersten Steine in die Fenster des
Gesandtschafts=Gebäudes, und indem Einer sich auf den Andern
stellte, gelang es einem gewandten Handwerksgesellen, an den
steinernen Figuren des Portals hinauf den Balcon zu er=
klettern. Die Fahne wird abgerissen, im Triumph zuerst auf
die Freiung, dann schon halbverbrannt vor die Hofburg
getragen und unter den Fenstern des Kaisers dem Officier
der Wache ausgeliefert.

In Bernadotte's Wohnung war um diese Zeit keine
Scheibe mehr unverletzt; wenig später sprengte ein schwerer
Steinwurf auch das Thor des Palastes; die Menge drang in
den inneren Hof und versuchte die Treppe hinaufzusteigen.
Hier begegnete man aber dem Botschafter, der mit seinen Ad=
jutanten und Secretären mit Säbeln und Pistolen bewaffnet

---

1) Daiser an Lehrbach, 14. April.

die Angreifer oben erwartete. Wieder beging er die Unvorsich=
tigkeit, die Menge durch Schimpfreden noch mehr zu reizen;
einer aus der Dienerschaft feuerte sogar zwei Pistolenschüsse
ab, die glücklicherweise nur eine leichte Verwundung zur
Folge hatten; die Menge fuhr fort, den Hof zu erfüllen, drang
in Küche und Stallung, zertrümmerte den Wagen des Ge=
sandten, immer unter dem Geschrei: Es lebe der Kaiser! Bei=
nahe zwei Stunden hielt der Lärm an, ohne daß die wenig
zahlreiche Polizeimannschaft, nur von einigen Patrouillen
unterstützt, ihn hätte beschwichtigen können. — Während dessen
hatte Bernadotte zu verschiedenen Malen an Thugut geschrie=
ben[1]). Zuerst gegen acht Uhr giebt er von dem Tumulte Nach=
richt und klagt über die Unthätigkeit der Polizei; zwei Stun=
den später meldet er, die Fahne sei abgerissen, der Hof von
einer wüthenden Menge erfüllt; er fordert seine Pässe, wenn
nicht die förmlichste Genugthuung geleistet, die Fahne von
den österreichischen Behörden wieder aufgezogen, jede Theil=
nahme der Regierung an der Beschimpfung feierlich in Abrede
gestellt, und strenge Bestrafung der Schuldigen versprochen
würde. Endlich zwischen elf und zwölf Uhr schreibt er zum
dritten Mal „die letzte Note, die Thugut von ihm erhalten
würde"; er bittet jetzt förmlich und so schleunig, als irgend
möglich, um die Pässe für seine Abreise. Gleichzeitig richtete
er auch an befreundete Gesandte die Aufforderung, sich sofort
in seine Wohnung zu verfügen, um von ihm die Entschlie=
ßungen zu erfahren, welche die erhabene Würde der Republik
erfordere. Aber zur Antwort erhielt er nur Vertröstungen auf
den nächsten Morgen, und so blieb er auf sich selbst angewiesen,
bis nach Mitternacht eine Abtheilung Infanterie aus den
Vorstädten, dann auch von Schönbrunn Cavallerie herbeige=
kommen war. Der Hof wurde gesäubert, die Straße abge=

***

1) Haeften, 14. u. 18. April; er schickt Bernadotte's Schreiben im Origi=
nal; derselbe Wortlaut im Entwurf an den spanischen Gesandten Campo Allanche
im Ministerium des Auswärtigen in Paris.

sperrt, und zuerst von Allen gelangte der Freiherr von Degelmann in den Palast, um sein Bedauern auszusprechen und
Bernadotte's Klagen zu vernehmen. Von dem Botschafter begab er sich in die Staatscanzlei, kehrte aber um drei Uhr
Morgens nochmals zurück, jetzt endlich mit einem Billet Thugut's, das kurz und trocken sein Bedauern über die Unruhen
aussprach und gerechte Bestrafung der Schuldigen verhieß.

„Sie werden den Ton dieses Schriftstücks leicht selber
würdigen," schreibt Bernadotte seinem Minister. Natürlich
konnte er sich dabei nicht beruhigen. Gleich am folgenden
Morgen schickte er durch einen seiner Adjutanten einen Brief
direct an den Kaiser, um sich über Thugut zu beklagen und
die Ankündigung seiner Abreise zu erneuern. Die österreichische
Regierung, noch von keiner Seite fremden Beistandes versichert,
konnte eben jetzt nichts so wenig wünschen, als plötzlichen
Bruch mit Frankreich. Man that alles Mögliche, den Botschafter zu beschwichtigen. Der Kaiser ließ sogleich durch den
Cabinetsminister, Franz Colloredo, sein Bedauern über die
Unordnungen der vergangenen Nacht ausdrücken, mit der Versicherung, daß er selbst, sobald er davon Kenntniß erhalten,
dem Polizeiminister und dem Commandanten der Truppen
Befehl zum Einschreiten gegeben habe. Er wünsche, daß
der Botschafter auf seiner Forderung der Pässe in Anbetracht
der großen Uebelstände, die daraus hervorgehen könnten, nicht
bestehen möge. Noch am selbigen Tage würden Graf Saurau,
der Minister des Innern, und Baron Degelmann sich zu Bernadotte begeben, um die Thatsachen aufzuklären und alle begründeten Klagen zur beiderseitigen Genugthuung zu erledigen.
Bald darauf erschien eine Bekanntmachung des Polizeiministers,
Graf Pergen, in welcher der Kaiser den guten Bürgern der
Residenzstadt für die seit Antritt seiner Regierung so oft bewie-
sene Treue und Ergebenheit sein Wohlgefallen aussprach, aber die
sträflichen Ausschweifungen vor der Behausung des französischen Botschafters mit großem Mißfallen rügte. Se. Majestät, hieß es, gewärtigen, daß von dieser Stunde an nie-

manb an einer tumultuarifchen Handlung Theil nehmen werde. Sollte jemand diefer Erwartung nicht entfprechen, fo werde der Kaifer in die unangenehme Nothwendigkeit verfetzt, einen folchen Störer der Ruhe nach der ganzen Strenge des Gefetzes beftrafen zu laffen[1]. Aber der milde Ton diefes Erlaffes reizte den Botfchafter mehr, als daß er ihn befriedigt hätte. Er fuhr fort, fich in den leidenfchaftlichften Reden gegen Thu=gut zu ergehen. „Ich bedaure den Kaifer,“ fagte er in Ge=genwart des fpanifchen Gefandten dem öfterreichifchen Offizier, der zur Sicherung des Haufes fich in feiner Nähe befand. „Der Kaifer ift ein guter Fürft, unfere Republik hat ehrlich feine Freundfchaft gewünfcht; wir haben den erften Schritt gethan, nun ift das unfer Lohn. Ich weiß, der Kaifer ift nicht Schuld daran, er wird getäufcht von verruchten Meuchel=mördern, die gerne fähen, daß man unfere Köpfe durch die Straßen von Wien trüge. Aber ich hoffe, binnen fechs Mo=naten wird die Reihe an fie kommen. Glauben Sie mir,“ fuhr er fort, „wenn der Krieg ausbricht, werden die Greife jung werden und zu den Fahnen eilen, um den Schimpf zu rächen, den ein barbarifcher Pöbel mir angethan hat. Man hätte von Frankreich lernen follen, wie ein Volksauflauf zu behandeln ift. Wäre fo etwas in Paris einem öfterreichifchen Botfchafter gefchehen, man würde mit Cartätfchen unter das Volk gefchoffen haben; denn das Volk foll fich nicht über die Gefetze erheben, und die geftern uns infultirten, können mor=gen ihrem Souverän daffelbe thun.“

Auch Degelmann und Saurau, die kaiferlichen Gefand=ten, vermochten feinen Zorn nicht zu befchwichtigen. War er

---

1) Die Proclamation und der vorhergehende Notenwechfel in der Geheimen Gefchichte des raftatter Congreffes, V, Abth. II, 185 fg. Manche Einzelheiten bringen die Nouvelles politiques de Leyde in der erften Hälfte des Mai, z. B. der Supplément zum 4. Mai auch den Namen des damals vielbefprochenen vierzehnjährigen Schornfteinfegers Kugler aus Schwaben, der die Fahne abgeriffen hatte.

doch ohnehin seiner Stellung überdrüssig. Vor Allem forderte er, daß die französische Fahne von österreichischen Behörden wieder aufgepflanzt werden solle. Da man auf diese Forderung einzugehen nicht geneigt war, führte er seinen Vorsatz aus. Am 15. April, einem Sonntag, nicht mit Tagesanbruch, wie die Wiener Polizei vorgeschlagen hatte, sondern zu heller Mittagszeit verließ die französische Gesandtschaft in vier Wagen die Hauptstadt. Der Menschenstrom, der noch Tages vorher die Straßen gefüllt hatte, war bis um diese Zeit verlaufen, vor dem Hotel erschienen sogar einige Mitglieder des Adels, um die Reisenden noch zu begrüßen. Keine Störung erfolgte, doch hatte man dem Zug zur größeren Sicherheit eine Escorte beigegeben, die ihn mit allen militärischen Ehren durch die Thore und über das Weichbild hinaus begleitete. In Braunau auf der Grenze begegnete er dem Grafen Cobenzl, der eben aus Rastatt nach Wien zurückkehrte; aber die beiden Gesandten begrüßten sich nicht. Bernadotte nahm den Weg nach dem Rhein; am 23. kam er in Rastatt an, wo er weitere Anweisungen des Directoriums erwarten wollte[1].

Was konnte folgen? Die ganz ähnlichen Vorfälle in Rom mochten den Glauben erwecken, es würde auch jetzt wieder für die angebliche Beleidigung Frankreichs blutige Rache gefordert werden. Dies war die Meinung mancher Diplomaten, sogar des berliner Cabinets in der ersten Zeit, und sie wurde bestärkt durch die Nachrichten aus Rastatt. Hier ließen Bernadotte und sein Gefolge ihrem Unwillen völlig freien Lauf. Liest man den ersten Bericht des Botschafters aus Wien vom 14. April, so wird man ihn, alle Umstände in Betracht gezogen, beinahe ruhig, wenigstens nicht übermäßig heftig nennen. Man glaubt durchzufühlen, daß er ausreichende Genugthuung noch erwartete. Der folgende Bericht, nur zwei Tage später, aber schon auf der Rückreise, aus Wels geschrieben, zeigt dage-

---

1) Lehrbach, 24. u. 26. April; Metternich, 23. April.

gen die volle Leidenschaft eines aufs bitterste gereizten Man=
nes. Der ganze Vorfall wird ausschließlich den infamen Ent=
würfen Thugut's, Rasumowsky's und Eden's Schuld gegeben.
„Diese Bösewichter," schreibt Bernadotte, „haben den Plan
geschmiedet, die französische Gesandtschaft zu ermorden und
unsere Köpfe auf Piken durch die Straßen tragen zu lassen.
Der Russe, eben so feig als barbarisch, konnte Tages über we=
der sein Verlangen noch seine Hoffnung verbergen; der schur=
kische, nichtswürdige Thugut, gebeugt unter der Last seiner
Verbrechen und seiner Jahre, erwartete jeden Augenblick, daß
man ihm die Nachricht brächte, wir hätten aufgehört zu leben.
Der englische Gesandte mißt sich selber den Ruhm dieses Ta=
ges bei und macht denen, welche die Ausführung übernahmen,
den Vorwurf, daß sie sich mit einem halben Erfolg begnügt
hätten. Daß wir hingewürgt würden, das war die Absicht
dieser drei Tiger." Ueberbieten lassen sich diese Sätze nicht;
aber sie wurden im Einzelnen ausgeführt in Berichten, die
Bernadotte durch zurückgebliebene Freunde aus Wien erhielt
und von Rastatt nach Paris beförderte. Die kleine Fahne,
hieß es, habe mit dem Tumult nur wenig Zusammenhang.
Thugut, Eden und Rasumowsky hätten lange vorher den
Plan gefaßt, die Gesandtschaft bei dem Fest der Freiwilligen
zu massacriren, und dann nur die Gelegenheit benutzt, einige
Tage früher loszuschlagen. Die beiden Gesandten, — die in
der That, unvorsichtig genug, unter der Volksmenge erschienen
waren — hätten die Steine aus der Donau heranholen lassen
und jeden mit 18 Kreuzern bezahlt. Dem Burschen, der die
Fahne abgerissen — er gilt jetzt als der Kellner eines bekann=
ten Caffeehauses — sei dafür eine goldene Uhr zum Geschenk
gemacht. Eben sei Bernadotte im Begriff gewesen, mit Hülfe
der Kaiserin dem abscheulichen Regiment Thugut's ein Ende
zu machen; gerade, um dies zu hindern, habe der Minister den
Aufstand angestiftet und Polizei wie Soldaten von thätigem
Einschreiten abgehalten. Nur Thugut's Abdankung gebe da=
für Genugthuung; außerdem müsse Alles geschehen, was Ver=

nadotte in Wien gefordert habe, sonst habe man in vier Wochen den Krieg [1].

Ganz anders erschien das Ereigniß in Wien. Bernadotte, sagte man, habe durch sein und seiner Begleiter Benehmen seit langer Zeit die Wiener beleidigt, dann durch das unerwartete Aufstecken einer an sechs Ellen langen Fahne den Tumult veranlaßt und die Menge durch Schimpfreden und Pistolenschüsse noch mehr gereizt. Er allein trage also die ganze Schuld, und statt Genugthuung zu geben, könne der Kaiser sie fordern. In diesem Sinne stellte Thugut schon am 15. April in einer Circulardepesche an die vorzüglichsten Gesandtschaften die Sache dar [2], und so wurde sie meistens von der Diplomatie, nicht allein an den befreundeten Höfen, aufgefaßt. Der batavische Geschäftsträger van Haeften tadelt in dem Bericht an seine ultrademokratische Regierung allerdings das Benehmen der Bevölkerung und das langsame Einschreiten der Polizei, aber noch mehr die herausfordernden Handlungen des Botschafters [3]. Am schärfsten äußert sich Keller, der, mit Bernadotte noch immer auf gespanntem Fuße lebend, auch während des Tumultes sich nicht um ihn bekümm-

---

1) Bernadotte an Talleyrand, Rastatt, 26. April, 10. Mai. Beiliegend Détails parvenus à l'Ambassadeur Bernadotte par un courier parti de Vienne le 20 Avril; Renseignements du 25 Avril, Suite des renseignements vom 3. Mai; Lehrbach, 23., 24., 25., 28. April. Die preußischen Gesandten in Rastatt, 25. April; das Ministerium an Keller, 4. Mai.

2) Thugut an Starhemberg in London, an Dietrichstein und Reuß, 15. April, bei Vivenot a. a. O. S. 15. Die Note ist von Daiser verfaßt und nur ein Auszug aus dem hier benutzten vertraulichen Briefe Daiser's an Lehrbach vom 14. April. Ganz ähnlich schildert die Vorfälle eine damals viel genannte kleine Schrift: „Getreue Darstellung des Auflaufes, welchen die französische Botschaft durch Aushängung einer dreifarbigen Fahne den 13. April 1798 in Wien veranlaßt hat von einem Augenzeugen 1798," über welche Keller am 25. April 1798 bemerkt: cette rélation peut être considérée comme avouée par le gouvernement Autrichien. Verfasser ist der im Polizeiministerium angestellte Hofrath Schilling; Keller, 29. Juni 1799.

3) Haeften, 14. April.

mert hatte, aber von seiner Regierung trotz der Klagen des Directoriums vollständige Billigung seines Benehmens erhielt[1]). Man glaubte sogar eine Zeit lang in Berlin, der Aufstand sei von Bernadotte absichtlich hervorgerufen, um dem Directorium Vorwand zu neuem Kriege gegen Oesterreich zu verschaffen[2]). Dieser Verdacht ist aber gewiß eben so wenig begründet, wie der ähnliche gegen Thugut. Es ist deutlich genug gezeigt, wodurch das Aufpflanzen der Fahne am 13. April veranlaßt wurde. Diese Fahne gibt, auch abgesehen von ihrem Zweck, noch einen charakteristischen Beweis, wie verschieden dieselben Gegenstände von verschiedenen Parteien aufgefaßt und beschrieben werden. Da sie nur wenige Abendstunden auf dem Balkon gesehen, dann wieder abgerissen und zum Theil verbrannt wurde, ließ sie der Phantasie um so freieren Spielraum. In Wien wurde behauptet, und in deutschen Erzählungen wird noch jetzt gewöhnlich angegeben, sie habe die Inschrift: „Liberté, égalité ou la mort" getragen. Aber Haeften, der zuerst seiner Regierung selbst diese Mittheilung gemacht hatte, widerruft sie in dem nächsten Bericht und bemerkt, die Inschrift habe, ganz wie es den Umständen entspricht, auf der einen Seite: République Française, auf der anderen: Légation de Vienne gelautet[3]); auch der Freiherr von Daiser, der Referent der Staatscanzlei für die deutschen Angelegenheiten, erwähnt am 14. April in einem Briefe an Lehrbach ausdrücklich: „daß die Worte „„Freiheit und Gleichheit"" in deutscher Sprache auf der Fahne zu lesen waren, hat sich das Volk eingebildet, und wird von dem Schneider, der die Fahne verfertigt, nicht behauptet." Die sich entgegenstehenden Angaben über die Größe der Fahne erklären

---

1) Die preußischen Gesandten in Rastatt, 2. Mai, Sandoz, 25. April; Keller, 23. Mai: Les mensonges du Général Bernadotte ne méritent que du mépris. Das Ministerium an Keller, 1. Juni.

2) Keller, 21. April. Das Ministerium an Keller, 30. April.

3) Haeften, 14. u. 17. April.

sich dadurch, daß die französischen Berichte, wenn sie von der kleinen Gestalt reden, nur auf das Fahnentuch, dagegen die wiener zugleich auf die Fahnenstange sich beziehen, welche, wie erwähnt, so lang war, daß man sie für einen Freiheits=baum halten konnte. Das verspätete Eintreffen des Militärs braucht nicht in bösem Willen, nicht einmal in einer unge=bührlichen Langsamkeit seinen Grund zu haben; denn die In=fanterie mußte aus weit entfernten Vorstädten, die Reiterei sogar aus Schönbrunn herbeigeholt werden. Keller, der die Soldaten unter seinem Fenster vorbeimarschiren sah, bemerkt, sie seien so eilfertig aufgebrochen, daß sie sich zum Theil nicht einmal vollständig hätten bekleiden können [1]). Dagegen wird man das lange Schweigen Thugut's nicht eben rücksichtsvoll, ja mit den Pflichten diplomatischer Höflichkeit kaum vereinbar finden, und der Polizei geschieht schwerlich Unrecht durch die Annahme, sie sei ungeschickt oder wenigstens schwach verfahren, habe sich auch nicht übermäßig beeilt, zu Gunsten eines ver=haßten, hochfahrenden Fremden den Loyalitäts=Betheuerungen der Menge gegenüber ihre Gewalt zu brauchen.

Aber Rücksichten und Erörterungen dieser Art waren nicht was in Paris den Ausschlag gab. Hätte man einen wehrlosen Gegner, wie den Papst, sich gegenübergesehen, man hätte gewiß die Gelegenheit zu einem neuen Beutezug nicht ungenutzt gelassen. Ja, wenn man einer späteren Er=zählung Napoleon's glauben darf, so war das Directorium selbst Oesterreich gegenüber zum Kriege entschlossen und wollte dem General den Oberbefehl des gegen Deutschland bestimm=ten Heeres übertragen. Aber Bonaparte erwiederte, ein Er=eigniß solcher Art, bei dem der größere Theil des Unrechts auf Seiten Bernadotte's liege, sei kein Grund, sich zu einem Kriege zu bestimmen. Frankreich sei gar nicht vorbereitet, das Heer an der Küste des atlantischen Meeres zerstreut, oder zur Fahrt nach Aegypten gerüstet; auch der Kaiser wolle gewiß

---

1) Keller, 18. April.

nicht den Krieg, sonst würde man in Wien dem Gesandten eher Freundschaft geheuchelt, als ihn beleidigt haben. Er erbot sich, selbst nach Rastatt zu gehen, um mit Cobenzl die Mißverhältnisse wieder auszugleichen [1]).

Diese Erzählung enthält, wenn sie auch nicht verbürgt werden kann, doch nichts Unwahrscheinliches, den gleichzeitigen Quellen Widersprechendes. Der Bericht Bernadotte's war am 23. April nach Paris gelangt. Das Directorium versammelte sich; unter den Acten im Ministerium des Auswärtigen findet sich noch der Entwurf einer langen Klageschrift, die man in eigenem Namen unmittelbar an den Kaiser richten wollte. Die Größe der Beleidigung wird mit lebhaften Worten geschildert, aus Allem aber der Schluß gezogen, man wolle das Vorgefallene nicht als einen Act der Feindseligkeit betrachten, müsse jedoch Aufklärung und Genugthuung fordern. Aufklärung gab schon am folgenden Morgen ein Schreiben Thugut's an Talleyrand, das mit seltener Schnelligkeit nach Paris befördert, durch den neapolitanischen Gesandten überliefert wurde. Es betheuerte die friedlichen Gesinnungen des Kaisers und stellte die baldige Ankunft des Freiherrn von Degelmann in Aussicht. Sicher hat es beigetragen, die Aufregung des Directoriums zu beschwichtigen. Wenn Rewbel am Abend des 23. Sandoz gegenüber noch sehr drohende Worte gebraucht hatte, so gab Talleyrand am nächsten Tage zu, auch Bernadotte habe durch seine voreilige Abreise die Sache verschlimmert. Man erkennt überhaupt, und es ist bemerkenswerth, daß die französischen Staatsmänner meistens mit dem Benehmen des Botschafters wenig einverstanden waren. Treilhard schreibt am 21. April an Talleyrand, das Ereigniß in Wien sei ihm „wüthend ärgerlich"; bei der ersten Nachricht habe er noch geglaubt, man werde Genugthuung geben, jetzt höre er aber,

---

1) Mémoires de Napoléon par le général Montholon, Paris 1824, IV, 239. Die Ausgabe der „Guerre d'Italie" in der Correspondance de Napoléon I., Tom. XXIX hat das 23. Kapitel nicht aufgenommen.

Bernadotte sei wirklich abgereist. Er kann sich nicht enthalten, von der Unbesonnenheit des Botschafters zu reden[1]). Und Talleyrand antwortet am 25. „Unter uns, mein lieber Treilhard, und ohne daß Sie ihn etwas merken lassen: Bernadotte hat sich ein wenig übereilt benommen; aber die Beleidigung ist deßhalb nicht weniger schwer. Das Directorium," fährt er fort, „hat nicht gezögert, auf die Vorschläge der österreichischen Regierung einzugehen; ich wurde beauftragt, Herrn von Thugut zu antworten, und gestern um drei Uhr Morgens ist der Courier mit meinem Briefe nach Wien abgegangen. Sie werden nicht ohne Vergnügen hören, daß der General Bonaparte bereit ist, sich nach Rastatt zu verfügen. Die Ergebenheit, mit welcher er sich unter diesen schwierigen Umständen zur Verfügung gestellt hat, wird von dem Directorium ihrem ganzen Werthe nach geschätzt. Er hat an Herrn von Cobenzl geschrieben[2])."

In Wien konnte es nicht lange zweifelhaft sein, daß man auf den Vorschlag eingehen müsse. Man war unvorbereitet für den Krieg und keines einzigen Bundesgenossen versichert. Gerade am Morgen des Aufstandes traf allerdings aus Petersburg die willkommene Nachricht ein, daß Paul die angetragene Vermittlung zwischen Oesterreich und Preußen annehme und über die Vorgänge in der Schweiz und in Italien sehr unzufrieden sich ausgesprochen habe. Aber bei dem unzuverlässigen Charakter des Zaaren war dies nur der Anfang einer Hoffnung; auch hatte man, trotz der übeln Er-

---

1) Treilhard an Talleyrand, 21. u. 25. April. Daunou, der französische Commissar in Rom, klagt am 5. und 12. Mai in Briefen an La Revellière Lepeaux über den übeln Eindruck, den die Nachrichten aus Wien in Italien hervorriefen: La funeste nouvelle de Vienne nous fait ici bien de mal Vous seuls pouvez juger, s'il n'y a pas un peu d'étourderie dans le fait de Bernadotte. Mémoires de La Revellière Lépeaux, Nantes 1873, III, 371, 374.

2) Sandoz, 25. April. Talleyrand an Thugut, 25. April bei Vivenot, Rastatter Congreß S. 156. Bonaparte an Cobenzl, 25. April, Correspondance de Napoléon, IV, 84.

fahrungen in Rastatt, noch immer auf eine Einigung mit Frankreich nicht völlig verzichtet. Noch immer bestand auch die Meinung, Bonaparte sei für Oesterreich günstiger als für Preußen gesinnt, und es habe nicht an seinem Willen gelegen, wenn sein eigenstes Werk, der Friede von Campo Formio, nicht zur Ausführung gekommen sei. Eine Verhandlung mit ihm mußte darüber und über die letzten Absichten des Directoriums Auskunft verschaffen; wenn sie nicht gelang, konnte man um so entschiedener für die andere Verhandlung in Berlin das Ziel, das dann allein noch übrig blieb, ins Auge fassen.

In Paris mochte es als ein Zeichen der Nachgiebigkeit, ja als Genugthuung erscheinen, daß Thugut in demselben Schreiben, welches den Antrag Talleyrand's annahm, auch die Mittheilung machte, er sei von dem Ministerium des Auswärtigen zurückgetreten und Graf Cobenzl zu seinem Nachfolger ernannt.

Ein solcher Schritt hatte, wie man sich erinnert, schon seit langer Zeit, insbesondere seit den Präliminarien von Leoben, in Thugut's Absicht gelegen. Seine Gesundheit war durch das Uebermaß und noch mehr durch die Erfolglosigkeit von Mühe und Arbeit zerrüttet. Die Langsamkeit und Verworrenheit des Staatswesens brachten ihn zur Verzweiflung, bei den Berathungen über das Heer und die Finanzen war es mehrmals zu heftigen Auftritten gekommen. Denn man darf nicht glauben, der Minister sei allmächtig gewesen. Ueberall fand er Gegner und Widersacher; der Adel wollte den Emporkömmling niemals als gleichberechtigt anerkennen, die besten Köpfe wurden durch den Druck des politischen Systems, nicht ohne Thugut's Schuld, von der Regierung ferngehalten. Es blieben wenige, allerdings erprobte und ergebene Freunde, das Vertrauen des Kaisers, dazu die Macht eines starken Willens und überlegener Fähigkeiten; aber selbst der Muthigste mochte unter solchen Umständen zuweilen den Muth verlieren. Schon beim Jahreswechsel hatte der Minister nur auf Colloredo's bringende Bitten sein Abschiedsgesuch zurückgenommen. „Ver=

legenheit und Arbeit," schreibt er an Dietrichstein am 17. Februar, „wachsen von Tag zu Tage; Alles liegt auf mir, ich habe weder Hülfe noch Unterstützung; meine physischen und moralischen Kräfte reichen nicht mehr aus und ich unterliege. Sie können denken, wie sehr ich nach dem Augenblick seufze, in welchem ich das Ministerium verlassen kann. Von so unendlich Vielen, die sich darüber freuen werden, wird keiner eine so reine und lebhafte Genugthuung empfinden, als ich." Im März oder Anfang April reichte er das Gesuch um Entlassung förmlich ein; er dachte statt der früheren Geschäfte als kaiserlicher Commissar die Verwaltung der neu erworbenen italienischen Provinzen zu übernehmen [1]).

Es scheint, daß Cobenzl's Rückberufung von Rastatt damit in Verbindung steht. Denn dieser Staatsmann wurde schon im Sommer vorher als Thugut's Nachfolger bezeichnet. Eden, der am 7. Mai 1797 seiner Regierung davon Nachricht gibt, fügt aber gleich hinzu, niemand zweifle an Cobenzl's Unfähigkeit, den Minister zu ersetzen. So ausgezeichnet sich der Graf als Diplomat bewährt hatte, es fehlten ihm doch die Selbstständigkeit und Charakterstärke, die allein zu der Leitung großer Angelegenheiten befähigen. Auch sein Privatleben, seine Vergnügungssucht gab dem Hofe, zuweilen sogar Thugut zum Tadel Veranlassung. Indessen bei dem Mangel an bedeutenden und zugleich befreundeten Staatsmännern blieb Cobenzl der Unentbehrliche, auf den man immer zurückkommen mußte. Gerade als er sich auf der Reise von Rastatt nach Wien befand, traten aber zwei Ereignisse ein, welche die Lage wesentlich ver-

---

1) Vivenot, vertraute Briefe, II, 76, 86; Rastatter Congreß, S. V. Keller schreibt am 19. Mai über Thugut: La critique occasionnée par sa conduite ministerielle à la guerre et à la paix n'empêche pas ses plus grands ennemis de rendre justice à l'ordre, au secret et à l'économie, qu'il a introduit dans le département des affaires étrangères, dans lequel il ne prenait pour lui que douze mille florins par an. Il a epargné annuellement 70 mille florins à son maître en travaillant plus qu'aucun de ses prédécesseurs.

änderten: die russische Vermittlung und die Abreise Bernadotte's. Beide deuteten wieder auf den Krieg, und Niemandem kam auch nur der Gedanke, daß man den Krieg anders
als unter Thugut's Leitung führen würde. So mag was
nun folgt zu erklären sein: man nahm zwar die schon be-
schlossene Maßregel nicht zurück, vielleicht in dem Wunsche, dadurch
um so leichter einem für den Augenblick noch sehr unbequemen
Bruch mit der Republik vorzubeugen; aber Thugut sollte als
Conferenzminister nach wie vor Haupt und Leiter der Regierung bleiben. In einer solchen Stellung konnte es ihm nur
erwünscht sein, in Cobenzl einen Gehülfen zu erhalten, der einen Theil der Correspondenzen und die für Thugut so lästige,
zeitraubende Repräsentation den fremden Diplomaten gegenüber auf sich nahm, der dann auch einen Theil der Verantwortung trug, als Mitglied der Aristokratie den gefährlichsten
Widersachern auf gleichem Boden gegenüberstand, und doch erwarten ließ, daß er sich eben so fügsam als brauchbar zeigen
werde. Erst gegen Ende des Monats scheint man aber in
Bezug auf die neue Anordnung zu festem Entschluß gelangt zu sein. Noch am 19. April schreibt Thugut an Colloredo, Cobenzl sei am Abend angekommen, der Kaiser werde
ihm wohl in der ersten Audienz über seine künftige Verwendung
noch nichts Bestimmtes mittheilen. Erst am 29. April schickt
er die drei von ihm selbst entworfenen kaiserlichen Handschrei-
ben, von denen das eine Cobenzl's Ernennung, die beiden anderen Thugut's Entlassung aus der früheren und die Berufung
in die neue Stellung enthalten. Das erste sagt ausdrücklich,
das politische System solle ganz in den Grundsätzen weiter geführt werden, nach denen Thugut gehandelt habe.

Am 2. Mai brachte der neue Minister seine Ernennung
zur öffentlichen Kenntniß. Aber gerade an demselben Tage
erhielt man auch aus Paris die Briefe Talleyrand's und das
Anerbieten Bonaparte's, in Rastatt mit Cobenzl zu verhandeln.
Thugut und Cobenzl einigten sich noch am selbigen Abend,
daß Cobenzl der Einladung folgen, Thugut in Wien ihn ver-

treten müsse[1]). So wurde für die nächste Zeit nicht einmal der Geschäftskreis des Ministers verändert; die fremden Diplomaten verhandeln ausschließlich mit ihm, sie sind der Ansicht, daß sein Einfluß sich in keiner Weise vermindert habe.

Zunächst und vor Allem kam es darauf an, was man von Bonaparte in Rastatt erlangen würde.

---

1) Vivenot, Vertrauliche Briefe Thugut's II, 93, 97, 99.

Zehntes Kapitel.

Die Conferenzen in Selz.

Am 7. Mai wurden die Instructionen für Cobenzl aus=
gefertigt. Sie zeigen, daß man in Wien wohl den Frieden
wünschte, aber keineswegs dem Uebermuth des Directoriums
sich fügen wollte. Was zunächst das Ereigniß vom 13. April
betrifft, so legen sie alle Schuld dem französischen Gesandten
zur Last; der Kaiser muß eine Genugthuung vielmehr fordern
als gewähren. Daß die Fahne, wie Bernadotte verlangte,
von einem österreichischen Officier oder Polizeibeamten wieder
aufgezogen wird, kann man in keinem Falle zugestehen, höch=
stens, daß die Urheber des Tumultes nochmals aufgesucht und
nach den Gesetzen bestraft werden, aber ohne daß dabei ein
französischer Beamter Theil zu nehmen hätte. Wollen die
Franzosen in Wien Fahnen aufziehen oder Cocarden tragen,
so muß das gleiche Recht auch der österreichischen Gesandtschaft
in Paris zuständig sein. Bernadotte und sein Gefolge dürfen
in keinem Falle nach Wien zurückkommen, da sie, abgesehen
von ihrem früheren Benehmen, sich während der Heimreise
aufrührerische Reden erlaubt haben[1]). Am Besten wäre es,
wenn gar kein französischer Agent, oder doch nur ein Geschäfts=
träger, höchstens ein Gesandter zweiten Ranges in Wien
sich aufhielte; einen Botschafter wird man nicht mehr em=
pfangen.

---

1) Bernadotte berichtet seinerseits aus Rastatt am 25. April, er
habe während der Rückreise von der Bevölkerung, sogar von mehreren Generalen Versicherungen der Ergebenheit und Zustimmung erhalten.

Viel ausführlicher verbreitet sich dann die Instruction über die allgemeine politische Lage. Zuerst soll Cobenzl die Bedingungen von Campo Formio, und, wenn Bonaparte darauf nicht eingeht, für die neuen französischen Erwerbungen ein Aequivalent in Italien fordern, entweder die Legationen, oder auf dem linken Ufer des Po das Gebiet bis zum Oglio, oder wenigstens bis zum Chiese. Weiter suchte man die Verhandlung mit dem, was schon mit Preußen verabredet war, oder verabredet werden sollte, in Einklang zu bringen. Gegen die Zugeständnisse in Italien will der Kaiser auf Vergrößerung in Deutschland verzichten, nur gegen das Frickthal Passau, und gegen schwäbische Besitzungen einen Grenzstreifen von Baiern eintauschen. Preußen kann Hildesheim, Oranien die trierschen Balleien am rechten Rheinufer in Besitz nehmen; aber von Anerkennung der preußischen Uebergriffe in Franken darf keine Rede sein; sie gehören lediglich vor die Reichsgerichte. Die Franzosen sollen das linke Rheinufer, aber keinen Punkt auf dem rechten erhalten; nur im äußersten Nothfalle — dies Thor war doch wieder offen gelassen — wenn die Republik dem Kaiser gute Bedingungen in Italien gewährt, kann man mit einiger Nachgiebigkeit verfahren. Für den Papst verlangte man Rom zurück, oder wenigstens ein seiner Würde entsprechendes Einkommen, für Toscana und Neapel volle Unverletzlichkeit. Anders, heißt es, stehe es mit Sardinien. Dies Land könne man den Franzosen stillschweigend überlassen, wenn dafür die österreichische Grenze bis zur Abda oder wenigstens bis zum Oglio ausgedehnt würde. Endlich folgt noch der sonderbare Plan, für den Bruder des Kaisers die Lombardei gegen Toscana einzutauschen; Toscana könne dann mit der ligurischen Republik vereinigt werden¹).

---

1) Die Instruction so wie der in dem Folgenden benutzte Briefwechsel zwischen Cobenzl, Thugut und Colloredo im wiener Staatsarchiv in einem Convolut mit der Aufschrift: Négociation de Seltz. Karl Mendelssohn bleibt das Verdienst, über die selzer Conferenzen zuerst eingehende Nachrich-

Mit diesen Vorschlägen, die an Willkür dem, was die Franzosen in Italien sich erlaubt hatten, wenig nachgeben, machte sich Cobenzl am 8. Mai auf den Weg, und unermüdlich, wie er zu reisen pflegte, kam er mit der Schnelligkeit eines Couriers schon in der Nacht vom 11. auf den 12. in Rastatt an. Aber die Eile war vergebens. Ueber Bonaparte's Ankunft wußte Niemand etwas zu sagen, in seinen Gemächern war keine Vorbereitung getroffen, Niemand von den Seinigen war ihm vorausgegangen. Es wurde sogar behauptet, er sei schon vor acht Tagen von Paris nach Toulon gereist; „indessen," meint Cobenzl, „nach dem Brief, den ich von ihm empfangen habe, ist nicht zu glauben, daß er bei dem Rendezvous, das er mir förmlich angetragen hat, fehlen werde[1]."

Aber drei Tage später wurde die Nachricht durch Briefe Bonaparte's und Talleyrand's bestätigt. Der General schrieb ganz kurz noch am 4. Mai, er habe, im Begriffe nach Rastatt in den Wagen zu steigen, die Nachricht von Cobenzl's Abreise nach Wien erhalten und darauf seine Absicht aufgegeben[2]. Viel ausführlicher ist der Brief Talleyrand's vom 12. Mai. Er wünscht Cobenzl zu seinem Ministerium Glück und sieht in der Ernennung des Unterhändlers von Campo Formio ein neues Pfand für den Frieden. „Warum," fährt er fort, „hat die Nachricht Ihrer Abreise von Rastatt, die Ungewißheit Ih-

---

ten gegeben zu haben (Sybel's historische Zeitschrift, XXIII, 40 fg.). Er konnte jedoch nicht die vollständigen Originale, sondern nur die lückenhaften, schwer zu entziffernden Concepte von Cobenzl's und Hoppe's Hand benutzen. Deßhalb haben sich in seine Darstellung Irrthümer eingeschlichen, von denen Sybel (Gesch. der Rev.-Zeit, V, 184 fg.) einzelne berichtigt, andere aufgenommen hat. Die französischen Quellen füllen im Archiv des Ministeriums der Ausw. Angelegenheiten einen Folioband, der die Aufschrift: „Autriche — Le Général Bernadotte" trägt, weil das erste Drittel durch Berichte und Correspondenzen Bernadotte's aus Rastatt eingenommen wird.

1) Cobenzl an Colloredo, 12. Mai.

2) Corresp. de Napoléon, IV, 92. Der Brief ist noch aus Paris datirt, nicht aus Auxerre, wie die Herausgeber vermuthen.

rer Rückkehr und die angekündigte Sendung des Herrn von Degelmann nach Paris das Directorium denken lassen, es dürfe nicht länger zögern, die Talente und den Einfluß des Generals Bonaparte für eine wichtige Unternehmung zu benutzen. Sie wissen jetzt bereits, daß er Paris seit einigen Tagen verlassen hat. Vor seiner Abreise hat er Sorge getragen, Ihnen zu schreiben, und gestern habe ich Ihnen seinen Brief nach Wien geschickt, wohin er adressirt war, und wo ich Sie noch vermuthete." Es folgt dann die Mittheilung, das Directorium habe auf die Nachricht, daß Cobenzl nach Rastatt zurückkehre, sich beeilt, an Bonaparte's Stelle den ausgeschiedenen Director François von Neufchateau abzusenden. Er sei durch seine tiefe Kenntniß der Absichten und Interessen der Republik besser als irgend Jemand in der Lage, sich mit Cobenzl über alle in Frage stehenden Punkte zu verständigen. Da aber die Verfassung förmlich verbiete, daß ein Mitglied des Directoriums innerhalb zwei Jahre nach seinem Ausscheiden das Gebiet der Republik verlasse, so hoffe man, Cobenzl werde sich an irgend einen Ort des linken Rheinufers begeben, der ihm für die Conferenzen geeignet scheine [1]).

Bonaparte's Verfahren ist erklärlich genug. Am 25. April war es noch sehr ungewiß, ob nach den wiener Vorfällen der Friede dauern würde. Bonaparte bedurfte für sein Unternehmen nach Aegypten durchaus eine rasche Entscheidung, war deßhalb erbötig, sie selbst in Rastatt zu holen. Nun erhielt man aber mit jedem Tag bestimmtere Nachricht, daß von Seiten Oesterreichs der Krieg nicht zu besorgen sei; Frankreich wollte ihn auch nicht anfangen, ebensowenig in dem Gange der Verhandlungen eine Aenderung eintreten lassen. Was hatte Bonaparte also in Rastatt zu thun? Sein Unternehmen drängte zur Eile; selbst das Directorium scheint den gefürchteten Mann, dessen es nicht mehr unmittelbar bedurfte, gern in der Ferne gesehen zu haben. So trat er am 4. Mai die Reise nach Toulon statt nach Rastatt an.

---

1) Beilage zu Cobenzl's Bericht vom 15. Mai.

Aber man liest nicht ohne Ueberraschung, wie ein französischer Staatsmann und gerade Treilhard, der Gesandte in Rastatt, diese Wendung beurtheilt. Talleyrand hatte ihm am 6. Mai von dem, was geschehen war, Kenntniß gegeben. „Bonaparte habe in gutem Glauben an Cobenzl geschrieben, aber die Nachricht von der Abreise Cobenzl's nach Wien, die Ungewißheit seiner Rückkehr, das Unheil, welches jede Zögerung für die große vom Directorium beabsichtigte Expedition herbeiführen könne, hätten den veränderten Entschluß zur Folge gehabt. Der Wechsel," setzt Talleyrand hinzu, „bringe wenigstens den Vortheil, daß es einen Augenblick den Anschein gewonnen habe, als wolle man das große Unternehmen, von dem schon zu viel geredet worden sei, aufgeben, was die Ausführung nur begünstigen könne." Er legt Bonaparte's Brief in Abschrift bei, „das Original werde er an Cobenzl schicken, sobald aus Wien eine Antwort eintreffe." „Ihr Brief überrascht und betrübt mich," erwiedert Treilhard am 10. Mai. „Die französische Regierung schreibt Herrn von Thugut, der General Bonaparte würde sich sogleich nach Rastatt begeben, um sich mit dem Minister, welchen Seine Kaiserliche Majestät mit ihrem Zutrauen beehre, zu verständigen. Der Kaiser schickt in Folge dessen Herrn von Cobenzl, seinen Minister der auswärtigen Angelegenheiten, und dieser findet bei der Ankunft — Was? Einen Brief Bonaparte's mit der Nachricht, er sei nach Toulon abgereist. — Das Motiv dieser Abreise ist nicht weniger außerordentlich als der Brief selber: Bonaparte hat seine Reise abbestellt, weil er gehört hat, Herr von Cobenzl sei von Rastatt nach Wien gereist! Aber die Regierung wollte nicht mit Cobenzl, sondern mit einem Minister des kaiserlichen Vertrauens unterhandeln, und wie konnte man in Paris am 8. Floreal (24. April) nicht wissen, daß Cobenzl neun Tage früher von Rastatt abgereist sei? Endlich kann ich die Bemerkung nicht unterdrücken, daß man in dem Briefe an Herrn von Thugut zu erkennen gab, Bonaparte solle nicht allein über die Ereignisse in Wien unterhandeln, sondern zugleich über die Angelegenheiten von Rom, Neapel, Toscana, der Schweiz und über alle andern Gegenstände, die zwischen den beiden Mächten einer Regelung bedürften. Die ganze Verhandlung schien in Bonaparte's Händen zusammengefaßt. Ich zweifle nicht, daß diese Hoffnung wesentlich beigetragen hat, die Sendung Cobenzl's nach Rastatt zu entscheiden."

Der österreichische Diplomat hätte dem früheren Gegner gewiß eine Ehrenerklärung gemacht, hätte er diesen Brief lesen können. Er fand sich durch die Neuerung in seinen Erwartungen nicht wenig gestört, auch der Widerspruch zwischen den französischen Angaben blieb ihm so wenig als Treilhard verborgen. Einige Zeit war er zweifelhaft, ob er auf das neue Anerbieten eingehen dürfe, und forderte von Treilhard, der, bald nachdem er die Briefe überschickt, selbst zu ihm kam, für den Abend Bedenkzeit. „Wie bedauere ich," schreibt er am folgenden Tage an Thugut, „daß ich nicht das Glück habe, nur zehn Schritte von dem gewölbten Zimmer entfernt zu sein, in welchem Ew. Excellenz zu arbeiten pflegen; in solcher Nachbarschaft kann man nicht irren[1]." Indessen dieselben Gründe, die ihn nach Rastatt geführt hatten, mußten ihn bewegen, noch einen Schritt weiter zu gehen; zudem war die Persönlichkeit des neuen Abgesandten nicht von der Art, daß sie Cobenzl hätte zurückschrecken sollen. Sie zeigt sich auch für die folgenden Verhandlungen von so entschiedenem Einfluß, daß einige Worte darüber hier eine Stelle verdienen.

François war am 17. April 1750 in dem lothringischen Dorfe Saffais geboren, auf dem Jesuitencollegium in Neufchateau erzogen und so rasch in seiner Entwickelung fortgeschritten, daß er im eigentlichen Sinne zu den Wunderkindern gehörte. Schon mit fünfzehn Jahren gab er eine Sammlung von Gedichten heraus; die Akademien von Dijon, Lyon, Marseille und Nancy ernann-

---

1) Cobenzl an Thugut, 16. Mai. Vertraulich; die officiellen Schreiben sind in der nächsten Zeit noch an den Grafen Colloredo gerichtet.

ten ihn zu ihrem Mitgliede, die Stadt Neufchateau adoptirte ihn und legte ihm den Namen bei. Sogar Voltaire feierte ihn in einem Gedicht und wünschte ihn als Schüler und Secretär bei sich zu behalten; aber vornehme Gönner veranlaßten ihn, in die Verwaltung überzutreten. Seine literarische Entwickelung erfüllte nicht die frühen Hoffnungen. Im Jahre 1783 begab er sich nach Santo Domingo, blieb dort vier Jahre als Generalprocurator des obern Raths und arbeitete unabläffig an einer Ueberſetzung des Arioſt. Um den Druck in Frankreich zu besorgen, schiffte er sich Ende 1787 wieder nach Europa ein. Aber schon in der zweiten Nacht erlitt er Schiffbruch, rettete nur mit Mühe das nackte Leben und sah, weniger glücklich als der portugiesische Dichter, das Hauptwerk seiner literarischen Thätigkeit in den Fluthen untergehen. Wieder in der Heimath, erwarb er sich mancherlei Verdienste um Verwaltung, Handel und Ackerbau, ließ auch kein Jahr verstreichen, ohne es durch die Veröffentlichung einer neuen Schrift, poetischen oder wissenschaftlichen Inhalts, zu bezeichnen. 1791 war er Secretär, dann auch Präsident der gesetzgebenden Versammlung. Er rühmte sich später, mit Barras die Ereignisse des 10. August herbeigeführt zu haben, blieb aber im Allgemeinen blutigen und gewaltsamen Maßregeln abhold, lehnte auch im Oktober 1792 das ihm angebotene Justizministerium ab und begnügte sich mit dem einfacheren Amte eines Friedensrichters in seiner Heimath. Im folgenden Jahre begab er sich nach Paris, um ein Schauspiel „Pamela oder die belohnte Tugend" auf dem Théâtre français zur Aufführung zu bringen. Aber diese Reise wäre ihm beinahe noch gefährlicher geworden, als vordem der Schiffbruch. Die Schreckensregierung fand in dem Stück anſtößige, den Engländern günstige Stellen; der Autor mit allen Schauspielern wurde am 3. September festgenommen. Mehrmals in Todesgefahr, erhielt er erst acht Tage nach dem 9. Thermidor die Freiheit, bald darauf eine Anstellung und am 16. Juli 1797 das Ministerium des Inneren. Die Revolution des 18. Fructidor führte ihn

an Stelle Carnot's am 9. September in das Directorium, doch
wie manche glaubten, gleich mit der Bestimmung, bei der näch=
sten Ausscheidung durch das Loos wieder auszutreten [1]). So
konnte man ihm jetzt die Verhandlung mit Cobenzl übertra=
gen. Später ist er noch mehrmals Minister, Senator, Graf,
auch einer der eifrigsten Lobredner Napoleon's geworden und
nach einem glücklichen Alter erst am 10. Januar 1828 zu
Paris gestorben.

Man könnte denken, nach den Erfahrungen in Campo
Formio sei es Cobenzl beinahe als eine Erleichterung erschie=
nen, mit einem Manne dieser Art statt mit Bonaparte zu un=
terhandeln. „Wie man François von Neufchateau schildert,“
schreibt er selbst, „scheint seine Wahl nach der Bonaparte's
die wenigst schlechte zu sein. Man nennt diesen Ex=Director
sanft, ehrlich, versöhnlich und unterrichtet, man versichert, er
habe sich im Directorium am meisten den Plänen gegen Nea=
pel widersetzt, und eben weil er nicht so wüthend als seine
Genossen war, sei er schon beim Eintritt als derjenige bezeich=
net, der zuerst wieder auszuscheiden hätte.“ Cobenzl erklärte
sich denn auch am 16. Mai in einem Briefe an Talleyrand

---

1) Anders urtheilt freilich Sandoz am 19. Mai: Quoiqu'on en dise:
le tirage au sort a été effectué de bonne foi; et quelques ministres
qui étaient présents m'ont assuré, qu'on n'aurait pas pu se degui-
ser à ce degré. La physiognomie pâle et atterrée de François de
Neufchâteau a été extrêmement sensible à la vue du fatal billet, et
a prouvé que ce sort était inattendu. Lorsque ses collègues lui
témoignaient leurs regrets d'être séparés, et leur désir d'adoucir
sa situation, sa réponse fut naive et singulière. „Vous ferez bien“,
leur dit-il, „car je sors du Directoire plus pauvre, que je n'y suis
entré. Les honneurs de ma place m'ont ruiné, je ne possède rien
au monde qu'une action dans une brasserie, que vous pouvez faire
prospérer, en lui accordant un privilège exclusif.“ Les directeurs
restans, plus gais que leur collègue sortant, ont ri de la demande
et de la brasserie. Cependant François de Neufchâteau ne sera pas
oublié.

zur Unterhandlung mit François bereit. Es blieb aber die Frage: durfte der Gesandte ohne Erlaubniß des Kaisers das deutsche Gebiet verlassen? Das Directorium hatte selbst schon an die Schwierigkeit gedacht und wollte den Artikel 157 der Verfassung in der Weise auslegen, daß François Tages über in Rastatt verhandeln könne, wenn er nur Nachts auf das Gebiet der Republik zurückkehre. Aber einem so scharfsinnigen Juristen, wie Treilhard, konnten die von Talleyrand dafür angeführten Gründe unmöglich genügend scheinen 1). Auf sein Betreiben erklärte sich Cobenzl bereit, die nöthige Erlaubniß in Wien nachzusuchen; François, schreibt er, könne immerhin die Reise antreten; bis er nach Straßburg komme, werde auch die Antwort des Kaisers angelangt sein 2).

Die Tage in Rastatt benutzte Cobenzl, um den preußi= schen Gesandten zu beweisen, daß Preußen von Frankreich niemals ehrliche Absichten erwarten dürfe, also am Besten in den zu Berlin bevorstehenden Verhandlungen sich mit Oesterreich und Rußland einige. Andererseits suchte er die fran= zösischen Gesandten für die Vorschläge zu gewinnen, die er Fran= çois machen wollte; insbesondere Treilhard. Die Bedeutung die= ses Mannes wurde eben damals wesentlich erhöht, seine Stimme aus einer berathenden zur entscheidenden. Er war an François' Stelle zum Director gewählt und trat am 19. Mai die Reise in die Hauptstadt an 3).

Acht Tage später kamen François' Secretäre Geoffroy und Gallois aus Selz nach Rastatt mit einem Briefe, in wel= chem der französische Gesandte seine Ankunft anzeigte und in den freundlichsten Worten Cobenzl einlud, sich sobald als möglich dorthin zu verfügen. Cobenzl antwortet: ob er nach

---

1) Der Artikel lautet: Aucun membre du Directoire ne peut sortir du territoire de la République que deux ans après la cessation de ses fonctions.

2) Beilage zu Cobenzl's Bericht vom 15. Mai. Talleyrand an Treilhard, 13. Mai; François an Talleyrand, 24. Mai.

3) Talleyrand an Treilhard, 11. Mai. Cobenzl, 17., 18., 20. Mai.

Selz kommen dürfe, hänge von der Antwort des Kaisers ab, und hebt sogleich den Wunsch hervor, der in den nächsten Wochen einen der hauptsächlichsten Streitpunkte bildete. François hatte in seinem Briefe als Zweck der Unterhandlung einzig die Genugthuung für die Ereignisse in Wien bezeichnet.. Cobenzl bemerkt dagegen: „Ich hoffe, daß ich Sie mit den nöthigen Vollmachten ausgestattet finde, uns über alle streitigen Punkte zu verständigen, wie es mir durch den Minister der auswärtigen Angelegenheiten in seinem Briefe vom 12. Mai angekündigt worden ist. Das ist der wesentliche Zweck meiner Reise, der allein meinen erhabenen Herrn bewegen konnte, mich für einige Zeit von seiner Person zu entfernen trotz der Stellung, die er mir zu übertragen geruht hat [1])."

Am 29. Mai, als die erwünschte Antwort aus Wien gekommen war, schickte er seinen gewandten Secretär Hoppe an François mit dem Anerbieten, sich den nächsten Tag nach Selz zu begeben. Der kleine Ort hatte durch die Feldzüge des Jahres 1793 sehr gelitten. „Ich bin voll Ungeduld", heißt es in dem Briefe François', „Sie aufs Beste zu empfangen, aber dies Beste wird zu meinem großen Bedauern weit unter dem stehen, was ich wünschte und was sich schickte. Die Ruinen von Selz bieten keine Hülfsmittel." Um die Alternative in Bezug auf den Ort der Verhandlung nicht aufzugeben, miethete auch Cobenzl dort eine Wohnung. „Ich werde, schreibt er, in Selz nur an den Tagen bleiben, an welchen die Conferenzen in meinem Hause stattfinden, und da die Reise mit Einschluß der Ueberfahrt über den Rhein nur eine Stunde dauert, so ist es gerade, als ob ich in Rastatt wäre [2])."

„Am Morgen des 30.," erzählt Cobenzl weiter, „begab ich mich nach Selz und wurde dort mit allen militärischen Ehren empfangen. Schon auf der Rheininsel, die man überschreiten muß, fand ich eine Cavallerie-Escorte. Man hat dadurch andeuten wollen, daß sie bereits als Eigenthum Frank-

---

1) Beilage zu Cobenzl's Bericht vom 27. Mai.

2) Bericht Cobenzl's vom 2. Juni.

reichs betrachtet wird. Indessen sie liegt dem linken Ufer viel näher, als dem rechten, so daß sie immer der Republik zufallen müßte. In Selz passirte ich durch eine doppelte Reihe von Soldaten vom Ufer bis zum Hause des Directors, der mich vor der Thür auf der Treppe empfing." Das Gespräch wandte sich zunächst auf Bernadotte. Cobenzl gab ihm allein die ganze Schuld, François verlangte Genugthuung für die Beleidigung des Gesandten. Er meinte, man könne übereinkommen, daß der neue Botschafter oder Minister, welchen der Kaiser nach Frankreich schicken wolle, in seiner Anrede an das Directorium förmlich erkläre, der Kaiser mißbillige die verübten Gewaltthätigkeiten und habe daran gar keinen Theil genommen. Cobenzl erwiederte, eine solche Maßregel sei unvereinbar mit der Würde des Kaisers; es sei beleidigend, nur vorauszusetzen, ein Volksauflauf könne mit seinem Willen angeregt sein. Uebrigens seien schon alle möglichen Versicherungen in den Briefen Colloredo's an Bernadotte, und Thugut's an Talleyrand enthalten. Er selbst sei zu neuen Erklärungen bereit. „Alles das geschieht nur vertraulich," sagte François, „was wir brauchen ist ein öffentlicher Schritt." Allein Cobenzl ging nicht weiter darauf ein und lenkte das Gespräch auf den Gegenstand, der ihm am meisten am Herzen lag. Er sprach von den Gewaltschritten Frankreichs gegen den Papst und die Schweiz, wie Neapel, Toscana, Sardinien bedroht seien, und Frankreich den Frieden von Campo Formio in Italien, Deutschland und Belgien fort und fort verletze. François klagte dagegen über die Gesinnungen der schweizerischen Aristokratieen. Sardinien, Toscana und Neapel hätten beruhigende Versicherungen empfangen. Nachdem man so den ganzen Kreis der Verhandlungen berührt, kam man überein, Cobenzl solle die österreichischen Ansprüche wegen des Friedens von Campo Formio, François die französischen wegen der Ereignisse in Wien in Denkschriften zusammenfassen, die man in der nächsten Sitzung einander mittheilen würde.

Das Gespräch hatte trotz der widersprechenden Ansichten

einen freundlichen Charakter bewahrt. Cobenzl übergab im Auftrage des Kaisers dem französischen Bevollmächtigten einen reich mit Edelsteinen besetzten Degen für Bonaparte und erhielt von ihm eine marmorne Büste des Generals. François sprach sogar von seiner Anhänglichkeit für die kaiserliche Familie, die er als geborener Lothringer mit allen seinen Landsleuten theile. Er vertraute Cobenzl, daß Talleyrand einen Botschafterposten etwa in Wien oder Constantinopel wünsche, daß er selbst zu seinem Nachfolger bestimmt sei und dann im Verein mit Cobenzl für einen festen und dauerhaften Frieden nach besten Kräften zu wirken hoffe. „Er hat den Ruf eines liebenswürdigen, feinen Mannes," schreibt Cobenzl, „vollkommen gerechtfertigt. Er ist ganz das Gegentheil von Treilhard und Bonnier, seine Umgebung. nicht weniger. Man muß erwarten, ob eine schließliche Einigung dadurch erleichtert wird, und ob er mehr ist, als das blinde Werkzeug derer, die ihn absandten[1]."

Auch François war mit den persönlichen Eigenschaften seines Gegners nicht übel zufrieden, hebt aber sogleich hervor, was den eigentlich gefährlichen Punkt der Verhandlung bildete. Er hatte sich nicht entschlagen können, dem österreichischen Gesandten seine Vollmachten vorzuweisen. Sie gaben, wahrscheinlich ganz der Vollmacht für Bonaparte nachgebildet, die Befugniß, in Selz mit dem kaiserlichen Gesandten sowohl über die der Republik schuldige Genugthuung, als über die Ereignisse in Rom, über Neapel, Toscana, die Schweiz und alle Gegenstände, welche nicht die Aufgabe der rastatter Verhandlung bildeten, sich ins Einvernehmen zu setzen. Die letzte Clausel, wahrscheinlich später beigefügt, stand aber zu dem Vorhergehenden in offenem Widerspruch; denn wie hätten die zu Rastatt verhandelten Fragen von den übrigen sich trennen lassen? Jedenfalls enthielt die Vollmacht in Verbindung mit den Briefen Talleyrand's und Bonaparte's für Cobenzl ausreichende Gründe, auf dem zu bestehen, was er

---

1) Cobenzl, 2. Juni.

selbst in dem ersten Briefe an François, und was, von allen
zuerst, Treilhard in dem Briefe an Talleyrand hervorgehoben
hatte. François klagt, Cobenzl wolle die Phrase der Vollmacht
benutzen, den rastatter Congreß nach Selz zu verlegen und
statt der Genugthuung fremdartige Gegenstände in die Verhandlung hineinzuziehen. „Die erste Sitzung," schreibt er, „hat
nur zu sehr meine Befürchtungen bestätigt ¹)."

Am 1. Juni begab sich Cobenzl, der Verabredung gemäß,
wieder nach Selz, händigte François seine Denkschrift ein und
empfing von ihm die seinige. Es folgte langes Hin= und Her=
reden über Bernadotte, dann fand Cobenzl den Weg zu den italie=
nischen Angelegenheiten, beschränkte sich aber zunächst darauf,
die Ausführung des Friedens von Campo Formio zu fordern.
„Ich sagte dem französischen Bevollmächtigten," schreibt er, „es
sei durchaus nöthig, daß er sich in unsere Lage versetze. Er
sei zu aufgeklärt, um nicht einzusehen, daß die Einführung der
Demokratie in Rom und in der Schweiz in keiner Weise
unseren Interessen entspräche. Die erstere ändere ganz und
gar den Zustand Italiens, durch die andere verlören wir
unser Bollwerk nach der Seite von Tyrol und erhielten dafür
die Nachbarschaft Frankreichs. Auch könne uns nicht gleich=
gültig sein, daß die französische Republik 100,000 Mann auf
fremde Kosten unterhalte. Der französische Bevollmächtigte
antwortete, dieser letzte Punkt sei auch für Frankreich keines=
wegs ein Vortheil, weil alle diese Truppen für seine Verthei=
digung nutzlos würden. Die Regierung würde deßhalb mög=
lichst bald eine Aenderung eintreten lassen. Gegen Neapel und
Toscana, versicherte er aufs Bestimmteste, würde man Nichts
unternehmen. Ich antwortete, ich zweifle nicht, daß die Ge=
sinnungen des Directoriums für den Augenblick aufrichtig seien,
allein sie könnten sich verändern durch die Umstände oder
durch den Wechsel der Personen. Man müsse deßhalb die ge=
fährliche Lage von Fürsten, die dem Kaiser so nahe ständen,

---

1) François an Talleyrand, Selz, 30. Mai, 31. Mai.

und die Nachtheile beseitigen, die für ihn selbst aus der Errichtung der neuen Republiken hervorgingen. Der französische Bevollmächtigte bemerkte, die Wünsche von ganz Italien seien im Augenblick dahin gerichtet, eine einzige große Republik zu bilden. Er glaube aber, dies entspreche so wenig unseren, als den französischen Interessen. Ebenso wenig, entgegnete ich, als der gegenwärtige Zustand. François sagte, das Directorium sei sehr unzufrieden mit der römischen Angelegenheit, sie sei unerwartet gekommen, man habe aber sogleich vorhergesehen, was weiter daraus folgen würde. Ich erwiederte, in diesem Falle hätte man die Dinge nicht so weit treiben sollen, man müsse sie noch jetzt wieder rückgängig machen."

„In dieser Weise," setzt er hinzu, „suche ich die Verhandlungen zu dem Punkte zu leiten, der für die Interessen Sr. Majestät zu wünschen ist. Aus dem Anfang der Unterhandlung kann man wenigstens schließen, daß trotz des unverschämten Verlangens einer Genugthuung Frankreich doch den Krieg nicht wünscht. Man muß erwarten, ob es so weit geht, uns für unsere Interessen die Hände zu reichen 1)."

So gering dies Ergebniß war, mit so viel Unruhe hatten doch die preußischen Gesandten von Rastatt aus diese Sonderconferenzen verfolgt. Sobald der österreichische Gesandte zurückkam, stellten sie sich bei ihm ein, um Aufklärung zu erhalten. Cobenzl sagte ihnen aber nur, es handle sich um die Angelegenheit Bernadotte's, und man sei lediglich zu allgemeinen Reden gekommen. Jacobi erzählte ihm, der König von Preußen habe das Anerbieten eines französischen Bündnisses zurückgewiesen, und Cobenzl dankte für diese Eröffnung dadurch, daß er sie den französischen Bevollmächtigten mittheilte, die dann bitter über die Indiscretion der preußischen Gesandten sich beklagten 2).

Einige Tage später schickt Cobenzl seine Antwort auf

---

1) Cobenzl, 2. Juni, 1. Apostille. François an Talleyrand, 1. Juni.
2) Cobenzl, 2. Juni, 2. u. 8. Apostille.

François' Denkschrift nach Wien. François hatte seinen Instructionen gemäß die Herstellung des Gesandschafts-Gebäudes,
Wiederaufziehen der Fahne durch einen österreichischen Beamten,
Bestrafung der Ruhestörer und Entschuldigung nach einer ver-
einbarten Formel durch den neuen kaiserlichen Gesandten in
Paris gefordert. Erst wenn dieser Punkt geordnet sei, könne
er auf die österreichischen Beschwerden eingehen [1]). Cobenzl
wies diese Forderungen in einer milden, aber bestimmten Form
zurück und übergab seine Denkschrift in einer Conferenz, die
am 3. Juni in seinem eigenen Hause stattfand. „François
konnte nicht leugnen," schreibt Cobenzl [2]), „daß er auf Alles,
was sich darin fand, gefaßt gewesen sei, gab auch zu, daß
Bernadotte seine Abreise übereilt habe." Aber er beklagte sich,
daß Oesterreich für eine öffentliche Beleidigung gar keine
öffentliche Genugthuung leisten wolle, und erklärte, als Cobenzl
bei seiner Weigerung verharrte, er werde die Denkschrift nach
Paris schicken; man müsse die Antwort des Directoriums erwarten, um über die ferneren Punkte der Verhandlung zu
einem Abschluß zu kommen. Cobenzl verwahrte sich lebhaft
gegen einen so großen Zeitverlust. Dem Kaiser, sagte er, sei
sehr daran gelegen, rasch zu erfahren, ob Frankreich den Frieden
von Campo Formio halten wolle oder nicht. Aber François
erwiederte, er hoffe in sechs bis sieben Tagen Antwort zu
haben, und Nichts hindere, inzwischen mit einander zu reden
und Mittel der Annäherung zu suchen.

Im Laufe des Gesprächs bat er Cobenzl, doch frei her-
auszusagen, was Oesterreich verlange. „Ich wiederholte ihm
immer," schreibt Cobenzl, „wir seien mit der genauen Ausführung des Friedens von Campo Formio zufrieden, und
brachte von Neuem Alles in Erinnerung, was uns in dieser
Beziehung noch zu wünschen bliebe. François eignete sich nicht
den lächerlichen Sophismus der Gesandten Treilhard und

---

1) Beilage zu Cobenzl's Bericht vom 2. Juni.
2) Bericht vom 5. Juni an Colloredo.

Bonnier an, welche behauptet hatten, die Gesammtheit des linken Rheinufers sei gar keine neue Erwerbung für Frankreich. Er gestand uns das Recht zu, Erwerbungen von gleichem Werth in Deutschland dafür zu fordern. Nur wollte er behaupten, der Artikel, welcher den König von Preußen von jeder Entschädigung ausschließt, sei lediglich für den Fall gültig, daß derselbe einwillige, seine alten Besitzungen zurückzunehmen, werde aber nichtig, sobald er sie an Frankreich abgetreten habe. Ich läugnete dies durchaus und bewies ihm durch die Worte des Vertrags, daß die förmliche Garantie, durch welche beide Mächte sich in der bestimmtesten Weise verpflichteten, dem Könige von Preußen seine linksrheinischen Besitzungen zurückzustellen, ohne alle Bedingung gegeben sei, was auch immer Oesterreich und Frankreich für Erwerbungen machten. Wenn Frankreich," fährt er fort, „in diesem Augenblick unserer Vergrößerung in Deutschland weniger entgegen ist, so geschieht es ohne Zweifel aus dem Grunde, daß es von unseren Verhandlungen mit dem berliner Hofe mehr oder weniger unterrichtet wurde. Es sieht voraus, daß, wenn wir auf seinen Vorschlag eingingen, neue Gegenstände des Streits zwischen uns und Preußen hervortreten und die Vereinigung hindern müßten, welche von dem Directorium so sehr gefürchtet wird. Ich suchte François zu beweisen, daß die Entschädigungen, die wir in Deutschland machten, den wahren Interessen Frankreichs viel weniger entsprächen, als das, was wir irgendwo anders erwerben könnten. Aber er wollte das durchaus nicht zugeben. Er sagte, man hätte genug finden können, um alle Welt zu befriedigen, wenn wir nur die geistlichen Reichsstände hätten opfern wollen. Er persönlich sei der Meinung, man solle nicht einmal die Kurfürsten erhalten, sondern dies gesammte Pfaffengeschmeiß in die Luft sprengen. Ich warf ihm ein, das sei dem Vertrag entgegen und würde die Reichsverfassung vernichten, deren Erhaltung auch in Frankreichs Interesse läge. „„Lassen Sie uns doch sehen""", sagte François, „„nach welcher Seite wir denn finden könnten, was Ihnen fehlt. Wäre unter den Besitzungen der Pforte nichts Geeignetes?"" Ich erwiederte, dafür sei ein neuer Krieg nöthig. Uebrigens erfülle die Pforte genau ihre Verpflichtungen gegen uns, und der Kaiser sei niemals der Erste, einen Vertrag zu brechen, der ihm gegenüber treu beobachtet würde [1])."

Bis dahin hatte Cobenzl noch immer zurückgehalten; als aber François die Frage, wie man sich denn einigen könne, wiederholte, glaubte er mit seinen Ansprüchen hervortreten zu müssen. Italien, führte er aus, sei nach so vielen Umwälzungen am besten geeignet, Alles ins Gleiche zu bringen. Seit man von dem Frieden von Campo Formio abgewichen sei, stehe dort Nichts mehr fest; man könne deshalb weit eher als in Deutschland zugreifen, ohne Andere um ihr Eigenthum zu bringen. François erwiederte, diese Frage sei reiflich im Schooße des Directoriums erwogen, aber man habe immer gefunden, daß ein Zuwachs der österreichischen Macht in Italien mit den Interessen Frankreichs sich durchaus nicht vereinigen lasse. „In diesem Falle," sagte Cobenzl, „setzen Sie alles wieder auf den Fuß, wie es zur Zeit des Friedens von Campo Formio war; führen Sie seine Bestimmungen aus und geben Sie uns Sicherheit für die Existenz von Neapel und Toscana!" François erwiederte, der Papst würde im Frieden von Campo Formio nicht erwähnt, Toscana und Neapel würden die beruhigendsten Versicherungen erhalten. „Man hat den Papst nicht erwähnt," versetzte Cobenzl, „weil Niemand vorhersehen konnte, der päpstliche Stuhl solle gleich nach Abschluß des Vertrages umgestürzt werden. Die französische Republik," fuhr er fort, „fürchtet, wir würden ganz Italien an uns reißen,

---

1) François erzählt statt dessen am 5. April: Puisqu'il faut toujours finir par s'accomoder par le bien d'autrui, habe er auf die Türkei verwiesen. „Cobenzl m'a fait sentir, que cela viendrait un jour de soi même et qu'il nous serait facile de nous entendre sur ce point avec la Russie et l'Autriche, mais seulement après que nous eussions conclu ici et à Rastatt."

wenn wir nur den geringsten Zuwachs erhielten. Hat sie mehr Recht als wir, und können wir gleichgültig zusehen, daß von den Alpen bis nach Neapel Alles französische Provinz geworden ist? Kann man die cisalpinische Republik unabhängig nennen, wenn sie schon bestraft wird, weil sie einen Bündnißvertrag nicht ohne alle Umstände genehmigen wollte? Gibt es eine unbeschränktere Macht als die, welche die französischen Generale in Rom ausüben, wo kein Gesetz ohne ihre Zustimmung Gültigkeit erlangt und alles, was sie wollen, sofort beschlossen wird? Zudem kann der Papst bestehen ohne eine Besitzung, die seiner hohen Würde angemessen ist? Und mit welchem Recht hat man ihm das, was er so lange besessen hatte, geraubt? Eins von beiden: der alte Zustand muß entweder hergestellt, oder, wenn man durchaus davon abweichen will, so muß auch für unsere Interessen und unsere Sicherheit gesorgt werden."

„Ich begreife wohl, was Sie wünschen," erwiederte François, „aber, nachdem die neuen Republiken einmal bestehen, ist es unmöglich; wir sind durch Verträge gebunden, und noch niemals haben wir einen Vertrag verletzt." „Sie fangen also mit dem unsern an," erwiederte Cobenzl. „Wir hatten," fährt er in seinem Berichte fort, „eine Karte von Italien vor uns liegen. Der französische Bevollmächtigte wollte mich dahin bringen, ihm auseinander zu setzen, was wir verlangten. Ich hielt den Augenblick dafür noch nicht gekommen und begnügte mich, ihm zu bemerken, wir könnten uns nur ausdehnen, indem wir jenseits des Po die Legationen erhielten oder in westlicher Richtung das, was die Präliminarien von Leoben uns zuwiesen. Ich sprach ihm von den Nachtheilen unserer gegenwärtigen Grenze, von der traurigen Lage der Stadt Verona, welche gerade den Theil ihres Gebietes verloren habe, auf welchem alle ihre Einwohner ihre Besitzungen hätten; ferner von den übeln Folgen, welche die Erwerbung der levantinischen Inseln durch Frankreich nach sich zöge; ich bat ihn, zu urtheilen, ob nach den letzten Veränderungen, die in jeder Beziehung für uns so unheilvoll, als der Gerechtigkeit widersprechend wären, ein solcher Zustand dauern könne." „Wenn Sie die Legationen besäßen," erwiederte François, „so würden Sie dem König von Neapel und dem Großherzog von Toscana die Hand geben. Wie könnte dann der Rest von Italien sich noch halten? Wenn Sie sich westlich von der Etsch ausdehnten, so würde die cisalpinische Republik auf nichts herabgebracht und vertheidigungslos. Ich glaube nicht, daß wir uns auf solchem Wege einigen können." Cobenzl erwiederte, in diesem Falle verlange er nichts anderes, als die Ausführung des Friedens von Campo Formio und die Herstellung der Verhältnisse, die bei der Unterzeichnung bestanden hätten. Man kam überein, am 6., 7. und 8. Juni wieder zusammen zu treffen; Cobenzl wollte für die Zeit in Selz wohnen. „Man muß erwarten," schreibt er, „ob die Unterhandlung dann einige Schritte vorwärts macht; bis jetzt ist sie leider noch nicht vom Fleck gekommen. Nach der Art, wie der französische Bevollmächtigte zu Werke geht, sollte man glauben, das Directorium wolle nur Zeit gewinnen, ohne irgend feste Absicht, sich mit uns zu einigen [1]."

In den neuen Conferenzen wurden im Wesentlichen die alten Gespräche fortgesetzt, nur daß Cobenzl bestimmter mit den Plänen für Italien hervortrat. Er selbst machte jetzt den Vorschlag, die Karte zur Hand zu nehmen, aber François versetzte, er dürfe nicht einmal einen Blick darauf werfen, bis er vorher dazu ermächtigt sei. „Ich bezeigte ihm mein Erstaunen," schreibt Cobenzl, „daß ein Mann, wie er, nicht größere Vollmachten besitze, und wiederholte ihm, was ich über die italienischen Angelegenheiten zu Udine mit Bonaparte, zu Rastatt mit Treilhard und Bonnier verhandelt hatte. Er versicherte jedoch, er sei damit nur unvollkommen bekannt, fuhr fort, jede Ausdehnung unserer Grenzen in Italien außerordentlich schwierig zu finden, verschob aber eine bestimmte Antwort bis zu dem Zeitpunkte, daß er auf den Courier, den er nach Paris ge-

---

1) Cobenzl 5. Juni, François 5. Juni.

schickt, neue Anweisungen erhalten hätte. „Leider," setzte er hinzu, „sei der Telegraph nicht im Stande zu arbeiten, sonst hätten einige Worte hingereicht, ihn zur Unterhandlung zu ermächtigen."

In der Sitzung vom 7. nahm man gleichwohl die Karte zur Hand. Cobenzl forderte entweder Mantua und die drei Legationen, oder die Grenze des Oglio. François schrie auf über die Unmäßigkeit dieser Forderung. Cobenzl führte aus, daß Oesterreich nach diesem Plane zu dem, was die Präliminarien ihm sicherten, nur noch Venedig und die Lagunen erhalten würde, während Frankreich, obgleich es die Reichsintegrität förmlich zugestanden habe, das ganze linke Rheinufer und noch dazu die venetianischen Inseln der Levante sich aneigne. Er setzte von Neuem den Nachtheil auseinander, den der Besitz dieser Inseln durch Frankreich für Oesterreich nach sich ziehe, François vermied indessen, sich darüber auszusprechen [1]).

Schon Tags vorher hatte Cobenzl die Aeußerung hingeworfen, daß der Kaiser auf die Erhaltung Sardiniens nicht so großen Werth lege, als auf die von Neapel und Toscana. Von der Absicht, den Großherzog von Toscana nach Mailand zu verpflanzen, hatte er dagegen noch gar nicht geredet, sondern dem Grafen Melzi, mit dem er auch jetzt wieder ein freundliches, beinahe vertrauliches Verhältniß unterhielt, anheimgegeben, gelegentlich bei François diese Frage anzuregen. Melzi hatte in der That am 5. Juni eine Unterredung mit François, die nicht üble Aussichten gab. Der französische Bevollmächtigte hatte sich freundlich über Oesterreich und — wohl in der Absicht, daß Melzi es wieder erzählen sollte — sehr ärgerlich über Preußen ausgesprochen. Melzi hatte ihm auch, wie er angab, die unhaltbare Lage der cisalpinischen Republik ohne Rückhalt dargelegt, freilich den Tausch Toscanas gegen Mailand nur erst anzudeuten gewagt [2]). Jetzt

---

1) Cobenzl am 10. Juni, 1. Apostille.
2) Cobenzl 5. Juni, 4. Apostille. Näheres über Melzi's Unterredung

brachte auch Cobenzl den sonderbaren Plan zur Verhandlung. Die römische Republik, sagte er, würde dadurch arrondirt, und Frankreich von Oesterreich durch zwei Staaten: dies neue Toscana und — Sardinien getrennt; zudem könne man Piemont, wenn es einmal zur Republik gemacht werden sollte, alsdann mit der neuen ligurischen Republik vereinigen. François entgegnete, dies neue Projekt würde nur neue Schwierigkeiten erzeugen. Der Großherzog von Toscana habe durch die Güte und Weisheit seiner Regierung sein jetziges Volk für sich gewonnen; es fühle gar keine Neigung, seine jetzige Regierungsform zu wechseln. In dem Lande, das er erhalten solle, wo man an den Genuß der Freiheit sich schon gewöhnt habe, möchte er vielleicht nicht den gleichen Gesinnungen begegnen; weit eher würde das Directorium zustimmen, den Großherzog nach Deutschland zu verpflanzen. Aber das, erklärte Cobenzl bestimmt, werde der Kaiser niemals zugeben; er wolle die Reichsintegrität und den Besitzstand am rechten Rheinufer so viel als möglich erhalten und nicht ganz Italien den Franzosen überlassen. „Ich sehe wohl, was Sie wollen," sagte der französische Bevollmächtigte; „Sie suchen Alles nach Italien zu übertragen, damit der König von Preußen keine Erwerbung macht; vergrößern Sie sich aber gar zu sehr, so wird er gleichwohl seinen Theil verlangen. Dann sollen Sie auch nach dem Vertrage Ihr Aequivalent in Deutschland bekommen." Cobenzl erwiederte, es sei Frankreich, das zu diesem Wechsel zwänge, weil es der förmlich eingegangenen Verbindlichkeit, den König von Preußen von jeder Erwerbung auszuschließen, nicht nachkomme. Daraus erfolgte ein neuer Streit über die wahre Bedeutung jenes Artikels. Das einzige Ergebniß war, daß man den Courier aus Paris erwarten müsse. François gestand indessen, wenn das Directorium erlaube, über Italien zu verhandeln, so würde es an Stoff nicht fehlen; er selbst habe mehrere Ideen darüber,

---

bei Mendelssohn a. a. O. S. 44, angeblich nach Berichten Cobenzl's vom 6. u. 7. Juni, deren Vorhandensein ich aber bezweifeln muß.

die er dann mittheilen würde. Cobenzl hatte gleichwohl geringe Hoffnung. „Es scheint nur zu deutlich," schreibt er, „daß das Directorium, indem es die Vollmacht François' so enge beschränkte, nur hat Zeit gewinnen wollen; bis zum 8. ist die Verhandlung noch gar nicht vorangerückt [1])."

Zu einiger Beruhigung gereichte es, daß die Besorgniß, François würde mit den preußischen Bevollmächtigten in Verbindung treten, sich als grundlos erwies. Bei einem Mittagessen, das am 8. Juni die Gesandtschaften der drei Hauptmächte bei François vereinigte, behandelte er die Preußen höflich, aber kalt, und zeigte nicht die geringste Neigung, mit ihnen von Geschäften zu reden. Aber was Melzi erzählte, war für Cobenzl wenig befriedigend. Am 10. Juni in einer zweiten Unterredung hatte François dem Italiener gegenüber sich ganz anders als in der früheren ausgesprochen. Er beklagte sich, daß Cobenzl ganz fremde Dinge in eine Verhandlung hineinziehe, die einzig die Genugthuung für die Ereignisse in Wien zum Zweck habe. Mit Bernadotte's Benehmen war er nicht einverstanden; schlimmsten Falls, meinte er, könne die Reise Cobenzl's nach Selz als hinreichende Genugthuung gelten; aber daraus folge nicht, daß man Oesterreich in Italien eine Vergrößerung gestatten müsse, die den Untergang der cisalpinischen Republik herbeiführen würde. Von dem Tausch Toscanas gegen Mailand wollte er gar nichts wissen; Melzi versicherte Cobenzl, er habe dafür gesagt, soviel er, ohne sich zu compromittiren, habe sagen können, insbesondere darauf hingewiesen, man brauche nur Sardinien zur Republik zu machen, um alle Welt zufrieden zu stellen. Es ist schwer zu entscheiden, wie weit er ehrlich sprach. Möglich, daß er nur die Absichten des kaiserlichen Ministers herauslocken wollte. In Briefen, die er um dieselbe Zeit an seine Regierung richtet, warnt er vor den

---

1) Cobenzl, 10. Juni, 1. Apostille. François, 8. Juni: Nous ne sommes pas avancés; de longues conférences et de très grands diners aboutissent toujours au point où nous étions.

gefährlichen Plänen Oesterreichs und spricht später seine Freude aus, daß sie von der französischen Republik zurückgewiesen würden [1]). Andererseits hält er die Lage der Lombardei für so verzweifelt, daß vielleicht jeder Wechsel ihm als Vortheil erscheinen mochte.

Nur zu bald gingen Cobenzl's üble Ahnungen in Erfüllung. François hatte die österreichische Denkschrift nach Paris geschickt und einige Tage später einen Bericht über die Sitzung vom 3. Juni folgen lassen. Er zeigt in der That eine mäßige, billige Gesinnung. Mehrere von Cobenzl's Beschwerden über die italienischen Angelegenheiten, insbesondere über die Verletzung des Friedens von Campo Formio erscheinen ihm nicht unbegründet; er meint, daß schon Cobenzl's Ankunft als eine Art Genugthuung für die wiener Ereignisse gelten dürfe, und scheint nicht ungeneigt, den Oesterreichern in Italien Zugeständnisse zu machen. Denn darin erkennt er ganz richtig den Angelpunkt der Unterhandlung. Für einige Fetzen der Cisalpina, meint er, würde Oesterreich Piemont opfern und sogar die römische Republik anerkennen. Aber im Directorium war jetzt die entgegengesetzte Strömung durch den Eintritt Treilhard's wesentlich verstärkt. Der neue Director beharrte durchaus bei den Grundsätzen, die er in Rastatt bei den Verhandlungen mit der Deputation und mit Cobenzl verfochten hatte. François' friedliche Aeußerungen verlachte er und nannte ihn einen Schulknaben in der Politik, der sich von Cobenzl habe überlisten lassen [2]). Talleyrand's schüchterne Vorstellungen vermochten Nichts dagegen. Am 7. Juni wurde eine neue Instruction für François ausgefertigt, wie sie schroffer, abweisender nicht gedacht werden kann. Aufs neue verlangte man auffällige Genugthuung für die Beleidigung

----

1) Cobenzl 10. Juni, Apostille 6. Melzi's Briefe vom 9. Juni an den Präsidenten der Republik und vom 25. Juni an Birago bei Melzi, memorie I, 494, 497.

2) Sandoz 12. Juli.

Bernadotte's; war sie bewilligt, so sollte die Verhandlung in Selz geschlossen werden. Die deutschen Angelegenheiten wurden nach Rastatt verwiesen, über die italienischen sollte François sich auch nicht in amtliche Verhandlungen einlassen, höchstens, um die Friedensliebe des Directoriums zu beweisen, in vertraulicher Unterredung die in Cobenzl's Denkschrift ausgesprochenen Klagen über Rom, die Schweiz, die cisalpinische Republik und die belgischen Emigranten als unbegründet nachweisen [1]).

Man kann sich danach den Verlauf der nächsten Sitzung vorstellen, die bald nach dem Eintreffen des pariser Couriers am Morgen des 13. stattfand. François las Cobenzl zwei Depeschen Talleyrand's vor, welche die unerwünschte Nachricht enthielten. Eine Abschrift weigerte er, weil er Schriftliches, das nicht die Genugthuung betreffe, nicht eher von sich geben dürfe, bis dieser Punkt geregelt sei; er versprach jedoch im Laufe des Tages einen Auszug zu übersenden, welchen der österreichische Gesandte schriftlich beantworten wollte. François verweilte diesmal länger als gewöhnlich bei den wiener Ereignissen. Er wiederholte was Bernadotte aus Rastatt nach Paris berichtet hatte, die Erzählung von der goldenen Uhr, von den schwer bezahlten Donausteinen. Die Polizei, sagte er, sei schon vor dem Auflaufe auf dem Platze, ja die Anstifterin des Unheils gewesen, und die Umgebung Bernadotte's erscheine gewiß nicht so tadelnswerth wie zahlreiche österreichische Offiziere, die in Italien aufrührerische Schriften verbreiteten. Cobenzl wies alles dies als absurde Fabeln zurück und beklagte um so lebhafter, daß François gar nicht auf seine Beschwerden einginge. Aber der französische Bevollmächtigte erwiederte, er habe die Befehle seiner Regierung eher gemildert als geschärft; in vertraulichen Briefen habe er sogar selbst Tadel erfahren müssen, daß er auf die Idee einer österreichischen Erwerbung

---

1) Instruction du Directoire Exécutif servant de réponse à la lettre du 15. Prairial [3. Juni] vom 7. Juni, bestätigt am 10. Juni.

in Italien auch nur eingegangen sei. „Vergebens suchte ich ihn,“ schreibt Cobenzl, „an diesem Tage und an dem folgenden darauf zurückzuführen und zu entdecken, ob er nicht vielleicht einen Hintergedanken verberge. Er hat mir betheuert, es sei ihm aufs strengste verboten, irgend etwas über diesen Gegenstand anzuhören. Ich begnügte mich, ihm zu antworten, wenn man die Mittel der Versöhnung, die Italien böte, zurückweise, und zugleich den Frieden von Campo Formio nicht ausführen wolle, so bleibe mir nichts übrig, als einen Bericht an meinen Hof zu machen und weitere Befehle Sr. Majestät zu erwarten.“

Dem entsprechend beantwortete er auch noch am selbigen Tage das von François übersendete Schriftstück, verweigerte jede Genugthuung, zeigte aus den Briefen Bonaparte's und Talleyrand's, daß die Wiener Ereignisse durchaus nicht, wie François behauptet hatte, den einzigen Punkt der Verhandlung bilden könnten, wiederholte die Beschwerden über die Gewaltthaten in Italien, Deutschland und Belgien und forderte endlich die genaue Ausführung des Friedens von Campo Formio. „Ich habe mich bestrebt,“ schreibt er, „meine Antwort mit Ruhe und Würde abzufassen, immer dem von Sr. Majestät angenommenen Grundsatze getreu, alles Gehässige eines Bruches auf die Franzosen fallen zu lassen.“ Der Schluß lautete aber gleichwohl, der Kaiser thue Alles, um den Frieden zu erhalten und neues Blutvergießen zu verhindern; wenn man sich aber erlaube, ihn anzugreifen, so werde er zu seiner gerechten Vertheidigung die nöthige Energie anwenden, und das Loos des Krieges müsse entscheiden. Cobenzl übergab diese Antwort in einer Conferenz am Morgen des 15. Juni. Zu seinem Erstaunen zeigte sich der französische Gesandte noch höflicher als gewöhnlich. Er las Cobenzl's Denkschrift beinahe ohne eine Einwendung zu machen, versicherte, daß man die Rechte, die man für die französische Gesandtschaft in Wien fordere, das Wappen und die Cocarden, mit Vergnügen auch der kaiserlichen Gesandtschaft in Paris gewähren würde; man könne darüber einen besonderen Act aufnehmen. Ueber die Genugthuung sei man beinahe einig; auch über den Friedensvertrag müsse man, da beide Theile ihn ausführen wollten, sich einigen können. Am Schlusse der Unterredung erklärte er freilich, er würde, so angenehm es ihm sei, doch schwerlich diese Verhandlung fortsetzen können; das Ministerium des Innern, welches ihm statt der auswärtigen Angelegenheiten übertragen war, erfordere seine Rückkehr nach Paris. Er erwartete jedoch einen Courier für den 19., und man kam überein, an jenem Tage wieder eine Conferenz zu halten. Cobenzl sucht den Grund dieser Mäßigung ganz richtig in der politischen Lage, die einen Bruch mit Oesterreich für die Republik damals durchaus nicht wünschenswerth erscheinen ließ. Von der weiteren Verhandlung erwartet er wenig. „Das Directorium,“ meint er, „wird sich begnügen mit dem, was es irgendwie als Genugthuung erhalten oder nicht erhalten kann, und im Uebrigen unseren Forderungen ausweichen, indem es sie an den rastatter Congreß verweist [1].“

Mit Cobenzl's Aeußerungen stimmt der Bericht François' überein. Er wünscht, daß man ihn nach Paris zurückkommen lasse, seine Anwesenheit in Selz könne nur den Verhandlungen in Rastatt schaden. Eigentlich sei er doch nur hergeschickt, um das Unhöfliche in dem Verfahren des Generals Bonaparte gegen Cobenzl zu verdecken. Das sei geschehen, und man könne auch die Reise eines österreichischen Ministers als Genugthuung betrachten. Mehr werde man doch nicht erhalten, da das Directorium von neuen Anordnungen in Italien nicht hören wolle, und Oesterreich an nichts Anderes denke. „Ich meine nicht,“ schreibt er, „daß wir auf dies Kapitel hin den Krieg wieder anfangen müßten, aber das Directorium thäte am besten, meine Mission als geendigt anzusehen und mich abzurufen [2].“

____

1) Cobenzl, Bericht vom 16. Juni an Thugut, dem die Noten François' und Cobenzl's beiliegen.

2) François an Talleyrand, 13. Juni, an das Directorium 14. Juni.

Was weiter folgt, ist in der That nicht viel Anderes, als nach Cobenzl's Ausdruck „der Streit über eine zerrissene Fahne." Es war lediglich François, der die Verhandlung noch hin= zog, um seinerseits nicht ganz vergebens gekommen zu sein. Aber nach so schroffer Abfertigung seiner eigenen Vorschläge fühlte Cobenzl, wie sich denken läßt, geringe Neigung, auf die Wünsche seines Gegners einzugehen. Am 19. Juni war der erwartete Courier noch nicht eingetroffen; man verabredete nach einem wenig bedeutenden Gespräch eine Sitzung für den 22. ¹) Ueber diese gibt Cobenzl durch einen besonderen Courier Nach= richt. „War sie auch nicht ganz und gar entscheidend," schreibt er, „so läßt sie doch den sehr baldigen Abbruch dieser Unter= handlung erwarten ²)." François ließ den österreichischen Mini= ster das Original einer Depesche des Directoriums lesen, welche in wenigen Linien einfach auf die früheren Instructionen ver= wies und sie für unabänderlich erklärte. Er gab zu verstehen, diese Antwort sei die Folge eines neuen, vergeblichen Versuchs, seine Regierung den Wünschen Cobenzl's zugänglich zu machen. Zugleich verlas er einen Brief Treilhard's, der das äußerste Erstaunen aussprach, daß Oesterreich die geforderte, so überaus billige Genugthuung nicht leisten wolle. Wenn die Mächte des Continents, hieß es, weiter die Republik herausforderten, so würde sie von Neuem ihre ganze Kraft entfalten; man solle sich hüten, den schlafenden Löwen zu wecken, denn die Folgen würden entsetzlich sein. François erklärte, er könne danach sich

---

1) Cobenzl an Thugut, 20. Juni. François, 21. Juni: er hat Tages vorher die Antwort des Directoriums vom 16. Juni auf seine Depesche vom 13. erhalten.

2) Cobenzl an Thugut, 24. Juni. François an Talleyrand, 23. Juni: er hat die Note des Directoriums, in welcher die Genugthuung gefordert wird, noch nicht übergeben, sonst wären die Conferenzen heute abgebrochen. J'avoue que je suis profondément affligé de la malheureuse tournure de cette négociation. Je suis affecté de l'idée que quelques mots de ma main vont peut-être donner le signal du renouvellement de la guerre. Mais je ne saurais balancer de remplir religieusement les intentions du Directoire.

nicht enthalten, auf der geforderten Genugthuung zu bestehen, namentlich auf einer Erklärung des österreichischen Gesandten in Paris. Cobenzl weigerte sie durchaus und fügte hinzu, Oesterreich habe genugsam seine friedlichen Gesinnungen bewiesen; würde es aber angegriffen, so könne er, ohne so ruhmredige Ausdrücke wie Treilhard zu gebrauchen, doch versichern, daß es der Vertheidigung an der nöthigen Energie nicht fehlen würde. François bemerkte, er habe noch keine officielle Forderung wegen der Genugthuung einreichen wollen, weil er voraussehe, daß Cobenzl, um darauf zu antworten, erst die Rückkehr des Couriers erwarten müsse, den er kurz vorher nach Wien geschickt hatte. „Allein ich erwiederte ihm,“ schreibt Cobenzl, „ich bedürfe gar nicht der Rückkehr eines Couriers. Wenn er mir seine Denkschrift übergäbe, solle er zwei Stunden später die Antwort haben. François versetzte, dann bliebe ihm nichts übrig, als zu erklären, die Republik finde sich nicht befriedigt, und die Unterhandlung abzubrechen. Ich erwiederte, wenn er diesen Schritt thue und nach Paris zurückgehe, ohne mir über irgend etwas, was seine Regierung als den Zweck der Conferenzen erklärt habe, Genugthuung zu geben, so finde ich mich gleichfalls genöthigt, zu meinem Herrn zurückzukehren; Europa könne dann urtheilen, von welcher Seite der Bruch ausgehe, und wem das Unglück, das daraus erfolge, beizumessen sei.“ Das Ende dieser Unterredung war aber doch wieder, daß François vorschlug, man möge am 25. noch eine Sitzung halten; bis dahin werde der Courier Cobenzl's angelangt sein, und man könne dann besser urtheilen. Cobenzl selbst war durch dies Verfahren nicht wenig befremdet, er argwöhnt, François könne vielleicht doch für den äußersten Fall zu einem annehmlichen Vorschlag ermächtigt sein. Auch war das Verhältniß noch so freundschaftlich, daß Gallois eben um diese Zeit an Cobenzl die vertrauliche Anfrage richtete, ob er wohl als Gesandter in Wien genehm sein würde [1]).

---

1) Cobenzl, 24. Juni, G. Apostille.

Selbst die Sitzung vom 25. führte den Bruch noch nicht herbei, war aber im Uebrigen von allen die stürmischste. „Es ist die einzige," schreibt Cobenzl, „in welcher François sich erhitzt hat [1]." Er sagte, es heiße der französischen Republik den Krieg erklären, wenn man ihr jede Genugthuung verweigere, nachdem der erste Gesandte, den sie nach Wien geschickt, in der größten Gefahr gewesen sei, ermordet zu werden. Es sei unerhört, daß man nicht einmal sagen wolle, der Kaiser bedaure, was zu Wien geschehen sei, und werde die Schuldigen bestrafen. Offenbar gebe es in Wien eine Partei, die troß des Kaisers den Krieg wünsche, die zu diesem Zweck die Beleidigungen der französischen Gesandtschaft verursacht habe, bei welchen die Polizei ruhige Zuschauerin geblieben sei. Der Friede von Campo Formio sei nicht durch die französische Republik, sondern durch den wiener Hof gebrochen. Gegen eine Entschädigung in Deutschland wende Frankreich nichts ein, in Italien habe Oesterreich nichts zu fordern. Die Republik stehe nicht unter der Vormundschaft des Kaisers und bedürfe seiner Erlaubniß nicht, um eine empfangene Beleidigung zu rächen; nichts anderes sei zu Rom nach den gehäuften Frevelthaten des Papstes geschehen. Das römische Volk, müde, das Joch des Aberglaubens länger zu tragen, habe nur von seinem Recht Gebrauch gemacht, indem es sich für frei erklärt und zum Schütze seiner jungen Freiheit französische Soldaten in Sold genommen habe. Nicht anders verhalte es sich mit der cisalpinischen Republik und mit der Schweiz, wo die Oligarchen, namentlich der Canton Bern, Frankreich den Krieg erklärt, also der Republik zur Rache volles Recht gegeben hätten. Die aufrührerischen Versuche in Italien und in der Schweiz, wo die Rebellen im Namen des Kaisers handelten, seien eine wahre Verletzung des Friedens von Campo Formio, ebenso die Rüstungen des Königs von Neapel, welche nach den wiederholten friedlichen Versicherungen Frankreichs jeden Grundes

---

[1] Cobenzl, 30. Juni.

entbehrend, offenbar eine feindliche Absicht verriethen. Auch das
sei das Werk Oesterreichs, das über Neapel und Florenz in
ganz anderer Weise verfüge, wie Frankreich über Rom und
die cisalpinische Republik. Uebrigens seien alle diese Dinge
seiner Gesandtschaft ganz fremd. Sie beschränke sich einzig
auf die Forderung der Genugthuung, welche durchaus geregelt
sein müsse, ehe man zu anderen Erklärungen übergehe. „Ich
antwortete dem französischen Bevollmächtigten," schreibt Cobenzl, „ungefähr folgender Maßen: Wenn die Republik trotz
der friedlichen Absichten meines Herrn den Zweck verfolgt,
durch die unsinnigsten Verläumbungen und die Nichterfüllung
der heiligsten Verpflichtungen einen Bruch vorzubereiten, so
muß man gestehen, daß sie sich nicht besser benehmen konnte.
Ich habe bereits hinreichend bewiesen, daß der Kaiser für das
Ereigniß vom 13. April keinerlei Genugthuung schuldig ist,
sondern sie weit eher fordern darf. Es ist beispiellos, daß ein
Botschafter so, wie Bernadotte, in einer fremden Residenz sich
benommen habe, und daß man noch Beschwerden erhebt, wenn
er es ist, der die Ruhe der Hauptstadt gestört und dem Kaiser die schuldige Ehrfurcht verweigert hat. In der österreichischen Monarchie giebt es nur eine Partei, welche rein und
einfach den Willen meines nicht weniger verehrten als geliebten Herrschers ausführen will. Es heißt Seine Majestät beleidigen, wenn man annimmt, daß irgend Jemand ihn zum
Frieden oder zum Kriege zwingen könne. Es heißt gleichfalls
die Achtung gegen eine Regierung verletzen, welche bei jeder
Gelegenheit ihre Energie bewiesen hat, wenn man behauptet,
die Polizei könne im Gegensatz zum Willen des Herrschers
etwas vornehmen. Es heißt das Maß voll machen, wenn
man uns die Bewegungen schuld giebt, welche die französische
Unterdrückung an verschiedenen Orten hervorgerufen hat. In
der Schweiz und in Italien verlangen wir Nichts Anderes,
als die Herstellung dessen, was die französische Republik ohne
irgend ein Recht zerstört hat. Wollte man untersuchen, was
zu Rom geschehen ist, so sähe man einen Tumult, vielleicht

durch Frankreich selbst angeregt, an welchem die römische Regierung gar keinen Theil hatte, bei dem die französischen Botschafter und die Generale zur Einmischung gar nicht berechtigt waren, der sie gar nicht anging und der gar keine Folgen für sie gehabt hätte, wären sie ruhig zu Hause geblieben. Gleichwohl hat dies zum Vorwand dienen müssen, das Haupt der katholischen Kirche und seine Regierung umzustürzen. Es ist sicher nicht der Wunsch des Volkes, daß die Consuln und die gegenwärtige Regierung in Rom dem General der französischen Truppen unterworfen sind, und ebensowenig, daß die cisalpinische Republik so hart bedroht und beinahe als Rebellin bestraft wird, einzig weil sie zögerte, den nachtheiligsten Vertrag und die drückendsten Gesetze, die das Directorium ihr dictirte, anzunehmen. Wenn der Friede von Campo Formio die Unabhängigkeit der cisalpinischen Republik ausspricht, so gilt dies nicht allein Oesterreich gegenüber; auch Frankreich muß die Unabhängigkeit achten, oder der Friede ist nicht ausgeführt. Mit der Schweiz verhält es sich gerade so. Dieser Staat hat während des ganzen Krieges die Neutralität beobachtet, ja sogar große Vorliebe für Frankreich gezeigt. Zum Dank dafür hat die französische Republik, sobald sie die Hände frei hatte, mit bewaffneter Hand die schweizerischen Verfassungen zerstört, um sie ganz und gar von sich abhängig zu machen. Es geschieht gewiß nicht nach dem Wunsche des Volkes, daß die Magazine in der Schweiz von den Franzosen in Beschlag genommen, zudem die unmäßigsten Requisitionen ausgeschrieben werden; das Volk hat den Commissär Rapinat nicht gerufen, um die Directoren ab- und einzusetzen, alles eigenmächtig zu entscheiden und letzten Orts die Schweiz für erobertes Land zu erklären. Man ziehe die französischen Truppen aus dem Innern der Schweiz zurück, lasse dem Willen des Volkes freien Lauf, dann wird man sehen, ob es wirklich mit der jetzigen Lage der Dinge zufrieden ist. Der Kaiser hat sich über alle diese offenen Verletzungen des Friedens von Campo Formio bisher nur in freundschaftlichen Zumuthungen ausgesprochen, die der

Welt noch unbekannt sind; aber es ist erklärlich genug, daß die unglücklichen Unterdrückten, welche das Interesse Oesterreichs für sie kennen, seinen Beistand anflehen und von selbst sich darauf Hoffnung machen. Man kann daraus auf den Eindruck schließen, wenn Alles, was wir hier verhandeln, einmal veröffentlicht werden sollte. Die Rüstungen des Königs von Neapel sind nur zu sehr motivirt durch die Gefahren, welche ihn bedrohen, seitdem die cisalpinische Republik und der Kirchenstaat französische Provinzen geworden sind. Die Ereignisse des letzten Krieges beweisen deutlich genug, daß wir weit entfernt sind, die Entschließungen der Höfe von Neapel und Toscana in unserer Gewalt zu haben. Wir haben noch niemals Truppen in die Staaten dieser Fürsten geschickt, wir unterhalten dort keine Commissare, ihnen Gesetze zu dictiren; aber weit entfernt, den König von Neapel von den Sicherheitsmaßregeln abzuwenden, welche nur denen, die ihn angreifen wollen, mißfallen können, ist der Kaiser entschlossen, im Falle der Noth ihn, sowie den Großherzog von Toscana, zu unterstützen."

„Das ist," fährt Cobenzl fort, „das Wesentliche, was von der einen und der anderen Seite gesagt wurde. Das Ergebniß war, daß François bis zum nächsten Tage seine Ansprüche bestimmt formuliren und in Begleitung einer Denkschrift übergeben wollte." Cobenzl bemerkte, François könne seine Antwort vorhersehen, sowie auch die Folgen, welche dem Aufenthalt in Selz wahrscheinlich bald ein Ziel setzen würden. „Ich sage nicht," fiel François ein, „daß wir Ihnen den Krieg erklären wollen; ich sage auch nicht, daß ich die Verhandlungen abbrechen will. Ich werde Ihre Denkschrift nach Paris schicken und die Befehle des Directoriums erwarten." „Augenscheinlich," schließt Cobenzl, „wollen die Franzosen noch nicht brechen, sondern Zeit gewinnen [1]."

Am 26. Juni übergab denn auch François seine Denk-

---

[1] Cobenzl, 30. Juni.

schrift und den Entwurf einer Convention in zwei Artikeln: der erste erklärte nach einleitenden Bemerkungen, daß der Kaiser die Ereignisse in Wien bedaure und die Urheber bestrafen werde; nach dem zweiten sollte es den Gesandten beider Mächte gestattet sein, an ihren Wohnungen Wappen und Aufschriften anzubringen und nebst ihren Beamten Cocarden zu tragen. Als Cobenzl sich bis zum folgenden Tage Zeit erbat, um seine Antwort auszuarbeiten, bemerkte François, er habe erwartet, daß sie nur in Ja oder Nein bestehen würde. „Sicher werde ich Nein sagen," erwiederte Cobenzl, „aber ich werde zu gleicher Zeit meine Gründe auseinandersetzen. Da wir wahrscheinlich bald in die Lage kommen, diese Schriftstücke drucken zu lassen, so muß man, wie sehr man auch in Bezug auf das Wesentliche schon entschlossen ist, doch mit einiger Sorgfalt redigiren." Dies schien Eindruck auf François zu machen; er nahm, so lange man zusammenblieb, seinen sanften und versöhnlichen Ton wieder an.

Als Cobenzl mit Lehrbach die französische Denkschrift durchging, bestätigte sich nur seine frühere Meinung, daß die Franzosen irgend einen Act über das Ereigniß vom 13. April herauslocken wollten, um dann den österreichischen Forderungen auszuweichen, oder sie an den Rastatter Congreß zu verweisen. „Frankreich," schreibt er, „würde wohl von dem Wiederaufziehen der dreifarbigen Fahne, sowie von einer Entschuldigung durch den kaiserlichen Gesandten in Paris abstehen und sich mit dem Versprechen einer erneuerten Untersuchung und Bestrafung der Hauptschuldigen in dem Tumult vom 13. Mai begnügen. Meine Instructionen erlauben mir, im äußersten Falle darauf einzugehen, da man es in der That nicht wohl verweigern kann, ohne der Böswilligkeit einige Waffen in die Hand zu geben. Aber durchaus darf es nur unter der Bedingung geschehen, daß man zugleich unsern Klagen und den wesentlichsten Interessen der Monarchie gerecht wird. Eine Convention abschließen, die nur auf die Angelegenheit Bernadotte's Bezug hätte, hieße einen übertünchten, vorübergehenden

Frieden durch erniedrigende Bedingungen erkaufen. Es ist mir deßhalb", fährt Cobenzl fort, „nothwendig und dem Geist meiner Instructionen angemessen erschienen, erstens: den Vertragsentwurf des französischen Bevollmächtigten, als der Ehre Sr. Majestät zuwider, einfach zurückzuweisen; zweitens: zu erklären, daß man einer neuen Untersuchung und Bestrafung der Hauptschuldigen des Aufstandes zustimme, aber unter der Bedingung, daß zu gleicher Zeit die französische Regierung sich verpflichtet, allen unsern Beschwerden genugzuthun, und daß sie über das Benehmen Bernadotte's, des ersten Urhebers der Ereignisse vom 13. April ihre Mißbilligung ausspricht. In dem Acte, der dies enthält, könnte man auch eine Uebereinkunft über die vollkommen gleiche Behandlung der gegenseitigen Gesandten abschließen.

Diese Denkschrift übergab Cobenzl am 28. Juni[1]). François beklagte sich, daß Cobenzl jetzt zum ersten Male fordere, man solle gegen den armen Bernadotte wüthen. Cobenzl erwiederte, er würde sich dessen auch jetzt noch enthalten haben, wenn das Directorium für Alles, was der Kaiser in dieser Angelegenheit schon gethan habe, mehr Rücksicht gezeigt hätte. Da es aber mit solcher Heftigkeit auf der Bestrafung der Schuldigen bestehe, so könne es sich nicht weigern, wenigstens seinen Stellvertreter zu desavouiren, welcher von allen Schuldigen der erste gewesen sei. Ein solcher Act würde um so nöthiger, seitdem der Brief Talleyrands an Bernadotte in allen Zeitungen veröffentlicht wäre, welcher dem Benehmen des Botschafters Lobsprüche zolle, und über welchen der Wiener Hof mit ganz anderem Recht sich beklagen könne, als Frankreich über die Proclamation der wiener Polizei, die man im unrichtigsten Sinne auszulegen sich den Anschein gebe. Solle also ein einziger Mensch in Wien Strafe erhalten, so müsse sie auch denn

---

[1]) Sie findet sich, wie auch der Entwurf François' vom 26. Juni, als Beilage zu Cobenzl's Bericht vom 30. Juni.

Botschafter Bernadotte durch die Mißbilligung seiner Regie=
rung zu Theil werden.

Auf diese in der That wenig entgegenkommenden Vorschläge
erwiederte François nur, er wolle die Denkschrift noch in der
Nacht nach Paris senden und hoffe bis zum 4. Juli Antwort
zu haben. Als er dann noch manches über seine Wünsche für
Befestigung des Friedens hinzufügte, erwiederte Cobenzl: „Ich
muß doch gestehen, daß ich zwischen dem Ton ihrer Reden und
Ihrer Schriften einen gewaltigen Unterschied finde. Ich weiß
noch nicht, welchen Eindruck Ihre erste Verbalnote [vom 13.
Juni] in Wien gemacht hat, aber ich kann nicht verhehlen:
die Ausdrücke, deren sie sich darin bedienten, und noch mehr
der Inhalt Ihrer letzten Denkschrift sind in keiner Weise ge=
eignet, die Gemüther zu besänftigen.“ „Was wollen Sie,“ er=
wiederte François, „man hat mir vorgeschrieben, Sie recht scharf
zu bedrängen 1).“

Cobenzl war, indem er so handelte, nur den Wünschen
Thugut's zuvorgekommen. Schon in mehreren Depeschen hatte
der Minister seine volle Zufriedenheit mit Cobenzl's entschiede=
nem und festem Auftreten ausgesprochen; auch am 26. Juni
schreibt er ihm, er solle bei seinen Erklärungen bleiben, nur
den Franzosen keinen Vorwand geben, den Bruch dem Kaiser
zuzuschieben. Deßhalb solle er auch so lange als möglich die
Unterhandlung fortsetzen und, wenn François abbreche, eine
Note übergeben, die man den verbündeten Höfen mittheilen
könne. In den nächsten Tagen fand sich dazu Gelegenheit.
In der Nacht vom 4. auf den 5. Juli war der erwartete Cou=
rier aus Paris eingetroffen, und gleich am Morgen begab sich
François zu Cobenzl, der schon Tages vorher, der Abrede ge=
mäß, nach Selz gekommen war. François sagte, die Antwort
des Directoriums 2) auf Cobenzl's letzte Denkschrift sei in so
starken Ausdrücken abgefaßt, daß er sie lieber nicht mittheile.

____

1) Cobenzl, 30. Juni; François, 28. Juni.
2) Das Directorium an François, 2. Juli.

Statt dessen habe er vermittelst einer eigenen Denkschrift noch einen letzten Versuch bei Cobenzl machen wollen. Dies Schriftstück war aber nur eine Wiederholung des schon oft Wiederholten, konnte also auch von österreichischer Seite nur die gewöhnlichen Gegengründe hervorrufen. Die Unterhaltung behielt gleichwohl einen freundschaftlichen Charakter; François sprach lange von seiner Anhänglichkeit für das System, welches seit dem Jahre 1756 Oesterreich und Frankreich vereinigt habe, suchte nochmals das Verfahren in der Schweiz und in Italien, sowie die Wegnahme Maltas, von welcher am Tage vorher der Telegraph die Kunde gebracht, in besseres Licht zu stellen, und betheuerte, daß die Republik keineswegs die ganze Welt demokratisch machen wolle. Aber Cobenzl erwiederte, man müsse durch Thaten, nicht durch leere Versicherungen von dieser Gesinnung Zeugniß geben. Er stellte François noch einmal vor: das Benehmen des Directoriums mache ein friedliches Verhältniß zwischen Frankreich und den übrigen europäischen Staaten ganz unmöglich. Man habe aber immer Freunde nöthig und könne nicht auf die Dauer sich selbst genügen. Das eigene Interesse Frankreichs erfordere also, Unternehmungen, welche die übrigen Mächte nicht gleichgültig ansehen könnten, aufzugeben, oder durch gegenseitige Rücksichten diejenige Macht zu gewinnen, ohne welche die anderen nicht im Stande seien, sich den Franzosen zu widersetzen. François kündigte endlich denn doch an, er habe bestimmte Anweisung, die Verhandlung abzubrechen, wenn Genugthuung verweigert würde. „Ich antwortete ihm," schreibt Cobenzl, „wir würden das außerordentlich bedauern, aber nicht weniger fortfahren, die Ausführung des Friedens von Campo Formio zu fordern, und, wenn man mit Verachtung der heiligsten Verträge uns angreife, Gewalt mit Gewalt zurückweisen." François erwiederte lebhaft: „Ich sage nicht, daß wir Ihnen deßhalb den Krieg erklären, aber wir können keinen Gesandten oder Botschafter mehr in Wien haben." „Ich hielt mich nicht verpflichtet," meint Cobenzl, „ihn merken zu lassen, wie geringe Sehnsucht wir nach einem

Agenten der Republik in Wien empfänden. Nachdem François' mich verlassen hatte," fährt er fort, „erwog ich mit der gewissenhaftesten Aufmerksamkeit, was ich zu thun hätte. Folgende Erwägungen boten sich meinem Geiste dar. Das Einzige, was die gegenwärtige Unterhandlung bezwecken konnte, war eine Uebereinkunft, welche uns schnell in den Besitz eines gelegenen Theils von Italien setzte und dadurch unsere Vertheidigungsmittel gegen Frankreich vermehrte. Ich hätte allerdings durch ein Versprechen, die Hauptschuldigen bei dem Ereigniß vom. 13. April sollten aufgesucht und bestraft werden, den Abbruch der Verhandlung verhindern, vielleicht sogar die Worte soweit mildern können, daß der Schritt weniger peinlich geworden wäre; aber es ist nur zu gewiß, daß ich dadurch in Italien Nichts gewonnen hätte. Einmal im Besitz einer solchen Erklärung hätte der französische Bevollmächtigte nicht weniger fortgefahren, unsere ganze Entschädigung an den Congreß von Rastatt zu verweisen, die klarsten Bestimmungen des Vertrags von Campo Formio in Zweifel zu ziehen und uns jedes Recht des Widerstandes gegen das, was Frankreich in Rom und in der Schweiz unternommen hat, zu bestreiten. Ich hätte also einen Schritt gethan, der im Grunde für meinen Hof demüthigend ist und uns den Verbündeten gegenüber compromittirt; ich hätte in Italien Nichts gewonnen, und was Deutschland angeht, so scheinen, abgesehen davon, daß der Kaiser sich dort ungern vergrößern möchte, die berliner Verhandlungen keine Möglichkeit dazu übrig zu lassen. Auf Krieg oder Frieden hätte dieser Schritt keinen größeren Einfluß gehabt. Nicht durch leere Verträge mit Leuten, die keinen einzigen beobachten, hält man ihren bösen Willen gefesselt. Wenn Frankreich uns nach dem Ereigniß vom 13.. April nicht den Krieg erklärte und ihn vielleicht noch verschiebt, so geschieht es lediglich deßhalb, weil es, von so viel anderen Angelegenheiten in Anspruch genommen, sich noch nicht dazu im Stande glaubt. Aber jede Genugthuung, alle Verträge der Welt werden es nicht abhalten, über uns herzufallen, wenn es sich schmeichelt, die Uebermacht zu besitzen. Kleine und große Mächte, alle werden das Schicksal Maltas theilen, wenn das Directorium dazu die Zeit oder die Mittel findet. — Demgemäß glaubte ich keine andere Entscheidung treffen zu dürfen, als mich an meine letzte Erklärung zu halten, indem ich fortfuhr, mit der größten Sorge Alles zu beobachten, was dazu dienen konnte, den Vorwurf eines Bruches der Conferenzen und des Wiederanfangs der Feindseligkeiten, wenn er statt haben sollte, auf die Franzosen fallen zu lassen [1])."

In diesem Sinne arbeitete Cobenzl die Antwort aus, die er in einer neuen und letzten Conferenz am 6. Juli übergab. François las sie langsam und mit großer Aufmerksamkeit; er unterbrach sich im Lesen so oft durch unbedeutende Reden, daß Cobenzl glaubte, er würde sie auch wieder nach Paris schicken und neue Befehle erwarten. Nachdem er aber lange nachgedacht, gab er die Erklärung: zu seinem lebhaftesten Bedauern gestatteten ihm seine Instructionen nicht, die Unterhandlung länger fortzusetzen. Er erbat sich die Erlaubniß, in Gegenwart Cobenzl's zu schreiben, und redigirte sogleich eine neue Note, in welcher er das Ergebniß der ganzen Unterhandlung dahin zusammenfaßte, daß er in Folge der verweigerten Genugthuung Selz verlassen müsse, daß die französische Republik zwar mit den kaiserlichen Gesandten in Rastatt unterhandeln, aber in den Erbstaaten keinen Agenten ferner halten würde. Cobenzl begab sich, um zu schreiben, nach Haus und brachte nach einer halben Stunde eine ähnliche Note zurück. Er beklagte, daß die Franzosen trotz des von Bonaparte und Talleyrand gegebenen Versprechens über die gerechten Beschwerden Oesterreichs nicht verhandeln wollten, forderte die Ausführung des Friedens von Campo Formio, fand aber gleichfalls in dem Abbruch der Conferenzen keine Kriegserklärung, sondern verwies fernere Verhandlungen nach Rastatt an den Grafen Lehrbach.

------

1) Cobenzl's Bericht vom 7. Juli, dem die Schlußnoten Cobenzl's und François' beiliegen.

„Da ich bei François zu Mittag aß,“ fährt Cobenzl fort, „und einen Theil des Tages bei ihm verweilte, so wiederholten wir uns noch Alles, was in der gestrigen Conferenz von beiden Seiten gesagt war. François versprach sogar, von meinen Bemerkungen sogleich nach seiner Rückkehr bei dem Directorium Gebrauch zu machen; allein ich glaube nicht, daß man davon große Wirkung erwarten darf. Er schien mit Vergnügen zu hören, daß man mit dem Grafen von Lehrbach sich weiter benehmen könne, und bemerkte, daß auch der toscanische Gesandte in Paris zur Wiederaufnahme des Verkehrs sich benutzen lasse. Sowohl der Minister als die beiden Secretäre, welche mir nachher in meiner Wohnung einen Besuch machten, schienen bei unserem Abschiede bewegt, Gallois bis zu dem Grade, daß ihm die Thränen in die Augen kamen. Ich glaube in der That, daß sie einiges Mißvergnügen empfinden, in Paris wieder erscheinen zu müssen, ohne etwas erlangt zu haben. Ich selbst theile dieses Gefühl sehr lebhaft, wage aber, mir zu schmeicheln, daß Seine Majestät finden werden, ich habe alles gethan, was in meinen Kräften stand. Seit dem Wechsel in der Bestimmung Bonaparte's habe ich nur zu wohl vorausgesehen, wie geringer Erfolg von meiner Sendung zu erwarten war. Wenigstens hat der Kaiser den deutlichsten Beweis seiner Friedensliebe gegeben, und die ganze Verantwortlichkeit für den Bruch der Conferenzen muß auf die Franzosen fallen. Der Kaiser ist auch der einzige Souverän, welcher seine Stimme zu Gunsten derer, die das Directorium unterdrückt, der Römer, Cisalpiner, Schweizer erhoben hat. Die Schriftstücke, welche sich darauf beziehen, müssen, wie mir scheint, bei den Verbündeten einen guten Eindruck machen.“

Auch François war von dem Ausgang der Conferenzen wenig befriedigt. „Ich habe nicht herstellen können, was verloren war,“ schreibt er an das Directorium. „Ich bedaure tief, daß ich dem allgemeinen Ruf nach Frieden nicht genügen konnte, und weiß nicht, ob ich nicht beklagen soll, daß Ihr

die Eröffnungen, die ich in dieser Hinsicht gemacht habe, ab-
gewiesen habt. Eure Forderungen waren indessen so gerecht
und so gemäßigt, daß ihre Verwerfung nicht zu begreifen ist
und die öffentliche Meinung für Euch gewinnen muß." „Im
Grunde", meint er in dem Schlußbericht an Talleyrand, „stehen
die Dinge auf demselben Punkt, wie vor zwei Monaten: es ist
kein offener Bruch, aber eine merkliche Erkältung. Ich glaube
nicht, daß man uns den Krieg erklären wird [1]."

Ob·er wirklich glaubte, die Dinge ständen wie sie zwei
Monate früher gestanden hatten? Für sein politisches Urtheil
wäre es kein günstiges Zeugniß. Zwei Monate früher sollte
noch einmal versucht werden, ob man sich einigen könne. Jetzt
war der Versuch mißlungen, und wer den Zusammenhang der Ereignisse übersah, durfte sich schwerlich verhehlen, daß der mißlungene
Versuch der letzte bleiben würde. Nicht allein um die zerrissene Fahne
handelte es sich, sondern um den größeren Riß, der seit dem Schein-
frieden die beiden Staaten immer weiter, gewaltsamer von einander trennte. Das ist die Bedeutung der selzer Verhandlungen; sie sind das Nachspiel, wie die Präliminarien von
Leoben das Vorspiel für Campo Formio gewesen waren. Mit
ihrem Schluß mußte eine neue Handlung beginnen.

François blieb die nächsten Tage noch in Selz und Cobenzl wartete in Rastatt, bis er abgereist sei, um auch dadurch
die Franzosen als Urheber des Bruches erscheinen zu· lassen.
Die beiden Bevollmächtigten waren übereingekommen, sich das
Geheimniß über den Ausgang der Verhandlung zu bewahren,
bis man in Paris oder Wien für gut finde, ihn bekannt zu
machen. Cobenzl erzählte überall: was zu Selz vorgegangen
sei, thue den Verhandlungen in Rastatt durchaus keinen Abbruch; die preußischen Gesandten vertröstete er auf Eröffnungen,
welche der wiener Hof dem berliner machen würde. „Ich

---

1) François an das Directorium, 1. Juli, bei Mendelssohn a. a. O.
in Sybel's histor. Zeitschr. XXXIII, 52; an Talleyrand, 7. Juli, Minist.
des Ausw.

habe aber bemerken können," setzt er hinzu, „daß François' Zu-
rüstungen zur Abreise in Rastatt großen Eindruck machten [1])."
Nachdem Cobenzl am 9. Juli erfahren hatte, daß die Abreise
wirklich erfolgt sei, sah er am Abend die verhängnißvolle, auch
in Selz wieder aufgelebte „Pamela" noch einmal auf dem
rastatter Congreßtheater erscheinen, am 10. trat er selbst den
Rückweg an und befand sich am 13. wieder in Wien.

---

[1] Cobenzl, 7. Juli, 3. Apostille. François sagt in dem Abschieds-
und Dankschreiben an die Central-Administration des Departements des Nieder-
rheins: Ma mission étant terminée, je vais en rendre compte au gouvernement, qui seul en peut faire connaître les résultats. Ils ne
contiennent rien d'inquiétant.

Elftes Kapitel.

Die revolutionäre Bewegung im Sommer 1798.

Thugut und Cobenzl schildern in den Depeschen, die wir mittheilten, die Lage der Dinge einseitig, aber nicht unrichtig. Die revolutionäre Bewegung war in raschem, unaufhaltsamem Fortschritt begriffen. Monate scheinen Jahre zu umfassen, wenn man in den Staatsgebilden, die französischem Einfluß Preis gegeben waren, die Zustände im Sommer 1798 mit denen des Frühlings vergleicht.

In Holland ging die neue provisorische Regierung den Weg, der ihr durch den Staatsstreich des 22. Januar vor= gezeichnet war. Vor allem mußte sie den französischen Be= freiern zu Willen sein. Die Rüstungen wurden mit der äußer= sten Anstrengung wieder aufgenommen; am 12. April brachte Delacroix einen Vertrag zum Abschluß, der, äußerst vortheil= haft für die französische Besatzungsarmee, auch die batavischen Truppen dauernd unter den Befehl eines vom Directorium bestimmten französischen Generals stellte. Auch für die innern Angelegenheiten entschied der Wille des Gesandten, oder was noch schlimmer war, eines untergeordneten Agenten, Namens Ducange, dessen Frechheit, früher von de Noël im Zaum ge= halten, seit Delacroix' Ankunft keine Schranken kannte. Von den fünf batavischen Directoren kamen drei seinen Wünschen jederzeit entgegen oder noch zuvor, die beiden andern wagten keinen Widerstand; Verordnungen gegen die englischen Waaren, gegen die Emigranten und über die Einführung republikanischer Titel bezeichnen denn auch die erste Thätigkeit der Regierung und der Versammlung, die als Vertreterin der batavischen

Nation gelten wollte. Es folgte eine neue Organisation der Behörden, aber so willkürlich, daß sie Niemanden befriedigte, und daß die unentbehrlichen Beamten sich zum großen Theil nur durch Zwang und schwere Strafdrohung auf ihren Posten stellen oder festhalten ließen. Je weniger man der Volks= stimmung sicher war, um so stärkere Mittel erheischte die Be= hauptung der Gewalt. Die neue Verfassungs=Commission legte ihr Werk, im Wesentlichen wieder eine Nachbildung der fran= zösischen Verfassung, am 6. März der Versammlung vor. Wenige Tage später wurde der Antrag angenommen, den Ent= wurf nur summarisch und titelweise zur Berathung und Ab= stimmung zu bringen, alsdann die Urversammlungen, denen er zur Annahme vorgelegt werden mußte, in der Weise zu „epuriren", daß alle Anhänger des Statthalters oder des Föderalismus, ja alle, die der gegenwärtigen Ordnung der Dinge nicht er= geben seien, von der Abstimmung ausgeschlossen würden. Nach solchen Maßregeln gelangte die Verfassung am 23. April mit einer großen Mehrheit — 153913 gegen 11597 Stimmen — zur Annahme [1]). Aber damit war für die herrschende Partei das Ziel noch nicht erreicht. Wurden die Wahlen für den neu zu berufenden gesetzgebenden Körper gemäß dieser selbigen Ver= fassung vorgenommen, so führten sie voraussichtlich andere Männer und eine andere Partei zur Herrschaft. Da, zur rechten Zeit erinnerte man sich — denn Originalität darf man hier nicht suchen — des Beispiels, das der französische Convent im Jahre 1795 gegeben hatte. Am 4. Mai, zwei Tage nach= dem die Verbindlichkeit der neuen Constitution anerkannt wor= den war, verwandelte sich die Nationalversammlung eigen= mächtig in die beiden Kammern des gesetzgebenden Körpers, der nach der Verfassung erst gewählt werden mußte; nur ein Drittel der Sitze sollte durch neue Wahlen vergeben werden.

---

1) Nouvelles politiques publiées à Leyde (f. g. Gazette de Leyde) 23. Februar, Suite du Supplément, 20. März, 4. Mai Suppl. — Die Verfassung bei Poffelt-Annalen 1798, III, 285.

Allgemeine Mißstimmung, sogar unter den Anhängern der letzten Revolution war die Folge; aber der Wille des Gesandten, dazu die Anwesenheit französischer Truppen schlugen den Gedanken an Widerstand zu Boden, und der neue Gewaltstreich wäre wie der frühere ungestraft hingegangen, hätten die Gewalthaber nur die Waffenlosen und nicht auch die Bewaffneten gegen sich aufgebracht. Die beiden tüchtigsten Offiziere zu Wasser und zu Lande, der Admiral de Winter und der General Daendels, hatten sich der revolutionären Sache angeschlossen, Daendels auch für den Staatsstreich vom 22. Januar gewirkt. Aber der General sah sich zurückgesetzt und ohne Einfluß, den andern, den Admiral, hatte man, nachdem er zum Auslaufen gegen die Engländer beinahe gezwungen war, später für den Verlust der Flotte verantwortlich gemacht und vor Gericht gestellt. Nicht allein diesen Beiden, sogar den französischen Generalen war das eigenmächtige Schalten Delacroix' und die Frechheit des Agenten widerwärtig. Am 16. Mai, am Mittagtische des Gesandten, kam es zu heftigem Wortwechsel zwischen Daendels und Ducange. Der General klagte über die allgemeine Unzufriedenheit, nannte die Beschlüsse vom 4. Mai eine rechtlose Gewaltmaßregel und machte den Gesandten, aber vor allem den Agenten für das Unheil verantwortlich. Die Folge war, daß Ducange den General in den Zeitungen angriff, und daß Delacroix am Tage nach dem Streit eine förmliche Klageschrift gegen ihn wegen antirevolutionärer Gesinnungen und Reden an das batavische Directorium richtete. Die stets gehorsame und selbstbetheiligte Majorität ließ Daendels vorfordern und gab ihm einstweilen Arrest im Haag; aber statt in die Haft begab sich der General nach Paris[1]). Man verfolgte ihn freilich als Deserteur und machte seine Verhaftung dem batavischen Gesandten in Paris zur Pflicht, aber Daendels hatte mächtigen Schutz; Joubert und der General Rewbel, es

---

1) Nouvelles politiques, 11. Mai Suppl., 22. Mai Suppl., Moniteur 31. Mai.

scheint, wieder ein Verwandter des Directors, zählten im Haag zu seinen Freunden. Auch in Paris war man mit den plumpen Ungeschicklichkeiten Delacroix' schon lange unzufrieden. Es gelang Daendels, wenigstens den größeren Theil der französischen Directoren für sich zu gewinnen. Ducange empfing den Befehl, die Niederlande sogleich zu verlassen, und Delacroix die Mittheilung, daß er einen Nachfolger erhalten würde. Das batavische Directorium fand sich in Folge dessen veranlaßt, den Haftbefehl gegen Daendels in eine Anklage vor dem gewöhnlichen Richter zu verwandeln. Aber der General wollte mehr. Es war damals schon Sitte geworden, sich politischer Gegner durch Gewalt zu entledigen; an Mitteln fehlte es nicht, wenn nur das französische Directorium zustimmte. Daendels erlangte, wenn nicht eine förmliche Genehmigung, doch die Sicherheit, daß man einen neuen Staatsstreich, falls er gelänge, in Paris nicht mißbilligen würde. So kehrte er am 10. Juni nach dem Haag zurück. Der Mann, den Regierung und Nationalversammlung in einer heftigen Proclamation als Deserteur verfolgten, erhielt von Joubert eine Ehrenwache. Tages darauf gab man ihm ein glänzendes Fest, dem die französischen Generale, eine große Zahl von Beamten und sogar die fünf Minister des Directoriums beiwohnten. Ein Protest gegen die unrechtmäßige Einsetzung des gesetzgebenden Körpers kam zur Unterzeichnung. Während das Directorium am folgenden Tage den Verhaftsbefehl gegen Daendels erneuerte, die Nationalversammlung sich in Permanenz erklärte, wurden, wenige Straßen entfernt, offen die Anstalten zu ihrem Sturz getroffen. Um fünf Uhr Nachmittags zog Daendels an der Spitze der ihm ergebenen Soldaten, ohne Widerstand zu finden, zu der Wohnung des Directoriums. Er traf seine drei Feinde mit Delacroix versammelt und kündigte ihnen ihre Verhaftung an; aber mit wüthenden Schimpfreden warf sich der Gesandte ihm entgegen, und in der Verwirrung der nächsten Augenblicke gelang es zweien der Bedrohten, Fynje und Vrede, zu entfliehen. Nur van Langen wurde ergriffen, alsdann auch eine Anzahl von Mitgliedern des gesetzgebenden Körpers, der schleunigst auseinander ging. Zwei Directoren, die schon seit längerer Zeit dem Vorgehen ihrer Collegen nicht mehr hatten folgen wollen, traten freiwillig zurück, und Delacroix reiste, von Niemandem bedauert, ohne Säumen nach Paris. Aus den Rechnungen des Directoriums ergab sich, daß er auf Scheingründe hin seit seiner Anwesenheit hunderttausend Gulden erhalten hatte, außer den 200,000, die ihm, wie man sagte, für seine Mitwirkung am 22. Januar ausgezahlt waren [1]).

Als provisorische Regierung traten zunächst die fünf Minister ein; für den gesetzgebenden Körper wurden neue Wahlen ausgeschrieben. Bei der ganzen Umwälzung war kein Tropfen Blutes vergossen. Die gestürzte Regierung hatte sich um jeden Anhang gebracht. In Amsterdam, wo noch am ersten etwas zu ihren Gunsten sich erwarten ließ, genügte de Winter's Einfluß, um die Ruhe zu erhalten. In manchem Betracht konnte die Bewegung als ein Schritt zum Bessern gelten. Die neuen Wahlen führten verständige und gemäßigte, wenn auch wenig bedeutende Männer an die Spitze der Republik. Aber nur zu sehr hatten alle diese Vorgänge gezeigt, wie wenig überhaupt von einer heimischen Regierung sich erwarten ließ, wie unsicher und haltlos die Zustände des Landes geworden waren und wie völlig abhängig von dem Willen der Machthaber in Frankreich [2]).

Wenden wir uns vom Ocean zu den Alpen, so begegnen wir diesseits und jenseits einer ähnlichen Entwicklung.

Wir sind den Ereignissen in der Schweiz bis zu dem

---

1) Bielefeld, 15. Juni fg., Moniteur, 18, 21. Juni.

2) Der für Rastatt neu ernannte franz. Bevollmächtigte, Roberjot, schildert kurz nachdem er den Haag verlassen, die batavischen Zustände in einem Bericht an Talleyrand aus Brüssel vom 1. Juli: Die Demagogie dauert in den Städten noch fort, doch fängt das Land an, sich zu beruhigen. Joubert weiß sich dem holländischen Charakter vortrefflich anzubequemen. Daendels erscheint als républicain énergique. Il a les intentions les plus pures, ist aber zu heftig. Man muß ihn leiten, nicht gehen lassen. Minist. des Ausw.

Tage gefolgt, an welchem die Einheitsverfassung in Aarau
proclamirt wurde. Freilich zunächst nur von zehn Cantonen.
Die nordöstlichen Landschaften: Sargans, Thurgau, St. Gallen,
Appenzell, obgleich zum Theil aus der Unterthänigkeit zu Cantonen erhoben, blieben der Mehrheit nach widerstrebend. Stürmische Volksversammlungen, aufständische Bewegungen von der
einen oder anderen Seite, selbst die Drohungen der französischen
Generale führten zu keinem Ergebniß. Ganz ablehnend ver-
hielten sich die Urcantone. Diese kleinen Republiken hatten,
beinahe einzig in Europa, rein demokratische Staatsformen
unter selbstgewählten Obrigkeiten bewahren können. Ihre Abneigung gegen den Ochs'schen Verfassungsentwurf hatte nicht
wenig beigetragen, Brüne für den Plan der Dreitheilung zu
gewinnen, nach welchem der Tellgau eine eigene Republik bilden sollte. Darauf hin hatten sie mit Brüne unterhandelt.
Jetzt bei der plötzlichen Veränderung verband sich mit dem
Widerstreben, einer auswärtigen Versammlung zu gehorchen,
die Besorgniß, die Annahme der neuen Verfassung werde der
Religion verderblich sein. Denn sie gewährte freilich im
6. Artikel uneingeschränkte Gewissensfreiheit, unterwarf aber
allen öffentlichen Gottesdienst vieldeutigen Clauseln. Und wie
war die revolutionäre Gewalt überall, wo sie zur Herrschaft
gelangte, gegen die äußere Ordnung des Kirchenwesens vorgegangen, welcher doch nach den Grundsätzen des Katholicismus
als ein Theil der Religion betrachtet wird! Der in Luzern
residirende Commissar des Bischofs von Constanz, Vincenz
Krauer, nicht weniger die Mönche von Engelberg, suchten gleichwohl die Gewissen zu beruhigen; aber an den meisten Orten
bestärkte geistlicher Einfluß die Befürchtungen. Das „Büchlein,"
so pflegte man die neue Constitution zu nennen, wurde in
den Volksgemeinden als teuflische, oder wenigstens als
protestantische Erfindung verflucht, und jeder für einen Verräther erklärt, „der die neue Ordnung der Religion anpreisen
würde 1)." Als eine strenge Aufforderung Lecarlier's vom

---

1) Schweizerische Annalen, 21. April 1798.

11. April ohne Erfolg blieb, erließ Schauenburg zwei Tage später eine Proclamation, welche alle Cantone, die sich bis zum 21. April nicht fügen würden, von jedem Verkehr mit der übrigen Schweiz ausschloß und als feindliche anzusehen drohte. Die Sperre der Lebensmittel und des Handels versetzte die kleinen Cantone in eine unerträgliche Lage; sie zogen vor, mit den Waffen die Entscheidung zu suchen. Schwyz stand an der Spitze; aus den Urcantonen und benachbarten Gegenden kamen an 10,000 Mann zusammen. Der rechte Flügel zog auf beiden Ufern des Sees gegen Zürich, die mittlere Abtheilung brachte am 29. April sogar die Stadt Luzern in ihre Gewalt, wo die Plünderung des Zeughauses Kriegsbedarf und Kanonen verschaffte. Wäre der linke Flügel, wie es im Plane lag, über den Brünig in das bernische Oberland und rasch gegen die Hauptstadt vorgegangen, er hätte den weit im Lande zerstreuten Franzosen sehr gefährlich werden können. Aber es fehlte an rechter Eintracht und einheitlichem Oberbefehl. Uri hatte sich ganz zurückgehalten, Unterwalden verbot seinen Angehörigen die bernische Grenze zu überschreiten; so gewann Schauenburg Zeit, aus seinem Hauptquartier in Zürich alles zur Unterdrückung des Aufstandes vorzubereiten. Blutige Gefechte bei Rapperswyl und Wollerau brachten am 30. April die Ufer des züricher Sees wieder in die Gewalt der Franzosen; am 29. besetzten sie auch Zug durch unvermutheten Ueberfall; Luzern mußte von den Schwyzern geräumt werden, der fremde Zuzug kehrte zum Theil nach Haus zurück, kaum 4000 Mann blieben übrig, um die Grenzen des Schwyzerlandes zu vertheidigen. Nun geschah aber, was die Heldenzeit des Mittelalters nicht allein in Erinnerung bringt, sondern in mehr als einem Zuge erreicht. Ganz auf sich angewiesen dachte dies kleine Hirtenvolk nicht an Ergebung, nicht einmal an den Sieg, nur an ehrenvollen Kampf und, wenn es sein müßte, an ehrenvollen Untergang. Der Hauptposten unter dem tapferen und erfahrenen Führer, Aloys Reding, erwartete den Feind bei Schindellegi auf der Straße, die vom züricher See über

Rothenthurm nach Schwyz führt. Hier wurde am Morgen des 2. Mai blutig und lange ohne Entscheidung gestritten. Erst die Nachricht, daß eine zweite Straße, die über Einsiedeln führt, von den Leuten des Klosters, die sie vertheidigen sollten, aufgegeben sei, nöthigte die Schwyzer, um die Gefahr im Rücken zu vermeiden, sich nach Rothenthurm zurückzuziehen. Die Franzosen folgten, aber eben als sie sich in der Ebene zum Angriff bereiteten, gab auch Reding das Zeichen zur Schlacht. Mit gewaltigem Anlauf wurden die feindlichen Reihen durchbrochen, und nach viertelstündigem Handgemenge flohen die Franzosen gegen Morgarten zurück. Noch einmal suchten sie von da aus durch Umgehung die Schwyzer aus ihrer Stellung zu vertreiben, aber dieser Versuch hatte noch übleren Erfolg als der frühere. Wie vor fünfhundert Jahren, sah das Feld bei Morgarten den Sieg der schwyzer Hirten gegen die Ueberzahl eines kriegsgeübten Heeres. Kleinere Gefechte am folgenden Tage brachten den Franzosen so geringen Gewinn und so übergroßen Verlust, daß Schauenburg dringend wünschte, eines solchen Feindes in solchem Lande überhoben zu sein. Auch die Schwyzer mußten dauernden Widerstand als unmöglich erkennen. Am 3. Mai schloß Reding mit Schauenburg einen Waffenstillstand, und Tages darauf ließ sich die Volksgemeinde in Schwyz, freilich nicht ohne heftiges Widerstreben, von ihren Vorstehern für eine Capitulation gewinnen. Die helvetische Verfassung wurde angenommen, dagegen erhielt man die Versicherung, daß die katholische Religion unverletzt bleiben, und, was das Wesentlichste war, daß das Land seine Waffen behalten, keine Contribution bezahlen und von französischen Truppen nicht besetzt werden sollte [1]). Nach dem Vorgange von Schwyz bequemten sich auch Uri, Glarus, Appenzell, Unterwalden und das Rheinthal, die Verfassung anzunehmen; an andern Orten konnte der Widerstand durch Hülfe französischer Truppen leicht bewältigt werden. Nur nicht im Ober-

---

1) Monnard, Geschichte der helvetischen Revolution I, 102 fg.

wallis. Diese Landschaft hatte sich anfangs den Anordnungen des Agenten Mangourit gefügt, aber der Aufstand der Urcantone wirkte auch über das Gebirge. Gegen 4000 Bauern aus den oberen Zehnten zogen die Rhone hinab, hielten am 6. Mai unter dem Jubel des Volkes in der Stadt Sion ihren Einzug, und Mangourit mußte eilig auf waadtländisches Gebiet flüchten. Aber bald kehrten waadtländische und französische Truppen zurück; in einem blutigen Gefecht an der Morge, am 15. Mai, wurden die Walliser geschlagen, und in Sion steckte man als Zeichen der Ergebung die weiße Fahne auf. Schon näherten sich französische Husaren dem Thor, als ein unbotmäßiger Anführer eine Kartätsche abfeuern ließ, die mehrere Husaren tödtete. Dies war das Signal eines entsetzlichen Gemetzels; mehrere hundert Menschen wurden erschlagen, die Stadt acht Stunden lang geplündert; keine Gräuel, die nicht, meistens von Schweizern gegen Schweizer, verübt wären; den Besiegten legte der französische General schwere Bedingungen auf [1]).

Während dies an der obern Rhone geschah, war unten am See, in Genf, das letzte Ziel der Franzosen schon erreicht. Der Agent Desportes hatte nicht ohne gewaltsame Mittel bewirkt, daß man im April eine Commission einsetzte, um über die Vereinigung mit Frankreich zu berathen. Doch bedurfte es erst des Einmarsches französischer Truppen, um von den 120 Mitgliedern 60 von der Abstimmung fern zu halten und 40 für die Vereinigung zu gewinnen, die dann in einem Vertrage vom 26. April förmlich ausgesprochen wurde. Schon am 28. Januar hatte sich die Stadt Mülhausen im Elsaß mit größerer Bereitwilligkeit derselben Nothwendigkeit unterworfen [2]). Das gesammte Gebiet der Schweiz war jetzt entweder Frankreich oder der helvetischen Einheitsrepublik zu-

____

1) Der prahlende Bericht des Generals Lorge an Brune vom 22. Mai mit den Berichtigungen Stürler's im Archiv f. schweiz. Gesch. XVI, 330.

2) De Clerq, Traités de la France I, 347, 358. Das Gesetz über die Errichtung des Département du Léman erfolgte am 25. August.

getheilt; nur in Graubündten standen die feindlichen Par=
teien und neben ihnen französischer und österreichischer Einfluß
in unentschiedenem Kampfe gegenüber.

Aber auch in der helvetischen Republik fanden die Fran=
zosen nicht die Fügsamkeit, welche sie verlangten. Ein durch
Jahrhunderte gekräftigtes Selbstbewußtsein konnte nicht mit
einem Male willenlos fremder Willkür sich beugen. In das
schweizerische Directorium hatte die Wahl des gesetzgebenden
Körpers am 23. April fünf Männer berufen, deren Tüchtigkeit
und festen Charakter auch die früheren Gegner aus der aristo=
kratischen Partei anerkennen. Ochs befand sich nicht darunter.
Gerade weil sie die Pflichten ihres Amtes ernst nahmen, ge=
riethen sie in unvermeidlichen Widerstreit mit den angeblichen
Beschützern, die von Tag zu Tage gewaltsamer ihre Herrschaft
fühlen ließen. Es war schon eine üble Vorbedeutung, daß nach Bern
ein Commissar des Directoriums gekommen war, dem die Agenten
in Basel und Wallis und, in politischen Angelegenheiten, sogar
der Obergeneral sich unterordnen sollten. Denn Commissare
dieser Art wurden nur in ein Land geschickt, das man als er=
obert und noch dem Kriegsrecht unterworfen betrachtete. Le=
carlier hatte seine Wirksamkeit, wie wir uns erinnern, damit
begonnen, daß er die unbedingte Annahme der in Paris ver=
faßten helvetischen Constitution forderte. Schon Brüne hatte
die öffentlichen Kassen geleert. Jetzt legte Lecarlier unter den
gebräuchlichen Declamationen gegen die Oligarchen den vor=
mals regierungsfähigen Familien der Cantone Bern, Zürich,
Luzern und Solothurn eine Contribution von 15 Millionen
Franken auf. Eine andere Million sollte die Geistlichkeit von
Luzern, St. Urban und Einsiedeln entrichten; um die Ein=
treibung zu sichern, wurden zahlreiche Geißeln aus Bern und
Solothurn nach Straßburg abgeführt [1]. Wer könnte im ein=
zelnen aufzählen, was von den verschiedenen Agenten, insbe=
sondere dem Armee=Commissar Rouhière, in Bern, Freiburg

---

1) Monnard a. a. O. I, 80.

und an anderen Orten weggenommen wurde? Schauenburg wird als uneigennützig gerühmt, aber er besaß nicht die Kraft, dem Unfug zu steuern, auch nicht Brüne's Geschicklichkeit, harte Maßregeln durch freundliche Formen zu mildern. Das Unheil steigerte sich, als Lecarlier schon nach wenigen Wochen in Paris das Polizeiministerium übernahm und wieder einen Verwandten Rewbel's zum Nachfolger erhielt. Rapinat hieß dieser Mensch, leider nicht bloß in Folge seines Namens der Typus für eine Klasse schamloser, privilegirter Räuber. Bald gerieth er in Zwiespalt mit den bernischen Behörden, mit dem helvetischen Directorium, ja mit Talleyrand, seinem eigenen Minister, den er aber, im Gefühle seiner hohen Verwandtschaft, kaum als seines Gleichen ansah. Die bernische provisorische Regierung hatte noch während Brüne's Anwesenheit zwei angesehene Männer, Lüthard und Stapfer, nach Paris geschickt, die später von der Verwaltungskammer des in seinem Umfange so wesentlich geschmälerten Cantons und, nach Verkündigung der Einheitsverfassung, auch von dem helvetischen Directorium als Bevollmächtigte anerkannt wurden. Neben den officiellen Vertretern wirkte aber der vormalige Münzwardein, Gottlieb Jenner, den wir nach der Eroberung Berns mit Brüne in Unterhandlung sahen. Er hatte es verstanden, den General so sehr für sich einzunehmen, daß Brüne ihn am 25. März mit den in Bern geraubten Geldern nach Paris gehen ließ, insbesondere um über die Verwerthung der fremden Schuldtitel mit der französischen Finanz=Verwaltung zu unterhandeln. Unterstützt durch die außerordentliche Geschicklichkeit dieses Mannes gelang es den beiden Bevollmächtigten, am 27. April mit Talleyrand einen Vertrag zu Stande zu bringen. Man erhielt zwar nicht alles, was man wünschte, nicht die Wiedervereinigung des Oberlandes und des Aargaues, nicht die Erhebung Berns zum Sitz der helvetischen Regierung, aber ein wichtiger Erfolg war die Rückgabe der fremden Schuldtitel im Werthe von beinahe achtzehn Millionen Franken gegen die Verpflichtung, den auf Bern fallenden Theil der von Lecarlier auferlegten Contribution im Betrage von vier Millionen zu entrichten. Nach Bezahlung der ersten Million sollten die Geißeln frei werden, vom 1. Mai ab die französische Armee im Canton Bern keine Contribution mehr erheben und sich auf eigene Kosten ernähren. Nicht ohne klingende Ueberzeugungs= gründe war Jenner dahin gelangt; ein französischer Vermittler erhielt 50,000 Franken, andere in untergeordneter Stellung 10,000 Franken, und in die sogenannte schwarze Kasse des Ministeriums wanderte eine Million statt der anderthalb Millionen, die Jenner für die Gewährung auch der beiden ab= geschlagenen Wünsche versprochen hatte[1]). Wäre nur mit dem Abschluß des Vertrages auch die Erfüllung gesichert worden! Als Jenner mit den Schuldtiteln nach Bern zurückkehrte und von Rapinat das Aufhören der Contributionen und Lieferungen forderte, erklärte der Commissar, er werde sich eher in Ketten nach Paris schleppen lassen, als ein Machwerk wie den Vertrag zur Ausführung bringen. Er verharrte bei seinen Maßregeln, und nur durch wiederholte Beschwerden erlangten Lüthard und Stapfer in Paris das Zugeständniß: die nach dem 1. Mai ausgeschriebenen Lieferungen sollten den von Bern versprochenen vier Millionen abgerechnet werden.

Rapinat's heftiger Zorn richtete sich deßhalb gegen die Abgesandten. Daß sie nicht zurückberufen wurden, war einer der Punkte, die er dem helvetischen Directorium am bittersten zum Vorwurf machte; aber auch außerdem fand er Tag für Tag Gelegenheit zu neuen Händeln. Nichts, worin der Com= missar sich nicht gemischt hätte. Er ließ die Siegel abreißen und die Thüren mit Gewalt öffnen, die von den Landesbehörden angelegt oder geschlossen waren; bald beschuldigte er die Direc= toren öffentlich oligarchischer Neigungen, dann sogar verräthe= rischen Einvernehmens mit dem Auslande. Leider waren Schweizer, darunter Ochs, der sein Streben nach einem Direc=

---

1) Archiv f. schw. Gesch. XII, 422 fg. XVI, 382 fg. XIX, 91, 97, 100, 175 fg.

torialſitz getäuſcht ſah, pflichtvergeſſen genug, den fremden Gewalthaber in ſeinem Thun noch zu beſtärken und zu reizen.
So geſchah es, daß Rapinat am 16. Juni an das Directorium
eine Reihe von Verfügungen erließ, die an Frechheit alles,
was bisher geſchehen war, überboten. Mit bittern Worten beklagt er ſich über die Behörden von Bern und Luzern, aber
vor allem über die Geſandten in Paris, welche in den von
England beſoldeten Journalen ihre vergifteten Pfeile ab-
ſchöſſen. Das Directorium ſei dafür verantwortlich, weil es
die Geſandten noch anerkenne und in ihren hinterliſtigen
Machinationen unterſtütze; auch das Treiben in Bern und
Luzern daure nur deßhalb fort, weil es im Directorium einen
Rückhalt fände. Deßhalb, meint er, würden die Directoren
Bay aus Bern und Pfyffer aus Luzern gut thun, ſich zurückzuziehen, der Miniſter des Auswärtigen Begos würde voraus-
ſichtlich nicht zögern, ihrem Beiſpiele zu folgen; von den Cantonalbehörden in Bern und Luzern müſſe daſſelbe gelten. Für
Luzern wird ſogleich eine neue Regierung ernannt, die beiden
ausſcheidenden Directoren — ſo bald iſt der Rath zum Befehl
geworden — verſpricht Rapinat demnächſt durch Bürger, welche
Frankreich und ihrem Vaterlande ergeben ſeien, zu erſetzen.
„Der Generalſtabsoffizier,“ heißt es zum Schluß, „der Ihnen
dies Schreiben überbringt, wird Ihre Antwort erwarten und
mir zurückbringen. Seinem Bericht zufolge werde ich die Maßregeln treffen, welche mein feſter Wille und der beſtimmte Ent-
ſchluß, Helvetien zu retten, mir gebieten.“

Zwei Tage ſpäter, am 18. Juni, erklärte ein öffentlicher
Erlaß die ganze Schweiz für ein erobertes Land, und deßhalb
den franzöſiſchen Commiſſar für befugt, alle bürgerlichen, poli-
tiſchen und finanziellen Angelegenheiten zu leiten. Alle Wider-
ſacher der Franzoſen ſind beſoldete Knechte des engliſchen
Cabinets, das in dem geſetzgebenden Körper und im Directorium
eine gefährliche Faction unterhält. Deßhalb ſollen alle Anordnungen dieſer Körperſchaften, die den Anordnungen des
Commiſſars widerſprechen, für nichtig erklärt, alle Journaliſten,

überhaupt alle, die sich herausnehmen, gegen die Franzosen zu reden oder zu schreiben, vor ein Kriegsgericht gestellt, ihre Pressen und Instrumente vernichtet werden. — Die Furcht vor dem wüthenden Menschen, der über Schauenburg's Soldaten verfügte, war so groß, daß die beiden Directoren und der Minister in der That am 19. Juni ihre Entlassung nahmen. Ochs hatte die Schamlosigkeit, sich von dem Unterdrücker seines Vaterlandes für die höchste Magistratur ernennen und in das Directorium einführen zu lassen. „Um halb zwölf Uhr," sagt das Sitzungs-Protokoll vom 21. Juni, „ist der Bürger Meunier, Brigadechef des 3. Cavallerieregiments, hereingetreten, indem er den Bürger Ochs an der Hand führte; hinter ihnen kamen der Bürger Dolder und acht Offiziere. Der Bürger Meunier hat dem Präsidenten des Directoriums, Bürger Oberlin, ein Schreiben des Obergenerals vorgelegt, welches ihm Auftrag und Gewalt gibt, die Bürger Ochs und Dolder als Directoren einzusetzen. Nachdem der Brief verlesen war, hat der Bürger Meunier das Wort ergriffen und den drei im Amt verbleibenden Directoren, Bürgern Oberlin, Legrand und Glayre, die Bürger Ochs und Dolder vorgestellt, als von dem Commissar der französischen Regierung Rapinat ernannt, mit ihnen im Directorium zu sitzen. Er hat sie eingesetzt und eine Rede auf seine Sendung bezüglich verlesen. Der Bürger Ochs hat alsdann eine Rede verlesen über die Gesinnungen, welche er in seine neue Würde mitbringt, und über die glückliche Zukunft, die er für das Vaterland erblühen sieht. Der Bürger Oberlin hat dem einen wie dem andern geantwortet, und die fünf Directoren haben sich mit dem Bruderkuß begrüßt [1])." Darauf festliches Mittagessen auf dem Stadthaus von Aarau, Abends Ball, Illumination und Toaste mit Artillerie-Salven.

Dies Verfahren erschien aber sogar den Machthabern in Paris zu arg. Die Klagen, die von allen Seiten aus der

---

[1) Archiv f. schweiz. Geschichte XVI, 349 fg., 356 fg. Nouvelles politiques 13. Juli fg., 17. Juli Supplém.

Schweiz einliefen, die wiederholten Vorstellungen Laharpe's, die Bemühungen Jenner's, der Widerwille Talleyrand's, alles vereinigte sich jetzt, um die Gewaltthaten des Commissars in das rechte Licht zu stellen. Kaum hatte man die Nachricht erhalten, so erklärte das Directorium in einer Sitzung vom 20. Juni Rapinat's Verfügungen für ungültig; er selbst wurde abberufen, freilich nur, um mit einem andern Verwandten Rewbel's, dem nach Mainz geschickten Commissar Rudler — der Schwager mit dem Vetter — seine Stelle zu vertauschen. Schon am 24. machte Schauenburg dem gesetzgebenden Körper in Aarau diese Mittheilung. Darauf großer Jubel; die beiden ausgeschiedenen Directoren erklärten ihre Abdankung für ungültig und wurden trotz des Widerspruches von Ochs in ihre Stellen wieder eingesetzt; der große Rath wollte die Abberufung des Bedrängers durch ein allgemeines Freudenfest begehen [1]). Aber ein ganz anderes Fest stand bevor. Rewbel trat für seinen Schwager ein; das frühere Decret wurde zurückgenommen, ein außerordentlicher Courier machte Schauenburg, alsdann dem helvetischen Directorium die Mittheilung, daß Rapinat auf seinem Posten bleiben würde. In Folge dessen nahmen Bay und Pfyffer am 29. Juni aufs neue ihre Entlassung, der große Rath wählte aus den vom Senat ihm vorgeschlagenen Candidaten Laharpe und Ochs zu ihren Nachfolgern. Mit Festen und Freudenschüssen ließ Rapinat sogleich den bei ihm in Bern verweilenden Director Ochs begrüßen; am 2. Juli führte er ihn unter militärischer Begleitung selbst in Aarau in sein neues Amt ein. Dem andern Gewählten, Laharpe, wagte man kaum die Wahl mitzutheilen, und es schien sehr zweifelhaft, ob er sie annehmen dürfe. Denn nicht er, sondern Dolder war neben Ochs von Rapinat vorgeschlagen, und am Tage nach der Wahl hatte ein Brief Schauenburg's den gesetzgebenden Körper bedeutet: die Verfügungen Rapinat's seien zwar zurückgenommen, das französische Directorium erwarte je-

---

1) Nouvelles politiques 13. Juli, 20. Juli Supplém.

doch, daß man keinen andern als die beiden von dem Commissar vorgeschlagenen Directoren an Stelle der abgetretenen wählen würde. Aber Laharpe, muthig und entschlossen, wie er war, ließ sich nicht abschrecken. In einem würdigen Schreiben erinnerte er die französischen Directoren an die Dienste, die er der Sache der Freiheit geleistet habe, und sein Einfluß war bedeutend genug, um die entscheidenden Stimmen zu gewinnen [1]). Aber was war aus der gepriesenen helvetischen Freiheit geworden, wenn selbst ein solcher Mann vorerst die Genehmigung der französischen Regierung erbitten mußte? Die Gerüchte von einer Incorporirung der Schweiz erwachten mit neuer Stärke; Schauenburg sah sich veranlaßt, sie in einer besondern Proclamation als Verläumdung zu erklären [2]).

Um so mehr wünschte man die Unabhängigkeit des Landes förmlich anerkannt zu sehen, sodann durch einen Handelsvertrag den unentbehrlichen Verkehr mit Frankreich wieder herzustellen. Jenner war für diesen letzteren Zweck abermals nach Paris geschickt und bald auch für den Bündnißvertrag neben dem eigentlichen Gesandten Zeltner bevollmächtigt. Aber die Franzosen wollten noch nichts von einem Handelsvertrage hören, — vielmehr die üble Lage der neuen Republik für die Bedingungen des Bündnisses ausnutzen. Wenn die Schweiz, der alten Politik entsprechend, eine neutrale Stellung wünschte, so verlangten sie ein Angriffs= und Vertheidigungsbündniß und noch dazu 18,000 Mann Hülfstruppen. Umsonst bot Jenner seine ganze Geschicklichkeit auf, umsonst wandte er sich an seinen früheren Beschützer Brüne. Am 11. August ließ Talleyrand die Deputirten kommen und überreichte ihnen den Vertragsentwurf, wie das Directorium ihn festgestellt hatte. Jetzt, sagte er, müsse die Schweiz entscheiden, ob sie österreichisch oder französisch werden wolle. Treilhard, den die Gesandten ansprachen, erwiederte unumwunden: „Unterzeichnen Sie, oder

---

1) Nouvelles politiques 20. Juli, 31. Juli, 3. August Supplém.
2) Nouvelles politiques 3. August.

machen Sie sich auf die Union gefaßt. Die Lage der rastatter Verhandlung erfordert unumgänglich, daß Sie auch für den Angriff mit uns verbunden sind [1])." Kaum erhielten die Gesandten Zeit, noch einmal in Aarau anzufragen; am 19. August wurde unterzeichnet.

Das Offensiv- und Defensivbündniß war in der Weise festgestellt, daß Frankreich im Falle des Krieges gegen eine Coalition die Staaten bestimmen konnte, gegen welche die Schweiz Beistand zu leisten hätte (Art. 2). Ihre Unabhängigkeit wurde von Frankreich anerkannt, aber zugleich die Einheit ihrer Regierung in der Weise verbürgt, daß Frankreich gegen jeden Versuch der Oligarchen, die Verfassung zu verändern, einschreiten müsse. Umsonst suchte Jenner diesen Artikel zu beseitigen, der nur zu sehr an die russische Garantie für die polnische Verfassung erinnerte. Es war abermals Ochs, der, wie er schon das Offensivbündniß gefordert hatte, auch jetzt wieder im Interesse seiner Partei der Einmischung des Auslandes das Wort redete. „Wir haben diese Idee nicht aufgebracht, man wünscht es so in Aarau," erwiederte Talleyrand ungeduldig den Gesandten, als sie die entehrende Fessel abzuschütteln suchten.

Und diese blieb nicht die einzige. Nicht genug, daß Frankreich das ganze, ehemals zum Bisthum Basel gehörige Gebiet sich abtreten ließ (Art. 4), es forderte auch zwei Handels- und Militärstraßen, die eine durch den Norden der Schweiz nach Deutschland, die andere durch das Rhonethal nach Italien (Art. 5), wie sie Bonaparte ein Jahr früher hatte verlangen wollen. Erlassen wurde nur die Forderung, daß die Schweiz 5000 Mann französischer Truppen besolden müsse. Ja in den geheimen Artikeln versprach Frankreich der Schweiz das Frickthal und seine guten Dienste zur Erwerbung von Graubündten und Vorarlberg. Der Vertrag mit Bern vom 27. April

----

1) Monnard a. a. O. I, 154 fg. Jenner's Denkwürdigkeiten im Archiv f. schweiz. Geschichte XVI, 384 fg.

wurde bestätigt; Frankreich versprach sogar, die Truppen in der Schweiz zu vermindern und nach drei Monaten ganz zurückzuziehen. Rapinat war deßhalb äußerst unzufrieden, aber seine Beschwerden wurden in Paris zurückgewiesen. Leider dauerte es doch noch bis in den Anfang des neuen Jahres, ehe er, „mit Fluch und Gold beladen," das geplagte Land verließ.

Auch der Vertrag brachte nicht die erwarteten Vortheile. Der wesentlichste Artikel über den Rückzug der französischen Truppen wurde schon durch die Lage der politischen Verhältnisse wirkungslos, und die Maßregeln des helvetischen Directoriums führten leider dahin, daß man fremde Hülfe sogar gegen die eigenen Landsleute nachsuchen mußte. Bei großen politischen Umwälzungen fehlt es niemals an Unzufriedenen; in der Schweiz wurde ihre Zahl durch die Zerrüttung der socialen Verhältnisse noch gesteigert. Noch nichts war geschehen, die Noth des Landes zu mildern; um so größere Mißbilligung fand eine Reihe von Verordnungen, welche die Befugnisse des Directoriums erweiterten und den Directoren, wie den Beamten und den Mitgliedern der Räthe so hohe Gehälter auswarfen, daß der Gesammtbetrag die für die Kräfte des Landes unverhältnißmäßige Summe von jährlich 3 Millionen Gulden erreichte [1]). Aber herrschende Parteien verlangen gerade, wenn sie von dem Bewußtsein einer weit verbreiteten Mißstimmung sich gedrückt fühlen, am eifrigsten ein äußeres Zeichen der Zufriedenheit oder Unterwerfung. So erging am 11. Juli das Gesetz: alle Beamten und Bürger, auch die Geistlichen sollten sich durch einen Bürgereid verpflichten, der Sache der Freiheit und Gleichheit mit allem Eifer und aller möglichen Pünktlichkeit zu dienen. Weigerung oder Versäumniß wurde mit dem Verlust der bürgerlichen Rechte, jeder Versuch der Ruhestörung mit Landesverweisung bedroht.

In den meisten Cantonen leistete man den Eid ohne

____

1) Monnard a. a. O. I, 164 fg.

Widerstand; in andern, so im Appenzell, in St. Gallen, kam es zu Tumulten, die bald unterdrückt wurden. Am höchsten stieg die Aufregung in den uralten Sitzen schweizerischer Freiheit, die nur Angesichts der französischen Heeresmacht und nur unter der bestimmten Bedingung, daß ihre Religion geachtet würde, der helvetischen Constitution sich gefügt hatten. Was zuerst geschah, war, daß Rapinat die Constitution zu ihrem Nachtheil veränderte; er vereinigte die vier Cantone in einen einzigen unter dem Namen Waldstedten, um dadurch die Zahl ihrer Abgeordneten zum Senat und zum großen Rath auf ein Viertel — von 48 auf 12 — zu vermindern [1]). Schon die Menge fremder Gesetze, Namen und Einrichtungen, erregte das Mißtrauen dieser an die einfachsten Formen freier Selbstverwaltung gewohnten Hirtenbevölkerung. Dazu kam, daß das Versprechen wegen der Religion wenigstens nach ihrer Auffassung durchaus nicht gehalten wurde. Schon am 8. Mai hatte man das Vermögen der Stifter und Klöster mit Beschlag belegt, wenig später die Zehnten aufgehoben, jetzt am 20. Juli erfolgte das Verbot, Novizen aufzunehmen, am 2. August ein Gesetz über gemischte Ehen, alles Bestimmungen, welche die Geistlichkeit, die Klöster und die ihnen durchaus ergebene Bevölkerung auf das empfindlichste reizten, ja in ihrer Existenz bedrohten.

Und gerade jetzt sollte man sich einer Regierung, die dergleichen angeordnet, durch einen Eid verpflichten? Angesichts der erdrückenden Uebermacht riethen gleichwohl die Cantonalbehörden, auch der verständige Theil der Geistlichkeit, abermals zum Gehorsam. Uri blieb ruhig, in Schwyz nöthigte eine stürmische Volksversammlung am 18. August den Statthalter zur Flucht, doch genügte das Einschreiten des helvetischen Directoriums, die Ruhe herzustellen. Anders in Unterwalden. Dieser Canton war von den Kämpfen im Frühjahr unberührt

---

1) Monnard a. a. O. I, 120. Rapinat an Brune, Arch. f. schweiz. Gesch. XVI, 382.

geblieben, aber nur mit äußerstem Widerstreben neun Tage
später als Schwyz, am 13. Mai, der Verfassung beigetreten.
Fanatische Priester, ein Pfarrer Käsli von Beckenried, der
Diaconus Lussi von Stanz, waren die Leiter des Volkes,
Mönche aus Tyrol kamen über das Gebirge; man versprach
den Beistand des Kaisers, die Wunder des Himmels, mit
jedem Tage nahm die Gährung zu. Auf einer großen Versammlung zu Stanz am 18. August wäre der Unterstatthalter
beinahe ermordet worden; Verhandlungen mit dem helvetischen
Directorium blieben ohne Erfolg, die Unterwerfung wurde
verweigert, und am 29. August in der Volksversammlung unter
leidenschaftlichen Ausbrüchen der Begeisterung alles auf den
Krieg gestellt. Das Directorium, machtlos, wie es war, mußte
Hilfe bei den Franzosen erbitten. Schauenburg hatte bereits
Truppen versammelt; eine Frist wurde bis zum 30. August,
als sie ablief, bis zum 6. September gesetzt, dann sollte der
Angriff beginnen.

Was folgt, ist der Art, daß man nicht weiß, ob man es
mehr bewundern oder mehr beklagen soll. Einem trefflich aus-
gerüsteten Heere von 17,000 Franzosen stellten sich 2000 Bauern
entgegen, mit wenigen Kanonen, hinter eilig aufgerichteten
Verhauen, ganz auf sich angewiesen, denn die von den An-
stiftern verheißene fremde Hülfe erschien weder aus Oesterreich
noch aus den nachbarlichen Cantonen. Schauenburg erkannte
gleichwohl, daß ihm keine leichte Arbeit bevorstände. Zwei
Tage vergingen unter Scheinbewegungen ohne Ergebniß; erst·
am 9. September erfolgte von zwei Seiten der Hauptangriff:
auf Kähnen vom See her und mit der Hauptmacht durch das
Entlibuch über Alpnach. Ein blutiger Kampf erhob sich auf
dem Roßberg, und wieder zwang unvergleichliche Tapferkeit
der Hirten die Franzosen mehrmals zum Weichen; einige Ver-
stärkungen, eine geschickte einheitliche Leitung hätten vielleicht
eine entscheidende Wendung herbeigeführt. Endlich gab die
Uebermacht den Ausschlag. Wie Brüne vordem die Kapelle
bei Murten zerstört hatte, so wurde jetzt seinem Nachfolger

der Triumph, die Kapelle Winkelried's anzuzünden. Der Brand war das Signal für die Truppen auf dem See, die nun gleichfalls das Ufer erreichten. Unter steten Kämpfen kamen die Franzosen gegen Mittag bis nach Stanz. Ein unzeitiger Schuß, während man schon parlamentirte, reizte die durch den Kampf erbitterten Soldaten zur Wuth. Kein Alter, kein Geschlecht wurde geschont, Frauen auf offener Straße geschändet, Säuglinge in den Armen der Mütter ermordet, oder in die Flammen der brennenden Häuser geschleudert. Abends war die vordem blühende Stadt ein rauchender Trümmerhaufen. Auf dem Lande dauerte das Morden, Rauben und Plündern noch zwei Tage; selbst Schauenburg's Ankunft konnte die Gräuel nur mildern, nicht zum Aufhören bringen.

Am Tage nach dem Gemetzel ersuchte das helvetische Directorium den französischen General, in ganz Unterwalden Freiheitsbäume errichten zu lassen; die Räthe mußten erklären, die Mordbrenner hätten sich um das Vaterland verdient gemacht. Aber durch die ganze Schweiz ging ein Schrei des Entsetzens, selbst bei den französischen Soldaten regte sich das Mitleid. Schauenburg ließ die in die Wälder geflüchteten Einwohner zurückrufen und Lebensmittel vertheilen; als das Directorium ihm eine den Schwyzern auferlegte Contribution von 60000 Franken zum Vortheil seiner Truppen anbot, gab er zur Antwort: nach seinem und seiner Soldaten Wunsche möge die Summe zur Erleichterung der unglücklichen Werkzeuge des Fanatismus verwendet werden. Von allen Seiten flossen milde Gaben; was vor Allem Noth that, war die Errichtung eines Waisenhauses. Damals zuerst drang der Name Johann Heinrich Pestalozzi's über die schweizerischen Grenzen; bald hatte er in Stanz mehr als hundert elternlose Kinder um sich versammelt, und damals zuerst konnte er die Grundsätze zur Geltung bringen, die für die Bildung der Jugend noch heute ihren Werth nicht verloren haben.

Mit dem Blutbad bei Stanz war aber für die nächste Zeit der Widerstand gebrochen. Die Regierung konnte es wagen, anfangs October ihren und der gesetzgebenden Räthe Sitz nach Luzern zu verlegen. Am 7. October leistete das Volk von Unterwalden noch über den Trümmern der niedergebrannten Häuser den Eid auf die Verfassung. Arth blieb von den Franzosen besetzt; die Waffen, selbst die alten Trophäen des Mittelalters, mußten ausgeliefert und auf offenem Platze verbrannt werden. Ohne jede Veranlassung brachen am 19. October 2400 Franzosen in das bisher noch verschonte Glarus ein, um den Schatz und das Zeughaus zu leeren. Ihre Verbindungen reichten schon über das Gebirge nach Graubündten; auch dort war alles für eine gewaltsame Entscheidung vorbereitet. Bis wir aber dieser Entwicklung folgen, wird es nöthig, auf die Ereignisse jenseits der Alpen einen Blick zu werfen.

Rapinat bemerkt in dem Briefe, der die Abdankung der helvetischen Directoren fordert, es sei nicht das erste Mal, daß die französische Republik eine ihr so natürliche Energie zur Rettung eines befreiten Volkes hervortreten lasse; er verweist auf die Vorfälle in der cisalpinischen Republik.

In der That, man war dort in ganz ähnlicher Weise vorgegangen, ja noch rücksichtsloser, weil sich mit besserem Scheine das Recht der Eroberung ansprechen ließ, und nicht die gleiche Kraft des Widerstandes zu befürchten war. Wir haben gesehen, wie wenig der Vertrag, welchen Talleyrand im Februar den cisalpinischen Gesandten vorlegte, von der Unabhängigkeit des Landes bestehen ließ. Serbelloni, immer gefügig, war gleichwohl zur Annahme bereit, auch Visconti unterzeichnete, nachdem er in Nebendingen einige Milderung erlangt, und gegen die drückendsten Forderungen vergebens Einspruch erhoben hatte. Selbst das Directorium in Mailand wagte keinen Widerstand, obgleich zwei Mitglieder, Parabisi und Moscati, ihr Mißvergnügen nicht verhehlten. Die Lage war in den letzten Monaten von Tag zu Tage trauriger geworden. Die gesetzgebenden Versammlungen haderten unter sich und mit dem Directorium. Im Rathe der Jungen, wo die demokratischen Elemente überwogen, hatte man die von Bonaparte der Preßfreiheit und dem Vereinsrecht gesetzten Schranken beseitigt, und die Masse des Volkes, durch die Kriegsnoth, die zunehmende Verarmung und vor allem durch die Maßregeln gegen die Geistlichkeit gereizt, säumte nicht, die ungewohnte Ungebundenheit gegen die herrschende Partei und die Franzosen zu benutzen. Im Theater, dem einzigen Ort, wo seit Jahrhunderten eine öffentliche Meinung sich äußern konnte, wurde alles, was sich gegen die neuen Bedrücker deuten ließ, beklatscht, und die herkömmliche republikanische Phrase mit offenem Hohn zurückgewiesen. Die Sache schien so wichtig, daß ein Gesetz vom 23. Februar sechs Specialgerichte anordnete, die jeden, der an einem öffentlichen Orte einem Souverän oder einer nicht demokratischen Republik applaudiren, oder die öffentlichen Zeichen der Freiheit verletzen, oder falsche Gerüchte verbreiten würde, mit dem Tode bestrafen sollten [1]. Aber solche Maßregeln wurden schon durch das Uebermaß der Strenge unausführbar, und ein so witziges Volk fand immer neue Mittel, seinen Gesinnungen Ausdruck zu geben.

Als die Forderungen der Franzosen bekannt wurden, erregten sie bei allen Parteien beinahe gleiche Unzufriedenheit. Zuerst im Rathe der Jungen. Es schien unerträglich, daß fremde Truppen das Land besetzen und dafür noch achtzehn Millionen jährlich erhalten sollten. Gleichwohl überwog der französische Einfluß, nach einer dreizehnstündigen, stürmischen Berathung wurden die Verträge mit 62 gegen 49 Stimmen angenommen. Anders im Rathe der Alten. Hier, wo gerade die gemäßigten, begüterten, angesehensten Männer des Landes ihren Platz hatten, erfolgte am 13. März beinahe einstimmig die Ablehnung. Das Directorium, in großer Verlegenheit, benutzte einen Formfehler — der Senat, der nach der Verfassung

_____

1) Nouvelles politiques 3. April aus Mailand vom 12. März.

nur einfach annehmen oder ablehnen durfte, hatte seine Entscheidung ausführlich motivirt — um den Beschluß für ungültig zu erklären. Der wahre Grund war nur zu wohl bekannt, und der Rath der Alten fragte, ehe er in neue Berathung eintrat, bei dem Directorium an, wessen man sich im Falle wiederholter Ablehnung von Seiten des Generals Berthier zu versehen habe. Das Directorium weigerte eine schriftliche Antwort, eröffnete aber mündlich dem Präsidenten, den es zu sich bescheiden ließ, daß der General leicht den Belagerungszustand erklären und strenge Maßregeln gegen die Urheber des Widerstandes ergreifen könne [1]). Die Versammlnng blieb nichtsdestoweniger bei ihrem Sinn; am 15. März wurde der Vertrag abermals verworfen. Aber in demselben Augenblick trat der Widerspruch hervor, daß ein Land, ganz in französischer Gewalt befindlich, selbstständig handeln wollte. Das Directorium erließ eine heftige Kundgebung gegen die falschen Patrioten, die, vielleicht von fremden Mächten besoldet, den schweren aber nothwendigen Vertrag zu verläumden wagten. Noch entscheidender wirkte eine Proclamation Berthier's, der am 17. März aus Genua die Erklärung erließ: er habe die Mittel in der Hand, der französischen Republik die gebührende Achtung zu verschaffen. Jeder mußte erkennen, daß fernerer Widerstand den Bruch mit Frankreich und den Untergang der Republik bedeute; am 20. März gab auch der Rath der Alten seine Zustimmung [2]), und Berthier fand, als er nach Mailand zurückkehrte, seinen Willen schon ausgeführt.

Unterdessen war aber die Nachricht von der vorgängigen Ablehnung nach Paris gelangt, und ein so frevelhaftes Unterfangen von den dortigen Gewalthabern mit verdienter Entrüstung aufgenommen. Nach der französischen Theorie trat jetzt der Fall ein, in welchem die cisalpinische Republik aller

---

1) Nouvelles politiques 10. April, aus Mailand vom 16. März; Moniteur 31. März.

2) Nouvelles politiques 10. April, 13. April Supplément.

Rechte verlustig, wieder als erobertes Land zu betrachten war. Man dachte daran, die widerspenstigen Directoren nebst einer Anzahl von Abgeordneten zu verhaften und durch eine außerordentliche Contribution die in dem Vertrag geforderten Summen einzutreiben. Das Gerücht von solchen Maßregeln verbreitete sich, manche Zeitungen theilten sogar was erst geschehen sollte als schon Geschehenes mit[1]), und Bonaparte hielt für nöthig, sich zu Gunsten seiner Freunde Moscati und Parabisi bei dem Directorium zu verwenden. Er warnt bringend vor Gewaltmaßregeln; die Erniedrigung der kaum gegründeten cisalpinischen Regierung, schreibt er, sei ein Unglück für Frankreich, dagegen ein Triumph für Oesterreich und seine Anhänger[2]). Die Nachricht von der Annahme des Vertrages milderte in der That den Zorn des Directoriums; aber die Strafe sollte auch für den Versuch der Widersetzlichkeit nicht ausbleiben.

Mit dieser Absicht stimmte es sehr wohl, daß an Stelle Berthier's, der den politischen Angelegenheiten sich am liebsten fern hielt, ein General wie Brüne den Oberbefehl erhalten hatte. Am 3. April, drei Tage vor Berthier's Abreise, kam er in Mailand an. Eben waren wieder drei französische Soldaten auf der Straße angefallen, Brüne's erste Kundgebung war eine Verordnung, man solle bei Todesstrafe alle Dolche, Stilette und Dolchmesser ausliefern. Am 13. ließ er die beiden mißliebigen Directoren nebst dem Generalsecretär Sommariva zu sich bescheiden und kündigte ihnen an, die französische Regierung verlange, daß sie ihre Entlassung nähmen. Alle

---

1) Nouvelles politiques, 3. April, 6. April und Supplém. Dadurch sind zahlreiche Irrthümer entstanden, z. B. in der Geheimen Geschichte des Rastadter Congresses I, 376, sowie in älteren italienischen und neueren deutschen Werken. Auch der Moniteur vom 31. März bringt unter dem Datum: Paris, 10. Germinal (30. März) über einen am 15. März in Mailand gegen die Widersacher der Verträge ausgeführten Staatsstreich eine eingehende Mittheilung. Ich muß sie aber für eine Erfindung halten, weil sie mit den späteren Ereignissen sich nicht vereinigen läßt.

2) Corresp. de Napoléon, IV, 26, vom 27. März.

fügten sich ohne Widerspruch; sechs Mitglieder des Rathes der Alten, drei Mitglieder des Rathes der Jungen theilten dasselbe Loos; Zeitungen wurden unterdrückt, Journalisten verhaftet, Aufstände des Landvolks an verschiedenen Orten mit blutiger Grausamkeit geahndet[1]).

An Stelle der ausscheidenden Directoren ernannte Brüne am 15. April zwei frühere Minister, Testi und Lamberti. In einem Briefe an das cisalpinische Directorium begründet er sein Verfahren ganz der französischen Theorie gemäß: das Recht der Eroberung und die Militärgewalt beständen so lange, bis auch die französische Regierung den Bündnißvertrag ratificirt hätte. Diese Ratification wurde wohl gerade deßhalb noch verzögert, damit Brüne in Mailand nach Belieben schalten könne; und kaum war sie am 14. Mai erfolgt, als das Directorium auch der eben anerkannten Unabhängigkeit den Stempel französischer Herrschaft aufdrückte. In Paris war damals die Stellung der Parteien wunderlich verschoben. Die Regierung mußte ihre Freunde vom 18. Fructidor für gefährlicher halten, als die Aristokraten, suchte deßhalb in Frankreich, wie in den abhängigen Republiken die gemäßigten Parteien auf Kosten der radicalen zu stärken. Wir haben den Einfluß dieser Gesinnung in Batavien bemerkt; auch die nach Rom geschickten Commissare hatten in die neue Verfassung aristokratische Elemente aufgenommen. Etwas Aehnliches sollte in der cisalpinischen Republik geschehen, zugleich jeder Mißliebige, jeder, dessen Widerspruch zu fürchten war, zum Schweigen und zur Unthätigkeit gebracht werden. Unter den Mitgliedern des Directoriums war es La Revellière Lepeaux, der sich vorzugsweise mit den italienischen Angelegenheiten befaßte. Wir kennen ihn genau erst aus seinen Denkwürdigkeiten, die vor fünf Jahren von seinem

---

1) Nouvelles politiques, 4. u. 15. Mai, 25. Mai Supplém. (Namen der Ausgestoßenen, Brüne's Schreiben vom 15. April); Moniteur 27. April, 9. u. 15. Mai.

Sohne veröffentlicht wurden [1]). Wie war es möglich, daß ein
Mann, so ganz mittelmäßig, ohne jede weder im Guten noch
im Bösen hervorstechende Eigenschaft, von einer kaum glaub=
lichen Beschränktheit des Urtheils wie des Gesichtskreises, in
einer Republik durch Wahl auf die höchste Stelle gelangen
konnte? Denn er besaß auch in keiner Weise die rücksichtslose
Thatkraft der Schreckensmänner; er äußert tugendhafte, edel=
müthige Gesinnungen, die man, wie seine theophilanthropischen
Bestrebungen gar nicht als erheuchelt anzusehen braucht. Sein
Liebling war ein junger Mensch Namens Trouvé, der sich in
seinen Briefen auch dem einflußreichen Gönner wie ein Sohn
dem Vater ergeben zeigt. La Revellière empfahl ihn zuerst
für den wichtigen Posten eines General=Secretärs des Direc=
toriums. Als die Sache mißlang, wurde er im Sommer 1797
als Legationssecretär nach Neapel, jetzt als Botschafter nach
Mailand geschickt mit dem Auftrag, die in Paris erwünschten
Veränderungen durchzuführen. Die cisalpinische Verfassung
sollte, wo möglich auf gütlichem Wege, nöthigenfalls auch
durch Gewalt, im Sinne der römischen umgestaltet, Macht und
Mitgliederzahl des gesetzgebenden Körpers sollten gemindert,
das Wahlrecht beschränkt, die Stellung des Directoriums ver=
stärkt, gegen Presse und Vereine strengere Maßregeln ergriffen
werden. Am 15. Mai langte der neue Botschafter in Mai=
land an, um sich bald darauf mit allen damals üblichen Feier=

---

1) Mémoires de La Revellière Lepeaux publiées par son fils,
Nantes 1873, 3 vol. Das Werk wurde gleich nach seinem Erscheinen aus
dem Buchhandel wieder zurückgezogen, es heißt, wegen der auf Carnot bezüg=
lichen heftigen Ausdrücke. Nur ein einziges Exemplar ist auf der National=
bibliothek in Paris noch zugänglich. Der Werth liegt nicht sowohl in den
eigenen Mittheilungen La Revellière's als in zahlreichen Documenten, die aus
der Amtszeit in seinem Besitze geblieben waren. Ein großer Theil ist leider
später verloren gegangen, die übrigen füllen den dritten Band der Memoiren,
darunter der Briefwechsel La Revellière's mit Trouvé, Faypoult und Daunou,
der in die cisalpinischen und römischen Verhältnisse wünschenswerthen Einblick
gewährt.

lichkeiten dem Directorium vorzustellen. In prächtig klingenden Worten rühmte er den Italienern den Edelmuth und die väterliche Zärtlichkeit der französischen Regierung; „meine Vorstellung," schreibt er an La Revellière, „war das schönste und imposanteste Schauspiel, das jemals stattgefunden hat [1]." Aber trotz der officiellen Dankreden konnte er sich bald überzeugen, wie wenig die Bevölkerung den Franzosen, und der gesetzgebende Körper seinen Absichten günstig war. Er suchte zuerst in vertraulicher Besprechung einzelne einflußreiche Mitglieder für die Verfassungsveränderung zu gewinnen, allein unter den Zugezogenen befand sich ein unabhängiger Mann, Montaldi, der den ganzen Plan im Rathe der Jungen zur Anzeige brachte. Die Aufregung war ohne Gleichen; Flugschriften, Reden der bittersten Art folgten eine der andern, selbst im gesetzgebenden Körper wurde der Gesandte nicht geschont. Als er bald darauf die Präsidenten der beiden Räthe zu einem Feste eingeladen hatte, äußerten sie Bedenken, die Einladung anzunehmen, weil die Artikel 71 und 155 der Verfassung. den Verkehr des gesetzgebenden Körpers mit fremden Diplomaten untersagten [2]); der Rath der Jungen ernannte eine eigene Commission, um die wichtige Frage zu untersuchen. Die Commission sprach sich verneinend aus, gleichwohl beschloß die Versammlung zu Gunsten des französischen Gesandten eine Ausnahme zu machen; aber unmittelbar nach dem Beschluß kam ein Billet Trouvé's, des Inhalts: er habe von der „schändlichen Commission" gehört und nehme seine Einladung zurück. Man versöhnte sich dann doch; die Präsidenten erschienen Tages darauf — am 17. Juni — bei dem Mittagessen, und der gesetzgebende Körper beschloß sogar acht Tage später, durch ein eigenes Fest die Verbrüderung der cisalpinischen mit der fran-

---

1) La Revellière, Mémoires III, 255.

2) Trouvé klagt schon im Mai über dieses Verbot: C'est de l'aristocratie de Venise toute pure, setzt er hinzu. Mémoires de La Revellière Lepeaux, III, 253.

zöſiſchen Republik zu feiern. Aber der Erfolg ſcheint nicht eben glänzend geweſen zu ſein; ein Bericht im Moniteur klagt, die Cisalpiner hätten gar keine Idee, wie man dergleichen nationale Feſte begehen müſſe [1]).

Das größte Hinderniß für Trouvé lag darin, daß er auch mit dem franzöſiſchen General ſich nicht einigen konnte. In Italien zuerſt war der Gegenſatz der Militärgewalt und der bürgerlichen hervorgetreten, in Italien war der Mann groß geworden, der ſpäter die Entſcheidung gegeben hat. Auf dieſem Boden, wo noch alles ſchwankend, die alten Verhältniſſe zer=rüttet, die neuen noch nicht befeſtigt waren, fanden unter=nehmende Heerführer ſtets von neuem Gelegenheit, Antrieb, Mittel, ſich den aus der Ferne kommenden Befehlen ihrer Regierung unabhängig, ja trotzig und eigenwillig gegenüber=zuſtellen. Trouvé berichtet, er habe bei ſeiner Einführung dem cisalpiniſchen Directorium das Schauſpiel der rührendſten Einigkeit mit Brüne gegeben. In Wahrheit hatte beinahe mit ſeiner Ankunft der Streit begonnen, gewiß nicht ohne Schuld des Botſchafters, der — der unbedeutende, noch durch keine Leiſtung ausgezeichnete junge Mann — in dem erſten Briefe an La Revellière durch ein antikes Citat zu beweiſen ſucht, daß „die Waffen der Toga weichen," alſo Brüne ihm den erſten Beſuch abſtatten müſſe. Brüne empfand es dagegen ſchon unwillig, daß er nicht mehr allein die Gewalt in Händen hatte; er war doppelt erzürnt, als neben Trouvé noch Faypoult von Rom nach Mailand verſetzt wurde, um als franzöſiſcher Civil=commiſſar die Ordnung der finanziellen Angelegenheiten, eine Lieblingsbeſchäftigung des Generals, zu übernehmen. Ebenſo wenig billigte er die Verfaſſungsänderung und die Schwächung der ihm befreundeten demokratiſchen Partei. Trouvé und Fay=poult klagen einer mehr als der andere, Brüne weigere jede Unterſtützung; alles wäre leicht geworden, hätte er nur die Räthe bis zum 10. Auguſt vertagen wollen; ſtatt deſſen habe

---

1) Moniteur 6., 8., 9. Juli. Nouvelles politiques 27. Juli.

er die Präsidenten sogar in ihrem Widerstande bestärkt und lasse sich von den schlechtesten Demagogen berathen. Immer kommen sie darauf zurück: Anmaßung und Uebermuth der Militärgewalt seien unerträglich; sie habe alles gegründet, bringe nun auch alles wieder zum Welken, wolle niemanden über sich, nicht einmal neben sich dulden. Persönlich, meint Faypoult, sei Brüne ein braver Soldat, aber es sei durchaus nöthig, ihn Trouvé unterzuordnen. Dann schildert er die Uebel der finanziellen Lage: „Der Bündniß-Vertrag giebt monatlich 1,500000 Francs; sie reichen kaum für 25000 Mann. Wie soll man 50000 ernähren, da aus Paris gar nichts geschickt wird? Man hätte monatlich vier Millionen nöthig." Die Generale suchten und fanden denn auch willkommenen Vor= wand zu Erpressungen, und die unzureichenden Einkünfte wur= den durch Unterschleife noch gemindert. „Um keinen Preis", schreibt Faypoult, „möchte ich Haller's Nachfolger als Admini= strator sein; ich hielte es nicht vierzehn Tage aus; die Immo= ralität ist hier zu groß." Bei dem Feste des 14. Juli trat die Zwietracht zwischen Offizieren und Gesandtschaft in der anstößigsten Weise allen Augen offenbar zu Tage[1]).

Unterdessen näherte sich der neue Verfassungsentwurf seinem Abschluß. Trouvé und Faypoult waren einig; sie dachten sechs Deputirte dahin zu bringen, in einem Briefe an den Botschafter die Veränderung zu verlangen. Alles, meinen sie, wäre sicher, wäre nur Brüne nicht von so schlechten Menschen umgeben. Aber von anderer Seite gelangten so viele Klagen nach Paris, daß sogar das Directorium stutzte und seine Pläne zu verschieben wünschte. Die Aufregung in Mailand stieg mit jedem Tage. Faypoult selbst mußte bald erkennen, man werde unmöglich die Zustimmung der Räthe zu einem Staatsstreich gewinnen, durch welchen vier Directoren

---

1) Trouvé an La Revellière, 11. Juni, 5., 14. Juli, Faypoult an La Revellière, 30. Juni, an das Directorium, 30. Juni, a. a. O. III. 253, 270, 283, 452, 455.

und die meisten Deputirten ihre Stellung verlieren sollten. Die wenigen Freunde des Botschafters wurden verhöhnt und geschmäht, der für Helvetien schon ernannte Bevollmächtigte, Sopransi, ein Mann, den Trouvé nicht genug rühmen kann, seines Postens wieder enthoben, weil er zu viel mit den Franzosen verkehrte. Brüne sah allem zu, vergnügt, heimlich fördernd, ohne eine Hand dagegen zu rühren. Nur in Paris konnte die Entscheidung fallen. Dahin schickte das cisalpinische Directorium als Anwalt den Commandanten der italienischen Truppen, Lahoz; Trouvé seinen Secretär David; Brüne hielt die Angelegenheit für so wichtig, daß er am 22. Juli selbst nach Paris abging. Er hoffte Unterstützung von seinem Freunde Barras, Trouvé von La Revellière[1]).

In der Hauptsache gab La Revellière den Ausschlag. Lahoz erhielt nicht einmal eine Audienz, sondern den Befehl, sogleich nach Mailand zurückzukehren; Brüne wurde angewiesen, die Anordnungen des Botschafters nöthigenfalls mit den Waffen zur Ausführung zu bringen. Die Angelegenheit war in den Zeitungen sowie im gesetzgebenden Körper öffentlich verhandelt, und im Rathe der fünf Hundert tadelte Lucian Bonaparte am 20. August mit starken Worten, daß man das Werk seines Bruders und eine eben erst anerkannte Verfassung mit Gewalt, gegen den Willen des Volkes wieder zerstöre; er warnte vor den Thaten Cromwell's, die sich auch in Frankreich wiederholen könnten[2]). Noch heftiger war, wie man denken kann, die Aufregung in Mailand. Die mit Trouvé im Einverständniß befindlichen Deputirten wagten kaum, sich noch zu zeigen, von allen Seiten kamen Adressen zu Gunsten der Verfassung; ja der große Rath zwang das Directorium zu einer öffentlichen Erklärung, daß der gesetzgebende Körper und die

---

1) Trouvé, 20., 21., 22. Juli, 11. August. Faypoult, 22., 29., 30. Juli a. a. O. 257, 258, 267, 465, 468, 470.

2) Nouvelles politiques 7., 28., 31. August Supplém. Moniteur 21. August, 5. September.

Behörden der Republik, ihrem Eide treu, das geheiligte Pfand der Verfassung unverletzlich bewahren würden. Aber bald erfolgte der Gegenschlag. Bewaffneten Beistands versichert, konnte Trouvé ungescheut vorgehen. Am Abend des 30. August berief er etwas mehr als hundert Repräsentanten in seine Wohnung, wo sie auch Brüne und Faypoult fanden. Der Gesandte setzte in ausführlicher Rede die üble Lage der Republik, die Nothwendigkeit, daß Frankreich rettend eingreife, auseinander und theilte die als unumgänglich erachteten Veränderungen der Verfassung mit. Die Zahl der Deputirten sollte auf die Hälfte, im Rath der Jungen auf achtzig, im Rath der Alten auf vierzig, herabgesetzt, das Directorium mit größeren Vollmachten ausgestattet werden. Dazu kam eine neue Eintheilung der Departements und Gemeinden, eine Reihe von Gesetzen über die Justizverwaltung, gegen Presse und Vereine, und eine neue Ordnung der Finanzen; der Gesandte zweifelte nicht, die Versammelten würden als Gesetzgeber für sich selbst die Ehre in Anspruch nehmen, die neue Verfassung einzuführen. Widerstand war unmöglich; ungefähr zwanzig Deputirte erklärten ihren Austritt, die andern, freilich erst nach einer mehr als siebenstündigen Erörterung, ihre Zustimmung. Aber die Revolution selbst durchzuführen, dazu, sagten sie, hätten sie weder die Befugniß noch die Macht; am besten würde alles im Namen der französischen Regierung geschehen. Auch dazu war Trouvé bereit. Am folgenden Tage wurde der Palast des gesetzgebenden Körpers von französischen Truppen umringt; nur diejenigen Deputirten erhielten Eintritt, die man in die verminderte Versammlung aufnehmen wollte. Trouvé ließ ihnen die neue Verfassung und zugleich die Mittheilung zugehen, er habe zwei Mitglieder des Directoriums, Testi und Savoldi, durch zwei frühere Minister Sopransi und Luosi, die schon längst im Einverständniß waren, ersetzt. Die Versammlung zeigte sich mit allem zufrieden, bestätigte die Constitution und die Directoren, war aber vorsichtig genug, in allen öffentlichen Kundgebungen die Revolution ausschließlich als das Werk der französischen Regierung zu bezeichnen. Der Moniteur meint gleichwohl, man würde diesen glücklichen Tag durch ein jähr= liches Dankfest begehen [1]). In Wahrheit war die allgemeine Mißstimmung größer als je. Die neuen Gesetze konnten frei= lich in manchem Betrachte als Verbesserung erscheinen, aber das Selbstgefühl der Bevölkerung war unversöhnlich beleidigt, und welches Ansehen konnten eine Verfassung, eine Regierung ansprechen, die jeden Augenblick von dem Wink eines Fremden abhingen. Bonaparte's Schwager, Leclerc, der Chef des General= stabs, forderte unter lauten Aeußerungen des Unwillens seine Entlassung und reiste von Mailand ab. Auch Brüne ver= hehlte sein Mißvergnügen nicht. Bei einem Fest zu Ehren des 18. Fructidor waren die Trinksprüche des Obergenerals und seiner Officiere mit bittern Ausfällen gegen Trouvé und die von ihm eingesetzten Directoren gewürzt. Zeigte die neue Regierung bei Brüne's Verfügungen nur den Schein eines eigenen Willens, so wurde sie an ihren „Schwindelgeist" und an die Macht erinnert, „die dem Obergeneral wohl bekannt sei, wenn er auch ihren Umfang noch nicht zeigen wolle [2])". „Meine Stellung ist sehr schwierig," klagt Trouvé, „zwischen einem General, der immer schlechter Laune, und einem Directorium, das immer vor Aufregung außer sich ist [3])." Selbst in Paris war er seiner Sache nicht sicher. Barras ließ seinen Freund nicht fallen. La Revellière führt in seinen Denkwürdigkeiten bittere Klage, Brüne habe bei seiner Anwesenheit in Paris auch Rewbel und Merlin zu bereden gewußt; in Folge dessen habe man in Mailand „kein neues Gebäude aufgeführt, sondern nur das alte verkleistert [4])". Trouvé's Verfassungsentwurf war aller=

---

1) Moniteur 11., 12. und 14. September.

2) Brüne an das cisalp. Directorium 12. September, in den Mémoires de La Revellière, III, 419.

3) Trouvé, 4., 5., 12. September, 9. October, a. a. O. III, 289, 294, 303.

4) Mémoires, II, 200 fg. 300 fg.

dings nicht unwesentlich verändert worden, zwei Anhänger Brüne's blieben im Directorium: Testi, der früher von ihm eingesetzt, und Alessandri, der schon längst sein Zuträger gewesen war. Die Partei hielt sich keineswegs für besiegt.

Klagen auf Klagen über Trouvé, seine Unfähigkeit, seine Unbeliebtheit gelangten nach Paris; Brüne scheute selbst Geldopfer nicht, um dem verhaßten Nebenbuhler Gegner zu erwecken. Ende September beschloß das Directorium als Genugthuung für den Obergeneral den Botschafter abzurufen und nach Stuttgart zu versetzen; an seiner Stelle ernannte man Brüne's alten Freund, den berufenen Schreckensmann Fouché. Der neue Botschafter kam am 11. October nach Mailand, mit einer Reputation, die, wie Trouvé berichtet, Entsetzen einflößte und mehrere Familien zur Auswanderung bewog. Aber als alter geübter Verschwörer wußte er seine Absichten zu verbergen, erklärte überall, es solle gar nichts geändert werden, und verkehrte in freundlicher Weise mit den Anhängern seines Vorgängers. Unterdessen traf Brüne, jetzt durch keine Rücksicht auf die Gesandtschaft mehr gehindert, seine Vorkehrungen. Noch am Abend des 18. October hatte Fouché bei dem Director Adalasio gespeist und die beruhigendsten Versicherungen gegeben. Am nächsten Morgen wurden die Stadtthore geschlossen und der Palast des gesetzgebenden Körpers von französischen Truppen umstellt. Die drei von Trouvé oder unter seinem Einfluß eingesetzten Directoren, Adalasio, Sopransi, Luosi, und beinahe die Hälfte der Deputirten erhielten den Befehl, ihre Entlassung zu nehmen. Es wiederholte sich was am 31. August geschehen war; nur im ganz entgegengesetzten Sinne [1]).

Man kann den Verdruß des „Ex-Ambassadeurs" — mit diesem Titel unterzeichnet Trouvé — sich vorstellen. Noch am selbigen Tage sendet er einen beinahe verzweifelten Bericht

---

[1]) Trouvé, 19., 20., 23., 25., 29. October a. a. O. III. 309, 315, 322, 325, 329, 330.

nach Paris: „wüthende Schreier, durch österreichisches und englisches Gold bestochen, hätten eine Revolution angezettelt, mit der Absicht, alle Franzosen in Italien abzuschlachten; die höllische Bande, von welcher Brüne umgeben sei, begünstige das. Das neue Directorium sei als ein aufgedrungenes null und nichtig, gleichwohl habe Fouché keinen Anstand genommen, sich ihm förmlich vorzustellen." Trouvé übersandte sein Abberufungsschreiben dem im Amt gebliebenen Minister des Auswärtigen, Birago. Offenbar hat er keinen sehnlicheren Wunsch, als in Mailand zu bleiben. Tages darauf schüttet er einem Vetter, gleichfalls in nahen Beziehungen zu La Revellière, sein Herz aus: das Directorium ist über ihn getäuscht; er hat keine Feinde in Mailand. „Ich weine vor Aerger und Wuth," fährt er fort; „Alles ging gut, man hörte mit Vertrauen meinen und Faypoult's Rath. Fouché hat alles Vertrauen verscherzt; ließe man mich statt seiner hier, die cisalpinische Republik würde in drei Monaten der bestorganisirte Staat in Europa sein."

Es ereignete sich nun, was schon in Batavien geschehen war, daß Franzosen gegen Franzosen offen Partei nahmen. Von den drei ausgestoßenen Directoren weigerte sich Sopransi, seine Entlassung zu nehmen. Mit Gewalt mußte er am 23. October aus dem Palast vertrieben werden. Trouvé's Secretär David kam hinzu und beschämte, wie Trouvé schreibt, die Cisalpiner, welche sich bei diesem Gewaltact gebrauchen ließen. Der Verwiesene fand Aufnahme in Trouvé's Wohnung, wo er seine Weigerung aufrecht hielt. Auch von den Deputirten ermannten sich mehrere zu einem Protest; selbst Fouché nahm die Miene an, als sei Alles ohne sein Wissen und gegen seinen Willen geschehen. Dabei that er freilich nicht das Geringste, um den Lauf der Ereignisse aufzuhalten. Die revolutionäre Partei — wenn dieser Name einer Partei ausschließlich zukommt — ging denn auch rücksichtslos weiter vor. Auf den Antrag von zwanzig Deputirten wurden die Primär-Versammlungen berufen, Trouvé's Verfassungsgesetz ihnen zur Abstimmung vorgelegt, aber zugleich wesentlichen Veränderungen im demokratischen Sinne unterworfen; so sollte, um nur eins hervorzuheben, schon ein Alter von siebenzehn Jahren nebst zweijährigem Aufenthalt zur Ausübung politischer Rechte ausreichen. An vielen Orten kam es bei der Abstimmung zu Lärm und Thätlichkeiten, im mailänder Dom, am 27. October, zu einem Tumult, der nach dem gröbsten Unfug nur durch militärisches Einschreiten gestillt werden konnte und das Ergebniß der Abstimmung durchaus im Unklaren ließ. Gleichwohl behaupteten die neuen Gewalthaber Tages darauf, die Verfassung sei in gesetzmäßiger Weise endgültig angenommen. Unter dem Schutze des französischen Obergenerals mochten sie sich gegen jede Anfechtung für gesichert halten [1]).

Aber eine so freche Verhöhnung seiner Anordnungen konnte das französische Directorium denn doch nicht ungeahndet lassen. Faypoult war am Tage nach dem Staatsstreich nach Paris abgereist. Kaum erfuhr man was in Mailand geschehen war, so wurde durch Directorialbeschluß vom 25. October Brüne abberufen, und die letzte Verfassungsänderung für ungültig erklärt; General Joubert, der in Holland und am Rheine sich guten Rufes erfreute, sollte den Oberbefehl in Italien übernehmen. Der Wechsel der Generale war bald vollzogen, und Joubert ganz ohne Neigung sich in politische Händel einzumischen. Aber noch weniger war Fouché geneigt, die Anordnungen seiner Regierung zum Vollzug zu bringen. Er blieb müssiger Zuschauer, und die Partei Brüne's, der Demagogen, der Feinde Frankreichs im Amte. Als Faypoult Mitte Novembers nach Mailand zurückkehrte, schien es ihm nicht mehr an der Zeit, was geschehen war wieder rückgängig zu machen. Im Verein mit Fouché rieth er dem Directorium, die Abstimmung über die Verfassung immerhin als rechtsgültig

---

1) Nouvelles politiques 5. October Suppl., 12. October, 6. und 16. November. Trouvé 19., 20., 23., 25., 29. October a. a. O. III, 309, 315, 322, 325, 329, 330.

anzuerkennen; eine erneuerte Abstimmung werde die übelsten Folgen haben. Auch die eingedrungenen Directoren könne man nicht wohl beseitigen; Fouché mache sich anheischig, wenn sie im Amte blieben, für gute Minister zu sorgen. Ein besonderer Brief an La Revellière gibt freilich die eigentliche Ansicht des Schreibenden deutlicher kund. Er nennt Fouché den Urheber alles Unheils; aus Fahrlässigkeit und bösem Willen habe er den Beschluß des Directoriums, als es noch möglich war, nicht zur Ausführung gebracht[1]).

In Folge dessen entschloß man sich in Paris, nun auch Fouché zwar nicht durch seinen, noch immer in Mailand weilenden Vorgänger, aber durch einen Mann ähnlicher Gesinnung zu ersetzen. Ein neuer Botschafter Rivaud langte in Mailand an, und um jeden Zweifel über die wahren Herrscher zu beseitigen, wurde am 7. Dezember der gesetzgebende Körper nochmals von französischen Truppen umstellt, und nochmals, jetzt in acht Monaten zum vierten Male, eine neue Regierung eingesetzt. Die Wirkung läßt sich ermessen. Jeder Schatten von Selbständigkeit war geschwunden; die Mißstimmung des Volkes wurde zur Hoffnungslosigkeit. Der Kaiser und die selbständigen Mächte weigerten sich, bei einem Staatswesen dieser Art Gesandte zu beglaubigen, der bedeutendste Mann des Landes, Graf Melzi, den man gern im Directorium gesehen hätte, versagte jede Mitwirkung und zog sich zu seinem Schwager Palafox nach Saragossa zurück. „Der ist ein Tyrann," schreibt er schon im Sommer an einen Freund, „der ein Land gegen den allgemeinen Willen zu regieren wagt; und der allgemeine Wille meines Landes ist nicht zweifelhaft in Bezug auf die Regierungsweise, die man dort befolgt[2])."

So wurde die am meisten begünstigte der italienischen Schöpfungen behandelt. Was konnte das Loos der übrigen sein? Am übelsten waren die Zustände der römischen Republik.

---

1) Fabpoult, 17. November a. a. O. III, 472 fg.

2) Melzi Memorie I, 215.

Im Heere hatte St. Cyr Ordnung und Disciplin wieder hergestellt, aber dem Unheil einer völlig zerrütteten Verwaltung konnte er nicht steuern. Die neuen Consuln, unfähig und bei den eigenen Landsleuten ohne Ansehen, wurden auch von den Franzosen nur als Polizeibehörde und zur Eintreibung der Contributionen gebraucht. Am 27. März mußte der Finanzminister mit Haller einen Vertrag unterzeichnen, wonach die römische Republik drei Millionen Scudi in klingender Münze, eine Million in Nationalgütern zahlte, ferner die Besitzungen des Papstes, der Cardinäle Braschi und Busca, die Alaun- und Schwefelminen, die Schätze der Gallerien und Bibliotheken den Franzosen zur Verfügung stellte [1]). Dabei verging kaum ein Monat, in welchem man nicht neue Contributionen gefordert hätte. Da das Metall verschwunden war, mußte Papier aushelfen, das in nicht langer Zeit fünf Sechstel von seinem Werthe verlor. Um so höher stiegen die Preise der Lebensmittel in einer Stadt, die seit Jahrhunderten sich von fremdem Getreide zu ernähren pflegte. Als die Consuln im Mai eine Anzahl toscanischer Getreideschiffe gekauft und schon in den Hafen von Civita=Vecchia hatte führen lassen, nahmen die französischen Commissare den ganzen Vorrath für die Armee in Beschlag. So trieb der Hunger nicht weniger als die Rachsucht zum Aufstand gegen die Fremden. Mit Freude begrüßte man den Tumult in Wien und die Abreise Bernadotte's als die Vorboten neuen Krieges und österreichischen Beistands [2]). Ende April kam es am trasimenischen See, dann in der Campagna, im Juli in Terracina und Frosinone, dann wieder in der Umgegend von Rom zu blutigen Kämpfen. Mord, Plün-

---

1) Franchetti, Storia d'Italia' dopo il 1789, Milano, I, 313. Von diesem ausgezeichneten Werke sind mir leider erst die früheren Lieferungen und durch die Güte des Verfassers einige auf Rom bezügliche Aushängebogen zugekommen.

2) Daunou an La Revellière 5. und 12. Mai, Mémoires, III, 371, 374.

berung, Brand und die unbarmherzigen Executionen der Militärgerichte erfüllten das unglückliche Land; dazwischen tönte der Jubel republikanischer Feste. Am 14. Juli, zur Feier des Bastillensturmes, wurden in Rom auf dem prächtig geschmückten spanischen Platz das goldene Buch, die Documente und Insignien des Adels verbrannt. Man hatte das Schauspiel, daß der Erstgeborene des fürstlichen Hauses Santacroce und der zweite Borghese selbst den Scheiterhaufen anzündeten und die Titel und Ordenszeichen ihres Geschlechtes, darunter einen dem Vater Borghese entwendeten Januariusorden den Flammen übergaben [1]). Eingreifender war wenig später, am 30. Juli, eine andere Maßregel des Consulats: die Ausstellung von Wechseln im Betrage von 1,600000 Scudi, die von den alten und reichen Familien innerhalb sechs Monaten eingelöst werden sollten. Die Familien Borghese und Piombino waren jede auf 130000, Doria und Colonna auf 80000, Chigi auf 60000 angeschlagen. Was Einzelnen an Kostbarkeiten unter verschiedenen Vorwänden entzogen wurde, bleibt unberechenbar. Nur ein Fall ist hier zu erwähnen, weil er für den Fortgang der Ereignisse Bedeutung hat.

Am 30. Juni bemerkte St. Cyr auf einem Balle zwei Damen, die Gemahlinnen zweier Consuln, welche durch die Pracht ihrer Diamanten Aufsehen erregten. Weitere Erkundigung ergab: die Diamanten hatten eine Monstranz geschmückt, welche vier Tage früher auf Befehl der Consuln dem Fürsten Doria weggenommen war, obgleich der Fürst auf das bestimmteste nachwies, das Kleinod, dessen Werth man auf eine Million Franken schätzte, sei nicht der Kirche der h. Agnes, wo es zuweilen ausgestellt wurde, sondern als Privateigenthum seinem Hause gehörig. St. Cyr unwillig, daß das frühere Unwesen

---

1) Franchetti a. a. O. 315 verlegt das Fest auf den 14. Juni. Verri, Vicende memorabili 1789—1800, Milano 1858, p. 371 läßt es auf dem Monte Pincio stattfinden und nennt als die beiden Abligen zwei Fürsten Borghese.

sich erneuerte, erließ am 2. Juli den Befehl, man solle die
Monstranz zurückgeben. Als er von den Consuln oder vielmehr
von ihrem Leiter und Helfer Baffal eine ausweichende Ant=
wort erhielt, erklärte er, er würde am nächsten Tage zwei
Officiere schicken und nöthigenfalls mit Gewalt die Rückgabe
des Raubes bewirken. Aber jetzt mischte sich die französische
Civilcommiſſion in die Angelegenheit. Derselbe Gegensatz, den
wir in Mailand fanden, tritt auch in Rom hervor, und es
wird schwer zu glauben, daß ein so ruhiger, verständiger Mann
wie St. Cyr den größeren Theil der Schuld zu tragen hätte.
Zuerst sind sogar die Commiſſare seines Lobes voll, aber Ende
Mai ändert sich der Ton. Daunou schreibt, St. Cyr sei nicht
mehr zu kennen, spreche nur von seiner Autorität, nehme will=
kürlich Ein= und Absetzungen vor [1]). In so gereizter Stimmung
erhob die Commiſſion jetzt Einspruch gegen die Verfügung des
Generals, verbot sogar den beiden Officieren, ihm Gehorsam
zu leisten. Für St. Cyr war dies nur ein Grund, seine An=
ordnung aufrecht zu halten; die Monstranz wurde in der That
zurückgeliefert. Aber zugleich ergingen an den Fürsten so
schwere Drohungen, daß der geängstigte Mann es vorzog, den
eben erhaltenen Schatz als patriotisches Geschenk auf den Altar
des Vaterlandes zu legen. Damit nicht zufrieden, verklagte
Florent, der einzig von den Mitgliedern der Commiſſion sich
noch in Rom befand, den General wegen unberechtigter Ueber=
griffe in Paris, und das Directorium, sehr geneigt, sein An=
sehen gerade in Rom gegen die militärische Gewalt zur Gel=
tung zu bringen, verfügte sofort, ohne nähere Erkundigung die
Absetzung und Abberufung St. Cyr's. Als der wahre Her=
gang bekannt wurde, erhielt er freilich eine Ehrenerklärung
und eine Division der Rheinarmee; an Florent's Stelle wur=
den zwei neue Commiſſare Bertolio und Duport nach Rom
geschickt, um, ungefähr wie Trouvé in Mailand, eine neue

---

1) Daunou an La Revellière 26. März, 12. Mai, 26. Mai a. a. O.
III, 364, 374, 382.

Organisation der Verwaltung vorzunehmen. Sie begannen
mit der Erklärung, die römische Republik befinde sich im Zu=
stande völliger Anarchie, die Verfassung sei verletzt, das Finanz=
wesen zerrüttet, kein Ansehen mehr geachtet. Dann schritten sie
am 17. September zur Absetzung der vier Consuln — der
fünfte, Angelucci, hatte sich schon zurückziehen müssen — frei=
lich auf den sonderbaren Grund, daß sie für England günstige,
für Frankreich beleidigende Gerüchte verbreitet hätten. Ge=
ändert wurde dadurch nichts; die neuen Consuln waren gerade
so unfähig, gerade so machtlos wie ihre Vorgänger. Der General
Macdonald proclamirte ihre Ernennung mit den Worten:
„Die große Nation will es, ihr Wille wird geschehen 1).“

Um dieselbe Zeit war auch der König von Sardinien in
seiner eigenen Hauptstadt ein Gefangener. Der Friede vom
15. Mai 1796, der die Festungen den Franzosen übergab, hatte
zugleich den Untergang der Monarchie besiegelt. Victor Ama=
deus III. entging nur durch rechtzeitigen Tod am 16. October
1796 dem Schicksal, das seinen Sohn und Nachfolger Karl
Emanuel erwartete. Der neue Fürst zeigte sich allen Wünschen
der Franzosen noch fügsamer als sein Vater. Er berief einen
freisinnigen Edelmann, den Marquis Priocca, in das Ministe=
rium, schickte an Stelle des dem Directorium mißfälligen Grafen
Revell den Grafen Balbo nach Paris, bewilligte die Aufhebung
der Feudalrechte, sowie allgemeine Amnestie für politische Ver=
gehen, und stellte in dem Vertrage vom 5. April 1797 seine
vortrefflich geschulten Truppen den Franzosen gegen Oester=
reich zur Verfügung. Bonaparte schonte ihn deshalb, erwirkte
auch noch im October, trotz des Widerstandes seiner Regierung,
eine Bestätigung des Vertrags, welcher die Unabhängigkeit der
Monarchie ausdrücklich anerkannte. Aber bei den Machthabern
in Paris war der Untergang des Königs seit dem 18. Fructidor
unwiderruflich beschlossen; selbst Bonaparte zweifelte nicht dar-

---

1) Saint-Cyr, Mémoires, I. 88 fg. Nouvelles politiques 7. August
Suppl., 14. September Suppl., 16. October Suppl. Visconti am 21. September an Daunou in den Mémoires de La Revellière, III. 401.

an; er wollte ihn nur nicht gewaltsam beschleunigen, sondern hielt gerade ein Bündniß für das sicherste und anständigste Mittel. „Es ist, als ob ein Riese einen Zwerg umarmte,“ schreibt er an das Directorium, „er erstickt ihn, ohne daß man ihn eines Verbrechens anklagen könnte, lediglich in Folge ihrer ganz verschiedenen Organisation [1]).“ Der unglückliche Monarch, dem die Revolution der Schweiz auch den letzten Rettungsweg verschloß, suchte umsonst, von Außen Beistand zu erhalten. Mit Oesterreich hatte er sich völlig überworfen. Preußen war freundlich gesinnt; Sandoz benutzte gern die Gelegenheit, in Paris zu Gunsten Sardiniens zu reden, aber was halfen Worte in solcher Zeit solchen Gegnern gegenüber? Mit Brüne's Ankunft in Mailand erhielten die Pläne gegen den bedrohten Thron den kräftigsten Rückhalt. In Turin trat um dieselbe Zeit an des gemäßigten Miot's Stelle Ginguené, der später oft genannte Literarhistoriker, damals ein junger Mann, ganz erfüllt von republikanischen Ideen und unerbittlich, wenn es galt, sie im Kleinsten wie im Großen zur Geltung zu bringen. Gleich zum Antritt ließ er den König, der ihn ohne jedes Ceremoniel in seinem Arbeitszimmer empfing, eine hochtönende Rede über die Großmuth der Republik und die Falschheit der Fürsten vernehmen. Karl Emanuel, einer der einfachsten Menschen, begnügte sich, den Gesandten zur Erwiderung nach den Erlebnissen seiner Reise zu fragen; das Gespräch wurde noch harmloser, als der König sich im Besitz einer vortreff= lichen Gemahlin glücklich pries, und dann auch der Gesandte von seiner Gemahlin alles Gute zu sagen wußte. Aber bald hörte der König öfter von dieser Dame als ihm lieb war. Denn Ginguené nahm auch für die Botschafterin besondere republikanische Privilegien in Anspruch, insbesondere verlangte er, daß sie bei Hofe nicht in der üblichen Kleidung erscheinen müsse, sondern in jener, in Paris neu eingeführten Tracht,

---

1) Vgl. Band I, 442 fg. 478. Correspondance de Napoléon, III, 342.

die wie die Reden ihres Gemahls an antike Muster erinnerte. Lange wurde darüber verhandelt, endlich trug die Zähigkeit des Gesandten den Sieg davon, den er sogleich, als hätte er eine große Schlacht gewonnen, triumphirend in Paris zur Anzeige brachte[1]). Talleyrand, der oft genug im Gespräche mit Sandoz über die Ungeschicklichkeit der französischen Agenten klagte, fand die Sache so spaßhaft, daß er Ginguené in einem ironischen Artikel des Moniteur ein Lob für diese Heldenthat ertheilen ließ.

Nur zu bald handelte es sich um ernstere Dinge. Piemontesen, in Folge früherer Unruhen verwiesen, wurden mit offenen Armen in den angrenzenden Republiken empfangen, besonders in Genua, wo der französische Bevollmächtigte Sotin beinahe öffentlich gegen den König von Sardinien aufreizte. Im Vertrauen auf seinen Schutz, und durch Zuzug von Gesinnungsgenossen auf 1600 Mann verstärkt, besetzten sie am 8. April Carosio, einen piemontesischen Flecken, inmitten ligurischen Gebiets aber nahe der Grenze, um von dem sichern Zufluchtsorte aus Streifzüge in das feindliche Land zu unternehmen. Die Gefahr wuchs, als nicht ohne heimliche Zustimmung der Obern zwei tausend ligurische Soldaten ihre Fahnen verließen, um sich mit den Aufrührern gegen den König, mit welchem die Republik noch in Frieden lebte, zu vereinigen. Gleichzeitig überschritt eine andere Schaar, von der cisalpinischen Regierung begünstigt und von Brüne mit Anführern versehen, bei Intra die Grenze, bemächtigte sich der kleinen Festung Domodossola und bedrohte Vercelli. Auch in den waldenser Thälern unweit Pignerol erfolgten aufständische Bewegungen. Aber die Regierung des Königs war auf ihrer Hut; nach allen Seiten traten wohlgeleitete Truppen den Aufrührern entgegen. Am 21. April kam es in der Nähe des Langen Sees bei Ornavasso zu einer blutigen Schlacht. Die Tapferkeit der schweizer Regimenter entschied den Sieg; mehrere hundert Aufständische blieben auf dem

---

1) Botta, storia d'Italia, Libro XV.

Schlachtfelde, andere wurden nach der Schlacht erschossen, an=
dere nach Casale abgeführt und vor ein Kriegsgericht gestellt[1]).

Schwieriger war es, nach der genuesischen Seite zu Ende
zu kommen. Es erfolgte eine Reihe von kleinen Gefechten, nicht
immer zum Vortheil für die königlichen Truppen. Denn die
Insurgenten griffen an, wenn es ihnen beliebte; vor einer
stärkeren Macht konnten sie sich in Sicherheit nach Carosio zurück=
ziehen, während ihren Gegnern von der ligurischen Republik
der Durchzug versagt war. Endlich verlor man in Turin die
Geduld. Am 5. Juni überschritt der General D'Osasca den
schmalen Landstrich, der Carosio von Piemont trennte, und
besetzte den Ort, den die Insurgenten eiligst verlassen hatten.
Aber nun erhob sich wüthendes Geschrei in Genua. Schon
am 6. Juni erließ das ligurische Directorium eine Proclamation
gegen den Tyrannen, der die heiligsten Pflichten des Völker=
rechtes mit Füßen getreten und den ligurischen Namen ge=
schändet habe; ein edles Volk müsse entweder einen solchen
Feind in den Staub werfen, oder sich unter den Ruinen des
Vaterlandes begraben. Der französische Gesandte Sotin fuhr
fort, in Genua und in Mailand zu schüren; auch das cisalpi=
nische Directorium richtete öffentlich eine dringende Mahnung
an den französischen General, und Brüne, sehr erfreut, daß
Italiener seinen Wünschen zuvorkamen, ließ einstweilen die
piemontesische Grenze durch eine beträchtliche Truppenzahl be=
setzen. Da auch Ginguené Beschwerde erhob, erklärte sich
Priocca bereit, Carosio den Franzosen zu übergeben, ließ so=
gar am 12. Juni den Ort wieder räumen, der sogleich von
den Insurgenten abermals besetzt wurde. Aber dadurch war
das ligurische Directorium nicht befriedigt. Am 21. Juni erging
eine neue Proclamation, die alle Ligurier von achtzehn bis
dreißig Jahren zu den Waffen rief. Nach zwei Seiten, gegen
die Nordgrenze und gegen die piemontesischen Enclaven Loano
und Oneglia schickte man Truppen oder, um den Ausdruck

---

1) Nouvelles politiques, 15. und 22. Mai.

jener Zeit zu gebrauchen, die Armee der Apenninen und die Armee des Occidents. Loano, schon seit längerer Zeit eingeschlossen, mußte sich in der That am 18. Juni ergeben; auch an der Nordgrenze schienen die piemontesischen Truppen den Kampf zu vermeiden; selbst das Bergschloß Serravalle fiel nach zehntägiger Einschließung am 27. in die Gewalt der Republikaner. Aber wenige Tage später trieb die Besatzung von Oneglia, einige hundert Mann stark, die mehr als vierfache Uebermacht der Angreifenden aus einander, ein Theil ligurischen Gebiets wurde besetzt, und der Krieg hätte leicht eine gefährliche Wendung nehmen können, wäre nicht ein Stärkerer dazwischen getreten, um die Vortheile des Streites sich selber anzueignen [1]).

Der König hatte schon beim Ausbruch der Unruhen sich an das französische Directorium und an Ginguené gewendet. Mit Berufung auf das Bündniß vom 5. April bat er um Hülfe, oder wenigstens um gewisse Auskunft, was er von Seiten Frankreichs zu erwarten habe. Ginguené antwortete ausweichend: die Gesinnungen der Republik seien unverändert; sie habe dem König gegen äußere Feinde Beistand versprochen, aber nicht gegen seine eigenen Unterthanen, die für die Freiheit kämpften. Zugleich bedrängte er die Regierung durch die beschwerlichsten Forderungen. Während er die Grausamkeit der piemontesischen Behörden anklagte, verlangte er nach Brüne's Vorgange die Todesstrafe gegen alle, die ihre Dolchmesser und Stilette nicht auslieferten. Die französischen Emigranten, das heißt: die nächsten Verwandten des Königs, und alle geborenen Savoyarden sollten ausgewiesen, und eben jetzt, da sie am nöthigsten gebraucht wurden, die sechs Schweizer-Regimenter entlassen werden. Auch Brüne betrieb in den abhängigen Cantonen die Abberufung dieser Regimenter, und Talleyrand, durch Ginguené's Anklagen wenn nicht überzeugt, doch bewogen, erließ am 18. Mai eine Note, die unter heftigen Klagen gegen die zweideutige Haltung des turiner Hofes von einer

---

1) Nouvelles politiques, 26. Juni, 3., 6., 13., 17., 20., 24. Juli.

ganz Italien umfassenden Verschwörung zum Mord der Franzosen redete. Die Theilnehmer an dieser Verschwörung, die man Barbetti nannte, sollten aufgesucht und bestraft werden, dagegen die irregeleiteten Insurgenten Amnestie erhalten, insbesondere die Gefangenen aus der Schlacht von Ornavasso, von denen das Kriegsgericht zu Casale zwei und dreißig zum Tode verurtheilt hatte. Am 24. Mai überreichte Ginguené triumphirend diese Note, und Priocca gab in der That am folgenden Tage Befehl, die Vollziehung der Urtheile zu verschieben. Aber sei es, daß listige Grausamkeit, wie sie wohl schwachen Regierungen eigen ist, oder untergeordnete Intriguen, die man nicht aufklären kann, den Boten aufhielten, er kam mit der Gnadenbotschaft in Casale an, als wenige Stunden vorher, in der ersten Frühe des 26. Mai, acht der Verurtheilten, darunter zwei Franzosen, erschossen waren. Ein Wuthausbruch in Mailand und in Genua folgte dieser unzeitigen Strenge; dann kam die Kriegserklärung der Ligurier, und nun glaubte auch Brüne den richtigen Augenblick für schon lange gehegte Wünsche gefunden zu haben. In den Verhandlungen, die Ginguené über den Umfang der königlichen Amnestie mit Priocca pflog, erhob er in Brüne's Auftrag die ganz neue Forderung, der König solle den letzten festen Platz, den er noch besaß, die Citadelle der eigenen Hauptstadt zum Beweise seiner ehrlichen Gesinnung den Franzosen ausliefern. Umsonst setzte Priocca das Unerhörte einer solchen Forderung auseinander, umsonst bat er in einer würdigen und festen Sprache, man möge lieber mit einem Male ein Ende machen und den König zur Abdankung zwingen, als ihn in eine ganz unerträgliche Lage versetzen, umsonst erbot er sich, dem französischen Directorium die Entscheidung zu überlassen. Gerade darauf wollte Brüne am wenigsten eingehen; denn er wußte: Ginguené war von Talleyrand angewiesen, den König nicht durch ausschweifende Forderungen zur Verzweiflung zu bringen, wie denn auch Sotin wegen seines unziemlichen Betragens eben damals aus Genua abberufen wurde. St. Marsan, der im Auftrage des Königs noch einen letzten Versuch machte, fand den General unerbittlich; am 28. Juni mußte er den Vertrag unterzeichnen, der den eigenen Palast seines Herrschers unter die Kanonen eines fremden Gewalthabers setzte. Auch eine neue Amnestie wurde am folgenden Tage in Turin proclamirt. Dafür versprach aber Brüne die innere Ruhe in Piemont zu erhalten und den Feindseligkeiten der Ligurier und Cis= alpiner ein Ende zu machen [1]). In der That zeigte Sotin's Nachfolger Belleville den Genuesern an, nach dem Willen des französischen Directoriums müßten die Streitigkeiten ein Ende nehmen, die beiderseitigen Territorien von fremden Truppen geräumt werden. Genua beeilte sich zu gehorchen, vorher aber wollten die bei Carosio Versammelten noch einen Schlag führen. Ungefähr tausend Mann stark zogen sie am 5. Juli vor Tagesanbruch gegen Alessandria, in der Hoffnung, die Stadt zu überrumpeln und dann bei dem französischen General, der die Citadelle besetzt hielt, Unterstützung zu finden. Aber der Plan war verrathen, piemontesische Truppen lagen nahe bei Marengo in einem Hinterhalte und sprengten den heranziehen= den Haufen ohne Mühe auseinander. Die Grausamkeit, mit welcher mehrere hundert schon besiegte Flüchtlinge von dem wüthenden Landvolk erschlagen wurden, gab Brüne einen neuen Grund, öffentlich über die Blutgier der königlichen Generale zu klagen und dabei den Liguriern wegen ihrer Friedensliebe und Nachgiebigkeit die schönsten Lobsprüche zu ertheilen [2]). Aber auch diese Republik, die nach innen und außen, und selbst wenn es sich um Anleihen und Contributionen handelte, jedem Winke der Franzosen gehorchte, mußte bald darauf die schwere

---

1) Nouvelles politiques, 13., 17., 20. Juli. Botta a. a. O. Miot, Mémoires, I, chap. 7. — Arrêt du Directoire entre la république Ligurienne et la Sardaigne vom 19. Juni. Talleyrand schickt es am 21. Juni den Gesandten nach Rastatt mit dem Auftrage, den Inhalt nach sechs bis sieben Tagen bekannt zu machen und dadurch die uneigennützigen, friedfertigen Gesinnungen Frankreichs in Italien zu erweisen. Minist. des Ausw.

2) Nouvelles politiques, 7. u. 10. August.

Hand der Beherrscher empfinden. Einige leidenschaftliche Reden im gesetzgebenden Körper und ein Schein von Widersetzlichkeit gegen die letzten Machtsprüche bewirkten, daß Belleville am 31. August, gerade an dem Tage, an welchem Trouvé die Verfassung in Mailand veränderte, in Genua zehn Mitglieder aus dem großen Rathe, fünf aus dem Rathe der Alten ausstieß. Als Vorwand diente: sie verhinderten, daß gute Gesetze zu Stande kämen [1]).

Am 3. Juli besetzten 1500 Franzosen die Citadelle von Turin. Nach dem Vertrage sollten sie die Ruhe aufrecht halten, aber Brüne hatte eine Brigade und einen General gewählt, die ihn des Gegentheiles versicherten. Schon das Bastillefest am 14. Juli zeigte dem König, was er von den Gästen zu erwarten hätte. Täglich hörte man aus dem Hofe der Citadelle und von den dem öffentlichen Spaziergange nahe gelegenen Bastionen die Klänge republikanischer Hymnen, die Schmählieder und Schimpfreden gegen den König und die piemontesische Bevölkerung. Priocca's Beschwerden blieben ohne Erfolg, bald war auch die innere Stadt vor dem Unfug nicht mehr sicher. Am 16. September, einem Sonntag, zog aus den Thoren der Citadelle, von Husaren begleitet, eine abenteuerliche Masquerade. In einer Reihe von Wagen sah man Officiere, unter ihnen den Adjutanten des Generals Collin, die in lächerlicher Verkleidung die Formen des Hofes und der Beamtenschaft verhöhnten. Der Zug ging durch die Hauptstraßen, störte in den Kirchen die Ordnung des Gottesdienstes und gelangte, nach der Citadelle sich zurückwendend, auf den öffentlichen Spaziergang. Wieder begann die Musik die üblichen Herausforderungen; friedliche Spaziergänger wurden mit Stöcken und Säbeln geschlagen, bis endlich auch die Bevölkerung, zur Wuth gereizt, sich zur Wehre setzte. Zahlreiche piemontesische Soldaten, durch den Sonntag aus der Umgegend in die Stadt gezogen, stürzten sich auf die frechen Angreifer;

---

1) Nouvelles politiques, 21. September.

auf beiden Seiten zählte man Todte und Verwundete, und
leicht hätte ein großes Blutbad erfolgen können, wäre nicht
der General Menard, der sich zufällig in Turin aufhielt, dazwischen getreten. Es gelang ihm, die Franzosen in die Citadelle zurückzuweisen, während der Stadtcommandant Thaon
de St. André die aufgeregte Bevölkerung zu beschwichtigen
suchte[1]. Selbst Ginguené zeigte sich einen Augenblick durch
Collin's Benehmen empört und bewirkte, daß an seiner Stelle
Menard das Commando übernahm. Aber bald ging er wieder
zu den gewöhnlichen Drohungen und Beschwerden über, forderte die Absetzung des Stadtcommandanten, die Entlassung
der Minister und die Abberufung des Grafen Balbo aus Paris.
Selbst dem französischen Directorium schien dies zu viel. Die
Lage der Verhältnisse war nicht der Art, daß man durch völlige
Einverleibung Piemonts den schon drohenden Krieg noch hätte
beschleunigen wollen. Auch des eigenwilligen Botschafters war
man überdrüssig, der mehr den Vorschriften Brüne's als seines
Ministers folgte. Am 12. October, kurz vor Brüne's Abberufung, wurde Ginguené durch Aymar, einen Diplomaten
von ruhig-friedfertigem Charakter, ersetzt[2]. Der König konnte
aufathmen. Aber in der Hauptsache war wenig geändert; er
blieb ein unfreier Mann. Die Geschäftsträger von England
und Portugal baten ihre Regierungen, man möge sie abberufen,
weil Sardinien die Eigenschaft eines selbständigen Staates
verloren habe; die Gräfin Artois, die Schwester des Königs,
fühlte sich in Turin nicht mehr sicher und machte sich am
3. October zu ihrem Schwager nach Rußland auf den Weg.
Bei der ersten neuen Erschütterung mußte der schwankende
Thron zusammenbrechen, und daß eine Erschütterung bevorstände, wurde im Herbst 1798 von Tag zu Tage deutlicher.

------

1) Nouvelles politiques, 10. August, 5. u. 12. October.
2) Nouvelles politiques, 23. November.

Zwölftes Kapitel.

Malta und Aegypten.

Wer die Einwirkung der französischen Revolution, insbesondere der Directorialregierung auf die angrenzenden Länder ins Auge faßt, kann sich schwer von einseitiger Beurtheilung frei halten. Wohin er blickt, treten ihm Gewalt, Eigennutz, Ungerechtigkeit entgegen und verdecken oft die wahre Bedeutung einer Umwälzung, die man doch zuletzt nicht anders als wohlthätig nennen kann. Holland sowohl als die Schweiz legten in jener Zeit den Grund für eine Entwicklung, welche sie jetzt um keinen Preis wieder aufgeben würden; nicht weniger waren es in Italien Ideen, durch die Revolution und die Franzosen angeregt, welche das reich begabte, aber in Erschlaffung versunkene Volk gewaltsam zu neuem Leben weckten. Man darf behaupten: damals wurden die Ereignisse vorbereitet, die erst in unseren Tagen zum Abschluß gelangten. Wer müßte nicht wünschen, daß Alles friedlich auf gesetzmäßigem Wege sich vollzogen hätte? Es fragt sich nur: war ohne fremden Antrieb die Kraft dazu vorhanden? War sie nicht vorhanden, so kann es in mehr als einem Sinne als Vortheil gelten, daß die gewaltsame Umwälzung von einem fremden Volke ausging. Denn der gefährlichste, unheilvollste, der am schwersten zu ersetzende Nachtheil der Revolutionen ist die Schädigung des Rechtsgefühls. Ein Volk, daß sich einmal dem Taumel völliger Ungebundenheit ohne Rücksicht auf rechtliche und sittliche Schranken überlassen hat, findet selten wieder festen Halt und sicheren Boden. So erklärt es sich, daß, trotz aller scheinbaren Errungenschaften, unter den europäischen Völkern keines die

Vortheile der Revolution theurer bezahlt, keines ihre Folgen schwerer empfunden hat, als das französische. Seit jener ersten großen Umwälzung ist in Frankreich eine der anderen gefolgt; keine einzige Regierung ist seitdem ohne gewaltsame Störung des Rechtszustandes zur Entstehung oder zur Auflösung gelangt; und wenn von den beiden Schlagwörtern der neunziger Jahre die „Gleichheit" bis zu einem gewissen Grade durchgeführt werden konnte, so mußte die Freiheit immer neue Einbuße erleiden, weil jede Gewalt in sich das Bewußtsein trug, daß man die Freiheit, die sie zugeständc, alsobald zu ihrer eigenen Zerstörung benutzen würde.

In den „Betrachtungen über die französische Revolution" datirt Frau von Staël die Zeit der Republik von der Einführung der Directorialverfassung bis zum Staatsstreich des 18. Fructidor. Vorher und nachher, sagt sie, habe, wenn auch unter republikanischen Formen, nur eine regellose Gewaltherrschaft stattgefunden. Sicher bezeichnet jener Tag eine verhängnißvolle Wendung. Als das Directorium eintrat, konnte man noch immer die vorhergegangenen Stürme als unvermeidliche Krise betrachten, welcher von jetzt an eine stetige Entwicklung in gesetzlichen Formen folgen würde. Als aber die siegende Partei, selbst wieder zur Gewalt greifend, ihr eigenes Werk für unzureichend erklärte, war die Macht des Gesetzes für immer gebrochen, und mit jedem Tage sah man deutlicher, daß die Revolution statt in einer dauernden neuen Gestaltung, nur in der eigenen Vernichtung ihren Abschluß finden würde. Gleich nach dem Staatsstreich hatten strenge Maßregeln gegen Priester und Emigranten Schrecken und Verwirrung in eine große Zahl von Familien getragen. Bei viel tausend neuen Gesetzen waren die nöthigsten Angelegenheiten der Justiz und Verwaltung ungeordnet, der Unterricht vernachlässigt, die Wege im Unstande, und die Noth der Finanzen grenzenlos. Das Directorium hatte sich noch im September 1797 von den Räthen eine ganze Reihe neuer Steuern und Einnahmen zuweisen lassen, sogar die Lotterie war nach so lauten Declamationen

über ihre schädlichen Folgen wieder hergestellt. Die den Staats=
gläubigern zu zahlende Rente wurde zu zwei Dritteln in werth=
losen Anweisungen entrichtet, für das übrig bleibende — es
hieß das consolidirte Drittel — gab man Rentenscheine, die
sogleich auf zwanzig Prozent, allmählich auf sieben Prozent
ihres Nominalwerthes heruntergingen. Mit solchen Mitteln
war man dahin gekommen, in dem Budget des Jahres VI die
Einnahmen auf 610, die Ausgaben auf 600 Millionen zu ver=
anschlagen. Aber nur auf dem Papier, denn die directen Steuern
gingen nicht ein, die indirecten blieben weit hinter dem erwar=
teten Betrage zurück; der Raub in den fremden Ländern, so=
weit er nicht in den Taschen der Lieferanten und Generale
verschwand, reichte nicht einmal für den Unterhalt der Truppen
und für die Kosten des großen Unternehmens, das gleich nach
dem Abschluß des Friedens von Campo Formio unter Bona=
parte's Leitung vorbereitet wurde. Leider beschränkten sich
Gewinnsucht, ja Bestechlichkeit, nicht auf den Kreis der Liefe=
ranten und Generale; es war offenkundig, daß selbst bei Mit=
gliedern des Directoriums und bei den ersten Beamten im
Ministerium des Auswärtigen Geldgeschenke ein gewichtiges,
häufig unentbehrliches Mittel der Unterhandlung bildeten.
Schweizer, Cisalpiner, Batavier, Spanier und Portugiesen
hatten diese Erfahrung gemacht; dem preußischen Gesandten
erklärte Talleyrand ohne Hehl, er sei nicht in das Ministerium
getreten, um es arm wieder zu verlassen. Aber ein Vorfall,
der mehr als alle ähnlichen von sich reden machte, betraf die
Amerikaner. Um den Handel mit England zu hindern, wurde
das Recht der Blocade und der Durchsuchung neutraler Schiffe
von Frankreich ungefähr eben so willkürlich als von den Eng=
ländern geübt. Es war deshalb zu Streitigkeiten mit der
amerikanischen Schwesterrepublik, ja zu feindseligen Maßregeln
gekommen, die offenen Krieg befürchten ließen. Auf die Nach=
richt von den Verhandlungen in Lille schickten jedoch die Vereinig=
ten Staaten im October 1797 drei Gesandte nach Paris, um
noch einmal gütlichen Ausgleich zu versuchen. Noch vor dem

Beginn der Verhandlung, ehe sie nur den Minister gesehen hatten, wurde den Gesandten von aufdringlichen Mittelspersonen, die man als Talleyrand's Vertraute kannte, das Ansinnen gestellt, dem Directorium zur Unterstützung der Expedition gegen England eine Anleihe von 48 Millionen Franken, außerdem den Directoren und dem Minister persönlich eine Summe von ungefähr 1,200,000 Franken zu versprechen. Talleyrand selbst vermied zwar, die Forderung zu wiederholen, verschob aber die Verhandlung von Tag zu Tag, und da die Gesandten bei dem Mangel einer Vollmacht auf die Anleihe sich nicht einlassen wollten, hörten sie, das Directorium könne nicht mit ihnen unterhandeln, sie nicht einmal empfangen. Zwei von ihnen, die Generale Marshal und Pinkney, kehrten darauf nach Amerika zurück. Ihre Weigerung fand allgemeine Billigung; der Präsident Adams ließ ihren Bericht drucken und rief auch den dritten Gesandten Gerry zurück. Talleyrand, schwer getroffen, suchte in seiner Entgegnung den Vorfall so darzustellen, als habe er, der Minister, nur wegen der Anleihe unterhandelt, und ein frecher Betrüger ohne sein Vorwissen die Gesandten dann mit besonderen Geldforderungen belästigt. Aber die Thatsachen sprachen zu deutlich; selbst die Anhänger der Regierung konnten ein Mißfallen nicht verbergen, und die Gegner gaben ihm um so lauteren Ausdruck, als ihre Zahl eben damals sich beträchtlich vermehrt hatte[1]).

Denn die politische Stellung des Directoriums war durch den 18. Fructidor längst nicht in dem Maße, wie man erwartet hatte, befestigt. In dem ersten Haß gegen die Moderirten hatte die Regierung sich beeilt, die Anhänger der alten Bergpartei, die eifrigsten Helfer bei dem Staatsstreich, in den Behörden, in der Presse, in den Vereinen zur Herrschaft zu bringen; selbst die Präsidenten der Gerichte und die öffentlichen Ankläger wurden, wo es nöthig schien, in diesem Sinne

---

1) Nouvelles politiques 18. Mai Suppl., 29. Mai Suppl., 1. Juni Suppl., 19. Juni Suppl.

gewechselt. Aber bald, wie es zu geschehen pflegt, trat unter den Siegern eine Spaltung ein; die Jacobiner, die Terroristen verlangten von der Beute ihren Theil, ja den Haupttheil, und erschienen bald nicht weniger gefährlich, als die Gegner, die man zu Boden geschlagen hatte. Im gesetzgebenden Körper besaß freilich das Directorium die Mehrheit, aber in der Presse, in den Vereinen gewannen die Jacobiner täglich an Einfluß, und weil sie in den Räthen vorerst nicht durchdringen konnten, setzten sie ihre ganze Hoffnung auf die neuen Wahlen, die im Frühling 1798 den Rath der Alten wie der fünf Hundert zu einem Drittel erneuern mußten. Die unterdrückten Parteien, Royalisten, Moderirte, hielten sich zurück. Als Streitende standen auf der einen Seite Jacobiner, auf der andern die Männer, welche am 9. Thermidor die Herrschaft Robespierre's gestürzt hatten. Das Directorium ließ kein Mittel ungenutzt, um die Wähler günstig zu stimmen. Aber vergebens; die am 1. Germinal (20. März) vorgenommenen Urwahlen führten in den meisten Departements eine Mehrheit von Wahlmännern herbei, von denen das Directorium alles eher als die Befestigung seiner Macht erwarten durfte. In dieser Verlegenheit griff man zu einem Auskunftsmittel, das den Namen: „System der Scissionen" erhalten hat. Die vom Directorium begünstigten Wahlmänner erklärten da, wo sie in der Minderheit blieben, es seien Ungesetzlichkeiten vorgefallen, und schritten zu einer besonderen Wahl. An einigen Orten waren die Klagen begründet, an andern willkürlich; nirgendwo durften sie mehr als einen Grund abgeben, die Wahlen der Mehrheit wie der Minderheit für ungültig zu erklären. Aber damit begnügte man sich nicht. Auf den Antrag des Directoriums erklärte der gesetzgebende Körper am 22. Floreal (11. Mai), angeblich um das Vaterland von einer großen, durch Jacobiner und Royalisten angezettelten Verschwörung zu retten, alle ihm nicht zusagenden Wahlen für nichtig, gleichviel ob sie von einer Mehrheit oder von einer Minderheit, oder ganz ohne Anfechtung von dem gesammten Wahlkörper ausgegangen waren. Es wiederholte sich genau, was man am 18. Fructidor in Bezug auf die Wahlen des vorgehenden Jahres gethan hatte, nur nach einer anderen Richtung. Wenn auch einzelne Mitglieder der gemäßigten Partei getroffen wurden, der Hauptschlag ging doch gegen die Terroristen, unter denen in der That ein Mann wie Barrère wieder erschienen war. Durchaus wurde denn auch dies Gesetz vom 22. Floreal als Erneuerung und Fortsetzung des 18. Fructidor aufgenommen. In manchem Betracht hatte es auch dieselbe Wirkung: das Directorium behielt die Mehrheit in den Räthen und konnte noch für einige Zeit seine Macht behaupten. Aber das Mittel gehörte zu denen, welche unvermeidlich dem, der sie anwendet, Verderben bringen. Denn die Haltlosigkeit einer Verfassung, die so oft verletzt wurde, kam nun allen Parteien beinahe gleichmäßig zum Bewußtsein, und die Gegner des Directoriums wurden durch die zweite Gewaltthat in weit höherem Maße als durch die erste vermehrt. Der 18. Fructidor hatte Feinde getroffen, der 22. Floreal traf Freunde, wenigstens Männer, die bis vor kurzem die eifrigsten Widersacher der Widersacher des Directoriums gewesen waren. Mit jedem Tage trat es deutlicher hervor, wie sehr die höchste Behörde den Zusammenhang mit dem Volke, die Zustimmung der öffentlichen Meinung entbehrte. Das Ausscheiden François' von Neufchateau (9. Mai) und die Wahl Treilhard's (15. Mai) führten keine Aenderung herbei. Der neue Director schloß sich vornehmlich an Rewbel und verstärkte nur die Klage, daß die oberste Gewalt in den Händen der Advocaten sei. Aber selbst eine Persönlichkeit von weit höheren Fähigkeiten hätte schwerlich einen Umschwung der unaufhaltsam sich vollziehenden Bewegung herbeigeführt. Wenn einmal bei allen schwierigen Verfassungsfragen Gewalt entscheiden sollte, so mußte Gewalt auch bald den Herrscher bestimmen, und das unvermeidliche Ende war die Militärherrschaft.

Wie viel ist über den Mann, der sie an sich gerissen hat, geschrieben worden! Gleichwohl bleibt gerade in diesen bedeutsamen Monaten des Jahres 1798 noch manches zweifelhaft.

Welche Stellung hat er zur Regierung genommen, welchen Einfluß hat er auf die einzelnen Ereignisse ausgeübt?

In späterer Zeit als Herrscher und in seinen Denkwürdigkeiten hat er immer mit unverholenem Widerwillen, ja mit Verachtung gegen das Treiben des Directoriums sich ausgesprochen; und nicht blos in späterer Zeit. Schon im Gespräche mit Sandoz zeigt er im Wesentlichen dieselbe Gesinnung. Freilich ist der preußische Gesandte ebenso wenig scharffichtig im Urtheil, als Bonaparte offenherzig in der Mittheilung, aber was er Sandoz sagte, findet auch in seinen Briefen, in seinem Benehmen, ja man könnte sagen, in den Bedingungen seines Wesens eine Bestätigung. Gewiß gingen bei ihm Ehrgeiz, Eigenliebe, Herrschbegier weit über die kleinlichen Leidenschaften der Directoren hinaus, und später, durch schrankenlose Gewalt verleitet, hat er so sehr als irgend ein Mensch zu seinem eigenen Sturze mitgewirkt. Aber damals war es gerade die Mäßigung in Verbindung mit einer unvergleichlichen That= kraft, was ihm die außerordentlichen Erfolge in Italien errungen hatte. „Der Einfluß des Generals Bonaparte ist sehr groß," schreibt Sandoz am 3. Januar, „er giebt immer die weisesten und friedlichsten Rathschläge. Was wird das Ergebniß dieser großen Gunst sein? Wird er sie benutzen, um sich zur Allmacht zu erheben? Ich sehe nichts, was eine solche Absicht auch nur argwöhnen ließe. Die Gesundheit dieses Generals ist schwach, seine Brust sehr angegriffen. Sein Geschmack an den Wissen= schaften und der Philosophie, das Bedürfniß der Ruhe, der Wunsch, die Neider zum Schweigen zu bringen, werden ihn dahin führen, sein Leben der Zurückgezogenheit und Freund= schaft zu widmen. Das ist mein Urtheil." Auch später, wenn es sich um die Schweiz, um den Papst, um Bernadotte handelt, verfehlt Sandoz nie zu erzählen, daß Bonaparte über die vor= gekommenen Gewaltthätigkeiten seine Unzufriedenheit ausge= sprochen habe. „Der General", schreibt er am 10. März, „mißbilligt unverholen alles, was in der Schweiz vorgeht, und denkt mit mir, daß das Directorium sein Ansehen mindert und feinen Bestand erschüttert, indem es zur Unzeit Europa in Unruhe versetzt. „„Bei dem geringsten Unfall,"" bemerkt er, „„wird man nur Feinde und keinen einzigen Bundesgenossen finden."" Er spricht sich selbst von aller Verantwortung frei und bedauert, daß das Directorium durch eine Hand voll unwissender Leute geleitet wird¹)." Aus den Instructionen für Brüne wie für Berthier ergiebt sich freilich, daß der Tadelnde selbst die Leitung der Unternehmungen gegen Rom und Bern zu beträchtlichem Theil übernommen hat; aber der Widerspruch ist nicht so groß, als er bei dem ersten Blick erscheint. Es versteht sich, daß ein Mann wie Bonaparte nicht müßig und ohne Einfluß bleiben konnte. Schon in eigenem Interesse durfte das Directorium solche Fähigkeiten nicht unbenutzt lassen; ebenso wenig konnte Bonaparte nach seiner damaligen Stellung Theilnahme, Beistand, besonders bei der Leitung kriegerischer Operationen verweigern. Aber daraus folgt noch nicht, daß er auch die Unternehmung ihrem ganzen Umfange nach gebilligt hätte. Ich glaube, man kann, wenn nicht mit Sicherheit, doch mit Wahrscheinlichkeit feststellen, wo bei ihm Zustimmung und Mißbilligung einander begrenzen. Sicher wünschte er in der Schweiz, seinen alten Absichten gemäß, die freie Straße nach Italien und schon aus diesem Grunde Abtrennung der Waadt von Bern. Er habe dies, sagte er dem preußischen Gesandten, den Bernern selbst bei der Durchreise dringend empfohlen, aber leider kein Gehör gefunden. Auch mit der Umformung der aristokratischen Verfassungen war er unzweifelhaft einverstanden. Daß er aber, da sie sich durch bewaffnete Demonstrationen recht wohl erreichen

---

1) Sandoz, 10. März: Ce général désapprouve hautement tout ce qui se passe en Suisse, et pense avec moi que le Directoire affaiblit sa considération et ébranle son existence en allarmant mal à propos l'Europe. Au moindre revers, observe-t-il, on ne trouvera que des ennemis et pas un allié. Le murmure est général ici contre les hostilités commises à Berne, et produira un mauvais effet à la veille des élections. Sandoz, 14. März.

ließ, den Raubzug und die Plünderung Berns gewünscht habe, halte ich — obgleich gerade hier für eine bestimmte Ansicht die Anhaltspunkte am meisten fehlen — für unwahrscheinlich, und für noch unwahrscheinlicher die so oft wiederholte Behauptung, er habe für die Durchführung seiner großen Unternehmungen in Bern die Geldmittel gewinnen wollen. Die drei oder vier Millionen, die er von Bern nach Toulon schicken ließ, wogen sicher die Gefahren nicht auf, welche aus einem so gewaltsamen Bruch der friedlichen Verhältnisse sich ergeben konnten. Ebenso meldet Sandoz am 11. Januar schwerlich mit Unrecht, Bonaparte wolle nicht den Sturz der päpstlichen Herrschaft, sondern eine Genugthuung für den Tod Duphot's [1]). Daneben lagen hier, wo es die Mühe lohnte, unzweifelhaft neue große Gelderpressungen in seiner Absicht. Daß er die Abhängigkeit der cisalpinischen Republik, also die Annahme des Bündnißvertrages gewollt habe, läßt sich nicht bezweifeln, aber daß er die immerwährenden Eingriffe in die Verwaltung nicht wünschte, zeigt schon der Brief zu Gunsten der Directoren Moscati und Paradisi, der zudem gar nicht geschrieben ist, als hätte der Verfasser in diesen Angelegenheiten die starke Hand, oder nur genaue, amtliche Kenntniß besessen. Damit stimmt auch später das Benehmen seines Bruders Lucian und seines Schwagers in Mailand überein. Aber man begreift, daß eine Stellung, in welcher er thun und fördern sollte, was er gar nicht, oder doch nur zum Theil oder in anderer Weise gethan haben wollte, einem Charakter von Bonaparte's Art unerträglich

---

1) Sandoz, 11. Januar: Jamais délibérations n'ont été plus vives et plus impérieuses que celles du Directoire au premier récit de la mort du général Duphot. Toutes tendaient à vouloir mettre Rome à feu et à sang. Devenues plus calmes aujourd'hui elles paraissent se réunir à mettre fin au regne des papes, et à réunir le territoire de l'église à la république Cisalpine. Cependant tout n'est pas dit encore à cet égard. Le général Bonaparte, appellé à ces délibérations, n'a point partagé le ressentiment de son frère l'ambassadeur, et aussi peu les conclusions de sa dépêche.

wurde. Auch die Besorgniß, längere Unthätigkeit könnte seinem Ruhme schaden, war nicht unbegründet. „Der verlängerte Aufenthalt in Paris," schreibt Sandoz am 18. Februar, „ist der großen Berühmtheit des Generals nachtheilig geworden. Es ist nicht mehr Rede von ihm, kaum wird er im Theater noch bemerkt. Das pariser Volk, immer leichtfertig und frivol, sagt schon von ihm: Was macht er hier, warum geht er nicht an die Küste, warum schifft er sich nicht gegen England ein?" Er bedurfte eines neuen großen Feldes seiner Thätigkeit. Sein Wunsch, in das Directorium einzutreten, wurde durch den Mangel des gesetzlichen Alters verhindert; das Directorium zu stürzen, war die Zeit noch nicht gekommen; die Landung in England erschien ihm unausführbar. So wandte er sich mit der ganzen Gewalt seines Willens einem Unternehmen zu, das schon seit dem Frühling des vergangenen Jahres seine Phantasie beschäftigt und mehr und mehr bestimmte Form gewonnen hatte. Als er auf dem Siegeszuge in Italien nach Ancona an die Gestade des adriatischen Meeres gelangt war, schweiften seine Gedanken auch nach dem Orient hinüber, der von jeher die Eroberer mit geheimnißvoller Gewalt an sich gezogen hat. Wenig später, und er sah sich im Besitz Venedig's, des Arsenals, der Flotte und vor allem der jonischen Inseln. Die vortheilhafte Lage, die starke Befestigung von Corfu bot einen sichern Ausgangspunkt für den Plan, das mittelländische Meer in einen französischen See zu verwandeln. „Die Inseln Corfu, Zante und Kephallonia," schreibt er am 16. August an das Directorium, „sind wichtiger für uns, als ganz Italien; ich glaube, wenn wir wählen müßten, wäre es besser, Italien dem Kaiser zurückzugeben und die vier Inseln zu behalten. Das Reich der Türken zerbröckelt, der Besitz dieser Inseln setzt uns in den Stand, es so lange als möglich zu erhalten und unsern Theil davon zu nehmen. Die Zeiten sind nicht fern, wo wir fühlen werden, daß wir uns, um England wirklich zu vernichten, Aegyptens bemächtigen müssen." Die Politik Bonaparte's wie des Directoriums ist in diesen Zeiten vorgezeichnet,

und er selbst, wie es seine Art war, säumte nicht mit der Aus=
führung. Die venetianische Flotte wurde mit allem, was man
zur Hand hatte, wieder ausgerüstet, den Inseln ausreichende
Besatzung gegeben, die Verwaltung geordnet, mit dem türkischen
Pascha Ali von Janina und zugleich mit den Mainotten des
Peloponnes eine Verbindung angeknüpft. Man begreift wes=
halb Bonaparte bei den Verhandlungen in Passariano in so
unmäßige Wuth gerieth, als Cobenzl den Besitz dieser Inseln
nicht zugestehen wollte, und warum seine Briefe mit so ärger=
lichem Hohn von der Begehrlichkeit der Neapolitaner nach diesen
selbigen Inseln reden.

Er war nicht der erste, der in Paris Absichten auf den
Orient anregte. Hatte doch schon Leibnitz — auch dieser weder
der einzige noch der erste — Ludwig XIV. die Vortheile aus=
einander gesetzt, welche der Besitz Aegyptens bieten würde. Und
gerade in den letzten Jahren der Revolutionszeit pflegte ein geist=
reicher Mann, Magallon, der französische Consul in Kairo, wenn
er über die Bedrückung des Handels durch die Mameluken klagte,
auch hervorzuheben, wie leicht man sich Aegyptens bemächtigen
könne. Delacroix hatte darauf keineswegs abweisend geantwortet.
Das Verhältniß zum Sultan war ein scheinbar freundliches.
Aber wir erinnern uns, wie das Directorium, wie schon die
Politiker des Wohlfahrts=Ausschusses bei den Verhandlungen
mit Oesterreich ohne Bedenken türkische Provinzen anzubieten
pflegten. Auch jetzt wies das Directorium die Vorschläge Bona=
partes nicht zurück; Talleyrand, der neue Minister des Aus=
wärtigen, scheint sogleich eine wahre oder klug berechnete Vor=
liebe ihnen zuzuwenden. Indessen man begnügte sich zunächst,
die Kräfte Frankreichs auf dem Mittelmeer zu verstärken;
Bonaparte schloß den Frieden mit Oesterreich, ging nach
Rastatt, und während der ersten Monate seines Aufenthaltes
in Paris traten die Unternehmungen gegen die Schweiz und
den Kirchenstaat in den Vordergrund. Auch war die Erbitte=
rung gegen England so hoch gestiegen, daß der unmittelbarste,
kräftigste Stoß gegen das Herz des Feindes, also die Landung

an der britischen Küste dem Directorium von Allem als das Wünschenswertheste erschien. Um die Möglichkeit der Ausführung und die verfügbaren Hülfsquellen beurtheilen zu können, unternahm Bonaparte am 10. Februar eine Reise längs der Küsten des Oceans. Aber sie entschied nur seine Abneigung gegen ein Unternehmen, das niemals recht nach seinem Sinn gewesen war. Am 23. Februar, am Tage nach seiner Rückkehr erstattet er der Regierung ausführlichen Bericht. „Welche Anstrengungen wir auch machen", heißt es gleich zum Eingange, „wir werden in mehreren Jahren das Uebergewicht auf dem Meere nicht erlangen. Ohne Herr des Meeres zu sein, ist eine Landung in England das kühnste, schwierigste Unternehmen, das jemals gemacht ist." Nur im Winter, fährt er fort, während der langen Nächte könne man, unbemerkt von den englischen Flotten, über den Canal gelangen; nach Ablauf des April sei nichts mehr auszurichten. Nachdem er die ganz unzureichende Stärke der französischen Rüstungen auseinander gesetzt hat, kommt er zu dem Schluß: „Das Unternehmen gegen England ist nicht möglich vor dem nächsten Winter, dann werden wahrscheinlich Hindernisse auf dem Continent entgegentreten. Der rechte Augenblick, sich für die Expedition vorzubereiten, ist verloren, vielleicht für immer." In einer zweiten Denkschrift setzt er auseinander, was an Vorbereitungen, an Schiffen, Geld, Mannschaften erforderlich werde. Sei es nicht vollständig zu beschaffen, so müsse man auf die Landung ganz verzichten, England durch die Wegnahme von Hannover oder Hamburg schädigen, oder durch eine Expedition gegen die Levante den indischen Handel bedrohen. Sei auch dies unmöglich, so bleibe nichts übrig als Frieden zu machen und dann um so stärkere Forderungen auf dem rastatter Congreß gegen Deutschland zu richten. Was er selbst will, spricht er nicht bestimmt aus, aber es ergiebt sich aus der ganzen Darstellung. Die Wegnahme von Hannover oder Hamburg bedeutete Krieg gegen Preußen, den man nicht wollen konnte; den Frieden mit England hatte das Directorium durch wüthende Proclamationen selbst unmöglich gemacht. Talleyrand verstand die Absichten des jungen Generals immer am feinsten herauszufühlen und sich anzueignen. Er vertraute dem preußischen Gesandten bereits am Tage, an welchem Bonaparte nach Paris zurückkehrte, er, der Minister, habe sich in der Sitzung des Directoriums dafür ausgesprochen, 40000 Mann von der italienischen Armee zur Eroberung von Aegypten zu verwenden. Sandoz fügt hinzu, er habe diesem Plane aus vollem Herzen zugestimmt, weil er Frankreich erschöpfen und aus Europa entfernen müsse[1]). Indessen ein fester Entschluß war an diesem Tage noch nicht gefaßt, wenigstens der Plan gegen England noch nicht aufgegeben. Die nächste Wirkung des Berichtes sind in den letzten Tagen des Februar eine Anzahl von Verfügungen, die Bonaparte als Vorbereitung für die Landung in England vorgeschlagen hatte. Aber am 5. März ist die Entscheidung da. Von diesem Tage datirt Bonaparte die Vorschläge, wie man die von ihm geforderten 25000 Mann Fußvolk und 3000 Reiter in der italienischen Armee auswählen könne, und noch an demselben Tage entwirft er im Namen des Directoriums die Befehle, seine Vorschläge zur Ausführung zu bringen. An demselben Tage erfolgte auch die Entscheidung in Bern, welche neue Truppen und aus dem erbeuteten Schatz einige Millionen verfügbar machte; nur vier Tage später bewilligte in Rastatt die Deputation die Abtretung des linken Rheinufers. Sobald Bonaparte davon Nachricht erhält, schreibt er am 14. März an Talleyrand, seine Anwesenheit beim Congresse sei nicht ferner nöthig; man möge ihm gestatten, alles,

---

1) Sandoz, 22. Februar. Es darf daran erinnert werden, daß dieselbe Gesinnung schon Leibnitz zu seiner Schrift über Aegypten anregte. Auch das consilium Aegyptiacum, wie es der deutsche Philosoph Ludwig XIV. unterbreitete, wäre zu beträchtlichem Theile beinahe wörtlich, oder wenn man für Holland England setzt, in einer Denkschrift an der Stelle gewesen, die Jemand hundert und sechszehn Jahre später dem Directorium zu Gunsten der Expedition hätte vorlegen wollen.

was für den Fall seiner Wiederkehr dort zurückgeblieben sei, nach Paris kommen zu lassen. Mit ungetheilten Kräften konnte er sich nun dem neuen Unternehmen zuwenden. Er war unermüdlich Tag und Nacht; sein Briefwechsel aus jener Zeit ist wieder ein unvergleichliches Zeugniß, was die Energie eines einzigen Menschen zu leisten vermag. Soldaten, Geld, Schiffe, Proviant, das Größte wie das Kleinste, für alles trägt er Sorge, alles weiß er zu sammeln, zu ordnen, zu erwägen. Von den Mitgliedern des Directoriums waren durchaus nicht alle ihm und seinem Unternehmen geneigt. La Revellière hat sich noch in seinen Denkwürdigkeiten leidenschaftlich ungerecht dagegen ausgesprochen und dem General als einzigen Urheber für alle Folgen die Verantwortung zugeschoben. „Eines Tages," erzählt er, „als ich Einwendungen erhob, erwiederte Bonaparte, man solle einen andern General mit der Expedition beauftragen. „„Wenn Sie Ihre Entlassung fordern,"" erwiederte ich, „„so stimme ich dafür, daß man sie bewillige. Sie sehen, daß ich für die Expedition nicht eingenommen bin. Soll sie aber gemacht werden, so muß auch der General die Ausführung und die Folgen auf sich nehmen, der sie angeregt und den Plan entworfen hat [1])."" Diese Scene scheint nicht die einzige ihrer Art geblieben zu sein, aber Bonaparte brachte auch jetzt wie jederzeit seinen Willen zur Geltung; für jeden Einwand fand er eine Entgegnung, für jedes Hinderniß Abhülfe; selbst dem mangelhaften Organismus der Directorial-Verwaltung gab er Kraft und Leben; Generale, Beamte, Gelehrte, alles folgte ihm auf einer Bahn, deren Ziel nicht einmal bekannt war. Denn da die größte Gefahr darin lag, daß eine englische Flotte im Mittelmeer den Weg versperrte, so sollte sich das Unternehmen in das tiefste Geheimniß hüllen. Man erstaunt beinahe, daß dies in dem Maße, in welchem es geschehen ist, den

---

1) La Revellière a. a. O. II, 345. Thiers (Histoire de la Révolution, livre 38), der die Memoiren La Revellière's im Manuscript zu lesen Gelegenheit hatte, erzählt dieselbe Anecdote, aber in nicht ganz richtiger Fassung.

Engländern gegenüber gelingen konnte. Denn ein wirkliches Geheimniß würde bei solchen Vorbereitungen selbst die äußerste Vorsicht nicht leicht behauptet haben; man kann aber nicht einmal sagen, daß sie geübt worden sei. Talleyrand's voreilige Vertraulichkeit dem preußischen Gesandten gegenüber haben wir erwähnt. Das vorsichtige berliner Cabinet fürchtete schon, daß die lebhafte Zustimmung Sandoz' von den Türken übel gedeutet werden könnte [1]). Einige Tage später, am 10. März, meldet der Gesandte, auch Bonaparte habe mit Begeisterung von der ägyptischen Expedition gesprochen. Dann kreuzten sich freilich verschiedenartige Gerüchte, man sprach von Portugal, Griechen= land, Constantinopel, sogar von der Krimm; officiell wurde noch immer an der Landung in England festgehalten; [2]) aber selbst ein so wenig scharfsichtiger Mann wie Sandoz trifft mit seinen Vermuthungen meistens das Richtige. Unterdessen ge= dieh alles mit unglaublicher Schnelligkeit. Alle Welt mußte fragen, wohin diese ungeheure Flotte von Transportschiffen in Toulon, in Genua, in Corsica, in Civita=Vecchia bestimmt sei. Von seinen Kriegsgefährten in Italien hatte Bonaparte die vorzüglichsten Officiere und Brigaden ausgesucht; auch Kleber, Desaix, zwei Generale des ersten Ranges, Caffarelli, der In= genieur, alle drei bei dem Directorium übel angesehen, stellten sich unter seinen Befehl. Zierden der Wissenschaft, Monge, Denon, Dolomieu rechneten sich zur Ehre, dem General, der vor Allem als Mitglied des National=Instituts zu erscheinen liebte, sich anzuschließen. Am 12. April fertigte das Direc= torium, noch immer im tiefen Geheimniß, die von Bonaparte entworfenen Vollmachten aus: Es wird eine Armee des Orients gebildet; sowohl die Flotte als die Truppen, dazu die drei neuen Departements der jonischen Inseln werden unter den Befehl Bonaparte's gestellt. In Erwägung, daß die Beys der Mameluken den französischen Handel beschädigt und sich

---

1) Das Ministerium an Sandoz, 8. März.
2) Sandoz, 14. März, 7., 15., 25., 29. April.

ganz und gar von den Engländern abhängig gemacht haben, erhält er den Auftrag, sich Aegyptens zu bemächtigen, den Handel der Engländer im Orient, so weit als möglich, insbesondere im rothen Meer zu zerstören und vermittels der Durchstechung des Isthmus von Suez einen neuen Handelsweg nach Indien zu eröffnen. Er soll das Loos der Eingeborenen Aegyptens in aller Weise bessern und, so weit es von ihm abhängt, mit dem türkischen Großherrn und seinen Beamten gutes Einvernehmen unterhalten. Ein folgender Beschluß zählt die Unbilden des Ordens von Malta gegen Frankreich auf. Der General soll vorerst diese Insel in französische Gewalt bringen, freilich nur, sofern es ohne Gefährdung des größeren Unternehmens geschehen kann.

In den nächsten Wochen wurde alles zum Abschluß gebracht; am 23. April dachte Bonaparte sich von Paris nach Toulon zu begeben, in den ersten Tagen des Mai unter Segel zu gehen. Beinahe im Begriff in den Wagen zu steigen, erhielt er die Nachricht von den Ereignissen in Wien und der Abreise Bernadotte's. Ueber den Eindruck, den sie in Paris hervorriefen, ist früher gesprochen. Schon um die für ihn so werthvolle, so eifrig vorbereitete Unternehmung nach Aegypten nicht zu gefährden, mußte Bonaparte vom Kriege gegen Oesterreich abrathen. Wir haben gesehen, wie Talleyrand in den Briefen an Treilhard sogar die ergebene Dienstwilligkeit des Generals und die Erkenntlichkeit des Directoriums hervorhebt [1]). Daneben begegnet man freilich ganz anderen Nachrichten. Bonaparte soll seine Ansichten geändert, die Expedition für unausführbar erklärt und auf der Gesandtschaft in Rastatt be-

---

1) Vous n'apprendrez pas sans plaisir, que le général Bonaparte se dispose à se rendre à Rastadt. Le dévouement avec lequel il s'est offert dans une circonstance aussi délicate a été parfaitement senti par le Directoire Exécutif. Il a écrit à Monsieur de Cobenzl. Oben S. 267 ist der Brief in Folge eines Druckfehlers irrig vom 25. statt vom 26. April datirt.

standen haben, um, wie vordem in Campo-Formio, in einer
gebietenden Stellung mit Cobenzl über Krieg und Frieden zu
entscheiden. Als man ihn, heißt es weiter, zur Abreise nach
Toulon, statt nach Rastatt nöthigen wollte, kam es in einer
Sitzung des Directoriums zu heftigem Wortwechsel, und Bonaparte drohte, wie so oft, mit einem Entlassungsgesuch. Da soll
ihm Rewbel das Schreibzeug hingehalten haben mit den Worten:
„Schreiben sie es nieder, General, wenn Sie sich zurückziehen
wollen. Die Republik verliert gewiß einen tapferen und geschickten Feldherrn, aber sie hat noch Kinder, die sie nicht verlassen werden." Bonaparte ergriff die Feder, ließ sie sich aber
von Merlin wieder aus der Hand nehmen, und der Wortwechsel
hatte nur die Folge, daß er das Mißtrauen der Directoren
und den Groll des Generals noch vermehrte [1]). Einige Bestätigung findet diese Erzählung in den Denkwürdigkeiten des Grafen
Miot, der damals in Paris zu den ergebensten Freunden der
Familie Bonaparte gehörte. Er berichtet nach eigener Erinnerung: Das Directorium, stutzig und eifersüchtig in Folge des
Briefes, welchen Bonaparte ohne vorgängige Genehmigung an
Cobenzl geschrieben hatte, bestimmte François von Neufchateau
für die Unterhandlung und drängte um so eifriger auf Bonaparte's Abreise nach Toulon. Der General betrachtete dagegen
die Expedition als eine völlig aufgegebene Sache und erzählte
noch am Abend des 5. Mai den bei ihm versammelten Freunden nur von dem, was er in Rastatt und später in Paris
vornehmen wolle. Da trat unerwartet mit ernstem, finsterem
Gesichte Barras in das Zimmer und bald mit Bonaparte in
ein besonderes Cabinet. Nach einer viertelstündigen Unterredung entfernte sich der Director mit kurzen Worten, Bonaparte schloß sich abermals ein, und trat dann noch in derselben
Nacht die Reise nach Toulon an. Barras, fügt Miot hinzu,
habe im Auftrage des Directoriums den bestimmten Befehl zur

---

1) Barante, Histoire du Directoire III, 138. Mémoires tirés
des papiers d'un Homme d'Etat, V, 512.

Abreise überbracht, und die Art, wie er seines Auftrages sich entledigte, sei ihm von Bonaparte niemals verziehen worden.

Was könnte glaubwürdiger scheinen als diese Erzählung, von einem so nahestehenden, so urtheilsfähigen Augenzeugen nur sechszehn Jahre nach den Ereignissen im kräftigsten Alter zu Papier gebracht? Und doch giebt sie einen neuen Beweis, wie wenig dergleichen aus der Erinnerung niedergeschriebenen Aufzeichnungen meistens zu trauen ist. Der Brief Bonaparte's an Cobenzl wird von Talleyrand in demselben Schreiben vom 26. April erwähnt, welches die Dienstwilligkeit des Generals und die Dankbarkeit des Directoriums besonders hervorhebt. Am 5. Mai war Bonaparte längst auf dem Wege nach Toulon. Die Unterredung mit Barras könnte spätestens zwei Tage früher stattgefunden haben. Aber, was viel wichtiger ist: Absicht und Wirkung, die dem Besuche des Directors beigelegt werden, sind offenbar nur Einbildung des Berichterstatters. Wenn Bonaparte wirklich — es ist sehr unwahrscheinlich — in jenen letzten Tagen vor der Abreise über die Expedition nach Aegypten wie über eine aufgegebene Sache gesprochen hat, so kann es nur in der Absicht geschehen sein, seine Umgebung über seine Pläne zu täuschen. Schon am 2. Mai schreibt er dem General Caffarelli nach Toulon: alle Hindernisse, die der Expedition bisher entgegenstanden, seien gehoben, er würde am Abend des nächsten Tages abreisen und sechs Tage später in Toulon eintreffen. An demselben 2. Mai gibt er auch den Generalen Kleber, Desaix, Baraguai-d'Hilliers und dem Admiral Brueys die bestimmten, entscheidenden Befehle: theils, sich einzuschiffen, theils, für die Einschiffung Alles in Bereitschaft zu halten [1]).

---

[1]) Mehr als alles dieses könnte befremden, daß die Miot'sche Erzählung, wie sie in den 1858 in erster, 1873 in zweiter Auflage veröffentlichten Memoiren erscheint, beinahe wörtlich bereits seit 1832 in dem 5. Bande der Mémoires tirés des papiers d'un Homme d'Etat S. 514 zu finden ist. Das Räthsel löst sich dadurch, daß Miot schon 1804 Mémoires pour servir à l'histoire des expéditions en

Bei alle dem läßt es sich nicht unmöglich nennen, daß Gesinnungen, wie Miot sie voraussetzt, unter den wechselnden Eindrücken jener vielbewegten Tage Dasein gewonnen, auch gelegentlich in einem Wortwechsel zwischen Bonaparte und Rewbel oder anderen Directoren Ausdruck gefunden hätten. Aber große Bedeutung möchte ich dem, was darüber erzählt wird, auch wenn es sicherer verbürgt werden könnte, nicht beilegen. Zum Verständniß dessen, was offen zu Tage getreten ist, scheint es in keiner Weise erforderlich. Was Bonaparte gethan hat, findet in der Natur der Verhältnisse völlig ausreichende, ja die beste Erklärung.

In der Nacht vom 3. auf den 4. Mai verließ er Paris und zwei Wochen später den Hafen von Toulon. Nicht ein Kahn, sondern die größte Flotte, die seit Jahrhunderten auf dem Mittelmeere erschienen war, trug den künftigen Cäsar und sein Glück, trug ihn zu einem Unternehmen, das alles erfüllte, was er für sich persönlich wünschte, und nichts von dem, was man für Frankreich erwartete. Grund genug, um Lob und Tadel gleichmäßig herauszufordern. Wer wird in Abrede stellen, daß persönliche Rücksichten, die Hoffnung, durch neue glänzende Thaten seine Bedeutung zu steigern, das Verlangen, sich einer unbequemen, ja unhaltbaren Stellung zu entziehen, vielleicht auch die Voraussicht von Unglücksfällen, die den Werth des Abwesenden um so fühlbarer machen würden, daß alles dieses auf Bonaparte's Entschluß von wesentlichem Einfluß gewesen sei. Auch das Directorium, hätte es nur seine Pflicht und das Wohl des Landes im Auge gehalten,

Égypte et en Syrie, Paris chez Demonville herausgegeben hat, welche freilich mit dem Embarquement à Toulon ihren Anfang nehmen. 1814 erschien eine zweite Auflage bei Le Normant, révue corrigée et augmentée d'une introduction, d'un appendice et de faits, pièces et documents, qui n'ont pu paraître sous le gouvernement précedant. Die Einleitung enthält zuerst die hier in Betracht kommende Erzählung, welche dann für die Mémoires d'un Homme d'Etat als Quelle gedient, und später in den Denkwürdigkeiten Miot's mit geringen Veränderungen Aufnahme gefunden hat.

würde schwerlich in so aufgeregter Zeit, inmitten der Gefahren
eines neuen Krieges den besten Feldherrn und die Blüthe des
Heeres in so weit entlegene Ferne entlassen haben. Aber deß=
halb darf man noch nicht, wie es wohl geschehen ist, das ganze
Unternehmen als ein Ergebniß eigennütziger Ruhmsucht und
frevelhaften Wagnisses verurtheilen. Berechtigte und unberech=
tigte Motive wirkten, wie es so oft zu geschehen pflegt, neben
einander. Vor allem ist zu erwägen, daß an der Spitze ein
Mann stand, der mehr als irgend ein anderer schon durch
seine persönliche Thätigkeit selbst dem scheinbar Abenteuerlichen,
nicht zu Berechnenden den Stempel des Erreichbaren, wohl
Ueberlegten aufdrücken konnte. Auch muß man sich hüten,
die Verhältnisse, unter welchen Bonaparte seinen Plan ent=
warf, mit denjenigen zu verwechseln, welche später durch die
Vernichtung der französischen Seemacht herbeigeführt wurden.
Das größte Bedenken lag offenbar in der Möglichkeit, es könnte
eine englische Flotte der Expedition bereits auf dem Hinzuge
begegnen, oder ihren Rückzug und die Verbindung mit Frank=
reich abschneiden. Als Bonaparte seinen Plan entwarf, war
diese Gefahr zwar vorhanden und in Anschlag zu bringen,
aber nicht so bringend, daß sie einen muthigen, siegge=
wohnten Feldherrn hätte abschrecken müssen. Nicht die Eng=
länder, sondern die Franzosen besaßen damals die Herrschaft
auf dem Mittelmeer, und Bonaparte hatte mit gewöhnlichem
Geschick alle Anordnungen getroffen, den Franzosen die Herr=
schaft zu erhalten. Gelang dies, so waren auch die größten
Nachtheile des Zuges beseitigt. Das Heer, jedenfalls der Feld=
herr konnte, wenn man seiner bedurfte, zurückkehren. Bona=
parte selbst gedachte seine Abwesenheit nicht über das Ende
des Jahres auszudehnen. Schon am 22. Februar und weit
bestimmter in einer zweiten Denkschrift vom 13. April wird
eine Expedition gegen England für den nächsten Winter in
Aussicht genommen; Bonaparte hatte den Directoren seine
Rückkehr für den October zugesagt und glaubte selbst so fest
daran, daß er seinem Bruder Joseph noch aus Kairo den

Auftrag gibt, ein Landgut zu kaufen, wo er den Winter ver=
leben könne[1]). Welche Vortheile bot unter solchen Verhält=
nissen der Besitz Aegyptens, sei es, daß man das Land als
Colonie dauernd behaupten, oder nur als Pfand in Händen
behalten wollte, um es beim Frieden mit England gegen das
Cap der guten Hoffnung und andere englische Eroberungen
auszutauschen! In jedem Falle konnte man von Aegypten aus
die Besitzungen und den Handel der Engländer in Indien be=
drohen, sie nöthigen eine Anzahl von Schiffen in jene Gegen=
den zu senden und dadurch ihre Seemacht in Europa zu schwä=
chen. Alle diese Erwartungen sind freilich nicht in Erfüllung
gegangen, aber sie lassen sich keineswegs als unbegründete be=
zeichnen. Es blieb ein bedenklicher Punkt: durch die Besetzung
einer, wenn auch nur dem Namen nach türkischen Provinz,
trieb man den Sultan, einen damals nicht ganz verächt=
lichen Feind und sehr nützlichen Bundesgenossen gegen Ruß=
land, wahrscheinlich in das Lager der Feinde Frankreichs.
Schon in Italien, bei den ersten Erwägungen des Planes,
hatte Bonaparte diese Gefahr in Betracht gezogen. Es
ist aber sehr merkwürdig, daß der feinste Politiker des da=
maligen Frankreichs wenigstens nicht für unmöglich hielt, sich
wegen Aegyptens mit den Türken zu einigen. Talleyrand
meint, man könne vielleicht durch die Rückgabe der von den
Mameluken befreiten Provinz ihre Freundschaft erkaufen[2]),
andernfalls sei es vortheilhaft, bei einer größeren Theilung
türkischer Besitzungen ein Pfand und Frankreichs gebührenden
Antheil schon in der Hand zu haben. Bonaparte, der es liebte,
Menschen, die er für seine Absichten gebrauchte, auch durch
persönliches Interesse sich zu verbinden, wußte Talleyrand

------

1) Correspondance de Napoléon, IV, 475. Corresp. du roi
Joseph, I, 189. Man hat keinen Grund, diesen Auftrag mit La Revellière a. a. O. II, 353 für eine Täuschung zu halten.

2) Bonaparte an Talleyrand, 13. September. Talleyrand an Bonaparte, 23. September, Correspondance inédite IV, 222.

zu bestimmen, daß er selbst als Botschafter in Constantinopel die französischen Wünsche zu fördern versprach. Er sollte der Expedition folgen und von dem eroberten Aegypten aus gewiß nicht ohne kräftigen Schutz und die in Constantinopel wirksamsten Hülfsmittel sich auf seinen Posten begeben[1]). Freilich, so leicht als man in Paris erwartet hatte, ließen sich die Türken nicht beschwichtigen; wir werden jedoch sehen, daß die endgültige Entscheidung auch in Constantinopel erst durch die Entscheidung bei Abukir gegeben wurde.

Ehe aber alles dies zum Austrag kam, sollte vorerst ein kleineres Unternehmen beendigt werden, das dem größeren als wirksame Vorbereitung und Unterstützung diente. Schon in den Briefen aus Italien, wo er zuerst von Aegypten redet, pflegt Bonaparte auch Malta zu erwähnen. „Warum könnten wir uns nicht der Insel Malta bemächtigen?" schreibt er am 13. September an Talleyrand; „der Admiral Brueys könnte sehr wohl dort eine Landung vornehmen. Vierhundert Ritter und höchstens ein Regiment von fünf hundert Mann bilden die einzige Vertheidigung der Stadt Lavaletta. Die Einwohner, deren Zahl sich auf mehr als 100,000 beläuft, sind sehr für uns eingenommen und sehr überdrüssig ihrer Ritter, die nichts zu leben haben und vor Hunger sterben. Ich habe eben deshalb alle ihre Güter in Italien einziehen lassen. Mit der St. Peters Insel, die der König von Sardinien uns abgetreten hat, mit Malta, Korfu u. s. w. werden wir die Herrn des ganzen Mittelmeeres." Talleyrand und die Directoren zeigten sich ohne irgend ein Bedenken völlig einverstanden. Freilich wurde wieder ein Staat überfallen, der zu ernstlichen Beschwerden gar keine Veranlassung gegeben hatte. Aber die Beraubung der Schwachen war damals in Frankreich, man könnte sagen in Europa, ein längst gewohnter Brauch. Kräftigen Widerstand hatte man nicht zu fürchten. Wo waren die Tage, als Philipp de Villiers dem großen Soliman auf Rhodus die

---

1) Correspondance de Napoléon, IV, 117, 177, 264.

Stirn bot, als Lavalette die wüthenden Angriffe der Türken
gegen den kaum befestigten neuen Sitz des Ordens siegreich
zurückwies? Mit der Macht des Feindes hatte auch die Bedeutung der Malteser-Ritter abgenommen, und mehr und mehr
traten die Folgen hervor, die ein zweckloses Dasein herbeizuführen pflegt. Große Reichthümer, glänzende Stellung
nach außen konnten den innern Verfall nicht verdecken; die Ver-
derbniß der Sitten, die Zwietracht der verschiedenen Nationali-
täten ließen schon um die Mitte des achtzehnten Jahrhunderts
völlige Auflösung des Ordens befürchten. Selbst die zweiund-
zwanzigjährige Regierung eines tüchtigen Großmeisters konnte
den alten und den neu hervorbrechenden Uebeln nicht steuern.
Als Emanuel de Rohan am 13. Juli 1797 die Augen schloß,
war auch die äußere Stellung des Ordens von mehr als einer
Seite gefährdet. Die Revolution hatte ihn aus Frankreich und
immer weiter aus dem Bereich der französischen Heere vertrieben.
Was Bonaparte in Italien gegen die Ordensgüter vornahm,
war schon vorher in Frankreich, in Belgien, am linken Rheinufer geschehen. Auf dem rastatter Congreß hatten die Abgeordneten der deutschen Zunge, der Großbailli von Pfirt und der
Comthur von Truchseß, nicht am wenigsten zu klagen und das
Schlimmste zu befürchten, wenn der Plan einer allgemeinen
Säcularisation sich verwirklichte. Um zum Widerstande Kraft
zu gewinnen, dachte man ernstlich an eine Vereinigung des Mal-
teser-Ordens mit dem deutschen, ohne daß aber dieser Plan
bei Lehrbach, dem er mündlich und schriftlich vorgetragen
wurde, Beifall gefunden hätte[1]). So vielen Nachtheilen gegenüber bot, was in Baiern und Rußland in letzter Zeit zu Gun-
sten des Ordens geschehen war, nur unzureichenden Ersatz.
Mit der Minderung der Einnahmen verband sich noch eine
Steigerung der Ausgaben; denn man mußte die zahlreichen
Ritter unterhalten, die ihrer Commenden beraubt, in Malta
Zuflucht suchten und oft genug die schon bestehende Un-

---

1) Lehrbach an Thugut, 17. April, 3. und 7. Juli.

einigkeit, den Neid, das Mißtrauen der verschiedenen Zungen gegen einander noch vermehrten. Denn von den französischen Rittern war eine nicht geringe Zahl den Grundsätzen der Revolution zugethan, ja in jedem Augenblick bereit, eine so wenig vortheilhafte Stellung aufzugeben und, sei es auch durch den Untergang des Ordens, die Rückkehr in das Vaterland zu erkaufen. Mit gewohnter Klugheit wußte Bonaparte diese Stimmung zu benutzen. Von dem französischen Consul, selbst von einflußreichen Mitgliedern des Ordens erhielt er Berichte über die Zustände der Insel; am 12. November ließ er auch einen seiner geschicktesten Agenten, Poussielgue, dahin abgehen, angeblich um sich mit den Bedürfnissen des französischen Handels bekannt zu machen. „Der wirkliche Zweck der Sendung", schreibt er dem Directorium, „besteht darin, an unsere Entwürfe auf Malta die letzte Hand zu legen ¹)."

Nur eine starke und geschickte Leitung hätte den Orden durch so viele Gefahren hindurchführen können. Zum Unglück fehlte sie von Allem am meisten. Eine alte Prophezeiung soll den Verlust Maltas unter einem deutschen Großmeister geweissagt haben; sicher ist, daß bis dahin niemals ein Deutscher zum Haupt des Ordens erhoben war. Die deutschen Ritter pflegten nicht einmal nach dieser Ehre zu streben. Im Verhältniß zu den übrigen Zungen nicht eben zahlreich, weil der deutsche Orden den deutschen Adel vorzugsweise anzog, nahmen sie selten auf der Insel ihren Wohnsitz. Ziel ihres Ehrgeizes waren die deutschen oder böhmischen Balleien, vornehmlich das mit der reichsfürstlichen Würde ausgestattete Priorat von Heitersheim. Jetzt in so stürmischer Zeit, drei Tage nach Rohan's Tode, wurde zum erstenmal ein rheinischer Abliger, Graf Ferdinand von Hompesch, zum Großmeister gewählt. Weniger aus eigener Neigung, als auf den Antrieb Anderer, die unter seinem Namen herrschen wollten, scheint er um die Würde sich beworben zu haben. Die deutsche und die baierische

---

1) Correspondance de Napoléon, III, 436.

Zunge wurden durch seine Nationalität, die französische zum Theil durch Versprechungen, zum Theil auch durch die Hoffnung gewonnen, daß unter seiner Leitung der Untergang des Ordens um so sicherer erfolgen müßte. Bald trat seine Unfähigkeit, seine Schwäche so augenscheinlich hervor, als hätte die Wahl dieses Deutschen die lange Ausschließung seiner Landsleute nachträglich rechtfertigen sollen. Und so stieg nicht allein die Noth, sondern, seitdem die französische Flotte das Mittelmeer beherrschte, auch die Gefahr von Tag zu Tag. Selbst den Kurzsichtigsten hätten die ungeheuren Rüstungen in Toulon und den italienischen Häfen aufmerksam machen müssen. Auch an den dringendsten Warnungen, insbesondere aus Rastatt fehlte es nicht [1]). Alles vergebens; der Großmeister wagte nicht einmal, die Nachrichten bekannt zu machen, aus Furcht, sie möchten die Uneinigkeit und Widersetzlichkeit im Orden noch steigern. Selbst die unmittelbar vor seine Augen tretende Gefahr konnte ihn nicht aufrütteln. Ende Februars war der Admiral Brueys mit der in Corfu gesammelten Flotte nach Malta gesegelt, hielt am 3. März vor dem Hafen von Lava= letta und verlangte Einlaß, um frisches Wasser einzunehmen. Man antwortete ihm, den Verträgen gemäß dürfe der Orden höchstens vier Schiffen einer kriegführenden Nation Einlaß ge= währen, bot aber im Uebrigen alle Erleichterungen an. Die Flotte war nicht stark genug, um Gewalt zu brauchen, auch das ganze Unternehmen wohl nur ein Versuch und eine Vor=

---

1) Bei Villeneuve-Bargemont, Monuments des Grands-Maîtres de l'ordre de Malte, Paris 1829, S. 281 findet sich unter zahlreichen Documenten der Brief eines Bailli von Schönau aus Rastatt, veröffentlicht von Doublet, dem noch zu erwähnenden Secretär des Großmeisters. Schönau berichtet, er habe von Treilhard's Secretär erfahren, daß die französische Expedition gegen Malta gerichtet sei. Hompesch entehre sich in den Augen von ganz Europa, wenn er die vertheidigungsfähige Festung nicht wenigstens drei Monate halte. Der Brief ist oftmals, meistens ohne Angabe der Quelle, abgedruckt; ich möchte aus mehr als einem Grunde für die Echtheit nicht einstehen.

übung. Der Admiral begnügte sich, ein Schiff, das der Aus=
besserung zu bedürfen schien, in den Hafen zu senden, sechs
Tage lang in unmittelbarer Nähe der Insel zu warten, die
Küste und alle Landungsplätze genau zu erforschen; alsdann
setzte er seinen Weg nach Toulon weiter fort. Voll Freude
schrieb der Großmeister am 10. März einen triumphirenden
Brief an den Freiherrn von Truchseß nach Rastatt. Die
ausgezeichneten Vertheidigungs=Anstalten, der Muth, die Ge=
schicklichkeit, mit welcher man den Franzosen begegnet, werden
in den Himmel erhoben, und der Großmeister erklärt wieder=
holt, daß er allen befreundeten Mächten für die Sicherheit der
Insel einstehe [1]. Gerade als der Nachfolger des Empfängers,
der Comthur Adam von Loe, seinen Ordensbruder, den
Grafen Lehrbach, durch die Mittheilung dieser vortrefflichen
Nachrichten erfreute, wiederholte sich in Malta zum großen
Theile, was in dem Briefe erzählt wird, nur freilich mit ver=
schiedenem Ausgange.

Am 19. Mai war die französische Flotte von Toulon ab=
gesegelt, zwei Tage später vereinigte sie sich mit dem Convoi
von Genua unter Baraguai d'Hilliers, am 27. mit den Truppen
von Corsica unter Vaubois, und langte am 9. Juni vor Malta
an, wo Desaix mit dem Convoi von Civita=Vecchia schon drei
Tage früher eingetroffen war. Es fanden sich 15 Linienschiffe,
14 Fregatten, 72 kleinere Kriegsfahrzeuge und gegen 400
Transportschiffe versammelt. Wieder verlangte, wie drei Mo=
nate früher, der Admiral Brueis den Einlaß in den Hafen,
und wieder antwortete der von dem geängstigten Großmeister
in Eile berufene Kriegsrath, daß nach den Verträgen nur vier
Schiffen der Eingang zu gestatten sei. Darauf hin ließ Bona=
parte durch den französischen Consul, der auf sein Schiff ge=
kommen war, dem Großmeister schreiben, er halte sich berech=
tigt, den Orden als feindliche Macht zu behandeln. Die Stadt
war in der äußersten Verwirrung; der Großmeister kam nun

---

[1] Beilage zu Lehrbach's Bericht vom 18. Juni, Wiener Staatsarchiv.

endlich, da es zu spät war, zu der Einsicht, daß wirklich Malta bedroht sei. Vorbereitungen waren nicht getroffen, die Werke freilich in gutem Stande, aber manche Geschütze Zuflucht und Brutstätte für die Vögel, die Munition unzureichend und von der schlechtesten Art. An Kriegstüchtigen zählte man 322 Ritter, darunter mehr als zwei Drittel Franzosen, an regel= mäßigen Truppen nicht 3000, daneben freilich 12000 einhei= mische Milizen, die aber, wie die Mehrzahl der Ritter, nichts vom Kriege, nicht einmal die Sprache ihrer Anführer ver= standen. Immerhin hätte man hinter den stärksten Festungs= werken der Welt sich mit Leichtigkeit einige Tage halten können, also lange genug, da bei der Nähe der englischen Flotte den Franzosen jede Zögerung verhängnißvoll erscheinen mußte. Aber Hompesch hatte den Kopf verloren; im Orden selbst, in seiner nächsten Nähe trat jetzt hervor, was von Bonaparte seit Monaten vorbereitet war. Gleichzeitig mit dem Briefe des französischen Consuls, der den Krieg erklärte, that der General= schatzmeister des Ordens, Bosredon de Ransijat, dem Großmeister kund, sein Gelübde verpflichte ihn wohl, gegen Ungläubige, aber nicht gegen Franzosen zu fechten; er werde in dem bevor= stehenden Kampfe neutral bleiben. Hompesch verlor nun völlig den Muth; er glaubte sich von Verräthern umgeben, und in der That, es fehlte nicht an Verräthern, die mit ihren Freun= den auf der Flotte in beständiger Verbindung blieben. Der Großmeister ließ Bosredon in Haft nehmen, aber allen übri= gen freies Spiel, und was er anordnete, war der Art, als hätte es im Voraus den Sieg der Franzosen sichern sollen. Statt die vorhandenen Kräfte zur Vertheidigung der Festung zu vereinigen, zerstreute man sie über die Insel an unhaltbaren Punkten, unter den wenigst zuverlässigen Befehlshabern. Nirgends fanden die Franzosen kräftigen Widerstand; noch vor dem Abend des 10. Juni waren die Inseln Malta und Gozzo bis zu den Außenwerken von Lavaletta in ihrer Gewalt. Der Großmeister saß verzweifelt und unthätig in seinem Palast; die Verräther drängten sich heran, um ihn völlig einzuschüch=

tern, die tüchtigeren Ordensglieder, entrüstet über seine Schwäche und Haltungslosigkeit, zogen sich zurück. Die Malteser, den Rittern wenig, aber den Franzosen noch weniger zugethan, schrien über Verrath und beriethen selbständig; mehrere Ritter wurden auf den Straßen ermordet. Während man stündlich den Angriff der Franzosen erwartete, gelangte der Großmeister zu dem Entschluß, durch den batavischen Consul an Bonaparte schreiben zu lassen, man sei bereit, zu unterhandeln. Am Morgen des 11. kam dann Bonaparte's Adjutant Junot in die Stadt, mit ihm der Ordenscomthur Dolomieu. Ein Waffenstillstand wurde abgeschlossen, und am Abend begab sich eine Deputation zu Bonaparte: zwei Ritter, vier eingesessene Malteser, an der Spitze Bosredon, der kaum seiner Haft entledigt war; als Vermittler hatte sich der spanische Gesandte angeschlossen. Bonaparte empfing sie am Bord seines Admiralschiffes, des Orients. Die Verhandlung bestand darin, daß eine von Bonaparte niedergeschriebene Capitulation, die er Convention nannte, unterzeichnet wurde. Gleich in dem ersten Artikel trat der Orden seine Rechte auf Malta, Gozzo und Comino den Franzosen ab. Die französischen Ritter, die der Obergeneral als solche anerkennen würde — das heißt: die nicht gegen Frankreich gefochten hatten — sollten in ihr Vaterland zurückkehren dürfen und eine Pension von 700 Franken, die mehr als sechszigjährigen von 1000 Franken erhalten; für die Angehörigen der cisalpinischen, römischen, ligurischen, helvetischen Republik wurde Aehnliches in Aussicht gestellt. Zur Vertretung seiner persönlichen Interessen hatte Hompesch seinen Secretär Doublet der Gesandtschaft beigegeben. Es heißt, dieser Mann sei schon längst mit den Franzosen im Einverständniß gewesen, und die Treue für seinen Herrn wird wenigstens nicht bezeugt durch die Bestimmungen, die, angeblich zu Gunsten des Großmeisters dem Vertrage eingerückt, selbst die Leichtgläubigkeit eines Hompesch nicht lange täuschen konnten. Er erhielt das Versprechen, die französische Republik würde auf dem rastatter Congreß ihren Einfluß verwenden, ihm auf Lebenszeit ein

Fürstenthum von gleichem Werth, wie das verlorene, zu ver=
schaffen, und bis dahin ihm eine Pension von 300000 Franken
aussetzen. Etwas mehr wog die Bestimmung, daß ihm der
zweifache Jahresbetrag als Entschädigung für sein Mobiliar
sogleich gezahlt werden solle. Mit diesen Bedingungen kehrten
die Gesandten zurück. Hompesch, keines Entschlusses mehr
fähig, wollte weder annehmen noch ablehnen; aber auf dem
Rathhause, von den Maltesern wurde der Friede, der die
schon angedrohte Beschießung abwandte, mit Jubel begrüßt.
Ohne sich um den Großmeister und seine Beamten zu
kümmern, schritt man zur Ausführung, und schon im Laufe
des 12. Juni befanden sich alle Befestigungen und Forts in
französischer Gewalt. Am 13. Abends kam Bonaparte selbst
in die Stadt. Den Großmeister würdigte er nicht einmal
eines Besuches, und als der gebeugte Mann in Begleitung
der Ritter sich bei ihm einstellte, erhielt er nur die kurze
Weisung, sobald als möglich die Insel zu verlassen. Auch von
der versprochenen Zahlung wurde die Hälfte zur Berichtigung
seiner Schulden abgezogen. Mit dem kargen Rest und mit dem,
was er noch sonst zusammenraffte, verließ er am 17. Juni den
Palast, der aus zwei Jahrhunderten so viel ruhmvolle Erinne=
rungen in sich schloß. Von sechszehn Rittern begleitet, unter
dem Schutz einer französischen Fregatte nahm er auf einem
Handelsschiff den Weg nach Triest [1]).

Einen Tag nach ihm verließ auch der Sieger die unter=
worfene Stadt, nicht ohne gerade im Gegensatz zu Hompesch
gezeigt zu haben, was Kraft, Geschick und Organisationstalent
in kürzester Frist zu leisten im Stande sind. Nicht weniger
als drei und sechszig zum Theil der wichtigsten Briefe, Verord=
nungen, organischen Gesetze finden sich aus den wenigen Tagen
seiner Anwesenheit in Malta datirt. Als militärischer Befehls=
haber blieb der General Vaubois mit ungefähr 4000 Mann;

---

1) Die Einzelheiten bei Reumont; die letzten Zeiten des Johanniter=
ordens, in den Beiträgen zur italienischen Geschichte, Berlin 1855, IV, 1.

neben ihm leitete eine Commission von neun Maltesern, an ihrer Spitze Bosredon, die Regierungsangelegenheiten, freilich unter Aufsicht eines französischen Commissars, des später bekannt gewordenen Regnault de St. Jean d'Angely. Eine andere Commission — drei Franzosen — sollte die Güter des Ordens und des Großmeisters in Beschlag und Verwaltung nehmen. Die jüngern Ritter, vier und dreißig Franzosen, schlossen sich meistens als Freiwillige der Expedition an; die mehr als sechszigjährigen und siebenzehn namentlich Genannte durften auf der Insel bleiben. Bonaparte bemerkt ausdrücklich am Rande der Liste, die meisten hätten schon seit sechs Monaten nützliche Nachrichten und patriotische Geschenke für die Landung in England geliefert. Die Veteranen des Ordens sollten als Besatzung nach Corfu abgehen, aus Anhängern der Franzosen ein Schützencorps gebildet werden. Im übrigen mußten die Einwohner ihre Waffen abliefern; sie wurden Unterthanen der Republik wie vormals des Ordens; nur für ausgezeichnete Verdienste sollte das französische Bürgerrecht verliehen werden. Der Bischof von Malta hatte sich den Franzosen sehr entgegenkommend gezeigt und am 12. Juni sogar ein Belobungsschreiben Bonaparte's erhalten, aber er mußte bald erfahren, was das republikanische Regiment für ihn bedeutete. Die Kirchengüter wurden zum großen Theil eingezogen, alle Geistlichen, die nicht auf der Insel geboren waren, verwiesen, Appellationen nach Rom verboten, das ganze Kirchenwesen bis auf die Kleidung der Geistlichen strengen Vorschriften unterworfen. Daneben ergehen Verfügungen über die Post, die Hospitäler, die Centralschule, sogar über das Straßenpflaster; das Steuerwesen wird neu geordnet. Sieht man, daß der General auch noch Zeit hatte, die in Rom bei der Meuterei thätigen Aufführer in der Division Desaix zur Bestrafung zu ziehen, neue Verbindungen mit dem Pascha von Janina anzuknüpfen, und sieht man weiter, daß Alles dies, so weit sich urtheilen läßt, wohlüberlegt, mit verständiger Rücksicht auf die Verhältnisse vorgenommen wurde, so hat man den glänzendsten Beweis, daß es nicht die Kürze der Zeit ist, sondern Unfähigkeit, sie zu benutzen, was die Thätigkeit der meisten Menschen so geringfügig erscheinen läßt.

Freilich war in diesem Falle Eile aus mehr als einem Grunde geboten. Denn immer bestimmter wurden die Gerüchte von einem englischen Geschwader im Mittelmeer, das man seiner Stärke nach nicht genau kannte, aber jedenfalls schon der Transportschiffe wegen vermeiden mußte. Am 18. Juni, gerade einen Monat seit der Abfahrt von Toulon, ging die Flotte von Malta unter Segel und erreichte in langsamer Fahrt am 25. die Höhe von Candia. Eine klug berechnete oder glücklich gewählte Abweichung von der geraden Richtung entzog sie den nachsetzenden Engländern; am 1. Juli erfolgte die Landung in Aegypten und schon am Tage darauf brachte ein Ueberfall Alexandria, drei Wochen später die Schlacht bei den Pyramiden (21. Juli) auch Kairo in französische Gewalt. Die Einzelheiten des Zuges zu beschreiben, liegt nicht in der Aufgabe dieses Buches, sie gehören mehr der Biographie Bonaparte's an als der Geschichte der französischen Revolution. Von Frankreich abgeschnitten, war die Armee auch dem Kreise entrückt, innerhalb dessen die Geschicke Europa's bestimmt wurden. Die Wirkung des Zuges zeigte sich nur darin, daß er zwei bis dahin neutrale Staaten den Feinden Frankreichs zugesellt und der Republik das tapferste Heer und den unvergleichlichen Feldherrn entzogen hatte. Wie bedeutend diese Wirkung war, tritt bald genug hervor. Wir sahen bisher, von Campo Formio bis zur Eroberung Aegyptens, die Revolution in unwiderstehlichem Vordrängen von einem Erfolg zum andern eilen. In dem folgenden Buche bleibt darzustellen, wie das bedrohte Europa dem gegenüber seine Vorkehrungen traf.